Arbeitshilfen online unter: www.haufe.de/arbeitshilfen

Exklusiv und kostenlos für Buchkäufer!

MIT ARBEITSHILFEN ONLINE

Und so geht's:

- Einfach unter www.haufe.de/arbeitshilfen den Buchcode eingeben
- oder direkt per QR-Code über Ihr Smartphone bzw. Tablet auf die Website gehen

Buchcode: KM5-LTGS

Ihre Arbeitshilfen online:

- Musterschreiben
- Checklisten
- Tabellen
- und weitere Arbeitshilfen

Bibliografische Information der Deutschen Nationalbibliothek
Die Deutsche Nationalbibliothek verzeichnet diese Publikation in der Deutschen Nationalbibliografie; detaillierte bibliografische Daten sind im Internet über http://www.d-nb.de abrufbar.

Print: ISBN 978-3-648-03111-7 Bestell-Nr.: 01339-0001
ePDF: ISBN 978-3-648-03113-1 Bestell-Nr.: 01339-0150
ePub: ISBN 978-3-648-03112-4 Bestell-Nr.: 01339-0100

Dr. Carlo H. Borggreve, Andreas Glotz
Das neue Finanzanlagenvermittlerrecht
1. Auflage 2012

Redaktionsanschrift: Fraunhoferstraße 5, 82152 Planegg/München
Telefon: (089) 895 17-0
Telefax: (089) 895 17-290
Internet: www.haufe.de
E-Mail: online@haufe.de
Produktmanagement: Rechtsassessorin Elvira Plitt

Lektorat: Rechtsassessorin Nicole Jähnichen, 81247 München
DTP: Agentur Satz & Zeichen, Karin Lochmann, 83071 Stephanskirchen
Umschlag: RED GmbH, 82152 Krailling
Druck: Bosch-Druck GmbH, 84030 Ergolding

Das neue Finanzanlagen-vermittlerrecht

von

Dr. Carlo H. Borggreve und Andreas Glotz

Haufe Gruppe

Freiburg · München

Inhaltsverzeichnis

Geleitwort

Der Gesetzgeber schreitet bei der weiteren Regulierung der Finanzdienstleistungen zügig voran. In den zurückliegenden zehn Jahren haben Tempo und Umfang der neuen Regelungen zugenommen. Und die Signale aus der europäischen wie auch der nationalen Legislative deuten allesamt daraufhin, dass mit weiteren Aktivitäten zu rechnen ist.

Das Heft des Handelns liegt bei der Politik. Die Praxis muss sich wohl oder übel auf die vielen Neuregelungen einstellen. Wer schwerpunktmäßig mit Tagesgeschäft befasst ist, braucht hier den Rat und die Unterstützung der Experten.

Die aktuelle Neuregelung der Finanzanlagenvermittlung stellt Praxis und Experten in nächster Zeit wieder vor genau diese Herausforderung. Die Auswirkungen der breiten Thematik kann gegenwärtig niemand genau abschätzen. Hier liegt in mancherlei Hinsicht Neuland vor uns.

Die Autoren dieses Buches – beide Fachjuristen mit ausgewiesener Praxiserfahrung vor allem in der Versicherungswirtschaft – haben sich der verdienstvollen Aufgabe gestellt, sehr frühzeitig die komplexen Regelungen zu untersuchen und mit praxisorientierten Schwerpunkten im Überblick darzustellen. Sie haben es geschickt verstanden, erforderliche fachliche Tiefe mit Verständlichkeit in der Darstellung zu verbinden. Der Leser kann schnell erkennen, was er für einen ersten Überblick braucht, und worauf für den Fall einer speziellen Problemaufbereitung zurückzugreifen ist. Deshalb ist dem Buch auch der angestrebte Erfolg zu wünschen.

Stuttgart im Juli 2012 — Dr. Wolfgang Breuer

Vorwort

Nach den Änderungen im Bankenbereich und der Versicherungsbranche wurde nunmehr ein weiterer Regulierungsschritt genommen: Das Finanzanlagenvermittlung wird neu geregelt. Es darf davon ausgegangen werden, dass dies den Markt für Finanzanlagenprodukte spürbar beeinflussen wird. Und das wäre auch das aus den politischen Vorgaben heraus verfolgte Ziel. Denn der vielfach geäußerte Unmut über spektakuläre Vorkommnisse an den Finanzmärkten bezog sich nicht nur auf die Anbieter von Finanzlagen, sondern auch auf die Vertriebspraktiken. Demoskopische Erhebungen (Allensbach IfD Umfrage 10067 vom Februar 2011, FORSA Bürgerbefragung Öffentlicher Dienst 2011) haben zutage gebracht, dass in der Bevölkerung das Ansehen des Finanzanlagenvermittlers – regelmäßig typisiert durch den Versicherungsvermittler – am unteren Ende der Berufsskala liegt.

Der Handlungsbedarf für eine Neuregelung resultiert allerdings nicht allein aus der nationalen Politik. Entscheidende Impulse gehen seit langem schon von Brüssel aus und betreffen insofern die gesamte Europäische Gemeinschaft. Als Beispiele lassen sich dafür anführen die EU-Versicherungsvermittlerrichtlinie und die Markets in Financial Instruments Directive.

Zusätzlichen Einfluss hatte die jüngste Rechtsprechung zur zivilrechtlichen Haftung von Finanzdienstleistungsunternehmen. Hier ging es vor allem um Fälle der Schädigung privater Anleger durch Produkte für Vermögensanlagen, die teils an rein produktbezogenen Qualitätsmängeln litten, teils den Anforderungen der Beständigkeit gegenüber negativen Marktentwicklungen nicht standhielten und teils einfach am erkennbaren Interesse und Verständnis des gewonnenen Anlegers vorbei gingen.

Nachdem bereits für die Versicherungsvermittler Regeln zum Sachkundenachweis und zur Berufshaftpflichtversicherung als Voraussetzung für die Erteilung einer Gewerbeerlaubnis eingeführt wurden, ist nunmehr auch die Registrierung der Finanzanlagenvermittler vorgesehen. Zudem wurden die Informations-, Beratungs- und Dokumentationspflichten des Wertpapierhandelsgesetzes für gewerbliche Vermittler übernommen. Das Gesetz zur Novellierung des Finanzanlagenvermittler- und Vermögensanlagenrechts hat entsprechende Ergänzungsbestimmungen in der Gewerbeordnung und auch eine Verordnung, die Finanzanlagenvermittlungsverordnung, in Kraft treten lassen.

Die Diskussion um das Gesetzespaket vom Dezember 2011 und insbesondere um die Neuregelung der Finanzanlagenvermittlung haben gezeigt, dass die gesamte Thematik in einem großem Spannungsfeld von Branchen- und Berufsinteressen, gesetzgeberischem Grundverständnis zur Regulierung der Finanzmärkte schlechthin und Verbraucherpolitik steht.

Wir haben uns deshalb zum gesamten Themenkomplex mit diesem Buch früh an die Arbeit gemacht, um der Praxis ein hoffentlich hilfreiches Instrument für die Umsetzung der Neuregelungen an die Hand zu geben.

Dabei waren wir auf Gespräche und fachlichen Gedankenaustausch mit zahlreichen Diskussionspartnern angewiesen und sind auch immer auf konstruktive Offenheit gestoßen. Insbesondere in den Organisationen des DIHK und der Kammern in NRW wurden uns hilfreiche Hinweise für unsere Arbeit gegeben, was uns bei unseren Recherchen sehr geholfen hat. Wir danken ebenso unseren Gesprächspartnern, insbesondere auch in den Organisationen der Versicherungswirtschaft und auch den Berufsvereinigungen der Makler und Vermittler, für den produktiven Gedankenaustausch. Wir hoffen, deren aller Hinweise und Informationen in unserem Buch sachgerecht und ausgewogen berücksichtigt zu haben.
Dieses Buch verschafft Überblick über die rechtspolitischen Hintergründe der Regelungen und beleuchtet im Einzelnen deren rechtliche und vor allem auch deren praktische Auswirkungen. Zahlreiche Arbeitshilfen, Übersichten und Checklisten geben dem Leser sofort einsetzbare Instrumente für die Praxis an die Hand. Das Buch ist für alle in der Beratungs- und Vermittlungspraxis tätigen Finanzdienstleister gedacht.
Der Einfachheit halber verwenden wir im Buch bei den Berufsbezeichnungen jeweils die männliche Form, sprechen jedoch trotz dieses Umstands natürlich auch unsere weibliche Leserschaft an und bitten diese um Nachsicht.

Köln und Dortmund im Sommer 2012

Die Verfasser

1 Der Hintergrund der neuen Regelungen

Der Markt der Finanzdienstleistung in Deutschland ist in mehrfacher Hinsicht im Umbruch. Sorgen und Misstrauen breiter Kreise der Bevölkerung prägen den gegenwärtigen Stand der Diskussion.

Nicht nur spektakuläre Fernsehdokumentationen über schillernde Figuren des Kapitalanlage- und Versicherungsgeschäfts, sondern vor allem auch die breit bekannt gewordenen Streitigkeiten um Fehlberatungen unkundiger Anleger und um juristische Fallstricke in hochkomplexen Anlagemodellen, deren Konsequenzen selbst von einschlägig vorgebildeten Fachleuten oft übersehen oder unterschätzt wurden, haben negative Wirkung gezeigt. Das Vertrauen in die Hauptakteure dieses Marktes, also Banken, Versicherungen und deren Berater- und Vermittlerstrukturen, hat enorm gelitten.

Damit korreliert nahezu zwangsläufig der Ruf nach staatlicher Regulierung. Unterstützt bzw. geradezu befördert durch entsprechende politisch-konzeptionelle Entwicklungen auf Ebene der Europäischen Union, wo Defizite bei der Regulierung der Finanzmärkten und dadurch bedingter Handlungsbedarf schon lange reklamiert werden, hat die Regulierungspolitik in verschiedenen – nicht immer gut koordiniert erscheinenden – Schritten nun auch die Tätigkeit und Berufsausübung der Vermittler erfasst.

Die 2007 mit gewissen Übergangsfristen vollzogene Umsetzung der EU-Versicherungsvermittlerrichtlinie (VersVermR) und der Markets in Financial Instruments Directive (MiFID) waren erste Schritte in diese Richtung. Sie haben bereits in einem ersten gesetzgeberischen Schritt gewirkt und das Vermittlungsgeschäft für Finanzdienstleistungen in Deutschland deutlich beeinflusst. Man bedenke, dass etwa vor Einführung des neuen Versicherungsvermittlerrechts von etwa 450.000 Versicherungsvermittlern (ganz große bis hin zu Tippgebern) ausgegangen wurde, und dass derzeit nur noch rund 258.000 Versicherungsvermittler registriert sind (Quelle: DIHK GmbH, Registrierungen im Versicherungsvermittlerregister, Stand: 30.03.2012).

Zusätzlichen Einfluss hatte die jüngste Rechtsprechung zur zivilrechtlichen Haftung von Finanzdienstleistungsunternehmen. Sie betraf Fälle der Schädigung privater Anleger durch Produkte für Vermögensanlagen, die teils an rein produktbezogenen Qualitätsmängeln litten, teils den Anforderungen der Beständigkeit gegenüber negativen Marktentwicklungen nicht standhielten und teils einfach am erkennbaren Interesse und Verständnis des gewonnenen Anlegers vorbei gingen. In diesen Fällen (Schiffsbeteiligungen, Immobilienfonds, hybrid finanziertes Wohnungseigentum, Filmfonds usw.) lagen den gerichtlichen Entscheidungen auch negative Würdigungen der von den beauftragten Beratern bzw. Vermittlern erbrachten Informationsleistungen zu Grunde (besonders anschaulich ist hier die Rechtsprechung des OLG Frankfurt/M. in den Fällen der Göttinger Gruppe).

1.1 Vergangenheit und Zukunft: Eine erste Übersicht

Der folgenden Tabelle lässt sich entnehmen, welche Bereiche von den Neuregelungen im Wesentlichen erfasst sind:

Regelungsbereich	Alte Rechtslage	Neue Rechtslage
Erlaubnispflicht	§ 34c GewO und MaBV	§ 34f GewO und FinVermV
Anlageberatung	i. S. d. Bereichsausnahme des § 2 Abs. 6 Satz 1 Nr. 8 KWG	i. S. d. Bereichsausnahme des § 2 Abs. 6 Satz 1 Nr. 8 KWG und nach § 1 Abs. 1a Nr. 1a KWG
Anlagenvermittlung von ...:	• Anteilscheinen einer Kapitalanlage- oder Investmentaktiengesellschaft und ausländische Investmentanteilen nach InvG • sonstigen öffentlich angebotenen Vermögensanlagen, die für gemeinsame Rechnung der Anleger verwaltet werden • öffentlich angebotenen Anteilen oder verbrieften Forderungen an eine KAG oder KG	• Anteilscheinen einer Kapitalanlage- oder Investmentaktiengesellschaft und ausländischen Investmentanteilen nach InvG • Anteilen an geschlossenen Fonds in Form einer Kommanditgesellschaft • sonstigen Vermögensanlagen i. S. des § 1 Abs. 2 VermAnlG
Berufszugangsvoraussetzungen		Jetzt drei verschiedene Arten der Erlaubnis geteilt nach Bereichen der Erlaubnispflicht; Einzelerlaubnis möglich
	• Zuverlässigkeit und geordnete Vermögensverhältnisse	• Zuverlässigkeit und geordnete Vermögensverhältnisse • Berufshaftpflichtversicherung • Sachkundeprüfung mit IHK-Testat oder bestimmte dokumentierte Qualifikationsvoraussetzungen • Registrierungspflicht bei IHK • Einbeziehung verantwortlicher Mitarbeiter in die Erlaubnisvoraussetzungen • Delegationsverbot

Regelungsbereich	Alte Rechtslage	Neue Rechtslage
Ausübung der Tätigkeit	Geschäftsführungsregelungen nach MaBV: • Rechnungslegung und Mitarbeiterüberwachung • Ordnungsgemäße Buchführung • Informationspflichten zu den Produkten • Regelmäßige Prüfberichte durch Wirtschaftsprüfer oder Negativerklärung	Geschäftsführungsregelungen nach FinVermV: • Detaillierte Vorinformationen für Anleger mit Nachweis durch Beratungsprotokoll • Aufbewahrungspflicht für Nachweise • Regelmäßige Prüfberichte durch Wirtschaftsprüfer oder andere qualifizierte Prüfer • Negativerklärung zulässig • Offenlegungspflicht für Provisionsregelungen und anderweitige Zuwendungen von dritter Seite • Bußgeldregelungen für Verstöße

1.2 Zahlen und Statistiken: Eine Bestandsaufnahme

In der amtlichen Begründung zur FinVermV geht das Bundesministerium für Wirtschaft und Technologie von ca. 80.000 von den Neuregelungen grundsätzlich betroffenen gewerblichen Finanzanlagenvermittlern aus (BR-Drucks. 89/12, S. 36). Diese Zahl stützt sich wohl auf die Bestandsaufnahme derjenigen Finanzanlagenvermittler, die derzeit noch im Besitz einer Erlaubnis nach § 34c GewO sind. Zu dieser Ziffer addiert sich noch eine schwer abschätzbare Dunkelziffer, die diejenigen Vermittler erfasst, die nicht im Besitz einer derartigen gewerberechtlichen Erlaubnis sind, sich bei den Vermittlungsgeschäften regelmäßig entweder darüber hinwegsetzen oder solche Geschäfte über befreundete Erlaubnisinhaber abwickeln.

Die Erlaubnisinhaber setzen sich – ebenfalls nach der Schätzung in der amtlichen Begründung – zusammen aus etwa 30.000 hauptberuflichen Finanzanlagenvermittlern und etwa 50.000 insoweit „nebenberuflich" tätigen Versicherungsvermittlern, die das Geschäft der Finanzanlagenvermittlung lediglich als Annex zur ihrer hauptberuflichen Versicherungsvermittlungstätigkeit im Sinne eines Allfinanzvertriebes verstehen und praktizieren.

Welch hohe Bedeutung dieser Vertriebsweg für den Marktanteil versicherungsnaher Publikumsfonds besitzt, wird anhand von Zahlen des Bundesverbandes Investment und Asset Management (Versicherungswirtschaft Heft 2012, S. 484) deutlich: Dieser Marktanteil stieg kontinuierlich auf mittlerweile über 20 % mit einem verwalteten Fondsvermögen von knapp 114 Mrd. EUR. Hierbei dürfte es auch eine Rolle spielen, dass im Lebensversicherungsgeschäft so genannte fondsgebundene Policen seit An-

fang der 2000er Jahre enorm an Bedeutung gewonnen haben (GDV, Statistisches Jahrbuch der Versicherungswirtschaft 2011, 32 ff.).
In der für die Meinungsbildung in den Bundesministerien maßgeblichen Studie von Evers/Jung (Anforderungen an Finanzvermittler – mehr Qualität, bessere Entscheidungen, S. 118) aus dem Jahre 2008 wird dazu festgestellt:

„Generell lässt sich sagen, dass der Anlagebereich bislang deutlich im Schatten der Versicherungsvermittlung stand. Anlagevermittlung außerhalb des Banksektors fand zum größten Teil durch Versicherungsvermittler statt, darunter große Finanzvertriebe wie AWD oder MLP. Sie ist geprägt von der Investmentfondsvermittlung. Es gibt nach Expertenaussagen für diese Studie weniger als 10.000 Nicht-Versicherungsvermittler, wahrscheinlich keine 2.000 Anlagevermittler. Finanzinstitute gem. KWG, wie sie in der Vermögensverwaltung anzutreffen sind, bleiben mit einer Zahl von gut 730 eher die Ausnahme. Dass freie Investmentvermittler so selten sind, ist historisch bedingt: Fondsgesellschaften in Deutschland hatten nie einen eigenen Vertrieb, sondern vermittelten fast durchweg über ihre Mutterbanken. Im Bankbereich ist ... derzeit viel Bewegung. Der Vertriebsdruck auf die Mitarbeiter wird inzwischen als vergleichbar mit dem freien Vertrieb beschrieben. Zudem beginnen die ersten Banken, ihre bisher angestellten Mitarbeiter als selbstständige Vermittler auszugliedern, ohne dass dies für den Kunden in der Filiale erkennbar ist.“

Es wird sich erst nach einer gewissen Zeit erkennen lassen, wie sich die Neuregelungen auf den Vermittlermarkt auswirken. Man wird u. a. abwarten müssen,

- wie viele Vermittler ein Haftungsdach suchen werden und dabei bleiben werden,
- wie viele Versicherungsvermittler das „Nebengeschäft“ der Finanzanlagenvermittlung aufgeben werden,
- inwieweit die Entwicklung zur stärkeren Bildung von Maklerpools führt usw.

Von Neuregelungen betroffen:	**Neuregelungen gelten nicht für:**
Versicherungsvermittler, soweit sie geschlossene Fonds vermitteln	Versicherungsvermittler, soweit sie sich auf fondsgebundene Lebens- und Rentenversicherungen beschränken
Versicherungsvermittler, soweit sie Anlageprodukte, die nicht unter WpHG- und KWG-Vorbehalt stehen, vertreiben	Versicherungsvermittler, die ausschließlich Anlageprodukte ihres Dienstherrn unter dessen Dach vertreiben
Reine Finanzanlagenvermittler, deren Tätigkeit nicht unter die Bestimmungen des WpHG oder des KWG fällt	Finanzanlagenvermittler, die ausschließlich für einen Emittenten unter dessen Dach tätig sind und damit den Bestimmungen des WpHG und des KWG mittelbar unterfallen

1.3 Der Markt der Finanzanlagenvermittlung

Der Vertrieb von Finanzanlageprodukten in Deutschland teilt sich im Wesentlichen in drei Vertriebs- und Kundenzugangswege auf:

- Dominierend ist der **Vertriebsweg über die Kreditinstitute**, also Sparkassen und Banken.
- Daneben sind „Allfinanzhäuser" im Markt, insbesondere Versicherungen und Finanzdienstleister außerhalb des Bankensektors, die **Versicherungs- und Finanzanlageprodukte „aus einer Hand"** anbieten und sich dabei einer eigenen Vermittlerorganisation und/oder freier Vermittler und Versicherungsmakler bedienen.
- Ferner sind (wenige) freie und nur auf Kapitalanlagen spezialisierte Vermittler tätig, häufig mit lediglich einem Spezialprodukt durchaus auch verschiedener Emittenten.

1.3.1 Der Weg zu einem regulierten Berufsbild

Das neue Finanzanlagenvermittlungsrecht greift diese marktbezogene Unterscheidung nicht exakt auf. Vielmehr werden die markttypischen Differenzierungskriterien, die gerade auch zum Selbstbild des Vermittlertypus gehören (Makler oder Handelsvertreter), von der FinVermV regelrecht ignoriert.

- Der klassische Vertrieb der Kreditinstitute unterfällt nach wie vor allein dem Kreditwesen- und Wertpapierhandelsrecht und unterliegt daher nicht den Änderungen durch die FinVermV.
- Die organisatorischen Besonderheiten der Allfinanzhäuser spielen im neuen Finanzanlagenvermittlungsrecht (anders als im Versicherungsvermittlerrecht) keine maßgebliche Rolle, weil hier nur der Tatbestand der Vermittlung an sich maßgeblich ist. Das bedeutet konkret: Anders als bei der VersVermV i. V. m. dem VVG differenziert die FinVermV nicht zwischen den marktbestimmenden Vermittlertypen Handelsvertreter und/oder Makler. Diese gewohnte und rechtssichernde Sichtweise des Gesetz- bzw. Verordnungsgebers im Rahmen des Versicherungsvertriebsrechts wird von der FinVermV ignoriert, vielmehr werden alle Vermittlerarten gewissermaßen über „einen Kamm geschoren".

Es ist – gerade auch mit Blick auf die große Zahl der Versicherungsvermittler, die derzeit parallel auch als Finanzanlagenvermittler tätig sind und dies zukünftig auch beibehalten – wichtig, sich diese wesentliche Unterscheidung zwischen dem Finanzanlagen- und Versicherungsvermittlerrecht permanent vor Augen zu halten (zu näheren Einblicken in das Versicherungsvermittlerrecht vgl. z. B. Baumann/Sandkühler, Das neue Versicherungsvertragsgesetz, und Beenken/Sandkühler, Das neue Versicherungsvermittlergesetz). Hierauf wird im Einzelnen weiter unten noch eingegangen.

In der Konsequenz führt dies zu einer Vielzahl von Ungereimtheiten gerade bei den Regelungen zur Berufsausübung nach der FinVermV, wie ebenfalls nachfolgend näher aufgezeigt werden wird. Darauf bauten sich während des gesamten gesetz- bzw. verordnungsgebenden Verfahrens viele Unsicherheiten auf, gerade auch, weil die weitaus überwiegende Mehrzahl der derzeitigen Erlaubnisinhaber nach § 34c GewO einem Allfinanzhaus angeschlossen ist.

Die politische Begleitdiskussion zu den neuen Regelungen war vordergründig stark an geschäftlichen, verbands- und verbraucherpolitischen Interessenerwägungen orientiert. Eine große Rolle spielte auch die detaillierte Abwägung zwischen Einschränkungserfordernissen und Freiheitswünschen.

Weniger Aufmerksamkeit ist dabei dem Umstand gezollt worden, dass sich hier allmählich eine Art reguliertes Berufsbild zu entwickeln scheint. Dabei war die Entstehungsgeschichte der jetzigen Neuregelungen in Gewerbeordnung und Finanzanlagenvermittlungsverordnung auch durchaus gekennzeichnet von einem gewissen Missverständnis zu der im deutschen Markt der Finanzdienstleistungen bestehenden faktischen Lage.

Auf der einen Seite standen dabei das bislang bereits durch §§ 34d und 34e GewO regulierte Tätigkeitsbild des Versicherungsvermittlers (mit seinen Spielarten in den traditionellen Vertriebsstrukturen) und der – gerade auch von den Banken entwickelte – Allfinanzgedanke im Fokus. Auf der anderen Seite konzentrierte man sich aus rechts- und verbraucherpolitischen Gründen des Anlegerschutzes auf die dringend notwendig erachtete Regulierung der Beratung und des Vertriebes von Finanzanlageprodukten generell.

Da die Allfinanzhäuser mit ihren, den Vermittlermarkt dominierenden (gebundenen) Vertretern gem. §§ 84 ff. HGB auch den überwiegenden Anteil der (bisherigen) Erlaubnisinhaber gem. § 34c GewO darstellen, basierten viele der vorgetragenen Argumente auf der „Macht des Faktischen" insoweit, als die Neuregelungen an den tatsächlichen Marktgegebenheiten teilweise regelrecht vorbeigehen. Diese Argumente wurden auch durch den Umstand bestätigt, dass dieser Vertriebsweg abgesehen von nur sehr wenigen Fehlstellungen doch weitgehend störungsfrei verlief. Vor diesem Hintergrund wurde es daher auch nicht als erforderlich angesehen, eine Vermittlerregulierung durchzuführen. Ein Regulierungserfordernis hätte bei dieser Sichtweise auch nur hinsichtlich der freien Finanzanlagenvermittler und ggf. der Allfinanzmakler bestanden.

Zwangsläufig wurden die den Versicherungsmarkt dominierenden Berufsbilder der (gebundenen) Versicherungsvertreter und die des Versicherungsmaklers im Gesetzgebungsverfahren auch hinsichtlich ihrer jeweiligen unterschiedlichen Rechtsstellungen zu den Produktgebern und den Verbrauchern herangezogen und argumentativ vermischt.

1.3.2 Bisherige Vermittlerarten

Bislang war das Bild des im weitesten Sinne selbstständig tätigen Vermittlers (und letztlich auch des Beraters) in Finanzdienstleistungsfragen durch den Versicherungsvermittler und dessen Spielarten geprägt (laut Studie von Evers/Jung, s. o.). Und hier wiederum war einer der Hauptunterschiede derjenige zwischen dem gebundenen Vermittler und dem freien Vermittler oder Makler. In der Studie von Evers/Jung heißt es dazu:

„Für Vermittler von Finanzinstrumenten besteht nach KWG grundsätzlich eine Erlaubnispflicht mit entsprechenden Anforderungen. Ausnahmen bestehen für gebundene Vermittler und Ausschließlichkeitsvermittler von Investmentfondsanteilen, die als freies Gewerbe der Anzeigepflicht nach § 14 GewO bzw. einer Erlaubnis nach § 34c I Nr. 2 GewO unterliegen. Vermittler von Finanzinstrumenten unterliegen der laufenden Aufsicht der BaFin, während Ausschließlichkeitsvermittler von Investmentfonds der besonderen und gebundene Vermittler der allgemeinen Gewerbeaufsicht unterstehen. Vermittler von Finanzinstrumenten mit KWG-Erlaubnis müssen sich grundsätzlich in das von der BaFin geführten Register eintragen lassen, in das auch gebundene Vertreter von ihren Wertpapierhandelsunternehmen registriert werden müssen. Ausschließlichkeitsvermittler von Investmentfondsanteilen oder geschlossenen Fonds unterliegen keiner Registerpflicht. Das gegebene Rahmenwerk folgt ähnlich wie im Versicherungsbereich einer Regulierungstradition, die bei den Institutionen und Produkten ansetzt.“

- Bedient sich der (gebundene) Versicherungsvertreter der Produktpalette des Prinzipals (das Versicherungsunternehmen) und steht er auch in dessen Lager, so ist bezogen auf die Finanzanlagenprodukte vertrieblich zu differenzieren. Viele Versicherungsproduktgeber verfügen über eigene Kapitalanlagegesellschaften, die auch überwiegend offene Kapitalanlageprodukte über „ihren“ Vertriebsweg einer Handelsvertreterorganisation absetzen. Dort, wo dies nicht der Fall ist, bedienen sich dem Unternehmensverbund nicht zugehörige Emissionshäuser häufig des Vertriebes des Versicherungsunternehmens.
- Die Versicherungsgesellschaften selbst – soweit sie die Vertriebsorganisation nicht bereits vollständig ausgelagert haben – führen ihre aus gebundenen Handelsvertretern bestehenden Ausschließlichkeitsorganisationen oft über eigene Vertriebsgesellschaften, bei denen die Provisionszahlung dem Modell des Overriding folgt: Jede „übergeordnete“ Einheit behält dabei einen Provisionsanteil für sich ein.
- Anders stellen sich die Funktionsweisen im Bereich der Versicherungsmakler dar. Diese bieten ihren Kunden grundsätzlich unterschiedliche Versicherungsprodukte und auch unterschiedliche Produktgeber zur freien Auswahl an. Hinsichtlich der Vermittlung von Finanzanlageprodukten verhielt sich dies insoweit ähnlich,

cherungsvertreter; er arbeitet nämlich nicht exklusiv für eine Versicherungsgesellschaft, sondern vertreibt Produkte mehrerer Gesellschaften, und zwar in der Regel in nicht konkurrierenden Produktsegmenten. Der wesentliche Unterschied zum Makler ist aber hier, dass er rechtlich Vertreter der jeweiligen Versicherungsgesellschaften ist und mit ihnen einen Agentenvertrag hat. Seit sich jeder Vermittler als gebunden oder ungebunden im zentralen und öffentlich via Internet zugänglichen Register der Industrie- und Handelskammern (www.vermittlerregister.info) registrieren lassen muss, kann die Unterscheidung mit Bezug auf die konkrete Vermittlerperson einfach und zuverlässig getroffen werden.
Bei den Finanzanlagenvermittlern gibt es Vergleichbares zum Vertreter oder Makler, zum gebundenen oder Mehrfachvertreter bzw. zum Ausschließlichkeitsvertreter nicht. Auch die Neuregelungen haben kein einheitliches Bild des Vermittlers für Finanzdienstleistungen geschaffen. Und daran wird sich bei der zukünftig denkbaren Weiterentwicklung des Berufsbildes wohl auch nichts mehr ändern lassen.

1.4 Bisherige Rechtslage

Die Angebote des Grauen Kapitalmarktes, auch als unreglementierter Kapitalmarkt bezeichnet, unterlagen lange Zeit keinerlei gesetzlichen Anforderungen hinsichtlich der Erstellung und Billigung von Prospekten, eine staatliche Aufsicht gab es nicht. Weder existierte eine gesetzliche inhaltliche Vorgabe, noch musste ein Prospekt bei der BaFin eingereicht, geschweige denn veröffentlicht werden.
Der Vertrieb – also die Beratung zu und die Vermittlung von Anteilen – erforderte bislang lediglich eine Gewerbeerlaubnis nach § 34c GewO. Diese Erlaubnis ist zu versagen, wenn der Antragssteller die erforderliche Zuverlässigkeit nicht besitzt oder in ungeordneten Vermögensverhältnissen lebt (mehr zu diesen Tatbestandsmerkmale auf S. 41 ff.).
Bereits im Jahre 1972 war klares Motiv dieser gesetzlichen Regelung „der Schutz unerfahrener Bevölkerungsschichten" vor „Missständen infolge der Tätigkeit unzuverlässiger Vermittler" (Bericht des Wirtschaftsausschusses des BT, BT-Drucks. VI, S. 3535; vgl. auch: Marcks, MaBV-Komm. 8. Aufl. 2011, 214). In der Folgezeit gab es verschiedene Änderungen des Gesetzes durch Erweiterung der Regelungen im Bereich der Finanzanlagenberatung und -vermittlung, insbesondere 2007 im Zuge der Umsetzung der Finanzmarktrichtlinie (BGBl I 2001, S. 1330, 1337) und des Investmentänderungsgesetzes (BGBl I 2007, S. 3089, 3186).
Spezielle Anforderungen zur Qualifikation in Bezug auf „Graumarkt-Produkte" enthielt die Vorschrift jedoch nicht, eine gesetzliche Definition des Grauen Kapitalmarktes gab und gibt es auch jetzt nicht. Wie Marcks in seiner Kommentierung zur MaBV betont (MaBV-Komm., 8. Aufl. 2011, S. 241 ff.), ist die Rechtsanwendung bei den Erlaubnistatbeständen nach § 34c GewO und MaBV in der Praxis „durch das

Zusammenwirken mit den Vorschriften des Kreditwesengesetzes nicht gerade klarer und übersichtlicher geworden".

1.4.1 Zunehmend strengeres Finanzaufsichtsrecht

Im Weißen Kapitalmarkt muss seit dem 01.07.2005 der Anbieter/Emittent von Vermögensanlagen einen von der BaFin gestatteten Verkaufsprospekt veröffentlichen. So sahen es die durch das Wertpapierprospektgesetz (WpPG) abgelösten Bestimmungen des inzwischen im Zuge der Neuregelungen Ende 2011 aufgehobenen Verkaufsprospektgesetzes (VerkProspG) vor. Zu den Begrifflichkeiten:
Die Vermögensanlagen waren in § 8f Abs. 1 Satz 1 VerkProspG als öffentlich angebotene, nicht in Wertpapieren i. S. des Wertpapierprospektgesetzes verbriefte Anteile definiert, die eine Beteiligung am Ergebnis eines Unternehmens gewähren, als Anteile an einem Vermögen, das der Emittent oder ein Dritter in eigenem Namen für fremde Rechnung hält oder verwaltet (Treuhandvermögen), und Anteile an sonstigen geschlossenen Fonds. Die Prospektpflicht galt auch für Namensschuldverschreibungen, § 8f Abs. 1 Satz 2 VerkProspG.
Das Gesetz formulierte Anforderungen zum Prospektinhalt: Nach § 8g VerkProspG musste der Verkaufsprospekt alle tatsächlichen und rechtlichen Angaben enthalten, die notwendig sind, um eine zutreffende Beurteilung des Emittenten und der Vermögensanlagen zu ermöglichen. Eine ergänzende Rechtsverordnung (Vermögensanlagen Verkaufsprospektverordnung) regelte Details zum Erwerbsgeschäft.
Das Gesetz sah auch bestimmte Ausnahmen von der Prospektpflicht vor.
Erst mit dem ab dem 01.07.2005 wirksamen Anlegerschutzverbesserungsgesetz (AnSVG) vom 28.10.2004 (BGBl. 2004 I S. 2630) und sodann mit den ab dem 01.06.2012 wirkenden, den Graumarkt betreffenden Regelungen im Gesetz zur Novellierung des Finanzanlagenvermittler- und Vermögensanlagerechts vom 06.12.2011 (BGBl. 2011 I, S. 2481) führte der Gesetzgeber eine formelle Prospektpflicht auch für Produkte des ungeregelten Kapitalmarktes ein. Die Vorschriften zum Anlegerschutz im Wertpapierhandelsgesetz und im Kreditwesengesetz – die eine anlegergerechte Beratung, die Offenlegung von Provisionen und die Anfertigung eines Beraterprotokolls regeln – sollten nach dem Willen des Gesetzgebers nun erstmalig und umfassend auf Produkte des gesamten Grauen Kapitalmarktes ausgedehnt werden. Bis dahin galten gesetzliche Vorschriften hinsichtlich anlegerfreundlicher Transparenz und Beratung nur für Finanzinstrumente, die vom Wertpapierhandelsgesetz erfasst werden, wie z. B. Aktien und Bundesanleihen.

1.4.2 Zu wenig Verbraucherschutz

Kritische Analysen ergaben, dass diese Regelungen dem Verbraucherschutz und den Missständen am Anlegermarkt für „graue" Kapitalanlagen nicht ausreichend Rechnung tragen konnten. Im Vertrieb solcher Produkte liege ein besonderes Problem, so die Kritiker, weil Vermittler nur in besonders klaren und krassen Fällen zur Verantwortung zu ziehen wären. Das stimmt allerdings nur eingeschränkt und hängt stark von der Rechtsprechung der Zivilgerichte ab, wie ein vom BGH entschiedener Fall (Urteil v. 17.02.2011, Az.: III ZR 144/10) zeigt. Zudem entziehe sich insbesondere der Problembereich der geschlossenen Fonds der bis einschließlich 2012 geltenden Vermittlungsregulierung nach § 34c GewO. Geschlossene Fonds sind besonders komplexe Anlagekonstruktionen. Dadurch dass sie nicht als Wertpapiere gelten, griffen aber sämtliche produkt- und vermittlungsbezogene Regularien für sie nicht. Vermittler von geschlossenen Fonds unterlägen einer Erlaubnispflicht nach § 34c GewO, die aber grundsätzlich keine besonderen Anforderungen enthalte. Darüber hinaus fielen die Vermittler von geschlossenen Fonds lediglich unter die Gewerbeaufsicht und es bestehe für sie keine Registerpflicht. Dass diese Ausnahmeregelungen ein Missstand seien, zeige „die hohe Zahl an Anlagebetrügereien, für die geschlossene Fonds in der Vergangenheit missbraucht wurden." (Evers/Jung, aaO, S. 121).

1.4.3 Neue Richtlinien der EU

Das in diesem Zusammenhang maßgebliche EU-Recht betrifft das Finanzmarktrecht, nicht das Vermittlerrecht. Es geht hier insbesondere um die EU-Finanzmarktrichtlinie (Markets in Financial Instruments Directive – MiFID). Sie ist, wie die BaFin betonte, für den deutschen und europäischen Kapitalmarkt das bedeutendste europäische Regelungswerk der vergangenen Jahre (siehe www.bafin.de/DE/Unternehmen/BankenFinanzdienstleister/Finanzmarktrichtlinie/). Sie regelt und harmonisiert die Bedingungen für den Wertpapierhandel europaweit. Zudem soll die MiFID den Anlegerschutz in Europa verbessern, nämlich durch neue Verhaltens- und Transparenzpflichten. Auch soll sie den Wettbewerb zwischen Handelsplattformen fördern.

Das Finanzmarktrichtlinie-Umsetzungsgesetz (Gesetz zur Umsetzung der Richtlinie über Märkte für Finanzinstrumente und der Durchführungsrichtlinie der Kommission – FRUG; BGBl. 2007 I, S. 1330) setzt die MiFID in deutsches Recht um. Das FRUG ändert als Artikelgesetz verschiedene Einzelgesetze des deutschen Kapitalmarktrechts. Der Schwerpunkt der Änderungen liegt auf dem Wertpapierhandelsgesetz, aber auch das Kreditwesengesetz und das Börsengesetz (BörsG) wurden in erheblichem Umfang neu gefasst (vgl. BGBl. 2007 I, S. 1330, 1351, geändert durch Art. 7 des Gesetzes vom 06.12.2011, BGBl. 2011 I, S. 2481).

In Ergänzung zum FRUG haben das Bundesministerium der Finanzen und die BaFin konkretisierende Rechtsverordnungen erlassen. Besonders wichtig ist hier die Verordnung zur Konkretisierung der Verhaltensregeln und Organisationsanforderungen für Wertpapierdienstleistungsunternehmen (WpDVerOV; BGBl. 2007 I, S. 1432, geändert durch Art. 5 des Gesetzes vom 05.04.2011; BGBl. 2011 I, S. 538), welche die MiFID-Durchführungsrichtlinie umsetzt. Entsprechend der Vorgabe der MiFID sind die Änderungen durch das FRUG nahezu ausnahmslos zum 01.11.2007 in Kraft getreten und Ende 2011 im Zuge der Novellierung des Finanzanlagenvermittler- und Vermögensanlagenrechts noch einmal modifiziert und angepasst worden.

Zwischenfazit:

1. Der bisher noch unzureichende Verbraucher- und Anlegerschutz sowie eine konsistente Regulierung des Grauen Kapitalmarktes machten eine umfassende Neuregelung des gewerblichen Vertriebsrechts erforderlich. Inhaltlich wurden dabei Regelungen des WpHG über die GewO in die FinVermV übernommen. Insoweit findet nun eine Gleichstellung mit Kreditinstituten und Banken statt.
2. Die Neuregelungen schaffen das neue Berufsbild des Finanzanlagenvermittlers, welches definierten Regeln der Berufszulassung und -ausübung unterliegt. Dies ist für alle Seiten positiv; Anleger können sich jetzt auf Mindeststandards verlassen, Produktgeber und Emittenten bekommen vertriebliche Qualitätskriterien an die Hand. Sowohl Anleger als auch Finanzanlagenvermittler genießen ein höheres Maß an Rechtssicherheit.
3. Der den Markt beherrschende Allfinanzgedanke „Versicherungen und Finanzdienstleistungen aus einer Hand“ mit der vertrieblich bisher geläufigen Unterscheidung zwischen Handelsvertretern und Maklern wird in der FinVermV nicht aufgegriffen. Es erfolgt eine Gleichstellung hinsichtlich der Erbringung von Beratungs- und Vermittlungsleistungen mit dem Vertriebsweg über Kreditinstitute und Banken.

2 Die Ziele der Neuregelungen

Das Gesetz zur Novellierung des Finanzanlagenvermittler- und Vermögensanlagenrechts (BGBl. I 2011, S. 2481) hat das Verkaufsprospektgesetz aufgehoben und stattdessen ein neues Gesetz über Vermögensanlagen geschaffen. Dabei hat es insbesondere auch nach erheblicher Modifikation der maßgeblichen Bestimmungen des Gewerberechts den erstmaligen Erlass einer Finanzanlagenvermittlungsverordnung vorgesehen.

2.1 Hauptziel: Anlegerschutz auch im Grauen Kapitalmarkt

Zentrales Ziel des Gesetzgebers war es dabei, den Grauen Kapitalmarkt, angelehnt an die Vorschriften für den Wertpapiermarkt, im Interesse vor allem privater Anleger strenger zu regulieren (siehe hierzu Gesetzentwurf der Bundesregierung zur Novellierung des Finanzvermittler- und Vermögensanlagerechts v. 06.06.2011, BT-Drucks. 17/6051, S. 1, 31; kritische Stimme zum Themenbereich: Mattil, DB 2011, S. 2533, 2534 Fn. 7).

Die bestehenden Pflichten von Banken und Sparkassen im regulierten Markt wurden daher auf den gesamten Markt für Vermögensanlagen ausgedehnt. Dazu zählen vor allem

- das aufsichtsrechtliche Gebot zur anlage- und anlegergerechten Beratung,
- die Offenlegung von Provisionen sowie
- die Erstellung und förmliche Aushändigung eines Beratungsprotokolls.

Auch die Anforderungen an öffentliche Angebote von Vermögensanlagen wurden durchgängig verschärft. Anbieter von Vermögensanlagen sind jetzt zur Erstellung von Kurzinformationsblättern verpflichtet, die den Anlegern in überschaubarer Weise eine verständliche Information zu der angebotenen Vermögensanlage verschaffen. Insbesondere müssen Verkaufsprospekte für Vermögensanlagen besondere inhaltliche Anforderungen erfüllen, die eine bessere Beurteilung der Leistungsfähigkeit der Initiatoren zulassen. Die Verkaufsprospekte werden entsprechend den für Wertpapiere bereits geltenden Maßstäben von der BaFin geprüft. Die Bestimmungen zur Prospekthaftung wurden verschärft, indem jetzt die allgemeinen Verjährungsfristen gelten; die Ausschlussfrist für die Geltendmachung eines Haftungsanspruchs beträgt nunmehr drei Jahre.

Emittenten von Vermögensanlagen unterliegen zusätzlichen, besonderen Rechnungslegungspflichten.

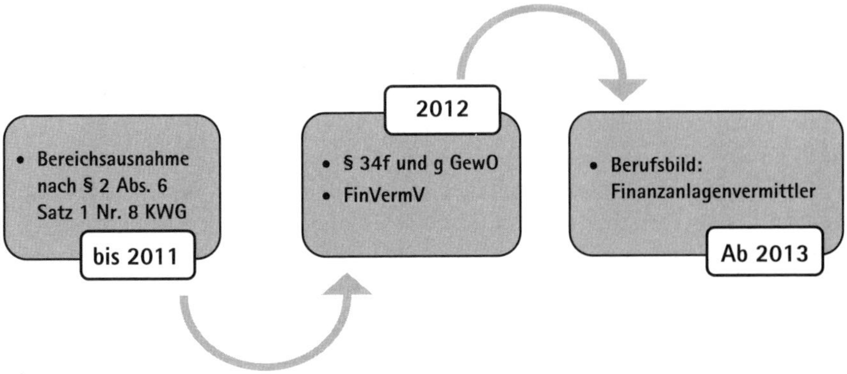

Abb. 1: Entwicklung der Finanzanlagenvermittlung

Hervorzuheben ist auch, dass verbindliche Qualifikationsanforderungen an Berater und Vermittler für Finanzanlagen eingeführt worden sind und eine neue gewerberechtliche Erlaubnis vorgesehen wurde, die an den für Versicherungsvermittler bereits seit einigen Jahren geltenden Grundsätzen orientiert ist (BT-Drucks. 17/6051, S. 43). So sind u. a. der Nachweis der besonderen Sachkunde und einer Berufshaftpflichtversicherung Voraussetzungen für die Erlaubniserteilung.
Die Einzelheiten dazu wurden in eine Rechtsverordnung zur Gewerbeordnung, eben die Finanzanlagenvermittlungsverordnung vom 30.03.2012 (FinVermV, BGBl. 2012 I, S. 1006 ff.), aufgenommen, u. a. mit der Folge, dass die Informations-, Beratungs- und Dokumentationspflichten des 6. Abschnitts des WpHG nunmehr auch für Berater und Vermittler von Finanzanlagen sinngemäß gelten.

Die Ziele in der Übersicht
• Schutz der Kapitalanleger vor ungeeigneten Finanzprodukten
• Schutz der Kapitalanleger vor der Anbahnung nachteiliger Geschäfte
• Verbesserung des Auftritts und des Ansehens der Finanzlageunternehmen
• Kontrollierbarkeit und Qualifizierung der Prozesse in Beratung und Vermittlung
• Sicherung eines guten Fachwissens bei den im Markt tätigen Vermittlern
• Nachvollziehbarkeit der Beratungsabläufe für den Fall späterer Rechtstreitigkeiten

2.2 Vereinbarkeit mit EU-Recht

Die Einordnung von Produkten des bisherigen Grauen Kapitalmarkts als Finanzinstrumente ist, ebenso wie die vorgesehenen Ausnahmen für gewerbliche Vermittler, mit der Finanzmarktrichtlinie (MiFID) vereinbar.
Die Neuregelungen zu den Anforderungen an Verkaufsprospekte für Graumarktprodukte und deren Prüfung durch die Bundesanstalt sind mit dem Recht der Europäischen Union vereinbar, da Produkte des bisherigen Grauen Kapitalmarkts nicht in den Anwendungsbereich der EU-Prospektrichtlinie fallen. Die Mitgliedstaaten unterliegen insoweit in Bezug auf die Regulierung von Prospektanforderungen keinen Einschränkungen.
Ebenso unterliegt die Prospekthaftung keinen europäischen Vorschriften, so dass die in diesem Bereich erfolgten Neuerungen ebenso mit EU-Recht vereinbar sind (BT-Drucks. 17/6051 S. 30).

2.3 Erhöhung der gewerblichen Anforderungen

Mit dem neu eingefügten § 34f GewO werden die Anforderungen an gewerbliche Vermittler von Finanzanlagen erhöht. Eine Gewerbeerlaubnis erhält ab dem 01.01.2013 nur noch derjenige, der einen Sachkundenachweis erbringen kann und eine Berufshaftpflichtversicherung hat.
Darüber hinaus ist die Registrierung der Finanzanlagenvermittler in dem bereits für Versicherungsvermittler bestehenden Register für spätestens ab dem 01.01.2015 vorgesehen.
Die Informations-, Beratungs- und Dokumentationspflichten des 6. Abschnitts des Wertpapierhandelsgesetzes werden für gewerbliche Vermittler übernommen.
§ 34f GewO enthält selbst keine Regelungen zur Ausgestaltung der Sachkundeprüfung, des Verfahrens der Registereintragung, zur Ausgestaltung der Pflicht zum Abschluss einer Berufshaftpflichtversicherung und der Informations-, Beratungs- und Dokumentationspflichten des Gewerbetreibenden. Die Konkretisierung dieser Pflichten wurde im Wege einer Rechtsverordnung des Bundeswirtschaftsministeriums vom 2012 (Finanzanlagenvermittlungsverordnung – FinVermV) vorgenommen. Das Gesetz zur Novellierung des Finanzanlagenvermittler- und Vermögensanlagenrechts hat in § 34g GewO die dafür erforderliche Verordnungsermächtigung vorgesehen.

2.4 Anpassung des Kreditwesenrechts

Vermögensanlagen (mit Ausnahme von Genossenschaftsanteilen) sind künftig Finanzinstrumente gem. § 1 Abs. 11 KWG.
Finanzdienstleistungen im Zusammenhang mit Vermögensanlagen werden damit der Solvenz- und Marktaufsicht der BaFin unterstellt. Bereits in der Anhörung des

Finanzausschusses des Deutschen Bundestages war darauf hingewiesen worden, dass das Gesetz hier zu einer uneinheitlichen Aufsicht mit unterschiedlichem Regulierungsniveau führt (Protokoll BT-Drucks. v. 06.07.2011, Prot. 17/58, S. 39). Eine Bank oder Sparkasse wird, wenn es um Vermögensanlagen geht, von der BaFin überwacht, der Finanzanlagenvermittler nur von der Gewerbebehörde.
Ob diese Differenzierung sinnvoll ist, wurde oft bezweifelt mit dem Hinweis, die der Beratung und Vermittlung zugrunde liegenden Prospekte würden von der BaFin geprüft und gebilligt, weshalb die Aufsichtsbehörden sich ohnehin austauschen müssten; man hätte dann die Erlaubnis und Aufsicht gleich ganz bei der BaFin ansiedeln können (so etwa Mattil, DB 2011, 2533, 2535; Institut für Finanzdienstleistungen, Schriftliche Stellungnahme vom 06.07.2011 für die Anhörung im BT-Finanzausschuss, S. 2).
Die Ausnahmetatbestände des § 2 KWG werden erweitert. Mit der Ergänzung in § 2 Abs. 6 Nr. 8 KWG werden die Vermittler von Vermögensanlagen von der Qualifizierung als Finanzdienstleistungsinstitute ausgenommen. Obwohl sie Finanzinstrumente vermitteln, gelten sie damit nicht als Finanzdienstleistungsinstitut und bedürfen daher auch keiner entsprechenden Erlaubnis. Eine Institutsaufsicht durch die BaFin erschien dem Gesetzgeber insoweit nicht erforderlich. Weitere Ausnahmetatbestände in § 2 Abs. 1 Nr. 10, 11 und Abs. 6 Nr. 19 und 20 KWG betreffen das Finanzkommissionsgeschäft ausschließlich als Dienstleistung für Anbieter oder Emittenten (z. B. Treuhandgesellschaften), das Emissionsgeschäft ausschließlich als Übernahme gleichwertiger Garantien für Anbieter oder Emittenten (z. B. Platzierungsgarantien), das Platzierungsgeschäft ausschließlich für Anbieter oder für Emittenten und die Finanzportfolioverwaltung und die Anlageverwaltung für Anbieter oder Emittenten von Vermögensanlagen.

2.5 Die Einführung der FinVermV

Das Gewerberecht enthielt bereits in Gestalt des § 34g GewO eine Ermächtigungsgrundlage für Anwendungsverordnungen. Diese Bestimmung wurde nunmehr dahingehend ergänzt, dass das Bundesministerium für Wirtschaft und Technologie ermächtigt wurde, im Einvernehmen mit dem Bundesministerium der Finanzen und dem Bundesministerium für Ernährung, Landwirtschaft und Verbraucherschutz und mit der verfassungsrechtlich gebotenen Zustimmung des Bundesrates eine Vorschrift mit Einzelregelungen über den Umfang der Befugnisse und Verpflichtungen bei der Ausübung des Gewerbes des Finanzanlagenvermittlers zu erlassen.

2.6 Vorschau auf Fernziele

Intensiv diskutiert, jedoch noch nicht gesetzlich geregelt, sind die folgenden Teilbereiche, die im inhaltlichen Zusammenhang mit den Neuregelungen stehen.

2.6.1 Weg von der Provision, hin zum Honorar

Das ist zum einen die Honorarberatung. Auf politischer Ebene gibt es starke Initiativen für eine gesetzliche Regelung dieses Themengebiets (Bundesministerium für Ernährung, Landwirtschaft und Verbraucherschutz, „Eckpunkte für eine gesetzliche Regelung des Berufsbildes der Honorarberatung“, www.bmelv.de). Aus dem Kreise der Berater und Vermittler ist dagegen überwiegend starke Kritik zu vernehmen. Andererseits hat sich hier inzwischen eine vernehmbare Interessengruppe gebildet, welche die Honorarberatung als Alternative zur herkömmlichen Provisionsberatung etablieren möchte (siehe www.bundesinitiative-honorarberater.de). Insbesondere von Verbraucherschützern wird beklagt, dass es bislang keinen für Anleger erkennbaren Standard für Honorarberater gebe und dass der Begriff „Honorarberater“ auch bislang nicht wie die Begriffe Steuerberater, Arzt oder Rechtsanwalt geschützt werde (Institut für Finanzdienstleistungen, Schriftliche Stellungnahme vom 06.07.2011 für die Anhörung im BT-Finanzausschuss, S. 4).

In den Diskussionsentwürfen des Gesetzes zur Novellierung des Finanzanlagenvermittler- und Vermögensanlagerechts war es zunächst vorgesehen, als Pendant zum Versicherungsberater einen Finanzanlageberater und einen Darlehensberater als regulierte Tätigkeiten einzuführen und daraus das Berufsbild eines Finanzberaters zu schaffen. Das Gesetz sollte ursprünglich sogar einen bindenden Hinweis auf eine darauf folgende Gesetzesinitiative zur Einführung einer Honorarberatung enthalten. Wohl aus politischen Gründen ist dies (zunächst?) jedoch unterblieben.

Tatsache bleibt jedoch, dass mit dem – bislang vergleichsweise noch wenig bedeutenden – Versicherungsberater nach § 34e GewO ein Einstieg in den Beruf des Honorarberaters erfolgt ist.

2.6.2 Abschaffung des Provisionsabgabeverbots?

Nach dem alten § 81 Abs. 2 VAG ist es Anbietern und Vermittlern von Versicherungsprodukten untersagt, Versicherungsnehmern für den Abschluss eines Versicherungsproduktes eine Vergütung zu gewähren. Das „Provisionsabgabeverbot“ ist ausgestaltet als bußgeldbewehrte Verordnung der Bundesanstalt für Finanzdienstleistungsaufsicht (BaFin). In den allgemeinen Diskussionen wird gerne als Entstehungsdatum dieser Regelung das assoziationsträchtige Jahr 1934 genannt. Tatsächlich aber existiert in Deutschland das Provisionsabgabeverbot bereits auf Grund einer Anordnung des „Reichsaufsichtsamts für die Privatversicherung“ vom 14.08.1923 (VerAfP 1924, S. 22); es wurde 1934 lediglich noch auf bestimmte Versicherungsarten ausgedehnt. Bisher war es einhellige Meinung im Versicherungsaufsichts- und auch im Wettbewerbsrecht, dass eine solche Norm zur Vermeidung von Missständen im Provisionswesen und zur Stabilisierung des allgemeinen Prämienniveaus sinnvoll sei. Diese innerhalb der EU nur im Deutschen Versicherungsrecht bekannte Regelung wurde vom EuGH als mit dem Recht der Europäischen Gemeinschaft vereinbar angesehen (EuGH, Urteil v. 17.11.1993, VerBAV 1994 S. 81 ff.). Dennoch wurde ihre Konformität mit der Grundrechts- und der Wirtschaftsordnung immer wieder in Zweifel gezogen, so etwa im Hauptgutachten der Monopolkommission im Jahr 2004 (BT-Drucks. 15/3610, S. 1084 f.). Die Rechtsprechung ging aber jahrzehntelang von ihrer Wirksamkeit aus.

Das änderte sich erst 2011, als das Verwaltungsgericht Frankfurt sich in einem von der BaFin angestrengten Bußgeldverfahren mit der Wirksamkeit des Provisionsabgabeverbotes beschäftigen musste (VG Frankfurt/M., Urteil v. 24.10.2011, Az.: 9 K 105/11.F). Es befand die gesamte Regelung für zu unbestimmt und damit unwirksam. Als eine Rechtsvorschrift, die in Grundrechte eingreife, müsse sie hinreichend bestimmt sein, um in ihrer Ausführung auf die notwendigen Maßnahmen beschränkt sein zu können. Die BaFin wollte das in der Fachöffentlichkeit viel beachtete Urteil vom Bundesverwaltungsgericht überprüfen lassen, zog die Revision aber wieder zurück (BVerwG, Beschluss v. 24.02.2012. Az.: 8 C 27.11). Die offizielle Begründung dazu lautete, der konkrete Fall sei nicht geeignet, um die Rechtmäßigkeit des Provisionsabgabeverbots als Ganzes höchstrichterlich klären zu lassen.

Dem Vernehmen nach soll jetzt eine Abschaffung seitens der EU-Kommission im Rahmen der MiFID II angestrebt werden (vgl. Handelsblatt vom 06.03.2012, „Die Chance für den Neuanfang nutzen").

Im politischen Raum tritt vor allem der GDV als Sprachrohr der Versicherungswirtschaft für die Beibehaltung des Provisionsabgabeverbots ein. So soll nach jüngsten Vorstellungen des GDV ein neuer § 37 VAG regeln, dass es Versicherungsvermittlern nach § 59 Abs. 1 VVG untersagt sein soll, Provisionen, Courtagen oder sonstige Vergütungen, die sie für die Vermittlung von Versicherungsverträgen erhalten, oder Teile davon mittelbar oder unmittelbar an Personen abzugeben, die an den von ihnen vermittelten oder betreuten Versicherungsverträgen beteiligt sind (Versicherungsjournal v. 30.04.2012).

3 Die Berufszugangsregelungen

Die Finanzanlagenvermittlung wird nicht durch ein klassisches Berufsrecht (wie etwa bei Rechtsanwälten oder Steuerberatern) neu geregelt. Der allgemeinen gewerberechtlichen Zuordnung entsprechend knüpft es an die bereits bestehenden Regelungen der Vermittlung im Rahmen der Maklertätigkeit und der Versicherungsvermittlung an. Daher ist die förmliche gesetzliche Regelung auch recht knapp ausgefallen und der Großteil der Ausgestaltung der Rechtsverordnung überlassen worden.
Eine klare Begriffsdefinition der Vermittlung hat der Gesetzgeber – warum auch immer – nicht voranstellen wollen.
Mit der mittelbaren Aufnahme der Beratung in den Regelungsbereich der Finanzanlagenvermittlung ist die Definitionsschärfe nicht gerade erhöht worden. Für die Versicherungsvermittler und Versicherungsberater ist das in Gestalt der §§ 34d und 34e GewO anders gemacht worden.

3.1 Der neue Vermittlungsbegriff

Für welche Vermittler und welche Bereiche von Vermittlung die neuen Regelungen gelten, ist für Praktiker natürlich eine wesentliche Frage. Umso mehr auch deshalb, weil sich der Gesetzgeber mit klaren Begriffsdefinitionen schwer getan hat – im Gegensatz zum benachbarten Bereich der Versicherungsvermittlung, der eine feste Tradition von Begrifflichkeiten kennt und beachtet.

3.1.1 Vermittlung im weiteren Sinne

Die einschlägigen Gesetze (etwa das Bürgerliche Gesetzbuch) und insbesondere auch die GewO regeln einzelne Bereiche der Vermittlung. Neu ist seit 2007 die Versicherungsvermittlung in § 34d GewO und die Versicherungsberatung in § 34e GewO geregelt, und nunmehr ebenfalls neu die der Finanzanlagenvermittlung in §§ 34f, 34g GewO.
Der den Finanzdienstleistungsmarkt bislang prägende sog. Allfinanzgedanke wurde vom Gesetzgeber nicht aufgegriffen. Dennoch: In der gegenwärtigen und sicher auch länger noch geltenden Praxis werden Versicherungen, Kapitalanlagen und häufig auch Finanzierungen „aus einer Hand" angeboten und vertrieben. Damit korreliert der Umstand, dass in Deutschland derzeit etwa 258.000 Versicherungsvermittler (aller Vermittlerarten) tätig sind; ca. 80.000 davon sind als registrierte gewerbliche Vermittler von Finanzanlagen im Besitz der bislang noch maßgeblichen gewerberechtlichen Erlaubnis nach §§ 34c GewO, 16 MaBV (Quelle: DIHK Stand 1/2012). Erhebungen zufolge wurde vor 2007 noch von einer weitaus höheren Zahl (über 400.000) ausgegangen (BT-Drucks. 16/1935, S. 13).

Der Gesetzgeber handelt insofern mit Blick auf den Finanzdienstleistungsmarkt sicher nicht konsequent, wenn er den Allfinanzgedanken nicht aufgreift und die Themenbereiche nicht in einer einheitlichen gesetzlichen Regelung zusammenfasst. Noch augenfälliger ist dabei eine weitere, an den wirklichen Marktverhältnissen und der sachbedingten Normativität vorbeigehende Unterscheidung des Gesetzgebers, nämlich diejenige zwischen Anlageberatung und Anlagevermittlung. Das Kreditwesengesetz definierte sie schon immer als zwei grundsätzlich eigenständige und voneinander unabhängige Finanzdienstleistungen.

Nur eine gewerberechtliche Erlaubnis für Finanzanlageberatung und -vermittlung

Neu und begrüßenswert ist zunächst einmal, dass für die Anlageberatung und die Vermittlung von Finanzanlagen i. S. des § 1 Abs. 1a Nr. 1a KWG **künftig nur noch eine gewerberechtliche Erlaubnis erforderlich** ist. Das KWG sieht in der Anlageberatung und in der Anlagevermittlung zwar zwei eigenständige Finanzdienstleistungen. Diese fallen in der Praxis jedoch regelmäßig in der Person des Gewerbetreibenden zusammen, so dass eine Differenzierung in getrennte Erlaubnistatbestände nicht sinnvoll erscheint (BT-Drucks. 17/6051, S. 75). Dieser Gedanke ist grundsätzlich absolut überzeugend und findet seinen Niederschlag auch in § 34f GewO. Dort wird als Finanzanlagenvermittler diejenige Person bezeichnet, welche die (Anlage-)Beratung zu und die Vermittlung von Finanzanlagen betreiben möchte. Die begriffliche Zusammenführung erfolgt über das Wort „und".

FinVermV: Unterscheidung in Vermittlung und Beratung

Allerdings erscheint es dann inkonsequent und widersprüchlich, wenn in der FinVermV gerade auch in zentralen Vorgaben der Berufsausübung trotzdem zwischen den Tatbeständen der Vermittlung und Beratung differenziert wird. Augenfällig wird dies in der Vorschrift des § 16 FinVermV, wie noch ausgeführt werden wird. Es ist hingegen dann inkonsequent, in durchaus zentralen Vorschriften differenzierte Voraussetzungen hinsichtlich der Beratung (vgl. § 16 Abs. 1 FinVermV) und der Vermittlung (vgl. § 16 Abs. 2 FinVermV) zu schaffen. Fallen in der Person des Gewerbetreibenden Beratung und Vermittlung zusammen, dann bedarf es dieser Differenzierung nicht.

Aus Praktikersicht mag hier der immer wieder gern zitierte – wohl ironisch gemeinte – Leitsatz gelten: Wie die Abgrenzung im Einzelfall aussieht, entscheidet im Streitfall das Gericht.

Bereits in der Vergangenheit hat die Rechtsprechung Kriterien entwickelt, mit denen man die erlaubnispflichtige Anlagevermittlung von der erlaubnisfreien Anlageberatung im KWG abgrenzen kann. Sie können bei der Anwendung der FinVermV sicherlich herangezogen werden (vgl. z. B. Hessischer VGH, Beschluss v. 18.07.2003, Az.: 6 TG 3395/02).

Eine erlaubnisbedürftige Anlagevermittlung bzw. deren Nachweis ist gemäß § 1 Abs. 1 a Nr. 1 KWG danach „immer dann gegeben, wenn der Vermittler den Abschluss eines konkreten Geschäfts bereits so umfassend vorbereitet und abgewickelt hat, dass der Kunde den Auftrag nur noch zu unterschreiben und abzusenden hat." (Leitsatz des Hessischen VGH, aaO).

Unter Hinweis auf das Fachschrifttum zum Gewerberecht (Landmann/Rohmer, GewO Bd. 1, I § 34d Rn. 28 ff.) sah die Rechtsprechung den maßgeblichen Unterschied zwischen Anlagevermittlung und -beratung im Konkretisierungsgrad der produktbezogenen Aussagen und Maßnahmen.

- Um **reine Beratung** handelt es sich danach, solange der Berater/Vermittler mehrere Produkte darstellt und ohne Einleitung eines Verkaufsvorgangs bewertet in Bezug auf allgemeine Vorzüge und Merkmale des Produkts und dessen Eignung für die benannten bzw. erkennbaren Kapitalanlage- oder -verwaltungsziele des Interessenten/Kunden. Das wird dann genauso gelten müssen, wenn schon von vornherein nur ein Produkt Gegenstand der Darstellungen war und bleibt.
- Die **Vermittlung** setzt dagegen dort ein, wo der Berater/Vermittler dem Interessenten/Kunden rechtlich relevante Unterlagen für den Produkterwerb vorlegt und erste Schritte der Vorbereitung eines Vertragsabschlusses einleitet, also in Form eines konkreten Auftrags über ein konkretes Finanzinstrument die Anlageentscheidung des Interessenten/Kunden vorformuliert. Dass der Interessent/Kunde selbst erst durch seine Unterschrift die Entscheidung schlussendlich trifft, ist dann nicht weiter von Bedeutung für die Annahme einer Vermittlung. Denn träfe der Berater/Vermittler auch diese Entscheidung, so bewegte er sich bereits in der gesondert erlaubnispflichtigen Portfolioverwaltung (Hessischer VGH, aaO, Begründungsausführungen).

Bemerkenswert mit Blick auf die sich aktuell verstärkt entwickelnde Diskussion um eine gesetzliche Regelung zur Honorarberatung als Alternative zur klassischen Vermittlungsprovision stellt der Hessische VGH (aaO) zur unterscheidungsrelevanten Bedeutung eines Honorars bzw. einer Provision fest: „Dass" ... vom Produktanbieter keine ... „Vergütung gezahlt wird, ist in diesem Zusammenhang nicht entscheidend." Zwar sei „die Provisionszahlung ... ein Indiz (Anhaltspunkt) für die Abgrenzung von Anlageberatung und Anlagevermittlung in der Weise, dass jedenfalls nicht mehr von Anlageberatung gesprochen werden kann, wenn der ‚Berater' seine Provision vom Anbieter des jeweiligen Finanzinstruments erhält." Es müsse aber stets „im Einzelnen geprüft werden, ob eine über die rein abstrakte Beratung hinausgehende Tätigkeit gegeben ist."

3.1.2 Vermittlung im engeren Sinne

Unter den Begriff der Vermittlung im engeren Sinne fällt die unmittelbar auf den konkreten Vertragsschluss mit Dritten zielende Tätigkeit. Dabei ist es unerheblich, ob es tatsächlich zu einem Vertragsschluss kommt (Tettinger/Wank/Enuschat, GewO, § 34c Rn. 16; § 34d Rn. 17; Schönleiter in: Landmann/Rohmer Bd. 1 I § 34d

Rn. 28 ff.; Marcks, MaBV-Komm., Teil B, § 34c GewO Rn. 8 ff.; ähnlich auch das Umsatzsteuerrecht: Borggreve, UStB 2009 S. 229). Eine Vermittlung des Abschlusses von Verträgen ist jede auf den Abschluss zielende Tätigkeit. Dieser Rechtsgrundsatz entstammt der langen Vorgeschichte der gewerberechtlichen Regelungen zu § 34c GewO (Marcks, aaO, unter Hinweis auf die entsprechenden Quellen in der ständigen höchstrichterlichen Verwaltungsrechtsprechung). Eine Vermittlung liegt deshalb auch dann vor, wenn es nicht zum Vertragsabschluss kommt. Entscheidend ist allein, dass das nach dem Gesamtbild der Verhältnisse und Abläufe so beabsichtigt war.

Beispiel

Vermittler V ist mit Anleger A seit mehreren Wochen im Gespräch über eine Beteiligung an einem Flugzeugfonds. Kurz vor Abschluss überlegt A es sich anders und kauft Sparbriefe.

Hier liegt ein Fall von Beratung und Vermittlung vor. Dass der Erfolg am Ende ausblieb, ändert nichts daran. V muss darüber ein Beratungsprotokoll erstellen.

Sollte er vom Emissionshaus allein schon dafür eine Provision erhalten haben, ist diese bei der Prüfung anzugeben und zu dokumentieren. Diese Daten bilden auch die Grundlage für die Steuererklärung.

Vermittlung liegt insbesondere vor, wenn jemand auf Grund einer ihm von der Vertragspartei erteilten Vollmacht Verträge in deren Namen selbst abschließt. In Folge dessen bedurfte beispielsweise der selbstständige Handelsvertreter nach § 84 Abs. 1 HGB bereits nach § 34c GewO einer Vermittlererlaubnis, wenn er Geschäfte im Sinne dieser Vorschrift tätigen wollte. Hierin liegt auch der feine Unterschied zu § 652 BGB, aus dem der Makler seinen zivilrechtlichen Vergütungsanspruch ableiten kann. Deshalb ist die Frage des Bestehens oder Nichtbestehens eines zivilrechtlichen Vergütungsanspruches auch in keiner Weise präjudizierend (VGH Baden-Württemberg, Urteil v. 29.04.1997, GewArch 1997, 368; OVG Niedersachsen, Urteil v. 28.01.2000, GewArch 2000, 282).

Naturgemäß birgt dies in einem aufgeteilten, komplexen Vermittlungsprozess eine Reihe von Fragestellungen:

- Lediglich **vorbereitende Handlungen**, die auf einen konkreten Vertragsschluss mit Dritten zielen, wie etwa eine Terminvereinbarung durch Büropersonal oder ein Call Center, stellen sicherlich für sich betrachtet keine Vermittlung i. S. des § 34f GewO dar. Anders wird das wohl zu beurteilen sein, wenn diese Terminfestlegung die Anbahnung eines konkreten späteren Vermittlungsabschlusses ist. Es kann aber im Einzelfall fraglich sein, ob eine am Ende nicht abschlussbezogene Terminanbahnung vom Inhalt her überhaupt eine Beratung darstellt.
- Wird bereits in der ersten Kontaktaufnahme ein **konkretes Produkt, etwa durch einen Tippgeber, beworben** und werden hierbei auch vorbereitende Verkaufs- und/oder Beratungsgespräche geführt, wird man in Anlehnung an § 34d GewO

unzweifelhaft eine Vermittlungstätigkeit für den Gesamtvorgang bejahen müssen, auch mit den entsprechenden Folgen für die Informations- und Dokumentationspflichten (siehe dazu später).

- Die bloße **Bestandsverwaltung von Kapitalanlagebeständen** dürfte nicht dem Vermittlungsbegriff zuzuordnen sein. Dies gilt selbst dann, wenn dafür Bestands-, Folge- oder sog. Pflegeprovisionen gezahlt werden.
- Folgen allerdings aus der **Bestandspflege** (vertragliche) Pflichten des Vermittlers zur laufenden Anpassung, Änderung oder Neubegründung von Kapitalanlagen, handelt es sich hierbei bereits nach derzeitiger Rechtslage in jedem Einzelfall um eine Vermittlungstätigkeit (Tettinger/Wank/Enuschat, GewO, § 34d Rn. 20).

Tipp

Die tätigen Vermittler wie auch die entsprechenden, das Produkt anbietenden Finanzdienstleistungsunternehmen sind zukünftig gut beraten, solche Tätigkeiten sehr klar und trennscharf von anderen zu strukturieren.

3.1.3 Finanzanlagenvermittler

Die neuen §§ 34f und 34g GewO sind in gewisser Weise eine Mischung der bisherigen gesetzlichen Regelungen aus § 34c GewO und der MaBV, denjenigen für die Versicherungsvermittlung nach § 34d und der Versicherungsberatung nach § 34e GewO sowie zentralen Vorschriften des WpHG.

So sind die Tatbestandsmerkmale der Zuverlässigkeit und des Leumundes in den §§ 34c, d und e sowie f GewO enthalten. Die Erfordernisse der Sachkunde(-prüfung) und Berufshaftpflichtversicherung waren bereits Bestandteile der §§ 34d und 34e GewO und sind nun ebenfalls in § 34f GewO enthalten.

Die Nebenpflichten nach §§ 21 bis 25 FinVermV weisen starke Parallelen zu den bekannten Vorgaben in § 16 MaBV auf. Vergleicht man die Vorgaben im Versicherungsvermittlungsrecht mit denjenigen des Finanzanlagenvermittlungsrechts, kann man zwei sehr unterschiedliche Ansätze erkennen.

- Die VersVermV regelt im Wesentlichen die Berufszugangsvoraussetzungen eines Versicherungsvermittlers. Seine Berufsausübungspflichten werden über das VVG definiert (näher zum Themenkomplex: Beenken/Sandkühler, Das neue Versicherungsvermittlergesetz).
- Anders der Weg in der FinVermV: Wie in der VersVermV werden zunächst umfangreich und detailliert die Berufszugangsvoraussetzungen vorgegeben. Der Pflichtenkatalog zur Berufsausübung wurde dem WpHG entlehnt und direkt in die FinVermV übernommen.

Das zieht sehr unterschiedliche Rechtsfolgen nach sich. Eine Pflichtverletzung des Gewerbetreibenden nach dem VVG hat dann immer auch direkte Auswirkungen auf

den Versicherungsvertrag, mit der Folge, dass beispielsweise auch die Vorschriften des allgemeinen Schuldrechts Anwendung finden können.
Die Vorgaben der FinVermV sind dagegen zunächst nur gewerberechtliche Verpflichtungen, die keine Auswirkungen auf die vertragliche Beziehung zwischen dem Anleger, dem Emittenten und dem Gewerbetreibenden haben. Da die Vorschriften der FinVermV unzweifelhaft als (Anleger-)Schutzvorschriften anzusehen sind, wird zivilrechtliche Anspruchsgrundlage der § 823 Abs. 2 BGB sein.

Die neue Definition der Finanzanlagenvermittlung

Die Versicherungsvermittlung unterscheidet bekanntlich zwischen den Versicherungsvertretern, den Versicherungsmaklern und den Versicherungsberatern, und verschiedenen Spielarten wie produktakzessorischen Vermittlern, Annexvertrieben, Strukturvertrieben und dergleichen. Einen Sonderfall stellen dann noch die Tippgeber dar.
Trotz der oben erwähnten Zusammenführung der Vorgaben unterscheidet der neue § 34f GewO nicht zwischen verschiedenen Vermittlertypen. Mit dem **Begriff des Finanzanlagenvermittlers** ist allerdings jetzt eine gegenüber der bisherigen Regelung erweiterte Definition verbunden.
Finanzanlagenvermittler ist demnach, wer im Umfang der Bereichsausnahme des § 2 Abs. 6 Satz 1 Nr. 8 KWG gewerbsmäßig

- Anlageberatung i. S. d. KWG (§ 1 Abs. 1 a Nr. 1 a KWG) und
- den Abschluss von Verträgen über den Erwerb von „Finanzanlagen" vermitteln will.

Finanzanlagenvermittler als nach der GewO besonders zugelassene Gewerbetreibende der Finanzdienstleistung sind damit sowohl gewerbsmäßig tätige „Anlageberater" als auch „Anlagevermittler" in einer Person. Dieser in der Gewerbeordnung für die Berater/Vermittler nunmehr neu geschaffene Begriff „Finanzanlagenvermittler" fasst die gesonderten Tätigkeiten „Anlageberatung" und „Anlagevermittlung" in KWG und WpHG offenkundig zusammen.
Das ist nicht unbedingt logisch. Denn im KWG und im WpHG werden – in Übereinstimmung mit der ständigen Rechtsprechung – beide Begriffe rechtlich voneinander unterschieden. So ist nach § 31 Abs. 3a WpHG einem Anleger „im Falle der Anlageberatung" ein Informationsblatt über das Finanzinstrument auszuhändigen. Im Fall der reinen Anlagevermittlung nach § 2 Abs. 3 Nr. 4 WpHG ist dies nicht vorgesehen.
Unter den Begriff der **„Gewerbsmäßigkeit"** fallen Tätigkeiten, die einerseits selbstständig und erlaubt sowie auf Gewinnerzielung und Dauer (ein-)gerichtet sind; andererseits darf es sich dabei nicht um sog. „Urproduktion", um eine freiberufliche Tätigkeit, um die Nutzung und Verwaltung eigenen Vermögens oder um gewerberechtliche Bagatellen handeln (Ennuschat in: Tettinger u. a., GewO, § 34d Rn. 10).

Die Bagatellgrenze liegt im Bereich der Versicherungsvermittlung, wie es auch in internen Regularien der IHK festgelegt ist, bei der Vermittlung von sechs Versicherungen und/oder Provisionseinnahmen von ca. 1.000 EUR pro Jahr (Schönleiter in: Landmann u. a., GewO, § 34d Rn. 61). An dieser Schwelle bildete sich dann in der Praxis auch die Abgrenzung zum (nicht gewerbsmäßig handelnden) Tippgeber.
Bei der Finanzanlagenvermittlung dürfte die vorgenannte jährliche Provisionssummenbegrenzung zu hoch sein, da in diesem Bereich ein niedrigeres Provisions-/Courtageniveau herrscht. Insoweit ist es sinnvoll, die Bagatellgrenze bei der Vermittlung von sechs Kapitalanlagen und einem Provisionsvolumen von 750 EUR festzulegen.

Berechnungsbeispiel

Vom sog. Ausgabeaufschlag des Anlageprodukts erhält ein Vermittler einen vertraglich festgelegten Prozentsatz an Vermittlungsprovision.

Anlagesumme z. B 10.000 EUR, davon 4 % Ausgabeaufschlag, davon 30 % Abschlussprovision = 120 EUR

3.2 Beschäftigte des Vermittlers

In Anlehnung an § 34d Abs. 6 GewO schreibt § 34f Abs. 4 GewO vor, dass ein Gewerbetreibender nur Personen zur Beratung und Vermittlung beschäftigen darf, wenn er sicherstellt, dass diese Personen über den Sachkundenachweis gemäß § 34f Abs. 2 Nr. 4 verfügen, und er geprüft hat, ob diese auch zuverlässig sind.
Als Beschäftigte im Sinne dieser Vorschriften gelten nur diejenigen, die nicht selbst als selbstständige Finanzanlagenvermittler oder als „echte“ oder auch „unechte“ Handelsvertreter anzusehen sind. Im Umkehrschluss bedeutet dies, dass nur angestelltes Personal eines Finanzanlagenvermittlers unter die Definition fällt. Dies ist insofern auch konsequent, als ein selbstständiger Vermittler sowohl in der Versicherungsvermittlung als auch der Finanzanlagenvermittlung eine eigene Gewerbeerlaubnis benötigt.
Rechtfertigen Tatsachen die Annahme, dass die Mitarbeiter die erforderliche Sachkunde oder Zuverlässigkeit nicht besitzen, kann dem Gewerbetreibenden die Beschäftigung dieser „dritten“ Personen untersagt werden.
Kommt es zu einem Vermögensschaden aufgrund einer Falschberatung durch den Einsatz eines Angestellten, der nicht im Besitz eines Sachkundenachweises ist, kann dies zu zivilrechtlichen Haftungsansprüchen gegenüber dem Gewerbetreibenden führen (BT-Drucks. 17/6051).

Beispiel

Bei einem Beratungs- und Vermittlungsgespräch erläutert eine Mitarbeiterin des Vermittlers dem Anleger eine KG-Beteiligung in einem Leasingfonds. Nach dem aufgenommenen Anlegerprofil entspricht eine unternehmerische Risikobeteiligung eindeutig nicht der Interessenlage des Anlegers. Die Erläuterung der Vergütungsstruktur für die Vermittlung stellt die Mitarbeiterin, eine relativ neu eingestellte, bisher branchenfremde Dame, nicht nachvollziehbar und auch nicht klar dokumentiert dar. Der Anleger zeichnet wegen möglicher Steuervorteile eine Beteiligung in Höhe von 50.000 EUR. Die Rendite bleibt aus und der Anleger wird überrascht durch eine von der KG mehrheitlich beschlossene Nachschusspflicht.

Es ist damit zu rechnen, dass der Vermittler in einem Schadensersatzprozess unterliegt.

Achtung

Soweit der Finanzanlagenvermittler als Arbeitgeber seiner Pflicht zur Sicherstellung und Prüfung der angemessenen Qualifikation und Zuverlässigkeit seiner Angestellten nicht hinreichend nachkommt, kann dies die eigene (gewerberechtliche) Unzuverlässigkeit begründen (Tettinger/Wank/Ennuschat, GewO, § 34d GewO Rn. 107 ff.; Schönleiter in: Landmann/Rohmer, § 34d GewO Rn. 28; Marcks, MaBV-Komm., Teil B, § 34c GewO Rn. 93 ff.).

3.3 Das Registrierungs- und Erlaubnisverfahren

Hier sind grundsätzlich verschiedene Verfahren und die dafür vorgesehenen Zuständigkeiten zu unterscheiden.

3.3.1 Zuständigkeitsfragen

Die Neuregelungen sehen vor, dass sich Finanzanlagenvermittler im Vermittlerregister registrieren lassen. Die Registrierung erfolgt bei der für den betreffenden Gewerbetreibenden örtlich zuständigen Industrie- und Handelskammer. Diese wiederum meldet die Registrierung unter der Voraussetzung, dass alle für die Registrierung erforderlichen Bescheinigungen beigebracht worden sind, über das beim Deutschen Industrie- und Handelskammertag eingerichtete Vermittlerregister an. Das Vermittlerregister kann von jedermann über das Internet eingesehen werden (www.vermittlerregister.de). Dort sind bereits derzeit die Versicherungsvermittler registriert.

3.3.2 Vermittlerregister

Nach § 34d Abs. 7 und § 34f Abs. 5 GewO müssen sich Versicherungsmakler, Mehrfachagenten, produktakzessorische Vermittler, gebundene Versicherungsvertreter sowie Versicherungsberater und Finanzanlagenvermittler in das Vermittlerregister nach § 11a GewO i. V. m §§ 6, 7 FinVermV eintragen lassen. Obwohl jede Industrie- und Handelskammer grundsätzlich selbst die Registerbehörde ist, wird das Register als solches bundeseinheitlich beim DIHK eingerichtet und geführt. Das Vermittlerregister ist ein internetbasiertes Register und über folgende Internetadressen aufrufbar:

- www.vv-register.de
- www.vermittlerregister.info
- www.vermittlerregister.org

Gemäß § 11a Abs. 1 Satz 3 GewO ist Zweck des Registers insbesondere, der Allgemeinheit, vor allem Versicherungsnehmern und Versicherungsunternehmen, die Überprüfung der Zulassung sowie des Umfangs der zugelassenen Tätigkeit der Eintragungspflichtigen zu ermöglichen. Das erklärt auch den umfangreichen Katalog in § 6 FinVermV. Auskünfte aus dem Register werden entweder im Wege des automatisierten Abrufs über das Internet kostenfrei, oder schriftlich von den Industrie- und Handelskammern, dann jedoch gegen eine Gebühr, erteilt.

3.3.2.1 Angaben im Vermittlerregister

Notwendige Angaben im Vermittlerregister werden in § 6 FinVermV geregelt. Danach werden folgende Angaben zu den Eintragungspflichtigen gespeichert:

Gespeicherte Angaben im Vermittlerregister
• Familienname und Vorname (Bei juristischen Personen werden auch die Familien- und Vornamen der natürlichen Personen gespeichert, die innerhalb des für die Geschäftsführung verantwortlichen Organs für die Vermittlertätigkeit zuständig sind.)
• Firma der Personenhandelsgesellschaften, in denen der Eintragungspflichtige als geschäftsführender Gesellschafter tätig ist
• Geburtsdatum
• Angabe der Tätigkeitserlaubnis und deren genauer Inhalt. Ggf. deren Beschränkung auf die jeweiligen Bereiche nach § 34f Abs. 2 Satz Nrn. 1 bis 3 GewO
• Bezeichnung und Anschrift der zuständigen Registerbehörde
• EU/EWR-Staaten, in denen der Vermittler beabsichtigt tätig zu werden sowie ggf. Anschrift ausländischer Niederlassungen
• Betriebliche Anschrift
• Registrierungsnummer
• Vollständige Namen und Alter der vom Erlaubnisinhaber zur unmittelbaren und verantwortlichen Mitwirkung angestellten Beschäftigten

Aus Datenschutzgründen ist das Geburtsdatum für den normalen Leser des Registers nicht einsehbar. Änderungen der im Register gespeicherten Daten sind nach § 7 FinVermV der IHK unverzüglich mitzuteilen.

Nach § 11a Abs. 4 GewO hat der Vermittler, der in einem anderen Mitgliedstaat der Europäischen Union oder in einem anderen Vertragsstaat des Abkommens über den Europäischen Wirtschaftsraum tätig werden möchte, dies der IHK mitzuteilen. Die gleichlautende und rechtzeitige Kommunikation der Registrierungsdaten bei unterschiedlichen Erlaubnis- und Registrierungsstellen liegt nach § 7 FinVermV im Verantwortungsbereich des Erlaubnisinhabers selbst. Nicht ganz verständlich ist allerdings die Regelung in § 7 Abs. 2 FinVermV, wonach der Erlaubnisinhaber die Registernummer der Registerbehörde unverzüglich mitzuteilen hat: Er bekommt seine Nummer ja erst von dieser und kann deshalb vorher keine Mitteilung machen. Hat er sie jedoch, macht es wenig Sinn, sie an genau die Behörde zu geben, die sie erteilt hat.

3.3.2.2 Löschung der Daten im Register

Nach § 11a Abs. 3a GewO werden die Daten bei

- Gewerbeuntersagung
- Rücknahme/Widerruf der Erlaubnis nach §§ 34d, 34e, 34f GewO
- Rücknahme/Widerruf der Erlaubnisbefreiung nach § 34d Abs. 3 GewO
- Beendigung der Zusammenarbeit eines Versicherungsunternehmens mit einem gebundenen Versicherungsvertreter nach § 34d Abs. 4 GewO

unverzüglich aus dem Register gelöscht.

3.3.3 Durchführung der Sachkundeprüfung

Der Vermittler muss einen Sachkundenachweis erbringen. Nach § 2 FinVermV liegt die Verantwortung für das Sachkundeprüfungsverfahren bundeseinheitlich bei den Industrie- und Handelskammern. Dabei ist der Antragsteller nicht an eine bestimmte örtliche Industrie- und Handelskammer gebunden. Das heißt praktisch, dass ein angehender Finanzanlagenvermittler aus Berlin seine Prüfung in München ablegen kann. Voraussetzung ist allein, dass die dortige Industrie- und Handelskammer die Durchführung eines solchen Prüfungsverfahrens auch anbietet. Die Industrie- und Handelskammern können sich zur Durchführung der Sachkundeprüfungen organisieren, also beispielsweise Schwerpunktzuständigkeiten einrichten. Das ist inzwischen auch bereits erfolgt. Die auf S. 183 eingefügte Übersicht gibt den aktuellen und voraussichtlich auch in Kürze verbindlichen Stand wieder. Die Ansprechpartner nennen die jeweiligen Industrie- und Handelskammern stets auf ihrer Homepage.
Die Kammerorganisation wird also die Prüfung ab dem 01.11.2012 anbieten. Derzeit ist anzunehmen, dass dieses Angebot zunächst nur bei wenigen Kammern sofort in Anspruch genommen werden kann. Möglicherweise ändert sich das allerdings noch kurzfristig, da die Kammern sehr bemüht sind, den Service möglichst breit angelegt und schnell bieten zu können.

Die Prüfungsinhalte sind im Gesetz festgelegt und dort auch in den erforderlichen Umrissen beschrieben. Insbesondere die schriftliche Prüfung wird von einem bundeseinheitlich zuständigen Ausschuss erarbeitet. Dessen Besetzung ist inzwischen auch bereits entschieden und erfolgt. Die Leitfäden für die mündliche Prüfung wird der Deutsche Industrie- und Handelskammertag bei einem kammernahen Dienstleister in Auftrag geben, von dem die Prüfungskammern sie abrufen werden. Das dürfte – wie bei den Versicherungsvermittlern – die Berufsbildung GmbH, Bonn, sein.
Nach erfolgreicher Prüfung darf der Finanzanlagenvermittler den Titel „geprüfter Finanzanlagenfachmann/-frau IHK" führen. Wer ohne Sachkundeprüfung zur Registrierung zugelassen worden ist (siehe dazu näher S. 46), darf diesen Titel nicht führen.

3.3.3.1 Allgemeines Verfahren

Wer für die Erlaubniserteilung zuständig ist, ist in Gesetz und Verordnung bewusst nicht geregelt worden. Der Gesetzgeber hat trotz vielfacher Kritik aus Fachkreisen dafür keine feste Zuständigkeit vorgeben wollen. Nach den in Art. 30 GG festgelegten Grundsätzen ist damit eine Zuständigkeit der einzelnen Bundesländer gegeben. Das wiederum bedeutet, dass der jeweilige Landesgesetzgeber über die Umsetzung im Einzelnen entscheiden und ein entsprechendes Gesetz dazu erlassen muss. Dieser Rechtszustand ist nicht glücklich; eine einheitliche Lösung nach dem Vorbild der Regelung bei den Versicherungsvermittlern wäre wünschenswert gewesen. Dies scheiterte aber letztlich daran, dass starke Kräfte im politischen Raum ursprünglich eine zentrale Zuständigkeit der BaFin durchsetzen wollten. Als dies nicht gelang, kam es zu keiner bundesweiten Einigung mehr. Der Deutsche Industrie- und Handelskammertag und die meisten Industrie- und Handelskammern setzten sich für die „One-Stop-Shop-Lösung" – die Alles-aus-einer-Hand-Lösung – ein, die den Finanzanlagenvermittlern einen Ansprechpartner in allen Belangen verschafft hätte. Es reklamierten aber wohl auch einige Industrie- und Handelskammern, für die Erlaubniserteilung zusätzlich zuständig sein zu wollen, nicht aber auch noch Ordnungswidrigkeiten verfolgen zu wollen.
Fest steht somit nur, dass die Führung des Registers und die Abnahme der Sachkundeprüfung bei den Industrie- und Handelskammern liegen. In mehreren Bundesländern wird auch die Erlaubniszuständigkeit dort liegen. Das ist derzeit zwar noch weitgehend offen, wird aber aller Voraussicht nach bis zum Herbst 2012 flächendeckend geregelt sein.
Grundsätzlich könnten für die Erlaubnis sowohl Industrie- und Handelskammern als auch die Kreisverwaltungsbehörden zuständig sein. Im Falle der Kammerzuständigkeit dürfte es auch hier zu Verbundlösungen kommen, weil nur die schwerpunktmäßige Kompetenz- und Kapazitätsvorhaltung im Sinne der Wirtschaftlichkeit und Effektivität auch in größeren Bundesländern Sinn machen dürfte.

Das Ganze hatte sich bislang zeitlich schon deshalb etwas hingezogen, weil in einigen Bundesländern Landtagswahlen waren. Dem Vernehmen nach scheint es aber in den größeren Bundesländern einen Trend zu geben, die bereits für die Versicherungsvermittler mit dieser Aufgabe betrauten und insofern erfahrenen Kammern auch hier in die Pflicht zu nehmen.

3.3.3.2 Umstellungskosten

Das Erlaubnisverfahren einschließlich der Sachkundeprüfung ist kostenpflichtig. Die in diesem Zusammenhang anfallenden Gesamtkosten lassen sich nur annähernd beziffern, weil sie letztlich auch individuell (das heißt in Abhängigkeit von der Kostenstruktur in den jeweiligen Bundesländern oder Regionen) geprägt sein werden.
Die Bundesregierung bzw. das Bundeswirtschaftsministerium gehen in der Begründung zur FinVermV bei den Mehrkosten für betroffene gewerbliche Finanzanlagenvermittler davon aus, dass einmalige Umstellungskosten in Höhe von ca. 400 EUR anfallen werden (BR-Drucks. 89/12, S. 4). Diese Summe beinhaltet die vom jeweiligen Prüfungsumfang abhängige Prüfungsgebühr für den Sachkundenachweis des Gewerbetreibenden. Für etwa 50 % der 80.000 Finanzanlagenvermittler entfalle diese Gebühr, da für sie die Bestandsschutz- bzw. Übergangsregelung gelte. Die einmaligen Umstellungskosten aufgrund der Sachkundeprüfung betrügen somit insgesamt 16 Mio. EUR. Weitere Kosten in Höhe von ca. 25 bis 40 EUR pro Fall fielen durch Eintragungsgebühren der Industrie- und Handelskammern für das dort geführte Vermittlerregister an, was insgesamt 2,6 Mio. EUR ausmache.
Prüfungsgebühren in Höhe von ca. 400 EUR entstehen auch für die unmittelbar bei der Vermittlung und Beratung mitwirkenden Beschäftigten des Gewerbetreibenden, die ebenfalls einen Sachkundenachweis erbringen müssen. Geht man von zwei nicht von den Übergangsvorschriften privilegierten Beschäftigten pro Gewerbetreibenden aus, entstünden so zusätzliche Mehrkosten für die Prüfungen in Höhe von 800 EUR sowie für deren Registrierung ca. 40 EUR pro Fall, also insgesamt ca. 6,4 Mio. EUR.

3.3.4 Gewerbeerlaubnis

Nach § 34f GewO prüft die zuständige Behörde vor der Erlaubniserteilung, ob die folgenden vier Berufszugangsvoraussetzungen vorliegen:

1. Zuverlässigkeit: Der Antragsteller muss die für den Gewerbebetrieb erforderliche Zuverlässigkeit besitzen.
2. Geordnete Vermögensverhältnisse (Leumund): Der Antragsteller muss in geordneten Vermögensverhältnissen leben.
3. Berufshaftpflichtversicherung: Der Antragsteller muss eine Berufshaftpflichtversicherung nachweisen.
4. Sachkunde: Er muss über die notwendige Sachkunde verfügen.

3.3.5 Zuverlässigkeit

Nach § 34f Abs. 2 Nr. 1 GewO muss der Vermittler über die erforderliche persönliche Zuverlässigkeit verfügen. Fehlt es an ihr im Zeitpunkt der Antragstellung, wird die Erlaubnis versagt.
Das Gewerberecht kennt keine allgemeine positive Definition dieses Begriffs und grenzt ihn lediglich negativ ab. Er findet sich zudem in zahlreichen gewerberechtlichen Zulassungsbestimmungen wieder und versteht sich insoweit immer auch vor dem Hintergrund der jeweiligen konkreten Regelungsmaterie.
Die Zuverlässigkeit ist ein sog. unbestimmter Rechtsbegriff, der von den Gerichten nach Rechtsgrundsätzen ausgelegt wird. Das darf nicht verwechselt werden mit einer Ermessensentscheidung, bei welcher eine Behörde einen gewissen, rechtlich nur begrenzt überprüfbaren Entscheidungsspielraum hat. Die über die Erlaubniserteilung entscheidende Stelle ist an die anerkannten Rechtsgrundsätze zur Auslegung des Zuverlässigkeitsbegriffs unter besonderer Berücksichtigung des mit dem Erlaubnisantrag verfolgten beruflichen Tätigkeitsbildes gehalten. Denn der Erlaubnisvorbehalt stellt grundsätzlich eine Einschränkung des verfassungsrechtlichen Grundrechts der Berufsfreiheit nach Art. 12 GG dar, die nur in gesetzlich geregelten Grenzen erfolgen kann. Bundesverfassungsgericht (BVerfGE 49, 89, 134) und Bundesverwaltungsgericht (BVerwGE 65, 1 ff.) haben dazu Grundsätze entwickelt. Die Fachliteratur zum Gewerberecht und insbesondere auch zum Finanzaufsichtsrecht hat sich mit zahlreichen Grundsatz- und Einzelfragen beschäftigt und Beispiele aus der Rechtspraxis zusammengetragen (Tettinger/Wank/Ennuschat, aaO, § 35 Rn. 27 ff.; Marcks, MaBV-Komm., Teil B, § 34c GewO Rn. 93 ff.; Geschwandtner, NJW 2006, 1571 ff.).
Als zusätzliche Orientierung im Rahmen des § 34f GewO kann der Zuverlässigkeitsbegriff im Verfahren zur Zulassung von Versicherungsvermittlern nach § 34d GewO dienen.
Danach ergibt sich Folgendes:

- Die erforderliche Zuverlässigkeit ist in der Regel nicht gegeben, wenn über das Vermögen des Antragstellers ein Insolvenzverfahren eröffnet wurde oder er in das vom Insolvenzgericht oder Vollstreckungsgericht zu führende Register eingetragen ist. Die IHK lässt sich zur Überprüfung unter anderem Unbedenklichkeitsbescheinigungen der Finanzbehörden und Auszüge aus dem Schuldner- und Insolvenzverzeichnis vorlegen. Bei juristischen Personen müssen die Vermögensverhältnisse des Unternehmens geprüft werden.
- Die in der Gewerbeordnung genannten Tatbestände der Zuverlässigkeit und der geordneten Vermögensverhältnisse werden durch die nachfolgenden Regelbeispiele näher erläutert. Es wird stets eine Einzelprüfung durchgeführt. Der Antragsteller darf in den letzten fünf Jahren vor Stellung des Antrags nicht wegen eines Verbrechens (mindestens Freiheitsstrafe von einem Jahr) oder wegen Diebstahls, Unterschlagung, Erpressung, Betrugs, Untreue, Urkundenfälschung, Heh-

lerei, Wuchers oder einer Insolvenzstraftat rechtskräftig verurteilt worden sein. Dies prüft die IHK unter anderem anhand des polizeilichen Führungszeugnisses und des Gewerbezentralregisterauszugs. Bei juristischen Personen, also z. B. einer GmbH oder AG, sind diese Unterlagen für alle vertretungsberechtigten Personen und der Gewerbezentralregisterauszug zusätzlich für die juristische Person als Antragstellerin beizubringen.

Checkliste: Welche Unterlagen werden zur Antragstellung benötigt?
• Schriftlicher Antrag
• Personalausweis oder anderes amtliches Ausweisdokument mit Lichtbild
• Handelsregisterauszug, soweit dort eingetragen
• Polizeiliches Führungszeugnis
• Auszug aus dem Gewerbezentralregister
• Auskunft aus dem Zentralschuldnerverzeichnis
• Auskunft aus dem Insolvenzregister

- Von einer **gewerberechtlichen Unzuverlässigkeit** ist auch dann auszugehen, wenn der Gewerbetreibende keine ausreichende Gewähr dafür bieten kann, in Zukunft sein Gewerbe ordnungsgemäß ausüben zu können. Daraus folgt, dass auch nachträglich eintretende Umstände, in denen ein Gewerbetreibender seinen Verpflichtungen nicht oder nur unvollständig nachkommt, über die oben genannten Straftatbestände hinaus Zweifel an seiner Zuverlässigkeit begründen können.

Wenn zweifelhaft ist, ob ein Gewerbetreibender unzuverlässig ist, gilt Folgendes: Die Zulassungsstelle trägt die materielle Beweislast für Tatsachen, die nach ihrer Auffassung die Prognose der Unzuverlässigkeit rechtfertigen. Sie muss also nachweisen, dass der Gewerbetreibende unzuverlässig ist.

3.3.6 Leumund – geordnete Vermögensverhältnisse

Der Antragsteller muss über einen guten Leumund verfügen. Hinter dem vielleicht etwas antiquiert erscheinenden Begriff des „guten Leumunds“ verbirgt sich die Definition des Lebens in nicht „ungeordneten Vermögensverhältnissen“. Seinen Niederschlag findet dies in § 34f Abs. 2 Nr. 2 GewO. Es gelten insoweit die Rechtsgrundsätze zu § 34c Abs. 2 GewO (vgl. dazu eingehend: Marcks, MaBV-Komm., Teil B, § 34c GewO Rn. 100).

- In ungeordneten Verhältnissen lebt ein Antragsteller, wenn über sein Vermögen ein Insolvenzverfahren eröffnet oder ein Antrag auf Eröffnung mangels Masse nach § 26 Abs. 1 InsO abgewiesen worden ist, oder er in das vom Insolvenz- oder

Vollstreckungsgericht zu führende Verzeichnis nach § 26 Abs. 2 InsO oder das Schuldnerverzeichnis nach § 915 ZPO eingetragen ist.

- Dasselbe ist der Fall, wenn eine Zwangsvollstreckung nicht zu einer vollständigen Befriedigung des Gläubigers geführt hat und der Schuldner demgemäß nach § 807 ZPO ein Vermögensverzeichnis aufzustellen und durch eine Versicherung an Eides statt zu belegen hat bzw. nach § 901 ZPO dazu unter Androhung der Haft aufgefordert worden ist.

Dies sind allerdings so genannte Regelbeispiele. Das bedeutet nach herrschender Rechtsansicht im Gewerberecht, dass es sich hierbei um keinen zwingenden Einzeltatbestand, sondern um eine sog. widerlegbare Vermutung handelt (Marcks, aaO, Rn. 101). Im Klartext: Der Antragsteller kann die Vermutung des schlechten Leumunds widerlegen, wenn es sich bei dem Eintrag etwa um einen Irrtum, einen Aufnahmefehler oder eine überholte und inzwischen zu löschende Eintragung handelt.

Das Besondere an der Bestimmung in § 34f Abs. 2 Nr. 2 GewO liegt u. a. darin, dass es sich hier um einen zeitlich nicht limitierten Versagungsgrund handelt. Das bedeutet: Wenn dieser Versagungsgrund im Laufe der Tätigkeit nach Erlaubniserteilung auftritt, kann es zur Einleitung eines Rücknahmeverfahrens kommen. Das mag fallweise erst mit großer Verspätung erfolgen; aber das Risiko ist hoch. Entscheidend ist im Rahmen eines solchen Verfahrens, dass die Rücknahmegründe im Zeitpunkt der Rücknahmeentscheidung vorliegen. Wenn also ein Betroffener es erreichen kann, dass er die Rücknahmegründe rechtzeitig wieder aus der Welt schafft, kann er sich vor den Konsequenzen bewahren.

Achtung

Die gewerberechtlichen Voraussetzungen „Zuverlässigkeit" und „guter Leumund" müssen während der gesamten Dauer der Ausübung des Gewerbes vorliegen und sind nicht allein nur bei der Aufnahme der Tätigkeit bzw. der Beantragung der Erlaubnis nachzuweisen. Unterfällt z. B. im Rahmen einer sog. „Privatinsolvenz" des Gewerbetreibenden dieser den entsprechenden Vorgaben, ist davon auszugehen, dass er in ungeordneten Vermögensverhältnissen lebt, was einen Entzug der Gewerbeerlaubnis zur Folge haben kann.

3.3.7 Nachweis einer Berufshaftpflichtversicherung

Weitere und neue Berufszugangsvoraussetzung des § 34f Abs. 1 Nr. 3 GewO ist, dass der Antragsteller eine Berufshaftpflichtversicherung nachweist. Art und Umfang dieser Versicherung werden in §§ 9, 10 der FinVermV definiert. Es handelt sich dabei um ein Pflichtversicherungsverhältnis.

3.3.7.1 Umfang der Berufshaftpflichtversicherung

- Gemäß § 9 Abs. 1 FinVermV muss diese Berufshaftpflichtversicherung bei einem in Deutschland zugelassenen Versicherungsunternehmen abgeschlossen werden.

- Die Mindestversicherungssumme beträgt 1.130.000 EUR für jeden Versicherungsfall und 1.700.000 EUR für alle Versicherungsfälle eines Jahres. Diese Summen sind nicht an den Umfang der Gewerbeerlaubnis gekoppelt. Das bedeutet konkret, dass – auch wenn sich die Gewerbeerlaubnis lediglich auf die Bereichserlaubnis nach § 34f Abs. 1 Nr. 1 beschränkt – auf jeden Fall zu diesen Deckungssummen abgeschlossen werden muss. Die Höhen der Versicherungssummen gelten erstmalig ab dem 15.01.2013. Sie werden in der Folgezeit alle fünf Jahre an die von Eurostat ermittelten Europäischen Verbraucherpreisindizes nach oben oder unten angepasst.
- Der Vertrag muss die Vermögensschadenrisiken der gewerblichen Tätigkeit des Versicherungsvermittlers abdecken. Der Versicherungsschutz muss sich dabei auch auf Vermögensschäden erstrecken, die von Mitarbeitern (rechtlich: Erfüllungs- und/oder Verrichtungsgehilfen) des Finanzanlagenvermittlers verursacht worden sind, die nicht selber für die Finanzanlagenvermittlung einzustehen haben.

Achtung

Bei den heute üblichen Versicherungsverträgen sind Angestellte oder Untervermittler des Finanzanlagenvermittlers üblicherweise mit in den Versicherungsschutz eingeschlossen. Allerdings entbindet dies den gewerbsmäßig tätigen Untervermittler nicht von der Verpflichtung, eine eigene Berufshaftpflichtversicherung abzuschließen. Zum Zeitpunkt der Schlussredaktion muss davon ausgegangen werden, dass die im Rahmen der Versicherungsvermittlung bestehenden Berufshaftpflichtversicherungen, bezogen auf die Finanzanlagenvermittlung eine entsprechende Deckungserweiterung gegen einen Prämienzuschlag erfahren können

Der Versicherungsschutz muss so ausgestaltet sein, dass für jede einzelne Pflichtverletzung, die gesetzliche Ansprüche privatrechtlichen Inhalts gegen den Finanzanlagenvermittler auslösen könnte, Versicherungsschutz besteht.
In den Versicherungsbedingungen kann im Übrigen die Haftung für Ersatzansprüche wegen wissentlicher Pflichtverletzung ausgeschlossen werden. Die Tragweite dieses Risikoausschlusses sollte anlässlich der vielfältigen neuen Vermittlerpflichten nicht unterschätzt werden. Wissentliche Pflichtverletzung ist anzunehmen, wenn der Versicherte seine Pflicht positiv gekannt hat und der Pflichtverstoß für den Schaden ursächlich geworden ist.

3.3.7.2 Anzeigepflichten des Versicherungsunternehmens

§ 10 FinVermV definiert eine Reihe von Anzeigepflichten des Versicherungsunternehmens über die Berufshaftpflichtversicherung.
Der Nachweis des Bestehens einer Berufshaftpflichtversicherung ist durch eine vom Versicherungsunternehmen zu erteilende und der Erlaubnisstelle einzureichende

Bescheinigung zu erbringen. Das Versicherungsunternehmen muss bei Beginn des Versicherungsschutzes diese Bescheinigung kostenlos zur Verfügung stellen.
Jedes Versicherungsunternehmen wird verpflichtet, der für die Erlaubniserteilung nach § 34f GewO zuständigen Behörde unverzüglich mitzuteilen:

- wenn der Versicherungsvertrag beendet bzw. gekündigt wird,
- wenn der Versicherungsnehmer aus einem Gruppenversicherungsvertrag ausscheidet,
- wenn sich der Versicherungsvertrag so ändert, dass die Änderung den vorgeschriebenen Versicherungsschutz in Ansehung der Rechte Dritter beeinträchtigen kann.

Ein Umstand, der das Nichtbestehen oder die Beendigung dieses Pflichtversicherungsverhältnisses zur Folge hat, wird im Verhältnis zum betroffenen Kunden, der gegebenenfalls über Schadensersatzansprüche verfügt, erst mit Ablauf eines Monats wirksam, nachdem der Versicherer das Nichtbestehen oder die Beendigung der zuständigen Stelle angezeigt hat, § 158c Abs. 2 Satz 1 VVG.

3.3.8 Sachkundenachweis

§ 34f Abs. 2 Nr. 4 GewO verlangt vom Gewerbetreibenden den Nachweis einer erfolgreich bestandenen Sachkundeprüfung. Detailliert geregelt wird dies im Einzelnen in §§ 1 bis 5 FinVermV.
Der Gewerbetreibende muss durch eine Prüfung den Nachweis erbringen, dass er für die Vermittlung und die Beratung über eine Finanzanlage i. S. des § 34f Abs. 1 Satz 1 GewO die notwendige Sachkunde in fachlichen und rechtlichen Grundlagen sowie in der Kundenberatung besitzt.
§ 1 FinVermV definiert dabei detailliert die inhaltlichen Anforderungen an die Sachkundeprüfung. Durch das erfolgreiche Ablegen der Prüfung kann der Antragsteller nachweisen, dass er die zur Ausübung der in § 34f Abs. 1 GewO genannten Tätigkeiten erforderlichen fachspezifischen Produkt- und Beratungskenntnisse hat.
Gegenstand dieser Sachkundeprüfung gemäß § 1 Abs. 2 FinVermV sind insbesondere die folgenden Sachgebiete und deren praktische Anwendung.

Kundenberatungen

- Erstellung von Kundenprofilen, Bedarfsermittlung
- Lösungsmöglichkeiten
- Produktdarstellung und Information

Diese Vorgaben sind identisch mit denen der VersVermV.

- In § 1 Abs. 2 Nr. 2 FinVermV sind für die Sachkundeprüfungen weiterhin fachliche Kenntnisse, insbesondere über die rechtlichen Grundlagen und die steuerliche Behandlung nachfolgend aufgeführter Produkte und Dienstleistungen, erforderlich:

a) Beratung und Vertrieb von Finanzanlagen i. S. des § 34f Abs. 1 Satz 1 GewO. Bei solchen handelt es sich um Anteilsscheine einer Kapitalaktiengesellschaft oder Investmentaktiengesellschaft oder von ausländischen Investmentanteilen, die im Geltungsbereich des Investmentgesetzes öffentlich vertrieben werden dürfen
b) Investmentvermögen i. S. des § 1 Satz 2 Investmentgesetz und die Möglichkeiten der staatlichen Förderung
c) Sog. geschlossene Fonds gemäß § 34f GewO, definiert als öffentlich angebotene Anteile an geschlossenen Fonds in Form einer Kommanditgesellschaft
d) Sonstige Vermögensanlagen i. S. des § 1 Abs. 2 Vermögensanlagengesetzes.

Produktkategorien/Baukastensystem

Es ergibt sich hier, abweichend zur VersVermV, die Besonderheit, dass die Erlaubnis nach § 34f Abs. 1 Satz 1 GewO auf die Anlageberatung zu und die Vermittlung von Verträgen über den Erwerb von einzelnen Kategorien von Finanzanlagen nach den Nummern 1, 2 oder 3 beschränkt werden kann. Bei den Finanzanlagenvermittlern besteht insoweit also die – gesetzlich so erstmals geregelte – Möglichkeit, die Sachkundeprüfung im Baukastensystem abzulegen.

Beispiel

Ein Finanzanlagenvermittler möchte **ausschließlich** Anteilsscheine einer Kapitalanlage- oder Investmentgesellschaft oder von ausländischen Investmentanteilen, die im Geltungsbereich des Investmentgesetzes öffentlich ausgeschrieben werden dürfen, bzw. Investmentfonds i. S. des § 34f Abs. 1 Satz Nr. 1 der GewO vertreiben. Er möchte **keine** geschlossenen Fonds bzw. sonstigen Vermögensanlagen i. S. des § 1 Abs. 2 des Vermögensanlagegesetzes vertreiben.

Er kann seine Gewerbeerlaubnis auf die der reinen (offenen) Fondsvermittlung beschränken. Die abzulegende Sachkundeprüfung wird dann auf die vorgenannte Produktkategorie begrenzt.

3.3.8.1 Zuständige Stelle und Prüfungsausschuss

Nach § 2 Abs. 2 FinVermV wird die Sachkundeprüfung von der Industrie- und Handelskammer abgenommen. Der Prüfling kann bei jeder IHK zur Sachkundeprüfung antreten, soweit die jeweilige IHK die Sachkundeprüfung selber anbietet (siehe hierzu die Tabelle auf S. 183). Die IHK errichtet dafür Prüfungsausschüsse, in die Mitglieder einberufen werden. Die Mitglieder müssen für die Prüfungsgebiete sachkundig sein, mit der aktuellen Praxis der Finanzanlagenvermittlung und -beratung durch eigene Erfahrung vertraut und für die Mitwirkung im Prüfungswesen geeignet sein. In den Entwurfsfassungen war zunächst vorgesehen, dass die Prüfer keine Personen bewerten dürfen, die von ihnen selbst ausgebildet worden sind. An dieser Auflage hat der über die endgültige Fassung der Verordnung entscheidende Bundesrat nicht festgehalten. Ein Ausschluss eines Prüfers, der zugleich Ausbilder des Prüflings war, erschien dem Bundesrat übertrieben und auch nicht notwendig. Insbesondere kleinere Industrie-und Handelskammern hätten andernfalls auch Probleme, genügend geeignete Prüfer zu berufen, da diese Personen im Regelfall auch ausbilden. Da alle IHK-Prüfungen von mindestens drei Prüfern abgenommen werden, sei ohnehin die Ordnungsgemäßheit der Prüfung sichergestellt und eine Übervorteilung eines Prüflings ausgeschlossen. Zudem hat jeder Prüfling die Möglichkeit, einen Prüfer als befangen abzulehnen. Auch in zahlreichen anderen Prüfungsbereichen, wie etwa an Schulen, in der Berufsausbildung oder an den Hochschulen, seien Personen beteiligt, die mit der Ausbildung des Prüflings befasst waren. Die Industrie- und Handelskammern können selber Vereinbarungen für gemeinsame Durchführungen der Sachkundeprüfungen schließen, mehrere IHK können einen gemeinsamen Prüfungsausschuss errichten. Davon werden die Organisationen in der Praxis auch Gebrauch machen.

3.3.8.2 Prüfungsverfahren

Das Verfahren zur Sachkundeprüfung für Finanzanlagenvermittler ist in § 3 FinVermV sehr umfangreich und komplex geregelt.
Die Prüfung besteht aus einem schriftlichen und einem praktischen Teil.

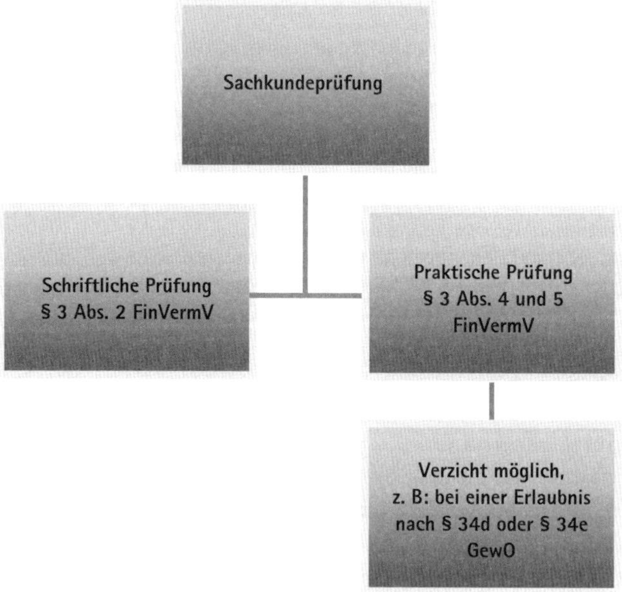

Abb. 2: Sachkundeprüfung

Schriftlicher Teil

Der schriftliche Teil erstreckt sich auf die in § 34f Abs. 1 GewO bzw. § 1 Abs. 2 Nr. 2 FinVermV definierten Produktkategorien, die in einem ausgewogenen Verhältnis zu prüfen sind. Demnach sind folgende Bereiche **abhängig vom Umfang der beantragten Erlaubnis** schriftlich zu prüfen:

- Investmentfonds,
- Geschlossene Fonds,
- Sonstige Vermögensanlagen und Genossenschaftsanteile.

Die schriftlichen Prüfungsaufgaben werden durch einen mit sieben Mitgliedern und sieben Stellvertretern besetzten, bundesweiten Aufgabenauswahlausschuss ausgewählt.

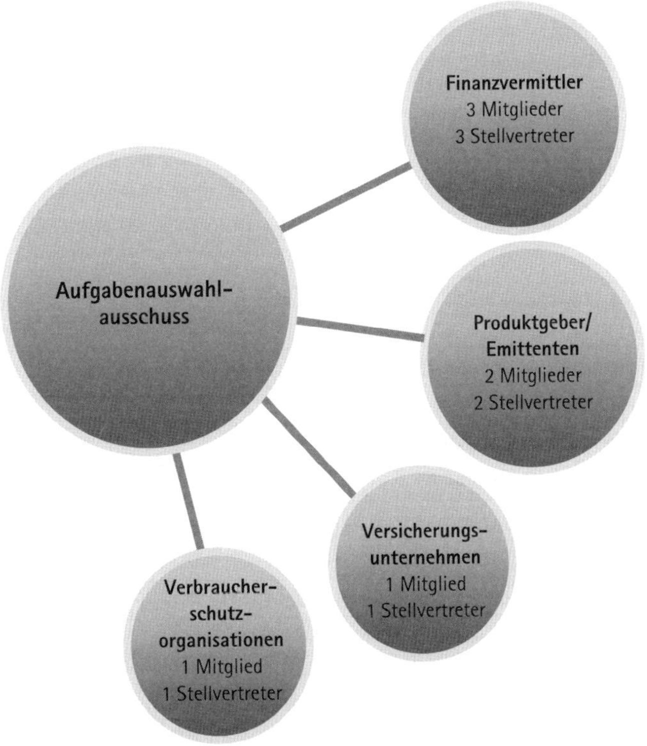

Abb. 3: Aufgabenauswahlausschuss

Im Aufgabenauswahlausschuss sind Vertreter der Finanzanlagenvermittler, der Produktanbieter, der Industrie- und Handelskammern sowie der Verbraucherschutzorganisationen vertreten:

- drei Mitglieder und drei Stellvertreter aus den Reihen der Finanzanlagenvermittler oder der Vertreter ihrer Interessen,

- zwei Mitglieder und zwei Stellvertreter aus den Reihen der Anbieter von Investmentfonds, geschlossenen Fonds und sonstigen Vermögensanlagen oder der Vertreter ihrer Interessen,
- ein Mitglied und ein Stellvertreter aus den Reihen der Industrie- und Handelskammern oder der Vertreter ihrer Interessen,
- ein Mitglied und ein Stellvertreter der Verbraucherschutzorganisationen oder der Vertreter ihrer Interessen.

Die Auswahl der Prüfungsfragen durch den Aufgabenauswahlausschuss gewährleistet ein bundesweit einheitliches Niveau für den schriftlichen Prüfungsteil. Die Veröffentlichung der schriftlichen Prüfungsaufgaben ist auch nach der Prüfung nicht zulässig. Auch das Prüfungsverfahren selbst ist nicht öffentlich. Die Einzelheiten des Prüfungsverfahrens regelt die IHK durch eine Satzung.

Schriftliche Prüfung
Form und Prüfungsstoff
• Klausuren
• Prüfungsstoff richtet sich nach jeweils beantragter Spartenerlaubnis:
– Investmentvermögen
– Geschlossene Fonds
– Sonstige Vermögensanlagen und Genossenschaftsanteile
Inhalte der schriftlichen Prüfung
• Rechtliche Anforderungen zu Kundengespräch und Dokumentationspflichten nach FinVermV
• Wirtschaftliche und rechtliche Grundlagen:
– Finanzinstrumente und Kategorien von Finanzanlagen
– Finanzanlagenberatung und -vermittlung
– Wettbewerbsrecht und Verbraucherschutz
– Allgemeines Zivil- und Wirtschaftsrecht
– Spezialgesetze des Finanzanlagen- und Wertpapierrechts
– Spartenbezogene Fragen (je nach Antragstellung)

Praktischer Teil der Prüfung

Der praktische Teil der Prüfung wird als Simulation eines Kundenberatungsgesprächs durchgeführt werden, wobei jeweils ein Prüfling geprüft wird. Der angehende Finanzanlagenvermittler soll hier nachweisen, dass er über die Fähigkeit verfügt, kundengerechte Lösungen zu entwickeln und anzubieten. Das Gespräch wird auf Grundlage einer Fallvorgabe durchgeführt, die auf eine Situation zwischen Finanzanlagenvermittler und Kunde Bezug nimmt.

Praktischer Prüfungsteil
Simulation eines Kundenberatungsgesprächs
Teilnehmer werden einzeln geprüft
Kundengerechte Lösungen entwickeln und anbieten
Gespräch auf Grundlage einer Fallsituation zwischen Finanzanlagenvermittler und Kunde
Aufgabe zu den in § 3 Abs. 2 Satz 2 Nr. 1 bis 3 FinVermV aufgeführten Bereichen

Achtung

Der praktische Teil der Sachkundeprüfung unterscheidet **nicht** zwischen den drei Produktkategorien des § 34f GewO. Er ist damit auch nicht abhängig vom Umfang der beantragten Erlaubnis (kein Spartenbezug). Ein Vermittler, der nur eine Erlaubnis zum Vertrieb (offener) Investmentfonds beantragt, läuft somit Gefahr, zu einer der anderen beiden Produktkategorien geprüft zu werden.

3.3.8.3 Ausnahmeregelungen zum praktischen Teil

Der Praxisteil der Prüfung muss nicht absolviert werden, wenn der Prüfling

- eine Erlaubnis nach § 34d Abs. 1 oder § 34e Abs. 1 GewO oder
- einen Sachkundenachweis nach § 1 Abs. 1 bis 3 oder einen nach § 19 Abs. 1 VersVermV gleichgestellten Abschluss besitzt oder
- eine Folgeprüfung zur Erweiterung der nach § 34f Absatz 1 Satz 3 GewO auf bestimmte Produktkategorien beschränkten Erlaubnis ablegt.

In diesen Fällen sieht der Verordnungsgeber eine schriftliche Prüfung als ausreichend an, weil die Praxiserfahrung bereits hinreichend gegeben und belegt ist.

Beispiel 1

Ein Versicherungsvermittler ist bereits im Besitz einer Gewerbeerlaubnis gem. § 34d Abs. 1 GewO. Da er für diese Erlaubnis bereits eine praktische Prüfung abgelegt hat, ist er von einer erneuten Ableistung des praktischen Teils befreit. Dies gilt allerdings nicht für den schriftlichen Teil der Sachkundeprüfung.

Beispiel 2

Ein Finanzanlagevermittler möchte seine bestehende (eingeschränkte) Erlaubnis auf weitere Produktkategorien ausweiten. Er muss dann nur den schriftlichen Prüfungsteil für diese Produktkategorien nachholen, vom mündlichen Praxisteil ist er dagegen befreit.

3.3.8.4 Prüfungsergebnis

Die Leistung des Prüflings ist von dem Prüfungsausschuss mit „bestanden" oder „nicht bestanden" zu bewerten. Bei einem erfolgreichen Abschluss erstellt die IHK eine Bescheinigung darüber aus. Der schriftliche Teil und der Praxisteil der Prüfung sind bestanden, wenn der Prüfling jeweils mindestens 50 % der erreichbaren Punkte erzielt hat.

3.3.8.5 Wiederholungsprüfung

Nach § 3 Abs. 8 FinVermV kann ein Prüfling die Prüfung beliebig oft wiederholen. Das Bundesministerium für Wirtschaft und Technologie hatte in den ersten Entwürfen eine Beschränkung auf maximal zwei Wiederholungen vorgeschlagen. Im Bundesrat fand das keine Mehrheit (BR-Drucks. 89/12 B, S. 1). Eine solche Beschränkung sei ein Eingriff in das Grundrecht der freien Berufsausübung, der sachlich nicht gerechtfertigt scheine. Zur Stärkung des Verbraucherschutzes trage das zudem auch nicht bei, denn nach erfolgreichem Ablegen der Prüfung könne von der erforderlichen Sachkenntnis ausgegangen werden, ganz gleich wie oft die Prüfung in der Vergangenheit erfolglos wiederholt worden ist. Für die Verfahrenspraxis sei eine solche Regelung auch eine Mehrbelastung, weil mit ihr eine bundesweite Registrierung der Prüfungsversuche mit entsprechender Datenerhebung und -speicherung erforderlich werde. In der Versicherungsvermittlerverordnung sei auf sie auch verzichtet worden. Aus rein praktischer Sicht und im Interesse der Kandidaten mag man das begrüßen; die Begründung überzeugt jedoch nicht. Aus diesem Blickwinkel enthalten die vielen anderen Prüfungsordnungen, in denen Wiederholungsversuche begrenzt sind, ebenso einen unzulässigen Eingriff in das Grundrecht der Berufsfreiheit. Das kann aber letztlich dahin stehen. Es wird jeder für sich selbst entscheiden müssen, wie oft er sich eine Prüfungswiederholung zumutet.

Tipp

Die unbegrenzt möglichen Wiederholungsprüfungen sollten nicht dazu verführen, sich auf eine Sachkundeprüfung – und wenn es auch nur die „kleine" sein sollte – nur beiläufig vorzubereiten. Gerade die rechtlichen Prüfungsteile werden hohe Anforderungen an reines theoretisches Fachwissen beinhalten. Es dürfte in aller Regel deutlich über das hinausgehen, was der Berater/Vermittler in seinem praktischen Berufsalltag anwendungsbedingt kennen gelernt hat. Für die meisten Kandidaten dürfte es sich deshalb nicht empfehlen, ohne gründlichen Vorbereitungskurs – sei es als Handbuch oder sog. E-Learning, sei es in der klassischen Lehrgangsform – in die Prüfung zu gehen.

3.3.9 Gleichstellung mit anderen Berufsqualifikationen

Nach § 4 FinVermV können bestimmte andere Berufsqualifikationen eine Sachkundeprüfung ersetzen. Der insoweit nachweislich anderweitig qualifizierte Berater/Vermittler braucht die Prüfung weder schriftlich noch mündlich abzulegen. Die

Aufzählung der Ersatzqualifikationen in § 4 FinVermV ist abschließend; d. h. andere als die im Folgenden genannten Qualifikationen können die Sachkundeprüfung nicht ersetzen. Das ist anders als in der VersVermV geregelt, bei der die zuständigen Industrie- und Handelskammern andere als die im Katalog genannten Abschlusszeugnisse im Einzelfall wegen inhaltlicher Vergleichbarkeit anerkennen können.
Nur die folgenden Berufsqualifikationen oder deren Nachfolgeberufe werden als Nachweis der erforderlichen Sachkunde anerkannt:

1. Abschluss als
   - Bankfachwirt/in (IHK)
   - Fachwirt/in für Versicherungen und Finanzen (IHK)
   - Investmentfachwirt/in (IHK)
   - Fachwirt/in für Finanzberatung (IHK)
   - Bank- oder Sparkassenkaufmann/-frau
   - Kaufmann/-frau für Versicherungen und Finanzen „Fachrichtung Finanzberatung“
   - Investmentfondskaufmann/-frau
2. Abschluss
   - eines betriebswirtschaftlichen Studiengangs der Fachrichtung Bank, Versicherungen oder Finanzdienstleistungen (Hochschulabschluss oder gleichwertiger Abschluss)
   - als Fachberater/in für Finanzdienstleistungen (IHK) bei abgeschlossener allgemeiner kaufmännischer Ausbildung
   - als Finanzfachwirt (FH) mit einem abgeschlossenen weiterbildenden Zertifikatsstudium an einer Hochschule, wenn zusätzlich eine mindestens einjährige Berufserfahrung im Bereich Finanzanlagenberatung oder Finanzanlagenvermittlung vorliegt.
3. Abschluss als Fachberater/in für Finanzdienstleistungen (IHK), wenn zusätzlich eine mindestens zweijährige Berufserfahrung im Bereich Finanzanlagenberatung und Finanzanlagenvermittlung vorliegt.
4. Weiterhin werden nach § 4 Abs. 2 FinVermV akademische Abschlüsse in einem mathematischen, wirtschafts- oder rechtswissenschaftlichen Studiengang als Prüfungsnachweis anerkannt, wenn die erforderliche Sachkunde beim Antragsteller vorliegt. Diese Sachkunde wird dann unterstellt, wenn der Antragsteller nachweislich eine Berufserfahrung von drei Jahren im Bereich der Anlagevermittlung oder -beratung nachweisen kann.

Delegation des Sachkundenachweises möglich?

In diesem Zusammenhang ist auf eine in der Praxis sicher wichtige und häufig vorkommende Fragestellung hinzuweisen: Ist es zulässig, den Sachkundenachweis auf Angestellte zu delegieren?

Eine Regelung zur Delegation des Sachkundenachweises, wie sie nach § 34d Abs. 2 Nr. 4 GewO für die Versicherungsvermittlung vorgesehen ist, gibt es bei der Finanzanlagenvermittlung nicht. Bei der Versicherungsvermittlung ist es zulässig, den Sachkundenachweis auf im Unternehmen angestellte, vertretungsberechtigte Aufsichtspersonen zu delegieren (dazu gibt es bei den Kammern ein besonderes Formular). Das wird immer dann relevant, wenn der Sachkundenachweis vom Antragsteller nicht in eigener Person – und besonders wichtig: bei juristischen Personen nicht von den gesetzlichen Vertretern – erbracht werden kann. In diesem Fall dürfen der Antragsteller bzw. die gesetzlichen Vertreter nicht selbst Versicherungen vermitteln.

Trotz vielstimmiger Forderungen aus der Praxis hat der Gesetzgeber in § 34f GewO eine entsprechende Möglichkeit von vornherein nicht vorgesehen. Daraus ist zu schlussfolgern, dass dies auch nicht zulässig ist. Hier bleibt dann in den meisten Fällen nur der Weg über § 4 Abs. 2 FinVermV. Und ohne dass es dort ausdrücklich gesagt wird, wird man davon ausgehen dürfen, dass bei einem mehrere Personen umfassenden Gesellschaftsorgan nicht alle einzeln die Qualifikation nachweisen müssen. Es ist dann ausreichend, wenn nur ein Geschäftsführer oder Vorstand in seiner Person die Voraussetzungen nachweisen kann. Dieser Fall könnte vor allem bei Versicherungsvertriebsgesellschaften eintreten. Sollte es einen Fachvorstand geben, der etwa als Jurist oder Versicherungsmathematiker die Voraussetzungen des § 4 Abs. 2 FinVermV erfüllt und Vorstand oder Geschäftsführer einer Gesellschaft ist, welche im Rahmen eines Versicherungskonzerns Versicherungs- und/oder Finanzanlageprodukte vertreibt oder vertreiben lässt, gehört er grundsätzlich in diesen Kreis, falls er auch den Praxisnachweis zur Sachkunde erbringen kann.

§ 4 Abs. 2 FinVermV lautet wörtlich:

„Eine Prüfung, die ein mathematisches, wirtschafts- oder rechtswissenschaftliches Studium an einer Hochschule oder Berufsakademie erfolgreich abschließt, wird als Nachweis anerkannt, wenn die erforderliche Sachkunde beim Antragsteller vorliegt. Dies setzt in der Regel voraus, dass zusätzlich eine mindestens dreijährige Berufserfahrung im Bereich Anlagevermittlung oder -beratung nachgewiesen wird.“

Die dadurch gegebene Qualifikation erfasst selbstredend nicht alle Mitglieder des Organs.

Weitere Berufsqualifikationen

Abb. 4: Qualifikationen

Selten wurde in einem Gesetzgebungsverfahren so intensiv und nahezu erbittert um das Ob und Wie der Anerkennung von weiteren Berufsqualifikationen gerungen. Auf der einen Seite standen dabei Unternehmens- und Fachverbände, die – durchaus verständlich – die Interessen ihrer Vertriebsorganisationen und Mitglieder im Fokus hatten. Dem gegenüber befanden sich Verbraucherorganisationen und Arbeitsstäbe verschiedener Ministerien in Bund und Ländern, die aus Aspekten des Anleger-/Verbraucherschutzes heraus eine Überdehnung anzuerkennender sonstiger Qualifikationen überwiegend ablehnten und dem Gesetzgeber entsprechend restriktive Umsetzungsvorschläge erstellten. Insbesondere der Versicherungsfachmann/die Versicherungsfachfrau BWV wird in dem abschließenden Katalog des § 4 FinVermV nicht genannt. Damit wird erneut deutlich, dass der Verordnungsgeber ganz offenkundig den Allfinanzgedanken, der sich im deutschen Markt entwickelt hat, nicht aufgreift. Für diese Berufsgruppe gilt jedoch trotzdem eine gewisse Privilegierung, da nach § 3 Abs. 5 Nr. 1 FinVermV der Erlaubnisinhaber nach §§ 34d und 34e GewO den Praxisteil der Sachkundeprüfung nicht absolvieren muss.

Anerkennung ausländischer Qualifikationen

§ 5 FinVermV regelt die Anerkennung von ausländischen Berufsbefähigungsnachweisen aus einem Mitgliedstaat der Europäischen Union. Dies steht in Kontext mit dem zum 01.04.2012 in Kraft getretenen § 13c GewO (BGBl. I 2011, S. 2515). Danach werden als Nachweis der Sachkundeprüfung insbesondere auch die in einem anderen Mitgliedstaat der Europäischen Union oder einem Vertragsstaat des Abkommens über den Europäischen Wirtschaftsraum erworbenen Befähigungs- und Ausbildungsnachweise anerkannt, die von einer dort zuständigen Behörde ausgestellt worden sind.

Allerdings müssen diese Nachweise vergleichbar mit den Befähigungs- oder Ausbildungsnachweisen nach §§ 1 bis 4 FinVermV sein. Zwischen den nachgewiesenen ausländischen Qualifikationen und den entsprechenden inländischen dürfen keine wesentlichen Unterschiede bestehen.

Können solche Nachweise nicht beigebracht werden, ist die Erlaubnis von der erfolgreichen Teilnahme an einer ergänzenden, die Sachgebiete nach der FinVermV umfassenden Sachkundeprüfung (spezifische Sachkundeprüfung) oder einer ergänzenden, diese Sachgebiete umfassenden Unterrichtung abhängig.

Der Antragsteller kann hierbei zwischen den Alternativen wählen. Dem Antrag auf Anerkennung sind die üblichen persönlichen Unterlagen beizufügen und regelmäßig auch Nachweise, die Rückschlüsse auf die Zuverlässigkeit, das Vorliegen geordneter Vermögensverhältnisse sowie auf erforderliche Mittel oder Sicherheiten erlauben. Die Aufnahme und Ausübung der Tätigkeit erfolgen dann unter den in Deutschland geltenden Voraussetzungen.

In der Praxis der Versicherungsvermittlung hat es sich durchgesetzt, dass die aus einem EU-Mitgliedstaat stammenden Vermittler ihre Zulassung in Deutschland zertifizieren und anerkennen lassen. Dann erledigt sich die spezifizierte Sachkundeprüfung. Diese Verfahrensweise dürfte aber vorerst für den Bereich der Finanzanlagenvermittlung nicht greifen können, da es in den EU-Mitgliedstaaten eine vergleichbare Regulierung überwiegend gar nicht gibt. Insofern könnte der Regelung nach § 5 FinVermV möglicherweise doch noch eine gewisse praktische Bedeutung zukommen.

3.3.10 Übergangsregelungen

Bei der Sachkundeprüfung und den Antragsfristen sind mehrere Übergangsregelungen bzw. Befreiungstatbestände wegen Bestandsschutzes nach § 157 Abs. 3 GewO vorgesehen.

3.3.10.1 Übergangsfristen

Der Gesetzgeber wollte im Rahmen eines vereinfachten Erlaubnisverfahren sog. „Alten Hasen“ eine angemessene Übergangsfrist von zwei Jahren gewähren, damit sich diese Vermittler auf die neue Rechtslage einstellen und, falls erforderlich, (erneut) qualifizieren können. Die großzügig eingeräumte Antragsfrist zum 30.06.2013 verlängert allerdings nicht die 2-Jahresfrist für den endgültigen Ablauf. Mit anderen Worten: Wer zwischen dem 01.01.2013 und dem 30.06.2013 seinen Antrag stellt, hat in jedem Fall eine maximal mögliche Übergangsfrist bis zum 31.12.2014.

Grundsätzlich hat jeder Gewerbetreibende, der zukünftig Finanzanlagen vermittelt, die Sachkundeprüfung bis zum 01.01.2015 abzulegen, sofern er nicht davon befreit ist. Legt er eine solche nicht ab, erhält er keine bzw. erlischt eine bis dahin geltende Erlaubnis. Dies gilt auch für Dritte, die an der von ihm ausgeübten Beratung und Vermittlung verantwortlich mitwirken.

- Finanzanlagenvermittler, die ihr Gewerbe ab dem 01.01.2013 (neu oder weiter) ausüben wollen, unterliegen sofort den neuen Berufsausübungsregelungen.
- Vermittler, die bis zum 01.01.2013 über eine Erlaubnis nach § 34c GewO verfügen, haben bis zum 01.07.2013 einen Antrag gemäß § 34f GewO zu stellen und eine entsprechende Erlaubnis als Finanzanlagenvermittler zu beantragen. Dies betrifft auch die an der Beratung und Vermittlung durch Finanzanlagenvermittler mitwirkenden „dritten" Personen nach § 34f Abs. 4 GewO, also deren verantwortliche Mitarbeiter.
- Für Berater/Vermittler, die als Erlaubnisinhaber nach § 34c GewO Finanzanlagenvermittler neuen Rechts werden (bleiben) wollen, erfolgt keine erneute Prüfung der gewerberechtlichen Zuverlässigkeit und des guten Leumunds.

Die (alte) Erlaubnis nach § 34c GewO erlischt auf jeden Fall mit der bestandskräftigen Entscheidung der zuständigen Behörde über den Erlaubnisantrag, spätestens jedoch zum 01.07.2013. Man hat dann entweder die neue Erlaubnis – oder keine mit der Folge, dass man nicht mehr tätig sein darf! Die Registerbehörde wird hierüber automatisch durch die IHK informiert.

In diesem Zusammenhang ist auf eine Unklarheit in den Übergangsregelungen hinzuweisen: Die Erlaubnis zur Finanzanlagenvermittlung nach dem alten § 34c GewO gilt in jedem Fall nur noch bis zum Ablauf des 30.06.2013. Wer bis dahin (rechtzeitig) einen Antrag auf eine Erlaubnis nach § 34f GewO gestellt, die Erlaubnis jedoch noch nicht erhalten hat, weil sich die Bearbeitung verzögerte, die Sachkundeprüfung noch nicht durchgeführt werden konnte oder weil sonstige, durch ihn nicht zu vertretende Umstände den Vorgang aufgehalten haben, stünde ohne Erlaubnis da. Das kann vom Gesetzes- und Verordnungsgeber so nicht gewollt sein. Das heißt, dass die Erlaubnisstelle ihm in einem solchen Fall eine Art vorläufige Erlaubnis erteilen muss, die dann längstens bis zur endgültigen Entscheidung über seinen Antrag bzw. bis zum 31.12.2014 zur Tätigkeitsausübung berechtigt. Die Autoren haben diese Frage an das Bundeswirtschaftsministerium herangetragen, aber bis zur Drucklegung noch keine verbindliche Antwort erhalten.

3.3.10.2 Alte-Hasen-Regelung

Finanzanlagenvermittler neuen Rechts müssen über eine bestimmte Sachkunde verfügen, die sie grundsätzlich durch Ablegung einer Sachkundeprüfung bei der IHK nachzuweisen haben. Alternativ dazu werden bestimmte Aus- und Fortbildungsabschlüsse im Finanzdienstleistungsbereich ggf. in Verbindung mit zusätzlicher Berufspraxis als Sachkundenachweis anerkannt.

Es ist aus einer Reihe berufspolitischer und auch verfassungsrechtlicher Gründe für sinnvoll angesehen worden, hier – ähnlich wie bei der Einführung der Gewerbeerlaubnis bei der Versicherungsvermittlung – eine „Alte-Hasen-Regelung" vorzusehen. Das heißt: Vermittler mit mehrjähriger Berufspraxis können von der Sachkundeprüfung ausgenommen werden. Mehrjährig heißt konkret, dass sie seit dem 01.06.2006 ununterbrochen eine Erlaubnis gemäß § 34c Abs. 1 Nr. 1 oder 3 GewO besitzen. Diese Privilegierung greift aber nur dann, wenn der Gewerbetreibende das nachweisen kann mit

- der Vorlage des (alten) Erlaubnisbescheides und
- der lückenlosen Vorlage der Prüfberichte gemäß § 16 Abs. 1 MaBV.

Daraus folgt zweierlei: Von der „Alten-Hasen-Regelung" kann nur derjenige profitieren, der vor dem Beginn des Jahres 2006 bereits eine Gewerbeerlaubnis nach § 34c GewO hatte, über die er auch immer noch verfügt. Ist dies der Fall, führt dies allein aber noch nicht automatisch zur Befreiung vom Sachkundenachweis. Es muss außerdem für jedes Jahr seit 2006 der vorschriftsmäßige Prüfbericht beim Gewerbeamt eingereicht worden sein. Der Nachweis der ununterbrochenen selbstständigen Tätigkeit kann also mit der lückenlosen Vorlage der nach § 16 MaBV erforderlichen Prüfberichte erbracht werden.

3.3.10.3 Negativerklärung – Nachgereichte Prüfungsberichte

Häufig legten Vermittler in einem oder mehreren Jahren dem Gewerbeamt als Ersatz für den Prüfbericht eine Negativerklärung vor. Eine Negativmeldung ist nach § 16 MaBV ausreichend, wenn in einem bestimmten Zeitraum keine Kapitalanlagen vermittelt werden. Dazu im Näheren:

Unter verschiedenen Voraussetzungen können Vermittler eine sog. „Negativerklärung" abgeben. Dies ist dann der Fall, wenn im Berichtszeitraum des Prüfberichts keine selbstständigen Tätigkeiten gem. § 34c Abs. 1 Satz 1 Nr. 2 GewO ausgeübt, also keine Kapitalanlagen vermittelt wurden, es zudem auch keine Bemühungen um die Vermittlung von Verträgen gegeben hat und auch nicht die Gelegenheit zum Abschluss von Verträgen angeboten wurde.

Eine Negativerklärung kann dann folglich nicht abgegeben werden, wenn in einem Kalenderjahr zwar kein Umsatz bzw. keine Geschäftserfolge erzielt wurden, jedoch gewerbliche Tätigkeiten i. S. der MaBV an sich ausgeübt wurden. Diese Tätigkeiten konnten sich darin manifestieren, dass z. B. Inserate geschaltet und/oder Produktbe-

schreibungen verteilt bzw. versandt wurden oder in Schaufenstern und Büros entsprechendes Werbematerial ausgestellt wurde.
In der Praxis werden Negativerklärungen abgegeben im Bemühen, die erforderlichen Prüfungskosten zu sparen, obwohl sich der Gewerbetreibende um den Abschluss von Verträgen bemüht hat. Seitens der Gewerbeaufsichtsbehörden kann dieses Bemühen um den Abschluss oft nicht konsequent und nachhaltig geprüft und überprüft werden. Insoweit ist es für die Gewerbetreibenden recht einfach, Negativerklärungen ohne negative Folgen abzugeben.
Nun stellt sich die Frage, ob die Negativerklärung dem Prüfungsbericht und damit dem lückenlosen Nachweis gleichzusetzen ist. § 157 GewO fordert ausdrücklich die lückenlose Vorlage der Prüfungsberichte, erwähnt die Negativerklärung dagegen nicht. Ebenso wenig finden sich in der Gesetzesbegründung Hinweise auf den Umgang mit diesen Negativerklärungen.
Wer aber in der Vergangenheit dem Gewerbeamt eine Negativerklärung vorgelegt hat, hat damit bereits (letztlich auch unwiderruflich) eine Unterbrechung seiner Tätigkeit als Kapitalanlagevermittler belegt. Er kann damit keine lückenlose Tätigkeit nachweisen. Eine solche Unterbrechung ist im Sinne der Bestandsschutzregelung daher schädlich. Denn in diesen Fällen muss jetzt, auch wenn eine Gewerbeerlaubnis nach § 34c GewO bereits vor 2006 vorlag, eine Sachkundeprüfung abgelegt werden oder eine von der Sachkundeprüfung befreiende Qualifikation nachgewiesen werden.

Achtung

Vorsicht ist vor dem „Ratschlag" geboten, Negativerklärungen als Irrtum zu widerrufen und Prüfungstestate nachzureichen. Die Behörde könnte das – wenn tatsächlich eine Vermittlung erfolgte – als Eingeständnis eines Versäumnisses nach Inhalt und Frist (!) werten. Dies kann zu einem Ordnungswidrigkeiten-Verfahren führen. Besonders vorsichtig sollte man beim Widerruf der Erklärungen für mehr als ein Jahr sein. Der Behörde könnte das ein Anlass zu Zweifeln an der Zuverlässigkeit sein, was dann u. U. noch weiter reichende Konsequenzen hätte. Eine Gewerbeerlaubnis kann nämlich entzogen werden, wenn der Gewerbetreibende im Sinne des Gewerberechts unzuverlässig ist. Als unzuverlässig gilt ein Gewerbetreibender z. B. auch, wenn er sich wiederholt weigert, Prüfberichte abzugeben (so bereits im Jahre 1996 höchstrichterlich entschieden; vgl. VGH Hessen, Beschluss v. 10.09.1996, Az.: 8 UE 3817/95, GewArch 1997, 67).

Fraglich ist, ob ein nachträglicher Prüfungsbericht mit „Negativergebnis" (also keine Negativmeldung) hier weiterhelfen kann. Zwar sieht die MaBV vor, dass die Berichte für ein Jahr bis zum Ende des folgenden Jahres eingereicht werden müssen. Die Pflicht zur Vorlage bleibt danach aber weiter bestehen. Somit muss es grundsätzlich auch möglich sein, ggf. für mehrere Jahre die Berichte nachzureichen. Hier würde ja nur der Bericht unter Fristverstoß, aber ohne inhaltlichen Verstoß nachgeholt. Das damit einhergehende verwaltungsrechtliche Risiko dürfte deutlich geringer sein.

Das Nachreichen von Prüfungsberichten bringt weitreichende Konsequenzen mit sich. Es kann bei einer Nachreichung schnell ein vierstelliger Betrag an Zusatzkosten zusammen kommen. Denn es müssen zunächst einmal die Kosten für einen autorisierten Prüfer aufgewandt werden, der mehrere zurückliegende Jahre nach alter Rechtslage prüft.
Wenn aber auch noch die Pflicht zur Vorlage des Prüfberichtes verletzt wird, ist dies zudem eine Ordnungswidrigkeit. Sie kann mit einem Bußgeld von bis zu 5.000 EUR geahndet werden (§ 18 MaBV i. V. m. § 144 Abs. 2 Nr. 6 GewO). Bei der Festsetzung des Bußgeldes kann es verschärfend berücksichtigt werden, wenn die Prüfberichte für mehrere Jahre nicht vorgelegt wurden.

3.3.11 Kosten des Verfahrens

Prüfung und Registrierung sind mit Verfahrensgebühren verbunden. Da es sich weitgehend um von den Industrie- und Handelskammern durchzuführende Verfahren handelt, werden die Kosten von dort im Wege der Gebührenordnungen festgelegt werden. Soweit das Erlaubnisverfahren bei den Kreisbehörden liegen sollte, werden sich die Gebühren nach dem Verwaltungsgebührenrecht richten.
Das alles wird endgültig erst im Laufe des Jahres 2012 festgelegt und veröffentlicht. Die Kosten, die im Einzelnen wegen der neuen gewerberechtlichen Regelungen auf den Gewerbetreibenden zukommen, können noch nicht näher beziffert werden. Derzeit kann nur mit Schätzungen gearbeitet werden.

4 Die Berufsausübungsregelungen

§ 34g GewO bildet die Rechtsgrundlage im Sinne des Art. 80 GG für den Erlass einer Verordnung zur Ausübung des Berufes des Finanzanlagenvermittlers.
Detailliert werden in § 34g GewO die verbindlichen Rahmenbedingungen geregelt, unter denen ein Finanzanlagenvermittler seine Tätigkeit ausüben darf. Die Regelungen zur Berufsausübung gliedern sich in:

- die grundsätzlichen Verhaltenspflichten gegenüber dem Anleger sowie in
- die formalen Pflichten, die der Gewerbetreibende im Verhältnis zum Anleger bzw. zur Erlaubnisbehörde einzuhalten hat
- die Nebenpflichten.

Im Verhältnis zum Anleger sind dies hauptsächlich die Bestimmungen zu den Informations-, Beratungs- und Dokumentationspflichten des Beraters/Vermittlers, zur Offenlegung von Provisionen und anderen Zuwendungen sowie zur Erstellung bzw. Aushändigung von Beratungsprotokollen und Produktinformationsblättern an den Anleger.
Damit werden ganz wesentliche Teile und Inhalte einzelner Bestimmungen des WpHG im Rahmen der Finanzanlagenvermittlungsverordnung auf die Aufgabenerfüllung der gewerblichen Finanzanlagenvermittler übertragen. Es war hierbei auch ausdrückliches Ziel des Gesetzgebers, ein dem WpHG vergleichbares und mindestens gleichwertiges Anlegerschutzniveau herzustellen (vgl. BR-Drucks. 89/12).

4.1 Allgemeine Vorschriften zu Form und Frist

In der FinVermV hat der Verordnungsgeber versucht, jede einzelne Phase eines Beratungs- oder Verkaufsgesprächs zu erkennen, zu definieren und sie bestimmten Regelungen zu unterwerfen, um sie im Anschluss dann noch einem (nachgelagerten) Kontrollprozess zu unterziehen.
Es sind Regelungen getroffen worden für jeden einzelnen Abschnitt der

- Kennenlern-/Kontaktaufnahmephase
- Kundeninformationsphase
- Kundenberatungsphase
- Kundenentscheidungsphase und
- Abschlussphase

Es wurden außerdem detaillierte Vorschriften zur Dokumentation und Kontrolle dieser einzelnen Phasen erlassen.
Es wäre zu kurz gegriffen, in diesem umfassenden Regelwerk eine Regelungswut, einen Eingriff in die Freiheit der Berufsausübung oder gar einen Zwang zu einem veränderten Verkäuferverhalten zu sehen. Unbestreitbar ist festzustellen, dass sich manch ein erfolgreicher Vermittler umgewöhnen wird müssen.

In diesen Regelungen ist insofern aber auch eine große Chance enthalten, als es doch unstreitig ist, dass in Zukunft gerade die Beratungsqualität ganz wesentlichen Einfluss auf Kundenbindung und -zufriedenheit haben wird. Die Verpflichtung zu mehr Dokumentation und Kontrolle wird sicherlich einerseits sehr hohen Papieraufwand erfordern. Andererseits führt dies auch dazu, dass im Ernstfall alle Beteiligten von einer hohen Beweissicherheit profitieren.

4.1.1 Formvorschriften

Nach dem Willen des Verordnungsgebers setzt der Anlegerschutz zunächst die Einhaltung gewisser Formvorschriften voraus. Dabei verwendet die FinVermV insbesondere für die Weitergabe kundenrelevanter Informationen u. a. diese Begriffe:

- Textform (so in §§ 12, 13 und 14 FinVermV)
- (anderer) dauerhafter Datenträger (so in § 23 FinVermV)

Textform

Der Begriff der Textform ist in § 126b BGB klar beschrieben und zu unterscheiden vom Begriff der Schriftform nach § 126 BGB. Textform setzt – juristisch ausgedrückt – voraus, dass die Mitteilung oder „Erklärung in einer Urkunde oder auf andere zur dauerhaften Wiedergabe in Schriftzeichen geeigneten Weise abgegeben, die Person des Mitteilenden genannt und der Abschluss der Mitteilung durch Nachbildung der Namensunterschrift oder anders erkennbar gemacht werden“ muss. In der Praxis geschieht dies etwa durch ein nicht unterschriebenes Formblatt, ein unterschriebenes Anschreiben mit einem Telefax, per Mail oder per Textdatei etwa auf einer CD.
§ 12 Abs. 1 Satz 1, Abs. 3 FinVermV fordert zudem, dass die Mitteilungen auch klar und verständlich sein müssen. Klar und verständlich bedeutet in diesem Zusammenhang, dass alle Angaben für einen Durchschnittskunden in einer sprachlich und optisch verständlichen Art und Weise übermittelt werden müssen, die es dem Kunden leicht machen, die Angaben wahrzunehmen und nachzuvollziehen, erforderlichenfalls auch nachzuprüfen.

Dauerhafter Datenträger

Der Begriff des dauerhaften Datenträgers ist in § 2 Abs. 28 InvG definiert. Darunter fallen nach dem Verständnis der hier zuständigen BaFin alle Medien, die es einem Anleger gestatten, Informationen für eine ihrem Zweck angemessene Dauer zu speichern, einzusehen und unverändert wiederzugeben. Eine klassische Definition per Gesetz ist das wohl nicht. Auch § 3 WpDVerOV ist zwar mit diesem Begriff überschrieben, enthält aber ebenfalls keine Definition, sondern geht von einem entsprechenden Rechtsbegriff aus.
Der frühere § 361a Abs. 3 BGB enthielt einen Definitionsversuch, der aber spätestens mit Wegfall dieser Bestimmung obsolet sein dürfte. Eine Begriffsdefinition findet

sich allerdings in der EU-Verbraucherrichtlinie (Richtlinie über die Rechte der Verbraucher 2011/83/EU vom 25.10.2011, ABl. L 304/64 v. 22.11.2011), die seit Ende 2011 amtlich ist und bis Ende 2013 in deutsches Recht zu transformieren sein wird (ein erster Schritt hierzu ist die vom Parlament verabschiedete Neuregelung des § 312 BGB, BR-Drucks. v. 09.03.2012, 116/12).
In Artikel 2 Nr. 10 dieser Richtlinie heißt es:

Im Sinne dieser Richtlinie bezeichnen die Ausdrücke „dauerhafter Datenträger" jedes Medium, das es dem Verbraucher oder dem Unternehmer gestattet, an ihn persönlich gerichtete Informationen derart zu speichern, dass er sie in der Folge für eine für die Zwecke der Informationen angemessene Dauer einsehen kann, und das die unveränderte Wiedergabe der gespeicherten Informationen ermöglicht.

Bedrucktes Papier fällt dabei zweifellos unter diese Begrifflichkeit. Geht man davon aus, dass es beabsichtigt ist, heutige technische Möglichkeiten der Datensicherung dem Begriff des dauerhaften Datenträgers zuzuordnen, dann dürften insbesondere Disketten, CD-ROM, DVD sowie (USB)Speicher-Sticks dieser Kategorie zuzuordnen sein. Dies gilt allerdings wohl nicht für Anhänge in E-Mails, die leicht (versehentlich) gelöscht werden können.

Achtung

Der Verweis auf die Internetseiten/Homepage eines Vermittlers dürfte aus verschiedenen Gründen den Anforderungen an einen dauerhaften Datenträger nicht genügen. Notwendige Informationen müssten so lange eingestellt bleiben, wie dies mindestens nach sog. billigem Ermessen seitens des Kunden erwartet werden darf. Aktualisierungen und/oder Veränderungen müssten jederzeit nachvollziehbar sein. Bei Anlageformen mit einem sehr langem Zeithorizont wäre dies für den Vermittler völlig unpraktikabel, als es eines außergewöhnlich hohen Pflegeaufwands bedarf. Weiterhin müsste gewährleistet sein, dass der Kunde dauerhaft über einen Zugang zum Internet verfügt.

4.1.2 Fristen

Die FinVermV verlangt neben der Einhaltung der Formvorschriften auch die Einhaltung von definierten Fristen, in denen anlegerrelevante Informationen ausgehändigt oder übermittelt sein müssen.
Die FinVermV spricht in Bezug auf die Weitergabe von Anlegerinformationen vom „ersten Geschäftskontakt" (vgl. § 12 Abs. 1 FinVermV) bzw. verwendet die Begrifflichkeit „rechtzeitig vor Abschluss" (vgl. § 13 Abs. 1 FinVermV).

4.1.2.1 Erster Geschäftskontakt

Bereits das erste Zusammentreffen zwischen einem Finanzanlagenvermittler und einem neuen Kunden löst bereits definierte gewerberechtliche Pflichten, beispielsweise die Übergabe einer sog. Statusinformation, aus. Um nun aber den rein privaten

vom beruflichen Bereich abzugrenzen, gelten solche Verpflichtungen allein anlässlich des sog. „ersten Geschäftskontakts“ im Sinne einer Geschäftsanbahnung.
Einem ersten Geschäftskontakt sind z. B. folgende Fälle zuzuordnen:

- Ein Interessent/potenzieller Kunde betritt die Geschäftsräume des Vermittlers, um sich beraten zu lassen.
- Ein Vermittler nutzt eine Empfehlungsadresse eines anderen Kunden und nimmt Kontakt auf, um einen Beratungstermin zu vereinbaren.
- Im Rahmen einer Fremdakquisition sucht ein Vermittler einen Handelsbetrieb auf und bittet den zuständigen Prokuristen um einen Gesprächstermin.

Der Privatsphäre lassen sich hingegen die folgenden Beispiele zuordnen:

- Anlässlich eines Schützenfestes lernt ein Vermittler eine Gruppe von netten Leuten kennen und tauscht mit diesen Telefonnummern und Adressen aus. Auch wenn aus Sicht des Vermittlers der Austausch der Adressen zum Zweck einer späteren Terminvereinbarung erfolgt, ist zu diesem konkreten Zeitpunkt nicht von einem ersten Geschäftskontakt auszugehen.
- Auf der gemeinsamen Fahrt zu einem Fußballspiel spricht der Vermittler mit Vereinskollegen über die Umstände der jüngsten Kapitalmarktkrise. Hier glänzt er durch sein profundes Fach- und Hintergrundwissen und leistet wertvolle Diskussionsbeiträge. Auch dies unterfällt nicht dem Erfordernis des „ersten Geschäftskontaktes“, da die Diskussion im allgemeinen Rahmen verläuft.

4.1.2.2 Rechtzeitigkeit

Der Gesetzgeber möchte erreichen, dass alle entscheidungsrelevanten Informationen dem Kunden vor Vertragsschluss mitgeteilt werden und dass er über diese nachdenken kann. Zwangsläufig muss damit zwischen der Erteilung der Information und dem Vertragsabschluss eine bestimmte Zeitspanne liegen. Ziel des Gesetzgebers ist es hier, dem Anleger auf der Grundlage der Informationen eine angemessene Zeit zur Überlegung seiner Anlageentscheidung zu gewähren. §§ 13 Abs. 1 und 5 FinVermV legen daher die Begrifflichkeit „rechtzeitig vor Abschluss“ fest.

Tipp

Da es dem Kunden ermöglicht werden soll, seine Entscheidung ohne jeden Zeitdruck zu treffen, kann es bei komplexeren Finanzanlageprodukten sinnvoll sein, ihm einen längeren Zeitraum zur Entscheidungsfindung zu lassen. So sollte es bei einem risikoreichen und/oder komplexen Produkt keinesfalls bei der Weitergabe eines Prospektes und entsprechenden Erklärungen dazu belassen werden. Den Zeithorizont hierfür exakt zu bestimmen, hängt sicherlich auch vom Bildungshintergrund sowie dem Fach- und Vorwissen des Kunden sowie der Qualität der Beratung ab. Als Faustregel sollte man bei jeder Anlageform dem Kunden mindestens eine Bedenkzeit von einer Woche einräumen.

4.2 Allgemeine Verhaltenspflichten

§ 11 FinVermV verpflichtet den Berater/Vermittler „seine Tätigkeit mit der erforderlichen Sorgfalt und Gewissenhaftigkeit im Interesse des Anlegers auszuüben".
Mit dieser weit gefassten Regelung bezweckt der Gesetzgeber die Einführung eines hohen Maßes an Anlegerschutz, das dem WpHG angeglichen werden soll.
Die Regelungen des WpHG gelten für den Vermittler von Finanzanlagen nicht unmittelbar. Sie werden nunmehr jedoch mit Hilfe des § 11 FinVermV in seinen Pflichtenkatalog übernommen. Das damit verfolgte Ziel des Gesetzgebers war es, vergleichbare Informations-, Beratungs- und Dokumentationspflichten zur Sicherstellung eines hohen Anlegerschutzniveaus zu erreichen. Wertpapierrechtliche „Wohlverhaltensregelungen" werden so über den Weg der FinVermV auf die allgemeinen und die besonderen Verhaltenspflichten eines Finanzanlagenvermittlers übertragen.
Oberste Prämisse der Pflichten ist: Der Vermittler hat alles zu tun, um die Kundeninteressen bestmöglich zu wahren. Dies gilt selbstverständlich auch für Beschäftigte des Kapitalanlagenvermittlers im Rahmen der Beratung und Vermittlung.
Dem widerspräche es, wenn diese gewerberechtliche Verpflichtung zwischen dem Berater/Vermittler und seinem Kunden vertraglich abdingbar wäre. Der Kunde und er können deswegen auch insbesondere keinen Beratungsverzicht oder keine Beschränkung von Sorgfalts- oder sonstigen Verhaltenspflichten miteinander vereinbaren.
Auch wenn die aus § 11 FinVermV resultierenden Verpflichtungen in den §§ 12 ff. FinVermV präzisiert werden und eine Reihe von Vorgaben des WpHG so in den Pflichtenkatalog des Gewerbetreibenden aufgenommen werden, steht doch zu erwarten, dass die Generalklausel des § 11 FinVermV zum Einfallstor der komplexen und umfangreichen Rechtsprechung in das gewerbliche Finanzanlagenvermittlungsrecht werden wird.
Das bedeutet konkret, dass bei einem möglicherweise nicht klar zuzuordnenden Verstoß gegen eine der spezielleren Vorschriften immer ein rechtlicher Rückgriff auf den § 11 FinVermV genommen werden kann. Dabei fließen dann auch durchaus sehr subjektive Elemente in Güterabwägung und Betrachtung ein. Zudem lässt es Raum für hypothetische Erwägungen etwa dahingehen: „Wie hätte der Gewerbetreibende den Anlegerschutzinteressen (besser) nachkommen können?"
Dies wird dann auch zur Folge haben, dass mangels entsprechender „Gewöhnung" an die Vorgaben des WpHG auch mittelfristig ein hoher Schulungs-und Qualifizierungsbedarf auf den Finanzanlagenvermittler zukommen werden wird. Die große Chance liegt jedoch darin, zumindest sukzessiv vergleichbare Standards in Information, Beratung und Dokumentation für den Anleger erzielen zu können.

4.3 Statusbezogene Informationspflichten

Der sog. Statusinformationspflicht unterfallen die Basisinformationen bzw. die Erstinformationen, die gemäß § 12 FinVermV dem Kunden mitzuteilen sind. Diese Angaben sind vor der ersten Beratung/Vermittlung klar und verständlich in Textform dem Anleger mitzuteilen. Es handelt sich um Pflichtinformationen.
Die mitzuteilenden Statusinformationen sind in § 12 FinVermV abschließend aufgezählt. Der Vermittler muss dem Kunden danach Folgendes immer mitteilen:

- den Familien- und Vornamen sowie die Firma und Personenhandelsgesellschaften, in denen er als geschäftsführender Gesellschafter tätig ist,
- seine betriebliche Anschrift sowie weitere Angaben, die es dem Anleger ermöglichen, schnell und unmittelbar mit ihm in Kontakt zu treten (insbesondere Telefon- und Faxnummer sowie seine E-Mail-Adresse),
- den Umstand, ob er als Finanzanlagenvermittler mit einer Erlaubnis nach § 34f Abs. 1 Satz 1 Nrn. 1, 2 oder 3 GewO in das Register nach § 34f Abs. 5 i. V. m. § 11a Abs. 1 GewO eingetragen ist und wie und wo sich diese Eintragung überprüfen lässt,
- die Emittenten und Anbieter, zu denen er Vermittlungs- oder Beratungsdienstleistungen anbietet,
- die Anschrift der für die Erlaubniserteilung zuständigen Behörde sowie die Registrierungsnummer, unter der er im Register eingetragen ist.

Achtung

Ein Gewerbetreibender handelt gem. § 26 Abs. 1 Nr. 1 FinVermV ordnungswidrig, wenn er eine Mitteilung nicht, nicht richtig, nicht vollständig oder nicht rechtzeitig macht. Dies kann nach dem OWiG erhebliche Bußgelder nach sich ziehen, die insbesondere in Wiederholungs- oder besonders schwerwiegenden Einzelfällen Auswirkungen auf die Gewerbeerlaubnis haben.

Grundsätzlich sind diese Informationspflichten durchaus mit denen der VersVermV vergleichbar. Es ergeben sich jedoch wenige wichtige Abweichungen.

Umfang der Gewerbeerlaubnis

So ist es zwingend notwendig darauf zu achten, den Umfang der Gewerbeerlaubnis hinsichtlich der Produktgruppen genau anzugeben.

Beispiel

Besitzt ein Gewerbetreibender eine Erlaubnis allein für die Produktgruppen des § 34f Abs. 2 Satz 2 Nr. 1 und 2 GewO, dann darf er keinesfalls auch die Nr. 3 erwähnen.

Auch ein pauschaler Verweis auf das Vorhandensein „einer" Erlaubnis, also ohne jede Angabe der jeweiligen Produktgruppe, ist unzulässig.

Angabe der Emittenten und Anbieter

Schwierig in der Darstellung – insbesondere in Kurzform – ist die Angabe der Emittenten und Anbieter für den Gewerbetreibenden dann, wenn er mehrere oder sehr viele Anbieter vertritt. Das Statusinformationsblatt muss alle Emittenten und Anbieter enthalten. Das bringt bei vielen Anbietern/Emittenten einen häufigen und regelmäßigen Aktualisierungs- und Pflegeaufwand für den Gewerbetreibenden mit sich. In diesen Fällen empfiehlt sich ein ergänzender Hinweis auf den Zeitpunkt der Übergabe an den Anleger. Eine dahingehende Formulierung könnte lauten:

Beispiel

„Zum Zeitpunkt der Übergabe dieses Statusinformationsblattes am __.__.____ erbringe ich Beratungs- oder Vermittlungsleistungen für die nachfolgend aufgeführten Anbieter und Emittenten: ..."

4.3.1 Erstinformation in Sonderfällen

4.3.1.1 Wiederholung der Erstinformation

Beispiele

Ein Vermittler und ein Anleger kennen sich bereits aus (länger) zurückliegenden Geschäften.

Ein Anleger kommt längere Zeit nach einer vorhergehenden Beratung, bei der es nicht zu einem Geschäftsabschluss kam, erneut auf den Vermittler zu.

Es sind neben diesen Situationen eine ganze Reihe von weiteren Konstellationen denkbar, unter denen es unsinnig erscheinen könnte, eine dem Anleger bereits erteilte Statusinformation erneut auszuhändigen.

Hier gilt Folgendes:

Das Gesetz schreibt zwar ausdrücklich keine Wiederholung der Erstinformation vor. Gleichwohl sollte diese erneut abgegeben werden, wenn sich maßgebliche Bestandteile der statusbezogenen Informationspflicht (siehe oben) geändert haben. Als maßgeblich sind dabei alle Elemente des § 12 Abs. 1 Nrn. 1 bis 5 FinVermV anzusehen. Von besonderer Praxisrelevanz dürften dabei Anschriftenwechsel, Ausweitung (auch Einschränkung) der Gewerbeerlaubnis und Änderungen in der Emittenten- und Anbieterstruktur des Gewerbetreibenden sein.

Tipp

Der Finanzanlagenvermittler kann diese gesetzliche Pflicht zudem noch als Werbemaßnahme für sich nutzen: Wenn er Kundenanschreiben, Flyer oder dergleichen versendet, um mitzuteilen, dass sich Basisinformationen geändert haben, bleibt er mit seinen Kunden in Kontakt.

4.3.1.2 Telefonischer Erstkontakt

Beispiel

Ein (potenzieller) Anleger erhält von einem Bekannten den Hinweis, sich wegen der besonders guten Qualität der Beratung an den Finanzanlagenvermittler Meier zu wenden. Aus Zeitgründen nimmt der Anleger zunächst telefonischen Kontakt zu ihm auf.

Anleger und Vermittler sind sich hier persönlich nicht bekannt. Der erste Kontakt findet über das Telefon statt. Dieser Fall des telefonischen Erstkontaktes ist im Gesetz nicht geregelt. Eine Übertragung der oben genannten Grundsätze führte jedoch dazu, dass dem Kunden vor einer weitergehenden (telefonischen) Beratung erst einmal die statusbezogenen Informationen in Textform zur Verfügung gestellt werden müssten; ein Erfordernis, das in der Praxis wohl kaum realisierbar erscheint.
Es empfiehlt sich daher in solchen Fällen, dem Kunden mündlich die Basisinformationen mitzuteilen. Weiterhin sollte man unbedingt darauf hinweisen, dass eine weitergehende Beratung am Telefon mindestens den mündlichen Verzicht des Kunden auf die sofortige Übermittlung der Statusinformationen in Textform bedingt. Gemäß § 12 Abs. 3 FinVermV dürfen die Basisinformationen nämlich durchaus mündlich übermittelt werden, wenn der Anleger dies wünscht. Dann sind dem Anleger die Informationen allerdings unverzüglich nach Vertragsschluss in Textform zur Verfügung zu stellen.

Tipp

Einen solchen telefonischen Hinweis kann der Vermittler folgendermaßen formulieren:

„Die gesetzlichen Vorgaben, die für meine Tätigkeit als Finanzanlagenvermittler gelten, sehen unter anderem vor, Sie über meinen rechtlichen Status zu informieren. Ich bin im Besitz einer Gewerbeerlaubnis nach ... *(§ 34f Abs. 1 Nr. 1, 2 und/oder 3 der GewO)*. Ich vertrete die Unternehmen .... Diese Informationen habe ich Ihnen grundsätzlich bei Aufnahme eines Gesprächs im Voraus schriftlich mitzuteilen. Da dies aber am Telefon nicht möglich ist und ich Sie mündlich informiert habe, können Sie heute auf die schriftliche Übermittlung verzichten. Kommt es allerdings später zwischen uns zu Beratungs- oder Vermittlungsleistungen, erhalten Sie diese Information natürlich auch schriftlich. Möchten Sie unter diesen Gesichtspunkten heute auf die schriftliche Übermittlung verzichten?"

Der Kunde kann notfalls auch auf die Internetseite des Vermittlers verwiesen werden, verbunden mit der Bitte, diese aufzurufen und dort die Erstinformation anzusehen.

Tipp

Mündliche Informationen sind im Streitfall nur schwer nachzuweisen. Vermittlern ist also dringend zu empfehlen, die Statusinformation bereits mit der Übergabe/Übersendung der Beratungsdokumentation und damit vor dem gesetzlich vorgesehenen Termin des Vertragsschlusses in Textform bzw. schriftlich zu übermitteln.

4.3.1.3 Kontaktaufnahme per E-Mail

Treten die Beteiligten erstmalig per E-Mail in Kontakt miteinander, empfiehlt sich die Weitergabe der Erstinformationen in einem Dateianhang. Allerdings gilt dabei auch grundsätzlich das zuvor Gesagte.

4.3.1.4 Keine Doppelangaben erforderlich

§ 12 Abs. 2 FinVermV enthält Besonderheiten hinsichtlich der Erstinformationen für Fälle, in denen der Gewerbetreibende zugleich Versicherungsvermittler ist und dabei neben einer Erlaubnis nach § 34f GewO über eine Erlaubnis nach § 34d Abs. 1 oder § 34e Abs. 1 GewO verfügt. Erstinformationen, die er aufgrund der Versicherungsvermittlung gem. § 11 VersVermV bereits zur Verfügung gestellt hat, müssen grundsätzlich dann nicht wiederholt werden, wenn sie alle in § 12 Abs. 1 FinVermV festgelegten Angaben enthalten.
Daraus folgt:
Doppelangaben sind nicht erforderlich! Nur Abweichungen müssen dem Anleger mitgeteilt werden. Darunter dürften regelmäßig Angaben über folgende Umstände fallen:

- Art und Umfang der gewerberechtlichen Erlaubnis gem. § 34f GewO, also die klare Information darüber, ob der Gewerbetreibende als Finanzanlagenvermittler mit einer Erlaubnis nach § 34f Abs. 1 Satz 1 Nr. 1, 2 oder 3 GewO ins Register nach § 34f Abs. 5 i. V. m. § 11a Abs. 1 GewO eingetragen ist, und wie und vor allem wo sich diese Eintragung nachprüfen lässt;
- Anschrift der für die Erlaubniserteilung zuständigen Behörde sowie die Registrierungsnummer, unter der er im Register eingetragen ist. Dies ist insbesondere in den Fällen wichtig, in denen die Erlaubnis- und/oder Registrierungsbehörden voneinander abweichen.
- Aufstellung derjenigen Emittenten und Anbieter, für die der Vermittler Vermittlungs- oder Beratungsdienstleistungen anbietet. Bei einem sog. „Einfirmenvertreter“ dürfte dies nicht allzu schwierig sein; bei „Mehrfirmenvertretungen“ kann eine solche Aufstellung sehr umfangreich werden. Sie lässt sich dann evt. nur über gesondert zu führende Aufstellungen bewerkstelligen.

> **Achtung**
> Die Einhaltung dieser Informationspflichten entbindet nicht von anderen Informationspflichten aus anderen Vorschriften, so z. B. §§ 5 und 6 Telemediengesetz. § 12 Abs. 5 FinVermV legt ausdrücklich fest, dass diese daneben weiterbestehen.

4.3.2 Weitergabe der Erstinformationen an Kunden

Zur rein praktischen Frage, wie denn nun eine physische Weitergabe der Statusinformation an den Anleger tatsächlich erfolgen kann, haben sich im Bereich der Versicherungsvermittlung verschiedene Möglichkeiten bewährt. Das lässt sich auf die Finanzanlagenvermittlung wegen der sachlichen Parallelität übertragen.

- So empfiehlt es sich, alle statusbezogenen Informationen auf einer Visitenkarte in Form einer Klappkarte an den Kunden weiterzugeben.
- Ebenso ist es bei Versicherungsvermittlern durchaus üblich geworden, mindestens auch noch einmal vor Vertragsschluss dem Kunden ein eigenständiges, nicht unterschriebenes Informationsblatt auszuhändigen oder geeignete Imagebroschüren zu versenden, in denen über die reinen Pflichtangaben hinaus auch das Vermittlungsunternehmen vorgestellt wird.

Achtung

Nicht ausreichend ist der alleinige Verweis auf die Homepage des Vermittlers oder der Hinweis auf Aushänge in seinen Geschäftsräumen. Die Basisinformationen müssen auch tatsächlich beim Anleger „ankommen".

Gesetzlich nicht vorgeschrieben, jedoch aus Nachweisgründen sinnvoll ist es, die Erstinformation zusätzlich noch in das Beratungsprotokoll aufzunehmen, wenn dieses mit einer Empfangsbestätigung des Kunden versehen wird. So stellt man sicher, dass alle gesetzlich vorgeschriebenen Informationen dem Anleger zusammenfassend und übersichtlich zu einem spätestmöglichen Zeitpunkt noch einmal ausgehändigt werden.

Es wird ohnehin empfohlen eine Gesamtdokumentation über den Verkaufsprozess etwa in Form einer Beratungsmappe zu erstellen. Anders lassen sich kaum die vielfältigen und unterschiedlichen formellen und schriftlich zu dokumentierenden Vorgaben nachhaltig, beweiskräftig und übersichtlich darstellen.

Achtung

Personen, die als Angestellte des Beraters/Vermittlers in den Vermittlungsprozess einbezogen sind, treffen diese Verpflichtungen ebenfalls in vollem Umfang. Wichtig ist dies insbesondere in Fällen, in denen Abweichungen zwischen vom Angestellten und vom Gewerbetreibenden vertretenen Emissionshäusern bestehen. Es ist nicht auszuschließen, dass ein Emittent die Zusammenarbeit mit einem Angestellten des Finanzanlagenvermittlers ablehnt. Bei der Information über die Emittenten, die regelmäßig vertraglich an den Berater/Vermittler gebunden sein dürften, muss klar darauf hingewiesen werden, für welche Unternehmen der Berater/Vermittler tätig ist.

4.3.3 Muster: Erstinformationen

4.3.3.1 Visiten-/Klappkarte

Das nachfolgende Muster gilt für Finanzanlagenvermittler, die **nur** über eine Erlaubnis gem. § 34f Abs. 1 Satz 1 Nr. 1 GewO verfügen.

Vorderseite:

Helferlein Finanzanlagen
Franz Helferlein Finanzanlagenvermittler
ABC-Straße 100 12345 Musterstadt
Tel.: +49 1234 9876543 Fax: +49 1234 9876542 E-Mail: F.Helferlein@Helferlein.de

Rückseite:

Finanzanlagenvermittler gem. § 34f Abs. 1 Satz 1 Nr. 1 GewO
Eingetragen unter der Registernummer ... in das Vermittlerregister in ... *(Anschrift, Telefonnummer, Registerbehörde)*
Erlaubnisbehörde: .... *(Anschrift der Behörde)*
Tätig für die Emittenten und Anbieter: ▪ ABCDE Bank ▪ DEF Kapitalanlagegesellschaft

4.3.3.2 Vollständiges Informationsblatt

Dieses Informationsblatt lässt sich entweder als Schreiben an Interessenten oder mit einer personalisierten Anrede inhaltsgleich für ein Terminbestätigungsschreiben verwenden.

> **Helferlein Finanzanlagen**
>
> Franz Helferlein
> Finanzanlagenvermittler
> ABC-Straße 100
> 12345 Musterstadt
> Tel.: +49 234876543
> Fax: +49 1234 9876542
> E-Mail: F.Helferlein@Helferlein.de
>
> Musterstadt, den __.__.____
>
> Sehr geehrte Interessentin, sehr geehrter Interessent,
>
> ich bin gesetzlich verpflichtet, Ihnen die nachfolgenden Informationen über meine Tätigkeit als Finanzanlagenvermittler zu mitzuteilen.
>
> **Umfang meiner Gewerbeerlaubnis**
>
> Ich besitze die Gewerbeerlaubnis für die Finanzanlagenvermittlung nach § 34f Abs. 1 Satz 1 Nr. 1 GewO. Auf Grund dessen bin ich befugt, Ihnen Anteilsscheine einer Kapitalanlagegesellschaft oder Investmentaktiengesellschaft oder von ausländischen Investmentanteilen, die im Geltungsbereich des Investmentgesetzes öffentlich vertrieben werden dürfen, zu empfehlen und zu vermitteln.
>
> **Zuständige Behörde und Überprüfungsmöglichkeit**
>
> Ich bin unter der Registernummer ... in das Vermittlerregister ... *(Bezeichnung, Anschrift, Telefonnummer, Internetadresse der Registerbehörde)* eingetragen. Sie haben die Möglichkeit, diese Angaben dort durch Nachfrage unter Angabe meines Namens und/oder der Registernummer zu überprüfen.
>
> **Emittenten und Anbieter**
>
> Ich vertreibe Produkte der nachfolgend aufgeführten Emittenten und Anbieter:
> ABCDE Bank und DEF Kapitalanlagegesellschaft
> *(Angaben zu Anschriften und Telefonnummern sind nicht gesetzlich vorgeschrieben.)*
>
> ... *(Es folgt der eigentliche Text des Anschreibens.)*
>
> Mit freundlichen Grüßen
>
> Franz Helferlein

4.3.3.3 Sonderfall: Informationsblatt für Finanzanlagenvermittler, die zugleich Versicherungsvermittler sind

Vermittler, die sowohl über die Genehmigung zur Versicherungsvermittlung (§§ 34d oder 34e GewO) als auch über die Erlaubnis zur Finanzanlagenvermittlung (§ 34f GewO) verfügen, müssen an sich für beide Tätigkeiten ein entsprechendes Informationsblatt erstellen und überreichen.

In diesem besonderen Fall heißt das aber nicht, dass sie Erstinformationen, die für beide Tätigkeiten identisch mitgeteilt werden müssten, doppelt angeben oder wiederholen müssten.

- Art und Umfang der jeweiligen Genehmigungen und die zuständigen Genehmigungs- und Registrierungsbehörden sind jedoch für jede Tätigkeit gesondert und deutlich hervorgehoben anzugeben.
- Dies gilt ebenso für die Emittenten und Anbieter der vertriebenen Produkte.

Aufgrund des Umfangs dieser Erstinformationen bei Vorliegen beider Genehmigungen dürfte es allein aus Platzgründen sehr schwierig sein, diese alle auf den bewährten Klapp-/Visitenkarten unterzubringen.

Mögliche Lösungen für dieses praktische Problem können wie folgt aussehen:

- Hat der Vermittler eine Homepage, reicht auf der Klapp-/Visitenkarte ein Hinweis zur genauen Fundstelle (i. d. R. im Impressum) auf der Internetseite, wo Informationen über Art und Umfang aller Gewerbegenehmigungen im Sinne der erforderlichen Statusangaben zu finden sind. Der Vermittler muss sich dann aber mündlich versichern, dass der Kunde auch über einen Internetzugang verfügt. In diesen Fällen ist zusätzlich zu beachten, dass dem Kunden bei Übergabe des Beratungsprotokolls die Statusinformationen erneut und dann in Papierform überreicht werden.
- Verfügt der Vermittler nicht über eine eigene Homepage oder hat der Kunde keinen Internetzugang und ist eine Klapp-/Visitenkarte für alle erforderlichen Informationen nicht ausreichend, so muss dem Kunden ein vollständiges Statusinformationsblatt in Papierform übergeben werden.

Ein Informationsblatt für einen Versicherungs- **und** Finanzanlagenvermittler gem. §§ 34d Abs. 4 und 34f Abs. 1 Satz 1 Nr. 1 GewO könnte wie folgt aussehen:

Helferlein Finanzanlagen

Franz Helferlein
Finanzanlagenvermittler
ABC-Straße 100
12345 Musterstadt
Tel.: +49 234876543
Fax: +49 1234 9876542
E-Mail: F.Helferlein@Helferlein.de

Musterstadt, den __.__.____

Sehr geehrte Interessentin, sehr geehrter Interessent,

ich bin gesetzlich verpflichtet, Ihnen die nachfolgenden Informationen über meine Tätigkeit als Finanzanlagen- und Versicherungsvermittler mitzuteilen.

Die Vermittlung von Versicherungen und die Vermittlung von Finanzanlagen sind gesetzlich jeweils gesondert und zudem unterschiedlich geregelt. Mit diesem Informationsblatt möchte ich Sie pflichtgemäß über die rechtlichen Rahmenbedingungen dieser beiden Tätigkeiten informieren.

Umfang meiner Gewerbeerlaubnis zur Vermittlung von Finanzanlagen

Ich besitze die Gewerbeerlaubnis für die Finanzanlagenvermittlung nach § 34f Abs. 1 Satz 1 Nr. 1 GewO. Auf Grund dessen bin ich befugt, Ihnen Anteilsscheine einer Kapitalanlagegesellschaft oder Investmentaktiengesellschaft oder von ausländischen Investmentanteilen, die im Geltungsbereich des Investmentgesetzes öffentlich vertrieben werden dürfen, zu empfehlen und zu vermitteln.

Zuständige Behörde und Überprüfungsmöglichkeit

Ich bin unter der Registernummer ... in das Vermittlerregister *(Bezeichnung, Anschrift, Telefonnummer, Internetadresse der Registerbehörde)* eingetragen. Sie haben die Möglichkeit, diese Angaben dort durch Nachfrage unter Angabe meines Namens und/oder der Registernummer zu überprüfen.

Emittenten und Anbieter

Ich vertreibe Produkte der nachfolgend aufgeführten Emittenten und Anbieter:

ABCDE Bank und DEF Kapitalanlagegesellschaft *(Angaben zu Anschriften und Telefonnummern sind nicht gesetzlich vorgeschrieben.)*

Helferlein Finanzanlagen

Umfang meiner Gewerbeerlaubnis zur Vermittlung von Versicherungen

Ich besitze außerdem die Gewerbeerlaubnis gem. § 34d Absatz 4 GewO als so genannter Ausschließlichkeitsvertreter der XYZ123 Versicherung. Das bedeutet, dass ich als Versicherungsvermittler ausschließlich die XYZ123 Versicherung vertrete und deren Versicherungsprodukte vermittle.

Zuständige Behörde und Überprüfungsmöglichkeit

Ich bin unter der Registernummer ... in das Vermittlerregister *(Bezeichnung, Anschrift, Telefonnummer, Internetadresse der Registerbehörde)* eingetragen. Sie haben die Möglichkeit, diese Angaben dort durch Nachfrage unter Angabe meines Namens und/oder der Registernummer zu überprüfen.

Ombudsleute/Hinweis

Einerseits zur Vermeidung von teuren Rechtsstreitigkeiten und andererseits zur Überprüfung möglicher Fehler, stehen Ihnen die Ombudsleute des Versicherungswesens mit Rat und Tat zu Seite. Diese Ombudsleute erreichen Sie unter den folgenden Adressen:

Versicherungsombudsmann e.V.
Postfach 080 632
10006 Berlin
Tel.: 0800 369 6000
Fax: 0800 369 9000
www.versicherungsombudsmann.de

Ombudsmann für die private Kranken- und Pflegeversicherung
Postfach 060 222
10057 Berlin
Tel.: 01802 55 04 44
Fax: 030 20 45 89 31
www.pkv-ombudsmann.de

Die Anrufung des Ombudsmannes ist für Sie mit keinen Kosten verbunden.

Mit freundlichen Grüßen

Franz Helferlein

4.4 Produkt- und anlegerbezogene Informationspflichten

Die allgemeine Verhaltenspflicht aus § 11 FinVermV wird durch die Informationspflichten nach § 13 FinVermV erweitert und präzisiert. § 13 FinVermV verlangt vom Berater/Vermittler

- die Aushändigung angemessenen und entscheidungsrelevanten allgemeinen Informationsmaterials über Art und Risiken der angebotenen bzw. nachgefragten Finanzanlage (Abs. 1),
- die Abfassung dieses Informationsmaterials in einer Art und Weise, dass es für den Anleger nach vernünftigem Ermessen verständlich ist und er aufgrund dieser Informationen seine Anlageentscheidung treffen kann,
- die Konkretisierung der mit dieser Finanzanlage verbundenen Risiken nach bestimmten Kriterien (Abs. 2),
- die konkrete Beschreibung der dem Anleger entstehenden Kosten und Nebenkosten, insbesondere der dem Berater/Vermittler daraus zustehenden Provision (Abs. 3),
- die Beachtung gesonderter Bestimmungen des InvG, wenn Investmentanteile Gegenstand der Beratung bzw. Vermittlung sind (Abs. 4),
- den Hinweis auf mögliche bestehende Interessenskonflikte,
- die Aushändigung dieser Informationen in Textform (Abs. 6) .

Diese Informationspflichten ersetzen, wie aus der Begründung zur FinVermV hervorgeht, die bisherigen Informationspflichten aus §§ 11 Abs. 1 Nr. 2, 10 Abs. 3 MaBV. Daraus ist zu schlussfolgern, dass die für diese Bestimmung bereits gültigen Grundsätze für die neue Rechtslage mindestens weiter gelten und eher verschärft zu sehen sind.

Aus § 13 FinVermV resultieren zwei wesentliche Verpflichtungen:

- Der Kunde muss über die Art der angebotenen oder von ihm nachgefragten Finanzanlagen (umfangreich) informiert werden.
- Informationen über die Risiken der einzelnen Arten von Finanzanlagen müssen für den Anleger verständlich sein.

Informationen über die Art der Finanzanlagen müssen dem Anleger rechtzeitig vor (Vertrags-)Abschluss zur Verfügung stehen. Sie müssen **angemessen** sein, damit der Anleger die Wesensmerkmale bzw. die Funktionsweise der einzelnen Finanzanlage **versteht**, um auf dieser Verständnisbasis eine Anlageentscheidung treffen zu können.

4.4.1 Informationen über die Finanzanlagen

Die Regelung des § 13 Abs. 1 FinVermV entspricht, wie die amtliche Begründung zutreffend ausführt, weitgehend dem § 31 Abs. 3 Satz 1 und 2 WpHG. Bedingt durch die Zielprojektion des Verbraucher-/Anlegerschutzes gibt es hier keinen Ausnahmetatbestand für Geschäfte mit sog. geeigneten Gegenparteien des Wertpapierhandelsgeschäfts. In der FinVermV steht der Verbraucher- und Anlegerschutz im Fokus. Der Verordnungsgeber hat deswegen hier bewusst nicht die in § 31a Abs. 2 und 3 WpHG enthaltene Unterscheidung zwischen Privatkunden und professionellen Kunden und damit das Thema der „geeigneten Gegenpartei“ aufgenommen. Dies ist im Vorfeld der Diskussion kritisiert worden mit dem Hinweis, professionelle Kunden verfügten über ausreichende Erfahrungen, Kenntnisse und Sachverstand, um schwierigere und kompliziertere Zusammenhänge verstehen und durchschauen zu können. Das mag sehr wohl sein. Aber aus Sicht des Beraters/Vermittlers würde möglicherweise genau diese Differenzierung ein Risiko für die eigene Arbeit und Verantwortlichkeit darstellen. Wie noch gezeigt werden wird, kommen auf den Gewerbetreibenden ohnehin eine Reihe von in der Person des Anlegers begründete, subjektive Differenzierungskriterien zu. Der Verzicht auf ein weiteres Kriterium ist insofern durchaus als Erleichterung und Klarstellung anzusehen, da es in der Praxis eben keine Unterscheidung zwischen Profis und Laien geben soll.

Rechtzeitig vor Vertragsschluss

Nach § 13 Abs. 1 FinVermV müssen Informationen über die Art der Finanzanlagen dem Anleger rechtzeitig vor (Vertrags-)Abschluss zur Verfügung stehen. Rechtzeitigkeit in diesem Sinne muss man wohl in Anlehnung an § 31 Abs. 3 Satz 1 WpHG verstehen. Das bedeutet, dass die Informationen in der vorgeschriebenen Form zur Verfügung zu stellen sind,

- entweder, bevor eine Beratungs- bzw. Vermittlungsleistung erbracht wird,
- oder, bevor ein Vertrag über diese Leistungen hierüber geschlossen wird,

in Abhängigkeit davon, welcher Zeitpunkt der jeweils frühere ist. Die Rechtsprechung erwartet, dass der Anleger den Prospekt „rechtzeitig“ erhält, um sich umfassend informieren zu können und im Zweifel Rückfragen stellen zu können (vgl. BGH, Urteil v. 12.07.2007, Az.: III ZR 145/06). „Rechtzeitig“ ist sicherlich ein dehnbarer Begriff. Der BGH legt sich dabei nicht auf eine Zeitspanne fest, aber zwei Tage sind ganz sicher zu wenig. Wenn also der Prospekt bereits einige Tage vor dem eigentlichen Beratungstermin übersandt worden ist (und dies auch dokumentiert worden ist – siehe hierzu S. 133), hat der Anleger die Möglichkeit, sich in Ruhe einzulesen und auf den Termin vorzubereiten. Er wird so in die Situation versetzt, sich umfassend selbst vorzubereiten und ggf. gezielt Fragen stellen zu können.

Entscheidend ist also, dass ein angemessener Zeitraum zwischen Informationsvermittlung und Geschäft oder Vertrag liegt, der es dem Anleger ermöglicht, die Information aufzunehmen (vgl. Begründung zu § 5 WpDVerOV, www.bankenverband.de). Dies gilt insbesondere bei der Aushändigung schriftlicher Informationen (vgl. dazu auch: Wissenschaftlicher Dienst des Deutschen Bundestages, Nr. 70/09 v. 28.08.2009, S. 2). Die Informationen müssen nach vernünftigem Ermessen erfolgen und angemessen sein. In der Vorfassung hieß es an dieser Stelle lediglich, sie sollten angemessen sein. Mit der endgültigen Formulierung hat der Verordnungsgeber diejenige aus dem WpHG übernommen. Inwieweit dies sachlich wirklich eine Verbesserung darstellt, ist diskussionswürdig. Sicher ist, dass es sich auch hier jetzt um einen unbestimmten Rechtsbegriff handelt, der einer weiten Auslegung unterliegen kann.

Die Risiken solcher Begriffe sollten nicht unterschätzt werden. Immerhin hat der Bundesgerichtshof im viel beachteten Lehman-Urteil hierauf Bezug genommen und festgestellt: „Anleger haben Anspruch darauf, umfassend und damit auch über ein nur theoretisches Risiko informiert zu sein." (BGH, Urteil v. 27.09.2011, Az.: XI ZR 178/10)

Dem Anleger sind folglich Informationen mitzuteilen, die es ihm ermöglichen, dass er die Wesensmerkmale bzw. die Funktionsweise der einzelnen Finanzanlage versteht, um auf der Grundlage dieses Verstehens eine Anlageentscheidung treffen zu können.

Davon kann ausgegangen werden, wenn die erteilten Informationen für einen Durchschnittskunden derjenigen Gruppe verständlich sind, zu der der Kunde gehört. Generell sollte dabei von einem „durchschnittlichen" Privatanleger ohne Fachwissen ausgegangen werden.

Die in § 31 Abs. 5 WpHG tatbestandliche Angemessenheit beurteilt sich nach allgemeiner Ansicht danach, ob ein Kunde nach seinem Erfahrungs- und Kenntnisstand die Risiken des betreffenden Finanzinstrumentes einschätzen kann. Zur Beurteilung sind die erhobenen Kundendaten heranzuziehen. Dies sind Kriterien, die sich auch in § 16 FinVermV wiederfinden.

Verfügt der Berater/Vermittler – gleich aus welchem Grund – über diese notwendigen Daten nicht, muss er den Kunden darauf hinweisen, dass er die Angemessenheit oder Geeignetheit einer Kapitalanlage für den Anleger gem. § 16 FinVermV nicht beurteilen kann.

Im Übrigen lässt sich sagen: Ein Berater/Vermittler, der sich hierbei wegen der Konturendefizite der auch zum WpHG bestehenden Rechtsmeinungen unsicher ist, muss den Kunden im Zweifel immer als Privatkunden einschätzen und die Angemessenheit auf dieser Basis beurteilen.

Insofern ist es auch nicht zielführend, hierzu eine Vielzahl von denkbaren Differenzierungskriterien – etwa nach Bildungsstand, Geschlecht, Alter, Beruf oder dergleichen – zu entwickeln. Im Zweifel ist von niedrigen Kompetenz- und Erfahrungsprofilen auszugehen, damit man auf der sicheren Seite ist.

Werden Fachbegriffe eingängig und mit verständlichen Worten erklärt und/oder werden komplexe Wirkungszusammenhänge eingängig beschrieben, wird man dies als angemessen bezeichnen können.

Beispiel

Je komplexer ein Anlageprodukt, etwa ein geschlossener Fonds, gestaltet ist, umso umfangreicher und detaillierter müssen auch die Informationen, die an den Anleger weitergegeben werden, gestaltet sein. Wenn Fachbegriffe (auch Anglizismen) verwendet werden, müssen diese erläutert werden. Komplexe Zusammenhänge lassen sich durch Schaubilder verständlich darstellen.

4.4.2 Kundenverständnis

Nach § 13 Abs. 1 FinVermV besteht das Ziel der Informationspflicht darin, dass der Anleger auf Grund der Informationen die ihm angebotene oder von ihm nachgefragte Anlage **versteht**, um auf dieser Basis seine Entscheidungen treffen zu können.

Damit stellt sich die Frage, wann von einem Kundenverständnis auszugehen ist. Sicherlich hat auch hierzu das Lehman-Urteil des Bundesgerichtshofs (siehe dazu oben) neue Maßstäbe gesetzt, die in der Praxis der Berater/Vermittler nicht unterschätzt werden sollten.

Es ist bei der Weitergabe der Informationen zunächst nicht erforderlich, dass sich der Vermittler konkret Wissen darüber verschafft, ob der Kunde/Anleger das ihm angebotene oder von ihm nachgefragte Produkt der Produktkategorie tatsächlich „rational durchdrungen" hat. Sicherlich ist es jedoch sinnvoll, wenn sich der Vermittler beim Kunden vergewissert, ob die Wesens- und Funktionsmerkmale der Anlage vom ihm im Wesentlichen erfasst worden sind. Hierzu eignen sich besonders offene Fragen.

Tipp

In der Praxis kann ein Standard-Kontrollfragenkatalog helfen. Er unterstützt dabei, dass keine sinnvolle Rückfrage vergessen wird.

Muster: Fragenkatalog zum Kundenverständnis

Fragenkatalog zum Kundenverständnis

1. **Wie hoch ist Ihr Anlagevermögen?**

   Spar- und Anlagevermögen (z. B. Barmittel, Anleihen, Aktien und sonstige Anlagen)
   - unter 25.000 EUR ☐
   - von 25.000 bis 125.000 EUR ☐
   - von 125.000 bis 250.000 EUR ☐
   - mehr als 250.000 EUR ☐

   Immobilienbesitz (z. B. Häuser, Wohnungen, Grundstücke)
   - unter 150.000 EUR ☐
   - von 150.000 bis 300.000 EUR ☐
   - von 300.000 bis 500.000 EUR ☐
   - mehr als 500.000 EUR ☐

2. **Wie hoch ist Ihr monatliches Nettoeinkommen (z. B. Gehalt, Dividenden, Mieteinkünfte, Zinsen)?**
   - unter 1.250 EUR ☐
   - von 1.250 bis 2.500 EUR ☐
   - von 2.500 bis 5.000 EUR ☐
   - mehr als 5.000 EUR ☐

3. **Wie viel können Sie monatlich unter Berücksichtigung Ihrer Ausgaben sparen?**
   - unter 250 EUR ☐
   - von 250 bis 500 EUR ☐
   - von 500 bis 1.000 EUR ☐
   - mehr als 1.000 EUR ☐

4. **Anlagehorizont: Wie lange können Sie (mindestens 75 %) Ihr(es) Portfolio(s) fest anlegen?**
   - nicht länger als 3 Jahre ☐
   - 3 bis 5 Jahre ☐
   - 5 bis 10 Jahre ☐
   - mehr als 10 Jahre ☐

Fragenkatalog zum Kundenverständnis

5. Was ist Ihre wichtigste Zielsetzung für die kommenden 5 Jahre?

Ich möchte 75 % oder mehr meines Geldes dazu nutzen, eine Wohnung zu kaufen bzw. zu renovieren oder einen neuen Wagen kaufen.	☐
Ich möchte ein zusätzliches Einkommen aus meinem Kapital erzielen. Das Kapital selbst möchte ich nicht anrühren.	☐
Ich will einerseits ein ergänzendes Einkommen aus meinem Kapital erzielen, andererseits soll mein Kapital weiter wachsen.	☐
Ich möchte den Ertrag meines Portfolios reinvestieren. Ich setze voll und ganz auf ein weiteres Wachstum meines Kapitals.	☐

6. Welche Anforderungen stellen Sie in der Regel an Ihre Anlagen?

	Nein	Ja
Mein Kapital muss zu jedem Augenblick geschützt bleiben. Ich möchte vorab wissen, was mir meine Anlage einbringt. (Bei „Ja" gleich zur Frage 9)	☐	☐
Ich bevorzuge Anlagen mit Kapitalschutz. Den Ertrag meiner Anlagen muss ich nicht im Voraus kennen. (Bei „Ja" gleich zur Frage 9)	☐	☐
Ich achte zunächst auf die mit meiner Anlage erzielbare Rendite; Kapitalschutz finde ich weniger wichtig. Ich bin also bereit, ein gewisses Risiko einzugehen.	☐	☐
Ich setze immer auf eine hohe Rendite. Ich akzeptiere, dass der Wert meiner Anlagen sich schnell ändern kann und dass ich, sicherlich kurzfristig, unter Umständen erhebliche Verluste hinzunehmen habe.	☐	☐

7. Mit welcher Rendite sind Sie zufrieden? Bedenke: Das Risiko steigt mit der Renditeerwartung!

Ich möchte eine durchschnittliche Rendite von 4 %. Ich akzeptiere, dass der Wert meines Portfolios jährlich um rund 6 % abnehmen kann.	☐
Ich möchte eine durchschnittliche Rendite von 6 %. Ich akzeptiere, dass der Wert meines Portfolios jährlich um rund 9 % abnehmen kann.	☐
Ich möchte eine durchschnittliche Rendite von 8 %. Ich akzeptiere, dass der Wert meines Portfolios jährlich um rund 12 % abnehmen kann.	☐
Ich möchte eine durchschnittliche Rendite von mindestens 10 %. Ich akzeptiere, dass der Wert meines Portfolios jährlich um rund 15 % abnehmen kann.	☐

Fragenkatalog zum Kundenverständnis

8. Wie reagieren Sie, wenn der Wert Ihres Portfolios um über abnimmt?	6 %	9 %	12 %	15 %
Das raubt mir den Schlaf. Ich verkaufe risikoreiche Anlagen sofort und wähle künftiger sicherere Anlageformen (z. B. Euro-Anleihen).	☐	☐	☐	☐
Ich verkaufe meine risikoreiche Anlage nicht unmittelbar. Ich verfolge die Entwicklung aus nächster Nähe. Sollte sich die Situation weiter verschlechtern, kann ich immer noch eingreifen.	☐	☐	☐	☐
Ich halte meine risikoreichen Anlagen im Portfolio in der Hoffnung, dass ich meine Verluste im Laufe der Zeit wieder wettmachen kann.	☐	☐	☐	☐
Einen Wertverlust meiner Anlagen erachte ich als eine gute Gelegenheit. Diese Gelegenheit nutze ich dazu, um weitere Papiere hinzuzukaufen.	☐	☐	☐	☐

9. Welche der nachfolgenden Anlageinstrumente sind Ihnen bekannt? In welche Investments haben Sie bereits angelegt?

	bekannt	aktive Anlage
Anleihen (Eurobonds, Staatsanleihen, Kassenobligationen, ...)	☐	☐
Investmentfonds ohne Kapitalschutz (Aktienfonds, Anleihenfonds, Strategiefonds, ...)	☐	☐
Investmentfonds mit Kapitalschutz (Fixfonds) oder Structured Notes	☐	☐
Aktien	☐	☐
Rohstoffe oder Edelmetalle (Gold, ...)	☐	☐
Optionen, Futures oder andere komplexe Anlageinstrumente	☐	☐

Wie häufig treffen Sie Anlageentscheidungen? ☐

10. Wie informieren Sie sich über das finanziell-ökonomische Geschehen in der Welt?

Dafür interessiere ich mich nicht oder nur wenig. Ich selbst suche nicht nach Informationen.	☐
Ich lese regelmäßig den Wirtschafts- und Finanzteil meiner Zeitung.	☐
Ich lese regelmäßig die Finanzpresse. Darüber hinaus suche ich im Internet nach weiteren Informationen oder ich besuche regelmäßig Informationsvorstellungen zu dem Thema „Investieren".	☐
Ich beobachte die Finanzmärkte aus beruflichen Gründen. Ich bin bei einem Finanzinstitut, einer Börsengesellschaft oder der Finanzabteilung einer Firma beschäftigt.	☐

4.4.3 Informationen über die Risiken der Finanzanlagen

Nach § 13 Abs. 2 FinVermV müssen die Informationen eine ausreichend detaillierte allgemeine Beschreibung der Risiken der Finanzanlagen enthalten.
Risiken einer Finanzanlage sind all diejenigen Faktoren, deren Eintritt möglich oder wahrscheinlich sein kann und die einen negativen Einfluss auf die Wertentwicklung oder den Wert der Kapitalanlage selbst haben können.
Über folgende Faktoren muss immer aufgeklärt werden (sog. Pflichtrisikoangaben):

- über die Hebelwirkung und ihre Effekte,
- zum Risiko des Verlustes der gesamten Kapitalanlage,
- zum Ausmaß der Schwankungen des Preises der betreffenden Finanzanlage (Volatilität),
- zu etwaigen Beschränkungen des für solche Finanzanlagen verfügbaren Marktes,
- zum Umstand, dass jeder Anleger durch die Finanzanlagen möglicherweise finanzielle und sonstige Verpflichtungen übernehmen muss,
- zu Einschusspflichten, also vertraglichen Verpflichtungen des Anlegers mögliche Defizite ausgleichen zu müssen,

Achtung

Die in § 13 Abs. 2 FinVermV aufgezählten Beschreibungen zu den Pflichtrisiken sind nicht abschließend. Folglich kann es durchaus sinnvoll sein, den Anleger mit weitergehenden Informationen zu versorgen.

Dem Kunden sind gem. § 13 FinVermV die generellen Informationen klar und verständlich mitzuteilen. Nichts anderes kann dann aber auch für die Pflichtinformationen gem. § 13 Abs. 3 FinVermV gelten, da eine spezifischere oder detailliertere Informationserteilung ausdrücklich zudem auch nicht vorgesehen wird.

Beispiel

Eine exakte Voraussage der evt. eintretenden Risiken einer Kapitalanlage ist nahezu unmöglich. Kapitalanlagen unterliegen hinsichtlich ihrer Wertschwankungen einer Vielzahl von Faktoren.

Im Rahmen der allgemeinen Pflichtangaben muss der Kunde darüber informiert werden, dass die Kapitalanlage grundsätzlich Schwankungen unterliegt. Es müssen die wesentlichen Faktoren aufgezählt werden, die für die Schwankungen ursächlich sein können. Hier sollte dann auch darüber informiert werden, dass eine Aufzählung der Faktoren über die Schwankungen nicht abschließend sein muss, und es insbesondere von einer Vielzahl sonstiger Umstände abhängen kann, wie sich zukünftige Entwicklungen gestalten.

4.4.4 Kosten und Nebenkosten

Der Anleger soll nach dem Willen des Verordnungsgebers von vornherein Transparenz über die Kostensituation des Erwerbs und der Finanzanlage selber erlangen. Insoweit ist gemäß § 13 Abs. 3 FinVermV der Kunde über die Kosten und alle Nebenkosten im Rahmen der entsprechenden Finanzanlage zu informieren. § 13 Abs. 3 FinVermV korreliert zwingend mit § 17 FinVermV, der Offenlegung von Zuwendungen. Dem Anleger soll die Ermittlung eines Gesamtpreises nicht nur möglich, sondern erleichtert werden. Hierbei handelt es sich um Pflichtangaben, da der Verordnungsgeber unterstellt, dass sie Grundlage der Anlageentscheidung sind. Daher ist ein Verstoß dagegen auch gem. § 26 Abs. 1 Nr. 2 FinVermV als Ordnungswidrigkeit anzusehen.

Der Kunde ist danach aufzuklären über:

- den Gesamtpreis, den er im Zusammenhang mit der Finanzanlage und den Dienstleistungen des Vermittlers zu zahlen hat,
- die Möglichkeit, dass ihm aus Geschäften mit der Finanzanlage weitere Kosten und Steuern entstehen können,
- Bestimmungen über die Zahlung oder sonstige Gegenleistungen.

Das Ziel dieser Regelung besteht darin, dem Kunden alle wesentlichen Kostenfaktoren vor Abschluss nachvollziehbar mitzuteilen und ihm damit die Kosten transparent zu machen.

Im Rahmen des Gesamtpreises sind zwingend mitzuteilen alle

- Gebühren
- Provisionen
- Entgelte
- Auslagen

Achtung

Da § 13 FinVermV vom Vermittler grundsätzlich nur verlangt, die generellen Informationen weiterzugeben, wird es für eine Informationserteilung zunächst ausreichend sein, wenn dem Anleger ein Preis- und/oder Leistungsverzeichnis ausgehändigt wird. Der Gewerbetreibende muss aber dabei die wesentlich strengere Vorgabe des § 17 FinVermV – die Offenlegung von Zuwendungen – im Auge behalten.

Beispiel

Ein Anleger erwirbt ein offenes Fondsprodukt. Standardisiert können ihm dann grundsätzlich alle Gebühren und Entgelte des Produkts selber, wie etwa Ausgabeaufschlag, Verwaltungsgebühren, mitgeteilt werden. Zusätzlich sind wegen der Vorgaben des § 17 FinVermV allerdings wesentlich speziellere Informationen hinsichtlich Provisionen, Gebühren und sonstigen Entgelten mitzuteilen.

Das Bundeswirtschaftsministerium hat in seiner Bürokratiekostenvorabschätzung Kosten für die Erfüllung dieser Informationspflichten mit einem Zeitwert von fünf Minuten angesetzt. Schätzungsweise 70 % der Gesamtfallzahl von 19 Mio. betreffen den Bereich der Anlageberatung. Danach entstehen bei einer Fallzahl von 13,3 Mio. somit Bürokratiekosten in Höhe von 41,9 Mio. EUR.

4.4.5 Interessenkonflikte

Gemäß § 13 Abs. 5 FinVermV hat der Berater/Vermittler auf mögliche Interessenkonflikte hinzuweisen. In der Vergangenheit kam es immer wieder vor, dass eine Art von „besonderem Näheverhältnis" zwischen dem Vermittler und der Anlage selber bestand. In der Verordnungsbegründung werden dazu Fälle genannt, in denen ein Gewerbetreibender selber in eine bestimmte Anlage investiert hat und deshalb ein (besonders hohes) Interesse an dessen Weiterverbreitung hat oder er eine Kapitalbeteiligung an einem Produktgeber hält. Ein solcher Konflikt kann folglich immer dann entstehen, wenn der Vermittler ein sehr enges Interesse daran hat, dass der Anleger ein Produkt erwirbt, welches nicht unbedingt mit dessen Anlageinteressen korreliert. Bereits im Erhalt einer Provisionszahlung einen Interessenkonflikt zu sehen, wäre markt- und lebensfremd: Die Definition des Interessenkonflikts ist damit eher einer engen Auslegung unterworfen.
Handelt es sich um eine Beteiligung des Gewerbetreibenden an einem Publikumsfonds, liegt kein Interessenkonflikt vor: Die Kapitalbeteiligung des Kunden an diesem Fonds dürfte dann nur geringe Auswirkung auf die Wertentwicklung des konkreten Fonds haben.

4.5 Werbung

Die FinVermV regelt unter dem Gesichtspunkt des Anlegerschutzes zudem, wie ein Gewerbetreibender von ihm vermittelte Produkte zu bewerben hat. § 14 FinVermV schreibt vor, dass dem Kunden **redliche, eindeutige und nicht irreführende Informationen und Werbung** zur Verfügung gestellt werden müssen. Dabei dürfen wichtige Aussagen, die zum Verständnis des Produkts und zur Entscheidung über die Anlage durch den Erwerber beitragen, nicht verschleiert oder abgeschwächt werden. § 124 Abs. 1 bis 2 a InvG gelten insoweit entsprechend.

Achtung

Vorsicht ist geboten, wenn Antragsformulare in den Werbe- und Informationsmitteln enthalten sind, die der Anleger gewissermaßen nur noch zu unterschreiben braucht. In diesen Unterlagen müssen dann alle Pflichtangaben nach § 13 Abs. 2 und 3 FinVermV enthalten sein. Das sieht § 14 Abs. 3 FinVermV zwingend vor.

Der Kunde soll seine Anlagenentscheidung auf der Grundlage adäquater Informationen treffen können.

4.5.1 Definition der Werbemitteilung

Der Begriff der Werbemitteilung findet sich in § 14 Abs. 1 FinVermV, wird dort aber nicht näher definiert. Sie wird jedoch als eine besondere Form der Information angesehen werden müssen. Welches Medium gewählt wird, ist dabei völlig unerheblich. So kann Werbung in diesem Sinne etwa in Form einer gedruckten Version, einer Information auf der Homepage, in Form von Flyern, E-Mail-Anhängen im Pdf-Format, Broschüren stattfinden. Die Definition der Werbemitteilung muss daher sehr weit gefasst werden.
Von der Vorschrift nicht erfasst sind Werbemittel, die erkennbar einer rein internen Verwendung oder allein der Imagewerbung des Vermittlers dienen. Diese sollten aber dann auch deutlich als solche bezeichnet werden.

4.5.2 Redlichkeit der Werbemitteilung

Eine Werbemitteilung ist dann redlich, „wenn sie die Interessen des Kunden im Auge behält". Die allgemeine Wohlverhaltenspflicht aus § 11 FinVermV wird hier bezogen auf die Werbung noch einmal konkretisiert. Allerdings kommt es dabei auf die objektive Interessenlage des Anlegers und nicht auf seine subjektive, persönliche Motivationslage an. Geprüft werden muss folglich immer, inwieweit die Werbemitteilung objektiv richtig die Interessen des Kunden widerspiegelt.

4.5.3 Eindeutigkeit der Werbemitteilung

Eindeutige Werbemitteilungen sind vollständig und verständlich. Die dem Kunden zur Verfügung gestellten Informationen dürfen daher keine Interpretationsspielräume offen lassen oder unterschiedliche Auslegungen zulassen. Sie müssen in Darstellung, Gliederung und Wortwahl eindeutig und klar sein. Auch hier stellt sich die Frage, wann ein Anleger die Information als verständlich ansehen kann. Es kommt also auf den Empfängerhorizont an:
Die Informationen müssen für einen durchschnittlich aufmerksamen Privatanleger verständlich sein, der mit ihnen in die Lage versetzt werden soll, die Risiken seiner Anlageentscheidung und deren Tragweite selbst einzuschätzen. Da es sich hier auch wieder lediglich um die generelle Informationen handelt, ist eine Differenzierung wie etwa nach Alter, Geschlecht, Ausbildung, Qualifikation, beruflichem Hintergrund oder dergleichen, wie bereits oben erwähnt, nicht erforderlich. Hilfreich wird sicherlich die Verwendung von Tabellen und Diagrammen sein. Das Lesen und Verstehen auch längerer Textpassagen erfüllt bei eindeutiger und klarer Wortwahl sicherlich das Erfordernis der Eindeutigkeit und kann einem Anleger auch zugemutet werden.

Achtung

Vermittler sollten davon absehen, Produktvergleiche/-analysen in Eigenregie zu erstellen, um dann bei Anlegern damit zu werben. Auch in den Verkaufsprozess sollten solche Materialien nicht einbezogen werden. Das Risiko damit gegen die gewerberechtlichen Verpflichtungen aus der FinVermV zu verstoßen ist sehr hoch.
Die Inhaltsprüfung von Informations- und Werbemitteln ist ein schwieriges Unterfangen und grundsätzlich allein eine Angelegenheit für Fachleute. Von einer Erstellung durch den Vermittler wird daher dringend abgeraten.

4.5.4 Irreführende Werbung

§ 14 Abs. 1 Satz 1 FinVermV verlangt, Werbemittel in einer Art und Weise darzustellen, dass sie einem durchschnittlichen Angehörigen des Personenkreises, an den sie gerichtet sind oder zu dem sie wahrscheinlich gelangen, verständlich sind. Dabei kommt es auf den Gesamteindruck an. Auch besteht ein Wahrheitsgebot. Hier ist es wiederum nicht erforderlich, auf das Verständnis des jeweiligen einzelnen Anlegers abzustellen. Maßgebend ist hier eine objektive Gesamtbetrachtung, wie der Kunde dies nach seiner Lebenserfahrung verstehen konnte.
Gemäß § 14 Abs. 5 FinVermV i. V. m. § 4 WpDVerOV ist es zur Darstellung und Vermittlung wesentlicher Informationen erforderlich, die Vor- und Nachteile, respektive die Chancen und Risiken, die in einer der Produktkategorien enthalten sind, dar- bzw. gegenüberzustellen. Ein einseitiges Hervorheben der Vorteile einer Kapitalanlage ist daher nur dann zulässig, wenn gleichzeitig eindeutig im Sinne der (siehe oben) dargestellten Definition auf damit einhergehende Risiken verwiesen wird. Alle anderen Darstellungen wären irreführend.

Beispiel

Von einer irreführenden Darstellung ist dann auszugehen, wenn die Chancen einer Kapitalanlage drucktechnisch hervorgehoben werden und die Risiken lediglich in kleingedruckten Fußnoten dargestellt werden.

Es ist außerdem nicht zulässig, den Namen der Bundesanstalt für Finanzdienstleistungsaufsicht (BaFin) dahingehend zu missbrauchen, dass dem Anleger suggeriert wird, diese Behörde habe die Kapitalanlage gebilligt oder genehmigt.

Beispiel

Dies wäre etwa bei einer Formulierung „BaFin geprüft" der Fall.

4.5.5 Frühere Wertentwicklungen

Sehr knapp verweist § 14 Abs. 5 FinVermV auf § 4 Abs. 2 bis 9 WpDVerOV und dessen entsprechende Anwendung. Der Gesetzgeber will hier vor allem einer Unsitte der Werbung vorbeugen: der Überhöhung von Anlegervorteilen oder der Darstellung einer Wertentwicklung mit nicht nachvollziehbaren Fiktionen.
Dahinter verbirgt sich im Wesentlichen, dass Aussagen zu einer früheren Wertentwicklung einer der Produktkategorien der Kapitalanlage nicht in den Vordergrund gestellt werden dürfen.
Bei dem Verkauf neu emittierter Produkte ist es für den Anleger jedoch ein wesentliches Einschätzungskriterium, wie sich eine vergleichbare Anlage in der Vergangenheit entwickelt hätte.

- Die Simulation einer Wertentwicklung basierend auf rein fiktiven Annahmen ist unzulässig.
- Angaben zur Wertentwicklung haben sich auf realistische Daten zu stützen. Dazu darf dann z. B. auch mit einer simulierten historischen Wertentwicklung geworben werden.

4.5.6 Steuerliche Hinweise

Sind in den Werbemitteln bestimmte steuerliche Umstände beschrieben, muss der Hinweis enthalten sein, dass die steuerliche Behandlung von den persönlichen Verhältnissen des jeweiligen Kunden abhängt und künftig Änderungen unterworfen sein kann.
Dies ist aus Haftungsgründen notwendig. Die Grundsätze der Prospekthaftung und die dazu ergangene Rechtsprechung treffen auch für Prospektangaben in diesem steuerlichen Sinne zu. Reine Informationsunterlagen, die der Berater/Vermittler für die nach dem Finanzvermittlerrecht vorgeschriebenen Informationen zu erstellen hat, fallen nicht darunter. Deshalb sollten sie auch grundsätzlich keine Hinweise zu Steuerfragen enthalten, damit sich der Vermittler nicht Regressansprüchen aus der Prospekthaftung aussetzt.
Maximal sollte der Hinweis aufgenommen werden, dass mögliche steuerrechtliche Auswirkungen des Produkts nicht Gegenstand der Beratung sind und dass der Kunde die auf ihn bezogenen steuerlichen Auswirkungen rechtzeitig mit seinem Steuerberater oder Anwalt abstimmen sollte. Der Finanzanlagenvermittler ist zur steuerlichen Beratung Dritter nicht befugt, auch nicht im Rahmen der oft missverstandenen Bestimmung des § 4 Nr. 5 StBerG. Vermittler sind in diesem Sinne keine „Unternehmer, die ein Handelsgewerbe betreiben und“ dabei „in unmittelbarem Zusammenhang mit einem Geschäft, das zu ihrem Handelsgewerbe gehört, ihren Kunden Hilfe in Steuersachen leisten“.

4.5.7 Umgang mit Material von Emittenten

Grundsätzlich ist für den Vermittler Vorsicht geboten, wenn ein Produktgeber/Emittent ihm entsprechende Unterlagen zur Weitergabe an den Kunden zur Verfügung stellt.
Der Vermittler muss sich dann vergewissern, dass in diesen Unterlagen alle gemäß § 13 FinVermV erforderlichen Angaben enthalten sind, bevor er sie an den Kunden aushändigt. Den Kunden interessiert dabei vor allem die allgemeine Funktionsweise der Geldanlage und dabei konkret, wie sich der Geldfluss genau gestaltet.
Ähnliches gilt für Fälle, in denen der Vermittler Produkte eines Emittenten auf seiner Homepage darstellt. Werden vom Emittenten an diesem Produkt Veränderungen vorgenommen, liegt es hier am Vermittler, seine Homepage entsprechend zu aktualisieren.
In den §§ 13 und 14 FinVermV sind sehr spezielle Vorgaben zu den Produktinformationspflichten enthalten. Es handelt sich bei diesen Vorgaben um eigenständige gewerberechtliche Verpflichtungen des Vermittlers. Dem Gewerbetreibenden ist daher grundsätzlich anzuraten, Werbemittel und Informationen des Emittenten über Risiken, Kosten und Nebenabreden nur dann an den Kunden weiterzugeben, wenn sie von ihm selbst genau geprüft worden sind. Selbst auf die Informationen und Werbemittel großer Emittenten war in der Vergangenheit nicht immer Verlass. Wie weitgehend ein Vermittler solche Materialien selber auf Zulässigkeit überprüfen kann oder soll, ist einerseits eine Frage des Sachverstandes und andererseits eine Frage der Zumutbarkeit. Allerdings sollte an die Prospektprüfungspflicht durch den Gewerbetreibenden vor dem Hintergrund, dass allein eine generelle Informationspflicht besteht, kein zu hoher Maßstab angelegt werden.

Tipp

Nutzt der Vermittler Werbe- und Informationsmittel eines Produktgebers/Emittenten, sollte er versuchen, diesbezüglich eine vertragliche Haftungsfreistellungserklärung vom Emittenten zu erwirken. Von seinen gewerberechtlichen Verpflichtungen und seinen Pflichten gegenüber dem Anleger kann ihn dies (persönlich) zwar nicht entbinden. Dies wäre auch wohl eine Angelegenheit der Vermögensschadenhaftpflichtversicherung. Allerdings könnte er dann im Innenverhältnis zum Emittenten vertraglich etwaige Haftungsansprüche auf diesen abwälzen.

4.6 Das Produktinformationsblatt

Der Gewerbetreibende muss dem Anleger zusätzlich zu all diesen Informationen rechtzeitig ein Produktinformationsblatt zur Verfügung stellen. Dies mag zunächst vor dem Hintergrund der umfangreichen Verpflichtungen aus §§ 13 und 14 FinVermV verwundern. Sinn und Zweck dieser eigenständigen, aus § 15 FinVermV

resultierenden Verpflichtung des Gewerbetreibenden ist die notwendige Übernahme von Vorschriften des Wertpapierhandelsrechts auf den selbstständigen Finanzanlagenvermittler. Das Zurverfügungstellen solcher Produktinformationsblätter ist an sich eine alleinige und eigenständige Verpflichtung der Wertpapierdienstleistungsunternehmen.
Diese Verpflichtung greift nach dem Wortlaut der Verordnung nur im Fall einer Anlage**beratung** und damit ausdrücklich nicht im Fall der Anlage**vermittlung** oder der in § 16 FinVermV verankerten Anlage**empfehlung**.
Darin mag zunächst mindestens ein „handwerklicher Fehler" des Verordnungsgebers gesehen werden, der – aus Gründen der Vereinfachung und Praktikabilität – an sich auf diese Differenzierung verzichten wollte, auch wenn es sich dabei um bewährte, von der Rechtsprechung entwickelte Grundsätze handelt. Diese Kriterien sehr schlank einfach aufzugeben findet in der hier gewählten Formulierung wohl ein „Unwohlsein" des Verordnungsgebers seinen Niederschlag. Ist man jedoch bereit sich von diesen Differenzierungskriterien zwischen Beratung und Vermittlung zu trennen und reduziert man den Verkaufsprozess auf ein Mindestmaß, dann liegt vor jeder Vermittlung an sich immer eine Beratung über Art, Umfang, Inhalte etc. der konkreten Anlage(form). Dies hätte dann eine Regelverpflichtung zur Folge, ein solches Produktinformationsblatt immer bereitstellen zu müssen. Dies lässt sich auch aus dem übergeordneten Zweck des Anlegerschutzes heraus sowie aus § 11 FinVermV begründen. Ein Gewerbetreibender sollte daher ein Produktinformationsblatt immer aushändigen.
Auch der Begriff der „Bereitstellung" eines Produktinformationsblattes geht fehl. Dies bedingt allein ein Vorhalten dieser Information, die demnach disponibel wäre oder allein dem Kundenwunsch unterläge. Eine Korrektur erfährt dies in der Verpflichtung resultierend aus § 15 Satz 1 FinVermV, dem Anleger rechtzeitig vor Abschluss des Geschäfts (auf das sich die Anlageempfehlung bezieht) dieses Produktinformationsblatt aushändigen zu müssen.
In Abgrenzung zu den aus § 13 FinVermV resultierenden Informationspflichten handelt es sich bei dem Produktinformationsblatt um eine kurze und leicht verständliche Information zu der jeweiligen (konkreten) Finanzanlage.
Für die unterschiedlichen Arten von Kapitalanlagen gelten unterschiedliche Vorgaben für das Produktinformationsblatt, die in § 15 FinVermV im Einzelnen wie folgt aufgeführt sind:

- Für Anteile an inländischen Investmentvermögen ergeben sich die wesentlichen Anlegerinformationen für das Produktinformationsblatt aus § 42 Abs. 2 bis 2 c InvG.
- Aus § 137 Abs. 3 InvG resultieren die wesentlichen Anlegerinformationen bei ausländischen Investmentvermögen.
- Bei EU-Investmentanteilen werden die wesentlichen Anlegerinformationen gemäß § 21 Abs. 1 Satz 2 InvG definiert.

- Für Vermögensanlagen i. S. des § 1 Abs. 2 InvG werden die erforderlichen Produktinformationen in § 13 VermAnlG definiert.

Davon nicht betroffen sind jedoch Genossenschaftsanteile gemäß § 34f Abs. 1 Nr. 3 GewO. Für Genossenschaftsanteile nach § 34f Abs. 1 Nr. 3 GewO bedarf es keines Produktinformationsblattes.

Achtung
Üblicherweise werden die Informationsblätter vom Anbieter/Emittenten der jeweiligen Finanzanlage erstellt und dem Gewerbetreibenden zur Verfügung gestellt.

Um im Rahmen der gesetzlichen Fristen zu handeln, hat der Vermittler dem Anleger dieses Produktinformationsblatt rechtzeitig vor Abschluss des Geschäfts zu Verfügung zu stellen. Er muss sich nicht vergewissern, dass der Kunde es auch tatsächlich zur Kenntnis nimmt und versteht.

4.7 Die Pflicht zur Empfehlung geeigneter Kapitalanlagen

§ 16 FinVermV verpflichtet den Gewerbetreibenden vom Anleger Informationen einzuholen und ihm geeignete Finanzanlagen zu empfehlen.
Die in § 16 FinVermV definierten Anforderungen an die Vorbereitung und Durchführung des Verkaufsprozesses sind die Kernpunkte des neuen Vermittlerrechts. Sie werden die Berater/Vermittler vor ganz neue Herausforderungen stellen. Diese Regelungen stellen eine (neue) Vorgabe für die gesamte Struktur eines zukünftigen Verkaufs- und/oder Beratungsgespräches dar.
Wesentliche Beachtung müssen hier die Definitionen des Verordnungsgebers finden: § 16 Abs. 1 Satz 1 FinVermV spricht von der Empfehlung eines geeigneten Produkts. Ein zivilrechtlicher Vertrag kommt aber durch Angebot und Annahme zustande und sicher nicht durch eine Empfehlung.
§ 16 verwendet explizit auch nicht die Begriffe „Kauf" oder „Verkauf" – ebenfalls wesentliche Kriterien für die Beurteilung der Rechtsnatur des Vertrages über den Erwerb einer Finanzanlage.
Die Rechtsnatur einer Empfehlung als einem besonders qualifizierten Hinweis passt in die eingangs bereits erörterte und heutige Struktur der Vertriebswege sicherlich nicht hinein.
Welche rechtliche Rolle der Gewerbetreibende/Finanzanlagenvermittler in diesem Zusammenhang hat, ob er als Handelsvertreter für einen Emittenten oder als (entgeltlicher) Geschäftsbesorger (Makler) für den Anleger tätig ist, bleibt in der FinVermV ebenfalls völlig offen. Allein der Begriff „Vermittlung" („Finanzanlagenvermittlung" bzw. „Finanzanlagenvermittler") verdeutlicht die Zwischenschaltung einer dritten Person in das Verhältnis zwischen Emittent und Anleger – ein Vertragsver-

hältnis über eine Kapitalanlage kommt nach wie vor immer nur zwischen Emittent und Anleger auf Vermittlung des Gewerbetreibenden zustande.
Darin enthalten ist ein Paradigmenwechsel. In einem Verkäufermarkt bestimmt der Verkäufer die wesentlichen Schritte des Verkaufsprozesses. Der Verkäufer geht aktiv auf den Kunden zu, weckt sein Interesse, erläutert und erklärt, bietet an und verkauft. Der Verordnungsgeber hingegen geht vom mündigen und gut informierten Kunden aus, der aufgrund einer Empfehlung selbstständig in der Lage sein soll zu beurteilen, welches Produkt er erwirbt.
Gerade der Verzicht des Gesetz- und Verordnungsgebers auf konkrete Definitionen im vorgenannten Sinn und die explizite Verwendung des Begriffs der „Empfehlung" legen einerseits den Verdacht eines handwerklichen Fehlers und andererseits den eines gezielten Übergangs zur Honorarberatung nahe. Zudem schließt die Abgabe von lediglich einem Angebot den Begriff der Empfehlung sachlogisch aus. Eine Empfehlung bedingt nämlich immer auch das Vorhandensein von Alternativen.
Vor dem Hintergrund der neuen Rechtslage müssen die tatsächlichen Gegebenheiten dahingestellt bleiben. Tatsache ist allerdings, dass diese neue Rechtslage vor allem deshalb, weil sie konsequent rechtliche und faktische Gegebenheiten ignoriert, schon bald die Gerichte in erheblichem Umfang beschäftigen dürfte.

In diesem Dickicht muss sich nun der Gewerbetreibende zurechtfinden.
Impulsgeber für ein Beratungsgespräch kann weiterhin der Vermittler bleiben, der sich dann an gewisse Informationspflichten zu halten hat und auch seinen (gewohnten) Verkaufsprozess (wohl) umgestalten muss. Die Zeiten, in denen der Vermittler durch sein Verkaufsverhalten die Kundenentscheidung quasi „antizipierte", sind vorbei.
Daher ist auch die vorgeschaltete gründliche Analyse objektiver und subjektiver Kriterien zwingend notwendig und in § 16 FinVermV auch vorgesehen.
Diese Vorgaben enthalten andererseits aber auch große Chancen. Im intensiveren Wettbewerb gerade gegenüber reinen Internetvertrieben liegt in einem gut strukturierten Empfehlungsprozess die Chance auf eine starke Kundenbindung und die Schaffung einer großen Produktakzeptanz beim Anleger. Bei einer konsequenten Einhaltung dieser Vorgaben wird der Berater/Vermittler zudem einen hohen Imagegewinn erzielen können.
Bereits aus der Formulierung des § 16 FinVermV ergibt sich jedoch ein schwierig zu differenzierendes Aufgaben- und Anforderungsspektrum für den Vermittler:

- Im Falle der Anlage**beratung** sind sowohl die Angemessenheit als auch die Geeignetheit einer Finanzanlage vom Berater zu ermitteln.
- Im Falle einer (reinen) Anlage**vermittlung** hingegen ist allein die Geeignetheit der Finanzanlage für den Anleger maßgeblich.

Der Gewerbetreibende „alter Schule" darf es sich bei dieser Differenzierung aber nicht zu einfach machen:

Vor jeder Anlagevermittlung sollte immer eine ordnungsgemäße Beratung stattfinden. Es würde auch dem Grundgedanken des Anlegerschutzes widersprechen, immer den leichter zu erfüllenden Tatbestand der Anlagevermittlung anzustreben.

Fehler bei der Informationseinholung, der Empfehlung, der Hinweiseinholung oder der Zurverfügungstellung von Informationen werden gem. § 26 Abs. 1 Nr. 4 bis 7 FinVermV sanktioniert.

4.7.1 Die Anlageberatung: Einschätzung der Person des Anlegers (Geeignetheitsprüfung)

Die Geeignetheit der empfohlenen Anlage bemisst sich an drei Kriterien:

- Entspricht die Anlageempfehlung den Anlagezielen des Anlegers?
- Sind die Anlagerisiken für den Anleger vertretbar?
- Konnte der Anleger die mit der Anlage verbundenen Risiken gemäß seines Kenntnis- und Erfahrungsstandes verstehen?

Damit sich der Berater/Vermittler ein konkretes Bild zu diesen Kriterien machen kann, muss er vom Anleger Informationen einholen. Diese Pflichteinholung von Informationen im Rahmen des Beratungsprozesses wird in § 16 Abs. 3 FinVermV näher definiert. Der Gewerbetreibende muss danach Folgendes ermitteln:

1. Die finanziellen Verhältnisse des Anlegers (§ 16 Abs. 3 Satz 1 Nr. 1 FinVermV).

   Dazu gehören:

   a) Grundlage und Höhe regelmäßiger Einkommen und regelmäßiger finanzieller Verpflichtungen, sowie

   b) vorhandene Vermögenswerte, insbesondere Barvermögen, Kapitalanlagen und Immobilienvermögen

2. Die Anlageziele des Anlegers (§ 16 Abs. 3 Satz 1 Nr. 2 FinVermV) – konkret die Anlagedauer, die Risikobereitschaft und der mit der Anlage verfolgte Zweck.

3. Kenntnisse und Erfahrungen des Anlegers in Bezug auf Finanzanlagen (§ 16 Abs. 3 Satz 2 FinVermV).

   Dazu gehören:

   a) die Arten von Finanzanlagen, mit denen der Anleger vertraut ist

   b) Art, Umfang, Häufigkeit und Zeitraum zurückliegender Geschäfte des Anlegers mit Finanzanlagen

   c) Ausbildung sowie gegenwärtige und relevante frühere berufliche Tätigkeiten des Anlegers

4.7.1.1 Erfassung der finanziellen Verhältnisse des Anlegers

Gemäß § 16 Abs. 3 Nr. 1 FinVermV sind die finanziellen Verhältnisse des Anlegers zu ermitteln. Der Vermittler muss Kenntnis haben über:

- Grundlage und Höhe regelmäßiger Einkommen
- regelmäßige finanzielle Verpflichtungen
- vorhandene Vermögenswerte, insbesondere Barvermögen, Kapitalanlagen und Immobilienvermögen

Ziel dieser Regelung ist es, den Vermittler in die Lage zu versetzen, sich ein möglichst umfassendes Bild über die Finanzen des Anlegers zu machen. Der Vermittler wird so veranlasst, eine Art von persönlicher finanzieller Bilanz oder auch eine Art von Vermögensbilanz des Anlegers zu erstellen. Es ist nicht ausreichend, nur das Einkommen und/oder das vorhandene Vermögen zu erfassen. Da dem Einkommen auch die Verpflichtungen gegenüber zu stellen sind, wird durch diese persönliche Vermögensbilanz das Nettoeinkommen des Anlegers ermittelt, da nach dem Verständnis des Verordnungsgebers Kapitalanlagen nur aus dem (vorhandenen) Nettoeinkommen getätigt werden können. Drittfinanzierte oder steueroptimierte Anlagen würden demnach nicht darunter fallen, würden aber bei einem Rückgriff auf § 11 FinVermV spätestens unter der Fragestellung „Konnte der Anleger sich dies leisten?“ Berücksichtigung finden.

Der Vermittler soll durch die Erfassung der Vermögensverhältnisse in die Lage versetzt werden zu beurteilen, in wie weit die zu empfehlende Anlage mit den finanziellen Verhältnissen des Anlegers tatsächlich auch vereinbar ist.

Eine solche Bilanz lässt sich, gerade weil sie auf objektiven Kriterien beruht, standardisiert durch eine Soll- und eine Habenseite erfassen. Stehen auf der Habenseite (regelmäßige) Einkünfte, so sind auf der Sollseite Grund und Höhe der finanziellen Verpflichtungen zu erfassen. Die Habenseite lässt sich durch die steuerlichen Einkunftsarten leicht gliedern. Auf der Sollseite wird es eine Vielzahl von Positionen geben können. Hierunter fallen unter anderem Verpflichtungen aus Dauerschuldverhältnissen, wie etwa Miet-, Darlehens-, Leasingverträgen und dergleichen, allerdings auch Unterhaltsverpflichtungen. Den Bedarf des täglichen Lebens sollte man pauschal erfassen.

4.7.1.2 Anlageziele

Vor der Abgabe einer Anlageempfehlung muss sich der Vermittler auch über die Ziele des Anlegers hinsichtlich der

- Anlagedauer
- Risikobereitschaft und
- den Zweck der Anlage

detailliert informieren.

Beispiel

Solche Ziele können die Bildung oder Sicherung von Liquidität, das Zielsparen, die Absicherung von Familie oder Ausbildung, die Altersversorgung, der Vermögensaufbau, die reine Spekulation sein.

Anlagedauer

Die Ziele des Anlegers bei der Anlagedauer lassen sich standardisiert durch folgende Angaben vom Gewerbetreibenden erfassen:

- Einteilung in kurz-, mittel- oder langfristig, oder alternativ
- mit der Angabe einer konkreten Anzahl von Jahren.

Risikobereitschaft

Hinter der Risikobereitschaft des Anlegers steht eine Reihe subjektiver Elemente, auf deren Erfassung der Vermittler größten Wert legen sollte.
Hier kann sich eine Einteilung der Risikobereitschaft in Risikoklassen anbieten. Diese können die gesamte Bandbreite abbilden:

- vom Streben nach Kapitalerhalt mit relativ geringer Rendite
- über die höheren Renditechancen bei größeren Kapitalverlustrisiken
- bis hin zu überdurchschnittlichen Renditen, verbunden mit einem Totalverlustrisiko

Häufig wird die Risikoneigung des Anlegers auch entsprechend dieser Risikoklassen mit

- konservativ
- risikoscheu
- risikobereit, chancenorientiert
- spekulativ und
- hoch spekulativ

bezeichnet.
Differenzierter wird die Risikobereitschaft jedoch bei einer Typisierung der Anleger. Je mehr Kriterien jeweils in den folgenden Checklisten angekreuzt werden können, desto höher die Tendenz zum jeweiligen Typ.

Der furchtsame Anleger

Checkliste
Furchtsame Anleger ...
• scheuen und meiden Gefahren
• wissen zwar um die Chancen spekulativerer Anlagerformen, möchten sie aber aus rein subjektiven Motiven heraus nicht wahrnehmen
• würden schon bei kleineren Kursschwankungen hektisch handeln
• streben deshalb verlässliche und planbare Renditen an
• möchten Risiken (nahezu) ausschließen
• wünschen sich regelmäßige und sichere Erträge/Zahlungen

Im kurzfristigen Anlagebereich können solchen Anlegern fast nur Tages- oder Festgelder empfohlen werden mit der Konditionsbindung an die Befristung; im längerfristigen Bereich bieten sich praktisch nur Sparbriefe oder Banksparpläne an.

Der vorsichtige und sicherheitsorientierte Anleger

Checkliste
Vorsichtige und sicherheitsorientierte Anleger ...
• möchten nur wenige Risiken eingehen
• lassen sich von kleineren Wertschwankungen noch nicht aus der Ruhe bringen, solange sie für sie jederzeit kontrollier- und überschaubar bleiben
• wollen größere Kursausschläge, wie sie bei Aktien und Aktienfonds häufig vorkommen können, in jedem Fall vermeiden
• haben eine Chancenorientierung, die sich leicht über derjenigen der jeweils aktuellen Bankzinsen für den entsprechenden zeitlichen Anlagehorizont bewegt

Im kurzfristigen Anlagebereich lassen sich für diesen Anlegertyp wohl auch nur Tages- und Festgeldanlagen empfehlen; im längerfristigen Bereich kommen Rentenfondsanlagen in Betracht – um Währungsschwankungen auszuschließen jedoch nur im Euro-Bereich.

Der ruhige, bedächtige Anleger

Checkliste
Ruhige und bedächtige Anleger ...
• sind sich darüber bewusst, dass man für höhere Erträge auch größere Risiken eingehen muss
• verfügen durchaus über eine gewisse Risikoaversion, möchten also keinesfalls alles oder „allzu viel" riskieren
• akzeptieren Kurs- oder Währungsschwankungen, solange sie in kontrollierbarem Rahmen gehalten werden können
• haben eine Chancenorientierung, die in ihnen Wunsch weckt, Renditen zu erzielen, die deutlich über denen der vergleichbaren Bankzinsen liegen

Im mittel- und langfristigen Bereich lassen sich für solche Anleger dann beispielsweise nur Dach,- Misch- oder Rentenfonds empfehlen.

Der chancenorientierte Anleger

Checkliste
Chancenorientierte Anleger ...
• gehen von einem Anlagehorizont aus
• akzeptieren und wissen um Wert- und Kursschwankungen im mittleren und langfristigen Produktsegment, kalkulieren mit Verlusten im Rahmen der Perspektive
• überprüfen ihre Entscheidungen in regelmäßigen Abständen – mindestens quartalsweise; hinterfragen die Aussichten und greifen nötigenfalls korrigierend ein
• verfügen über Erfahrungen im Umgang mit Wertpapieren und/oder handelbaren Produkten
• halten die Chancen auch bei vagen Prognosen immer für das Wichtigste
• erwarten eine überdurchschnittliche Rendite und sind stets mittel- bis langfristig orientiert

Hier empfehlen sich in Abhängigkeit von den fachlichen Kenntnissen des jeweiligen Anlegers alle spekulativeren Fondsanlagen im Aktien-, Waren- oder auch Währungsfondssegment.

Der risikobewusste, mutige Anleger

Checkliste
Risikobewusste, mutige Anleger ...
• wollen einen maximalen Kurs- oder Spekulationsgewinn bezogen auf das eingesetzte Kapital erzielen
• wissen um die spekulativen Elemente von Geldanlagen und akzeptieren notfalls sogar einen Totalverlust
• definieren keinen Anlagehorizont, solange die Renditen stimmen
• verfügen über ausgeprägte Erfahrungen im Anlagebereich, zumindest aber in Einzelsegmenten, sowie ein hohes Fachwissen

Anhand einer solchen Typisierung lassen sich auch noch eine Vielzahl weiterer Kriterien ermitteln, welche die Risikobereitschaft des Anlegers für den Gewerbetreibenden deutlicher erkennbar machen lassen.
Alle Empfehlungen sollten nach gründlicher Beratung umfangreich dokumentiert werden.

Anlagezweck

Für den Anlagezweck lassen sich, da er objektiv feststellbar ist, relativ einfach standardisierte Abfragen, gegebenenfalls versehen mit einem möglichen Freitextfeld, entwickeln. Anlagezwecke können sein z. B.:

- Aufbau des Vermögens
- Erhalt des Vermögens
- Vermögensaltersvorsorge
- Rücklagenbildung

Widersprüche in den Anlagezielen

Die Anlageziele bestehen insoweit aus zwei objektiven Elementen (Anlagedauer und Anlagezweck) und dem subjektiven Bestandteil der Risikobereitschaft. Steht eines dieser Elemente in Widerspruch zu den anderen, ist der Anleger darauf hinzuweisen. Diese Hinweispflicht ergibt sich aus § 11 FinVermV: Der Gewerbetreibende hat seine Tätigkeit mit der erforderlichen Sorgfalt und Gewissenhaftigkeit im Interesse des Anlegers auszuüben.

Achtung

Es ist aus Haftungsgründen dringend empfehlenswert, einen solchen Widerspruch schriftlich zu erfassen und den Hinweis darauf ebenfalls zu dokumentieren.

4.7.1.3 Kenntnisse und Erfahrungen des Anlegers

Die zu ermittelnden Kenntnisse und Erfahrungen des Anlegers mit Kapitalanlagen unterliegen den Vorgaben des § 16 Abs. 3 FinVermV.

1. Der Vermittler muss zunächst ermitteln, mit welchen Arten von Finanzanlagen der Anleger vertraut ist.
2. Im Folgeschritt sind Art, Umfang, Häufigkeit und Zeitraum zurückliegender Finanzanlagegeschäfte des Anlegers zu erfassen.
3. Zudem sind seine Ausbildung sowie seine gegenwärtigen und möglicherweise relevanten früheren beruflichen Tätigkeiten in Erfahrung zu bringen.

Die Erfassung dieser Kenntnisse und Erfahrungen des Anlegers wird sich sicherlich in Form von Checklisten und/oder Fragebögen standardisieren lassen. Zusätzlich empfiehlt es sich, auf diesen Listen entsprechende Freitextfelder vorzusehen, um auch individuelle, detaillierte Angaben zuzulassen. Sehr subjektive Anlegerangaben, vergleichbar den „Wünschen und Bedürfnissen" im Rahmen des VVG und der VersVermV lassen sich sachgerecht ohnehin nur in Freitextfeldern festhalten.

Beispiel

Ein Anleger, akademischer Hintergrund, tätig in einem verwaltenden Beruf, besitzt ein kleineres Portfolio an Bundesschatzbriefen. Er bespart seit fünf Jahren einen Rentenfondssparplan mit 50 EUR monatlich. Der Anleger wünscht eine Beratung zu einem inländischen (offenen) Aktienfonds.

Nachdem der Vermittler alle diese Angaben eingeholt hat, hat er damit grundsätzlich die Erfordernisse des § 16 Abs. 2 Nr. 3 FinVermV, die Erfassung der Kenntnisse und Erfahrungen des Anlegers, erfüllt. Da es sich bei einem Aktienfonds jedoch um eine ganz andere Risikoklasse als dem bekannten rentenfondsbasierten Sparplan handelt, sollte der Vermittler im Freitextfeld des Erfassungsbogens sowohl den Hinweis auf die andere Risikoklasse als auch den Wunsch des Anlegers dokumentieren. Nur so stellt der Vermittler sicher, dass dem Anleger die Konsequenzen des Wechsels in eine ihm unbekannte Risikoklasse (nachweisbar) vor Augen geführt werden.

Achtung

Wenn sich ein Vermittler im Vorfeld seiner Anlageempfehlung nicht ausreichend über die Kenntnisse und Fähigkeiten des Anlegers informiert hat, darf er nach eindeutiger Bestimmung in § 16 FinVermV weder eine Anlageempfehlung aussprechen, noch den Abschluss tätigen. Bei einem solchen Verhalten droht zudem gem. § 26 Abs. 1 Ziff. 4 FinVermV ein Bußgeld.

4.7.1.4 Abgleich zwischen Anlegeranalyse und Anlageempfehlung

An die Anlegeranalyse schließt sich die Geeignetheitsprüfung an. Ob die Anlageempfehlung geeignet für den Anleger ist, wird wie folgt ermittelt: Es wird ein Abgleich zwischen der durchgeführten Anlegeranalyse und dem zu empfehlenden Produkt vorgenommen. Dazu werden die Vorgaben des § 16 Abs. 1 FinVermV herangezogen. Kontrollfragen sind hierbei:

1. Entspricht die Anlageempfehlung den ermittelten Anlagezielen des Anlegers?
2. Sind die aus der Anlageempfehlung resultierenden Anlagerisiken für den Anleger vor dem Hintergrund seiner Anlageziele finanziell tragbar?
3. Hat der Anleger die aus der Anlageempfehlung resultierenden Risiken anhand seiner Kenntnisse und Erfahrungen verstanden?

Achtung

Generell gilt: Je komplexer und umfangreicher sich ein Produkt darstellt oder je höher die durch die Anlage bedingte finanzielle Verpflichtung des Anlegers einerseits ist, und je niedriger seine Kenntnisse und Erfahrungen sowie das Plus auf seiner Habenseite andererseits sind, umso mehr Sorgfalt sollte der Vermittler auf Art und Umfang der Erfassung der erforderlichen Anlegerangaben legen.

4.7.2 Die Anlagevermittlung (Angemessenheitsprüfung)

Abweichend von der Regelung des § 16 Abs. 1 FinVermV, in dem das Vorgehen bei einer Anlageberatung normiert wird (siehe dazu oben), regelt § 16 Abs. 2 FinVermV die Verfahrenweise bei der Anlagevermittlung. Zwar ist das Verfahren hier etwas einfacher geregelt, aber Achtung: Vor jeder Vermittlung liegt grundsätzlich auch immer eine ordnungsgemäße Beratung! Es widerspräche auch dem Sinn und Zweck der Neuregelungen, den Anlegerschutz in den Vordergrund zu stellen, wenn dies nicht ausreichende Berücksichtigung finden würde. Abweichend zu § 16 Abs. 1 FinVermV schreibt § 16 Abs. 2 FinVermV vor, dass der Gewerbetreibende dem Anleger nur solche Finanzanlagen vermitteln darf, die nach der Einholung der in § 16 Abs. 3 FinVermV genannten Informationen für diesen auch angemessen sind.

Bei der Anlagevermittlung wird also – anders als bei der Beratung – darauf verzichtet zu prüfen, inwieweit die Anlage den Anlagezielen des Anlegers entspricht, ebenso entfällt die Erstellung der Vermögens- bzw. Einkommensbilanz.

Die Angemessenheit selber bemisst sich dann danach, ob der Anleger auch tatsächlich über die erforderlichen Erfahrungen und Kenntnisse verfügt, um zu einer (eigenen) Beurteilung der Risiken gelangen zu können.

Die Kriterien dafür werden – wie im Übrigen bei der Geeignetheitsprüfung auch – nach § 16 Abs. 3 FinVermV folgendermaßen festgelegt:

- Mit welchen Arten von Finanzanlagen ist der Anleger vertraut?
- In welcher Art, Umfang, Häufigkeit und Zeitraum hat er in zurückliegender Zeit Anlagegeschäfte getätigt?

- Tragen Ausbildung sowie gegenwärtige und relevante frühere berufliche Tätigkeiten der Anlage und dem Verständnis dafür Rechnung?

Achtung: Differenzierung zwischen Geeignetheit und Angemessenheit

Eine Differenzierung erfolgt zunächst nach dem Wortlaut des Gesetzes:
Bestandteil der Anlageberatung sind gem. § 16 Abs. 1 FinVermV sowohl Angemessenheitsprüfung als auch Geeignetheitsprüfung.
Im Falle einer Anlagevermittlung ist allein die Angemessenheitsprüfung gem. § 16 Abs. 2 FinVermV durchzuführen und keine Geeignetheitsprüfung.
Es wurde bereits mehrfach festgestellt, dass diese Differenzierung nicht dem klar formulierten Willen des Gesetz- bzw. Verordnungsgebers entspricht. Beratung und Vermittlung fallen in der Person des Gewerbetreibenden zusammen. Zudem geht rein sachlogisch der Vermittlung eine Beratung sicherlich in den meisten Fällen voraus.
Der Unterschied zwischen der Geeignetheitsprüfung und der Angemessenheitsprüfung besteht darin, dass die Geeignetheitsprüfung objektive (Vermögensbilanz) und subjektive Elemente (Anlageziele) gemeinsam besitzt. Die Angemessenheitsprüfung hingegen berücksichtigt ausschließlich die subjektiven Elemente in der Person des Anlegers selber.

Beispiel

Mark Schulz verfügt über ein monatliches Nettoeinkommen von 2.800 EUR. Seine monatlichen finanziellen Verpflichtungen belaufen sich auf rund 1.500 EUR. Er hat Abitur und ist als Sachbearbeiter in einer Spedition tätig. Von seiner verstorbenen Tante erbte er vor kurzem 25.000 EUR. Er ist zufällig Zeuge eines Gesprächs zwischen dem Inhaber der Spedition und einem Finanzanlagenvermittler. In diesem Gespräch geht es um ein kompliziertes, kreditfinanziertes Hebelprodukt mit herausragenden Renditechancen. Von diesen Chancen ist er derart angetan, dass er sich an den Finanzanlagenvermittler wendet, um das Produkt zu erwerben. Er ist bereit dafür 100.000 EUR aufzuwenden.

- Im Falle der Anlageberatung hat der Finanzanlagenvermittler nun zu prüfen, inwieweit diese Anlage für den Herrn Schulz geeignet ist. Dazu hat der Vermittler zu prüfen, ob die Anlage den Anlagezielen entspricht, sie für ihn finanziell tragbar ist und ob er die Risiken mit seinen Kenntnissen und Erfahrungen verstehen kann.
- Im Falle einer Anlagenvermittlung muss der Vermittler nur die Angemessenheit prüfen. Inhaltlich wird davon lediglich der subjektive Horizont des Anlegers umfasst, also allein der Umstand seiner Kenntnisse und Erfahrungen.

Im Ergebnis dieses sehr stark vereinfachten Beispiels würde man wohl bei der Anlageberatung zu dem Schluss kommen müssen, dass eine solche Anlage für den Anleger finanziell nicht tragbar ist. Bei der Anlagevermittlung wäre dies allerdings nicht relevant, da allein auf die subjektive Komponente der Kenntnisse und Erfahrungen abzustellen ist.

4.7.3 Umfang der einzuholenden Angaben bei der Anlagevermittlung – Erforderlichkeit

Die Pflicht des Gewerbetreibenden zur Informationseinholung wird hinsichtlich ihres Umfangs allein durch das Kriterium der „Erforderlichkeit" definiert, das heißt zunächst, dass eine Verpflichtung zur Einholung der Informationen grundsätzlich immer besteht. Der Umfang und die Detailgenauigkeit hängen jedoch von den Kriterien der Geeignetheits- und Angemessenheitsprüfung ab. Der Umfang der zu erhebenden Informationen wird damit nicht etwa in das Belieben des Vermittlers gestellt. Er hat allerdings einen gewissen Handlungsspielraum. Dies gilt allerdings nicht – wie noch gezeigt werden wird – hinsichtlich der Dokumentation der Informationseinholung.

4.7.4 Konsequenzen von Fehlern/Mängeln bei den Prüfungen

- Kommt ein Gewerbetreibender im Rahmen der **Beratungstätigkeit** nicht an die erforderlichen Anlegerinformationen für die Geeignetheitsprüfung, so darf er dem Anleger keine Finanzanlage empfehlen (§ 16 Abs. 1 Satz 4 FinVermV). Tut er das trotzdem, begeht er gem. § 26 Abs. 1 Nr. 4 und/oder 5 FinVermV eine Ordnungswidrigkeit.
- Kommt ein Gewerbetreibender bei der **Vermittlungstätigkeit** zu dem Schluss, eine Anlage sei für den Anleger nicht angemessen, hat er diesen darauf (schriftlich gem. § 18 Abs. 1 FinVermV) hinzuweisen (§ 16 Abs. 2 Satz 3 FinVermV). Unterbleibt dies, liegt eine Ordnungswidrigkeit nach § 26 Abs. 1Nr. 6 vor.
- Ähnliches gilt auch für den Fall, dass der Gewerbetreibende nicht an die im Rahmen der Angemessenheitsprüfung erforderlichen Informationen gelangt. Hier ist der Anleger (schriftlich) darauf hinzuweisen, dass eine Beurteilung der Angemessenheit nicht möglich ist (§ 16 Abs. 2 Satz 4 FinVermV). Unterbleibt dies, dann liegt eine Ordnungswidrigkeit gem. § 26 Abs. 1 Nr. 7 FinVermV vor.
- Eine weitere Besonderheit ergibt sich für solche Fälle, in denen die im Rahmen von Geeignetheits- und Angemessenheitsprüfung eingeholten Anlegerangaben fehlerhaft oder unvollständig sind. Der Gewerbetreibende hat das dann nicht zu vertreten, wenn die Fehlerhaftigkeit oder die Unvollständigkeit ihm nicht bekannt waren und auch nicht wegen grober Fahrlässigkeit unbekannt geblieben sind (§ 16 Abs. 4 FinVermV). Allerdings dürfen Gewerbetreibende den Anleger auch nicht dazu verleiten, erforderliche Angaben zurückzuhalten. Aufgrund der weitreichenden Anlegerschutzfunktion der FinVermV wird die Schwelle zur groben Fahrlässigkeit hier allerdings eher niedrig anzusetzen sein. Jeder Vermittler sollte daher ein sehr hohes Maß an Sorgfalt in der Informationseinholung und Dokumentation walten lassen. Dies wird auch durch die Vorgabe, den Anleger nicht zur Zurückhaltung von Angaben zu verleiten, sehr deutlich.

Achtung

Erhält der Gewerbetreibende die erforderlichen Anlegerinformationen im Rahmen der Geeignetheitsprüfung nicht, etwa weil der Kunde dem Vermittler diese nicht mitteilen möchte, dann darf er dem Anleger grundsätzlich keine Finanzanlage empfehlen und vermitteln.

Dagegen ist mit fehlenden Informationen des Anlegers bei der Angemessenheitsprüfung anders umzugehen: Kommt der Vermittler zu dem Schluss, dass eine vom Anleger gewünschte Anlage nicht angemessen ist, muss er diesen darauf (schriftlich) hinweisen. Möchte ein Anleger für die Beurteilung der Angemessenheit erforderliche Informationen nicht an den Gewerbetreibenden weitergeben, dann hat dieser den Anleger (schriftlich) darauf hinzuweisen, dass eine ordnungsgemäße Angemessenheitsprüfung nicht möglich war. Es empfiehlt sich, diese Hinweise schriftlich und konkretisiert festzuhalten.

Beruhen die Informationen aus der Geeignetheits- und Angemessenheitsprüfung auf Anlegerangaben, hat der Gewerbetreibende diese bei Fehlerhaftigkeit und/oder Unvollständigkeit grundsätzlich nicht zu vertreten. Dies gilt allerdings nur dann, wenn die Fehler dieser Anlegerangaben dem Gewerbetreibenden tatsächlich nicht bekannt waren bzw. nicht aufgrund grober Fahrlässigkeit unbekannt geblieben sind.

Der Gesetzgeber unterstellt in den strukturellen Vorgaben zum Empfehlungsgespräch die Informationsbereitschaft des Anlegers. Er verpflichtet den Vermittler, den Beratungsprozess neu zu strukturieren. Dabei berücksichtigt er wesentliche Umstände jedoch nicht:

In der heutigen Informationsgesellschaft nimmt die Zahl der gut informierten Kunden rasant zu. Von einem vom Gesetzgeber gewünschten „mündigen" Kunden darf andererseits aber auch nicht verlangt werden, sich vor einem ihm oftmals völlig unbekannten Vermittler mit stark persönlichen Angaben – die er möglicherweise gar nicht offenlegen will – gewissermaßen „auszuziehen". Ein Verbot an den Vermittler, in derartigen Fällen eine Anlageempfehlung abzugeben, ist sicher nicht zielführend.

Es ist daher an dieser Stelle zu empfehlen, dem Kunden ein (weiteres) Informationsblatt über die Rechtslage auszuhändigen, welches zwar die Pflicht zur vollständigen und wahren Informationsweitergabe an den Vermittler nicht zu einer klassischen Bringschuld erklärt, jedoch deutlich darauf hinweist, dass nur bei einer vollständigen Informationsweitergabe vom Vermittler eine Anlageempfehlung ausgesprochen werden darf.

4.7.5 Die große Ausnahme: Verzicht auf die Angemessenheitsprüfung

In sehr seltenen Fällen kann eine Angemessenheitsprüfung gem. § 16 Abs. 5 FinVermV unterbleiben, und zwar bei einem sog. Ausführungs- oder Direktgeschäft im Rahmen hoch regulierter sog. OGAW-Fonds. Diese Fonds unterliegen der OGAW-Richtlinie (Richtlinie 2009/65/EG des Europäischen Parlaments und des Rates vom 13.07.2009 zur Koordinierung der Rechts- und Verwaltungsvorschriften betreffend bestimmte Organismen für gemeinsame Anlagen in Wertpapieren; zuletzt geändert durch die Richtlinie 2010/78/EU). Bei diesen Geschäften treten Anleger direkt und aus eigener Initiative an einen Dienstleister heran, der sich dann wiederum eines Finanzanlagenvermittlers zur Beratung und Vermittlung bedient. Diesen „Umweg" über einen Finanzanlagenvermittler wünschen viele Anleger in solchen Fällen nicht; das Geschäft soll direkt ausgeführt werden. Da es sich um streng regulierte Kapitalanlagen handelt, darf in diesem Segment auf die Durchführung einer Angemessenheitsprüfung verzichtet werden. Der Verzicht muss schriftlich erklärt werden.

4.7.6 Fristen der Informationseinholung

- Im Falle einer Anlageberatung sind die erforderlichen Informationen direkt im Beratungsgespräch einzuholen.
- Im Falle der Anlagevermittlung verhält sich dies etwas anders: Die Informationen, die zu einer Angemessenheitsprüfung notwendig sind, müssen immer vor dem ersten Vertragsschluss über den Erwerb von Finanzanlagen erhoben werden.

4.7.7 Weitere Vertragsabschlüsse

Die ursprüngliche Entwurfsfassung der FinVermV sah vor, dass vor weiteren Vertragsabschlüssen mit einem Anleger sicher zu stellen ist, dass sich an dessen Erfahrungen und Kenntnissen sowie seinen finanziellen Verhältnissen und Anlagezielen in der Zwischenzeit nichts geändert hat. Dies hätte durch einfache Nachfrage geschehen können. Hätten sich die den Angaben zugrunde liegenden Sachverhalte und Zusammenhänge nicht geändert, wäre es nach dieser Version nicht erforderlich gewesen, die Angaben erneut zu dokumentieren.
Dies ist in der Endfassung jetzt nicht mehr vorgesehen. Vielmehr ist es nun so geregelt, dass bei jedem erneuten Beratungs- oder Verkaufsgespräch das gesamte, vorerwähnte Procedere einzuhalten ist. Dies wurde vielfach als „überbordende Bürokratie" kritisiert. Allerdings greift das zu kurz, da die persönliche Vermögensbilanz des Kunden naturgemäß immer Schwankungen unterliegt. Abhängig von der Lebenssituation des Anlegers dürften subjektive Elemente, wie die Risikobereitschaft, oder objektive Elemente, wie Anlagedauer oder Anlagezweck, ebenfalls einigen Veränderungen unterworfen sein. Eine straffere Informationseinholung auch unter Bezugnahme auf frühere Beratungsdokumentationen und ein Abgleich Alt/Neu dürfte jedoch in solchen Fällen nicht dem Kriterium der groben Fahrlässigkeit gem. § 16 Abs. 4 FinVermV zuzuordnen sein. Daraus folgt, dass gerade bei erneuten Beratungs- oder Vermittlungsgesprächen durchaus auf frühere, gründliche Ermittlungen zurückgegriffen werden darf, wobei sich der Gewerbetreibende nur immer durch Nachfrage vergewissern sollte, dass sich an den konkreten Umständen beim Anleger auch nichts wesentliches geändert hat.

4.7.8 Dokumentationserfordernisse

Die Einholung der Angaben ist zu dokumentieren, aufzuzeichnen und aufzubewahren. Dies ergibt sich aus §§ 18 und 22 FinVermV und wird im Folgenden noch detailliert dargestellt. Wie die Informationseinholung stattfinden soll, ist nicht festgelegt. Es spricht daher nichts dagegen, (umfangreiche) Fragebögen und Checklisten zu entwickeln, die von den am Vermittlungsprozess beteiligten Personen im Idealfall gemeinsam ausgefüllt werden.

Ein Unterschriftserfordernis des Anlegers ist gesetzlich nicht definiert, wird jedoch grundsätzlich empfohlen.

Den Vermittler trifft zwar keine Verpflichtung zur Überprüfung der Angaben auf ihre inhaltliche Richtigkeit, jedoch sollte er bei offensichtlich lückenhaften, unklaren oder widersprüchlichen Kundeninformationen gezielt und konkret nachfragen und die Fragebögen bzw. Checklisten entsprechend korrigieren bzw. vervollständigen.

4.8 Die Offenlegung von Zuwendungen

Nach § 17 FinVermV darf der Vermittler/Berater im Zusammenhang mit der Vermittlung von bzw. der Beratung über Finanzanlagen nach § 34f Abs. 1 Satz 1 GewO Zuwendungen von Dritten, also Emittenten oder Anbietern einer Finanzanlage, nur dann entgegennehmen oder diesen gewähren,

- wenn diese dem Anlegerinteresse im Rahmen des Beratungs- und/oder Vermittlungsauftrages nicht entgegen stehen und
- wenn sie umfassend, zutreffend und deutlich verständlich dem Anleger gegenüber offengelegt werden.

§ 17 FinVermV übernimmt für die gewerbliche Finanzanlagenvermittlung inhaltlich die Vorgaben des § 31d WpHG, und führt dabei sogar noch Verschärfungen ein. Der Intention des Verordnungsgebers entspricht es hier davon auszugehen, dass jedwede Form einer Zuwendung dem Anleger durch den Gewerbetreibenden offenzulegen ist. „Schlupflöcher" für wie auch immer geartete „versteckte" oder „verdeckte" Zahlungen auch in Form von geldwerten Vorteilen an einen Gewerbetreibenden sollten damit aus Gründen der Transparenz von vorneherein „gestopft" werden. So sehr man das aus Sicht des Verbraucherschutzes verstehen kann, im System des Gewerberechts ist diese Regelung konzeptionell misslungen und verfassungsrechtlich mehr als bedenklich. Bereits die Übernahme von Regelungen des Wertpapierhandelsrechts ist systemwidrig, weil dort Verhaltensvorschriften von Kreditinstituten und anderen Finanzdienstleistungsunternehmen geregelt sind, deren Aufgaben- und Tätigkeitsspektrum sich nicht in Anlagenberatung und -vermittlung erschöpft, sondern schwerpunktmäßig auf anderen Gebieten liegt. Zentraler Inhalt der beruflichen Tätigkeit eins Finanzanlagenvermittlers und -beraters ist aber grundsätzlich nur die Beratung und Vermittlung. Das ist ja gerade sein Gewerbe. Hier als Grundsatz zu statuieren, er dürfe zunächst einmal keine Zuwendung von dritter Seite (von „zwei-

ter" Seite, also vom Kunden, bekommt er ja nichts) annehmen, läuft dem Entgeltlichkeitsgedanken zuwider.
In diesem Zusammenhang ist auch zu vermissen, dass der Verordnungsgeber diesen Regelungskomplex nicht auch mit den einschlägigen zivilrechtlichen Grundsätzen, etwa § 656b BGB und Art. 247 § 13 EGBGB abgestimmt hat. Die dort für den Darlehensvermittler statuierten Pflichten und deren Bedeutung für die Frage der Wirksamkeit des Vermittlungsvertrages hätten sinnvollerweise besser in die Regelungen zur Offenlegung von Vergütungen und Zuwendungen nach dem Finanzanlagenvermittlungsrecht einbezogen werden sollen.
Ginge man geht davon aus, dass der Finanzanlagenvermittler und -berater seine Vergütung grundsätzlich von seinem Kunden, dem Anleger, bekommt, wäre die strenge Offenlegungspflicht für alle Zuwendungen von dritter Seite eher nachvollziehbar. Das aber wäre der Vorgriff auf ein bislang so nicht existierendes Berufsbild und Geschäftsmodell: das des Honorarberaters und der Beratungsvergütung. Bezieht man allerdings die Diskussion zur Honorarberatung im gesetzgeberischen Raum mit mit ein, so erhellt sich, dass Gesetz- und Verordnungsgeber das Grundverständnis ihrer regulatorischen Zielprojektionen hier offenbar bereits im Vorgriff auf eine noch zu schaffende Rechtslage gesehen haben: die Abschaffung der Provisionsvergütung und die Einführung der Honorarberatung. Und dann wird auch klar, wieso die Offenlegungsbestimmungen so stringent geraten sind.
Bei den Offenlegungspflichten nach § 17 FinVermV handelt sich ausschließlich um Verpflichtungen des mit einer Genehmigung nach § 34f GewO ausgestatteten Beraters/Vermittlers selbst, nicht des Emittenten oder eines Haftungsdaches.
Unter die Offenlegungspflicht der Beraters/Vermittlers fällt nicht eine Provision oder Zuwendung, die der Emittent einem anderen Vermittler in diesem Zusammenhang gewährt (BGH, Urteil v.10.05.2012, Az.: III ZR 234/11).

4.8.1 Definition der Zuwendungen

Nach § 17 Abs. 2 FinVermV werden Zuwendungen definiert als

- Provisionen,
- Gebühren,
- sonstige Geldleistungen,
- alle geldwerten Vorteile,

die ein Vermittler im Zusammenhang mit der Vermittlung von bzw. der Beratung über Finanzanlagen nach § 34f Abs. 1 Satz 1 GewO von Emittenten oder Anbietern einer Finanzanlage erhält. Diese Definition entspringt dem WPHG und ist sehr weitgefasst.

Provisionen

Neben der reinen Vermittlungs-/Abschlussprovision unterfallen ihr alle Arten von **Provisionen**, wie z. B. Vertriebsfolge- und Bestandsprovisionen sowie Pflegegelder.

Es handelt sich hierbei um eine Verpflichtung des Beraters/Vermittlers und nicht des Emittenten.

Geldleistungen und geldwerte Vorteile

Der Begriff der Zuwendung beschränkt sich allerdings nicht allein auf Provisionen und Gebühren, auch sind sonstige **Geldleistungen** bzw. **geldwerte Vorteile** aufzuführen. Das können z. B. sein:

- Zuschüsse für Marketingmaßnahmen und Werbung, z. B. Kostenbeteiligungen des Emittenten an Mailing-Aktionen durch den Vermittler
- Incentives eines Produktgebers
- Durchführung und Teilnahme von (Produkt-)Schulungen des Produktgebers, wenn diese mit kommerzialisierbaren Vorteilen wie etwa freiem Hotelaufenthalt, Unterhaltsprogramm usw. verbunden sind
- die Überlassung von technischen Hilfsmitteln, z. B. von Hard- oder Software, etwa zur Ermittlung der Risikoaversion des Kunden oder zur Ermittlung seiner persönlichen Vermögensbilanz.

Ein besonderes Problem

2010 sorgte ein Urteil des Bundesgerichtshofs für Aufsehen (BGH, Urteil v. 15.04.2010, Az.: III ZR 169/09, DB 2010, S. 1056; anders noch: BGH, Urteil v. 20.01.2009, Az.: XI ZR 510/07, BB 2009, S. 459). Das Gericht stellte fest, dass für den nicht bankmäßig gebundenen, freien Anlageberater – soweit nicht § 31d WpHG eingreift – keine Verpflichtung gegenüber seinem Kunden besteht, ungefragt über eine von ihm bei der empfohlenen Anlage erwartete Provision aufzuklären, wenn der Kunde selbst keine Provision zahlt und offen ein Agio oder Kosten für die Eigenkapitalbeschaffung ausgewiesen werden, aus denen ihrerseits die Vertriebsprovisionen aufgebracht werden.

Die Neuregelung nach dem Finanzanlagenvermittlungsrecht dürfte auf Grund des Umfassenheitsprinzips hiermit wohl nicht mehr in Übereinstimmung zu bringen sein. Damit dürfte spätestens ab 2013 diese Rechtsprechung nicht mehr gelten. Im Zweifel ist dem Berater/Vermittler hier von jeder Risikobereitschaft abzuraten.

4.8.2 Höhe der Zuwendungen: Ermittlung in Zweifelsfällen

Provisionen, z. B. Abschluss-, Folge-, Bestands- oder Pflegeprovisionen, und Gebühren dürften immer Gegenstand vertraglicher Abreden sein, sind daher relativ leicht zu erfassen und offenzulegen. Die Ermittlung und Offenlegung des prozentualen oder absoluten Betrages sind für den Vermittler daher relativ einfach durchführbar.

Sonstige Geldleistungen oder geldwerte Vorteile stellen einen Gewerbetreibenden aber in ihrer Erfassung und Darstellung vor ungleich größere Schwierigkeiten. § 17 Abs. 1 Nr. 1 FinVermV verpflichtet den Vermittler in Fällen, in denen sich Art und Umfang der Zuwendungen (noch) nicht bestimmen lassen, dem Anleger eine Berechnungsmethodik in umfassender, zutreffender und verständlicher Weise deutlich mitzuteilen.

Beispiel

Die Höhe der Zuwendung für die Teilnahme an einer Schulungs- bzw. Fortbildungsveranstaltung in einem Hotel lässt sich noch anhand üblicher Tages- oder Tagungspauschalen ermitteln. In der Praxis stellen jedoch die Produktgeber/Emittenten regelmäßig qualifiziertes Schulungspersonal zur Verfügung und erstellen auch umfangreiche Schulungsmaterialien, die an den Vermittler weitergegeben werden. Die Ermittlung eines konkreten geldwerten Vorteils durch das Bereitstellen derartiger „Softskills", wie Trainerkapazitäten und Schulungsmaterialien, dürfte einem Vermittler nahezu unmöglich sein.

In der Praxis ist einem Vermittler zudem die Höhe der zu erwartenden geldwerten Vorteile für ein laufendes Jahr nicht bekannt. Es wird für ihn schwierig sein, zu Beginn eines Jahres z. B. die Art und Anzahl zu besuchender Fortbildungsmaßnahmen zu definieren. Umfang von Kostenbeteiligungen in Form von Zuschüssen für Marketingmaßnahmen sind in der Regel auch Gegenstand einzelvertraglicher Vereinbarungen mit (regelmäßig) begrenzter Laufzeit.

Sonstige Geldleistungen oder geldwerte Vorteile können aus den vorgenannten Gründen daher unter Gesichtspunkten der Transparenz nur ex post ermittelt und offengelegt werden.

In der Entwurfsfassung war es gemäß § 17 Abs. 3 FinVermV möglich, die Zuwendungen mit einer Zusammenfassung allein der wesentlichen Bestandteile offenzulegen. Allerdings verpflichtete diese Version den Vermittler auch, dem Anleger die Offenlegung näherer Einzelheiten anzubieten und ihm diese auf Nachfrage auch auszuhändigen.

Dies wurde aus Gründen des Anlegerschutzes und zur Vermeidung einer unterschiedlichen oder abweichenden Rechtsanwendung im Vergleich zu den Bestimmungen des WpHG nicht in die Endfassung der FinVermV aufgenommen. Finanzanlagenvermittlern sollte keine Möglichkeit geboten werden, Zuwendungen – in welcher Form auch immer – zu verschleiern (vgl. Ausschussempfehlungen, BR-Drucks. 89-1-12, S. 7).

Tipp

Die geldwerten Vorteile eines Gewerbetreibenden, die er für Schulungsmaßnahmen anzugeben hat, lassen sich gut werblich nutzen. Immerhin zeigt sich dadurch sein Gewerbefleiß oder sein Fortbildungsinteresse.

4.8.2.1 Fragen aus der Praxis

Die an mehreren Stellen ungenaue Ausformulierung des § 17 FinVermV wirft mehrere Fragen auf:

- Ist es ausreichend, wenn ein Vermittler die absolute Höhe der Provisionseinkünfte aller von ihm vertriebenen Finanzanlageprodukte vollständig, jedoch nur in einer Summe angibt?

  Hier ist es nach Ansicht der Autoren sicherheitshalber zu empfehlen, wie folgt vorzugehen: Die dem betreffenden Anleger für die vermittelten Produkte zuzuordnenden Provisionen und Gebühren sollten zusätzlich nach den einzelnen Produktgruppen des § 34f GewO unterteilt dargestellt werden. Vertritt ein Finanzanlagenvermittler mehrere Emissionshäuser, sollte die Erläuterung zusätzlich eine Aufteilung der Zuwendungen je Emissionshaus in relativer Höhe (in Prozent vom Ausgabeaufschlag) erkennbar machen.

- Wie werden Provisionen und Gebühren dargestellt? In absoluten Beträgen oder in Höhe eines bestimmten Prozentsatzes – etwa vom Ausgabeaufschlag?

  Unter Anlegerschutzgesichtspunkten dürfte eine sachgerechte Lösung so aussehen: Dem Anleger ist in nachvollziehbarer Weise mitzuteilen, dass dem Vermittler eine vertraglich definierte Provision in Höhe eines bestimmten Prozentsatzes vom Ausgabeaufschlag unter Benennung dieses absoluten Betrages gezahlt wird, auch wenn die daraus resultierende Gesamthöhe in absoluten Beträgen nicht noch zusätzlich genannt wird.

- Wie können geldwerte Vorteile oder sonstige Geldleistungen dargestellt werden?

  Aufgrund der bereits erwähnten Schwankungsanfälligkeit von sonstigen, dem Vermittler neben Provisionen und Gebühren zustehenden bzw. zu erwartenden Zuwendungen und geldwerten Vorteilen sowie der oftmals fehlenden konkreten und ausschließlichen Einzelvertragsbezogenheit kann hier nur die Angabe von absoluten Beträgen für zulässig erachtet werden. Es dürfte deshalb sinnvoll sein, alle wesentlichen Positionen aller Produktgruppen und Emittenten in einer Rückschau der letzten drei Jahre zunächst zusammenzufassen und dann aufzuschlüsseln und zu differenzieren. Dies kann etwa so geschehen, dass alle Schulungsmaßnahmen aller Emittenten in einer Summe für ein Jahr zusammengefasst und offengelegt werden.

  Aufgrund der praktischen Schwankungsanfälligkeiten dürfte eine absolute und relative Durchschnittsbildung über drei Jahre der Anforderung an die Beachtung der Anlegerschutzinteressen nicht zuwiderlaufen.

4.8.2.2 Berechnungsschema

Alle sonstigen Geldleistungen sowie geldwerten Vorteile sollten zunächst detailliert nach Produktgruppen gem. § 34f GewO und nach der Art der Zuwendung vollständig erfasst werden. Im Rahmen einer ex post-Betrachtung sollten dann für einen zurückliegenden Zeitraum von drei Jahren die erhaltenen Zuwendungen aufgelistet und dem Anleger mit folgender Berechnungssystematik mitgeteilt werden.

Schritt 1

$$\frac{\text{Summe (alle sonstigen Geldleistungen/geldwerten Vorteile der letzten drei Kalenderjahre)}}{3}$$

$= \ldots$ EUR $= \varnothing$ **- Betrag pro Jahr**

Schritt 2

$$\frac{\varnothing\text{-Betrag pro Jahr} \times 100}{\text{Gesamt vermitteltes Anlagevolumen}}$$

$= \ldots =$ Ansatz sonstige Geldleistungen und geldwerte Vorteile in %

4.8.2.3 Ein Beispiel zum Berechnungsschema

Beispiel

In den Jahren 2010, 2011, 2012 besuchte der Vermittler insgesamt acht (für ihn kostenlose) Schulungsveranstaltungen und Fortbildungsseminare verschiedener Emissionshäuser zu deren Finanzprodukten mit einem geldwerten Vorteilswert von insgesamt 8.300 EUR. Von verschiedenen Emittenten bekam er variabel einsetzbares Werbematerial (Notizmappen und Kugelschreibersets mit seinem Namenszug) zum geldwerten Vorteil von 3.700 EUR. Er vermittelte in den drei betreffenden Jahren ein Anlagevolumen von 600.000 EUR.

$$\frac{12.000\ \text{EUR}}{3} = 4.000\ \text{EUR} = \varnothing\ \textbf{- Betrag pro Jahr}$$

Den Betrag von 4.000 EUR sollte der Vermittler in jedem Falle offenlegen. Darüber hinaus kann es aber für ihn sinnvoll sein, diesen – absoluten – Betrag noch in ein Verhältnis zu dem insgesamt von ihm vermittelten Anlagevolumen einer der Produktgruppen zu setzen. Dem Transparenzgebot kann dies nicht zuwiderlaufen, auch wenn es die absoluten Beträge relativiert.

Im Beispielsfall vermittelte der Gewerbetreibende ein Anlagevolumen von 600.000 EUR, so dass der relative Anteil gerade einmal 0,67 % betragen hat.

$$\frac{4.000\ \text{EUR} \times 100}{600.000} = \textbf{0,67} = \text{Ansatz sonstige Geldleistungen und geldwerte Vorteile in \%}$$

Die Aussagekraft dieser Berechnung relativiert sich allerdings, wenn alle Zuwendungen nur von einem Emittenten stammten, mit dessen Produkten der Jahresumsatz aber nur 100.000 EUR betragen hat:

$$\frac{4.000\ \text{EUR} \times 100}{100.000} = \textbf{4} = \text{Ansatz sonstige Geldleistungen und geldwerte Vorteile in \%}$$

Folgt man streng dem Sinn und Zweck der Regelung, müsste der Vermittler diese Zahl seinem Anleger gegenüber offenlegen. Das gibt § 17 Abs. 3 FinVermV aber nicht her. Dann hätte die Formulierung strenger abgefasst werden müssen.

Allerdings wird der Vermittler auf Nachfrage eine solche Erläuterung bereitstellen müssen.

Diese Verfahrensweise dürfte sich auch in sog. mehrstufigen Vermittlungsverhältnissen, bei denen die jeweils höhere Vermittlereinheit immer einen Provisions- bzw. Zuwendungsanteil von der niedrigeren einbehält, realisieren lassen.

4.8.3 Art und Inhalt der Offenlegung

Die Offenlegung muss umfassend und zutreffend sein, zudem hat sie in einer für den Anleger verständlichen Weise deutlich zu erfolgen. Hierbei ist i. S. des § 17 FinVermV auf den Empfängerhorizont abzustellen. Daraus resultiert auch z. B. die Verpflichtung, Fachbegriffe präzise zu erläutern.

Der Verordnungsgeber wollte für gewerbliche Finanzanlagenvermittler bewusst die gleichen Regelungen zur Offenlegungspflicht aufnehmen, die bisher nur für den Vertrieb durch Wertpapierdienstleistungsunternehmen nach § 31d WpHG galten. Unter anderem deswegen wurde in den Beratungen dafür Sorge getragen, Unterschiede im Wortlaut der Regelung in § 17 FinVermV zu § 31d WpHG zu vermeiden, um nicht zu einer unterschiedlichen Rechtsanwendung zu kommen, die einem einheitlich hohen Anlegerschutzniveau entgegenstehen würde (Ausschussempfehlung, BR-Drucks. 89-1-12, S. 6). Deshalb sind Finanzanlagenvermittler ebenfalls verpflichtet, erhaltene Zuwendungen deutlich offen zu legen.

Zuwendungen sind nur dann erlaubt, wenn diese darauf ausgelegt sind, die Qualität der für den Kunden erbrachten Dienstleistung zu verbessern (Umkehrschluss aus§ 17 Nr. 2, wonach Zuwendungen nur erlaubt sind, wenn sie den Interessen des Anlegers „nicht zuwiderlaufen").

Der Verordnungsgeber hat in § 17 FinVermV nicht die Möglichkeit aufgenommen, auf eine Offenlegung von Zuwendungen zu verzichten, wenn diese im Kundenauftrag gezahlt werden. Man wollte jeder Gefahr entgegenwirken, dass unseriöse Vermittler ihren Kunden unter Ausnutzung solcher Ausnahmeregelungen unter Verweis auf vermeintliche Erfordernisse eine Auftragserteilung zur Annahme von Provisionen oder sonstigen Zuwendungen Dritter unterschieben. Aus demselben Grund wurde auch die Möglichkeit ausgeschlossen, Zuwendungen in zusammengefasster Form offenzulegen, in der lediglich die wesentlichen Bestandteile der Vereinbarungen über Zuwendungen ausgewiesen werden (BR-Beschluss, BR-Drucks. 89-12 B, S. 5).

Tipp

Es empfiehlt sich folgende Vorgehensweise: Bezogen auf jede einzelne Produktkategorie des § 34f GewO sowie ihre jeweiligen Unterspielarten sollten einfach zu ermittelnde Zuwendungsformeln, wie beispielsweise die Höhe der Provisionen für jedes einzelne der Produkte in Listenform und einfach verständlich zur Verfügung gestellt werden. Zuwendungen, die sich aufgrund unterschiedlicher Faktoren nicht oder nur sehr schwer ermitteln lassen, sollten im Sinne des Beispiels (siehe oben) mit prozentualen Angaben und einer Betrachtung aus der Rückschau versehen werden.

4.8.4 Zeitpunkt der Offenlegung

Einerseits aus dem vorgenannten Grund und andererseits aus der Verpflichtung des Vermittlers heraus, den Anleger umfassend zu informieren und aufzuklären, muss der Vermittler die Zuwendungen **vor Abschluss** eines Vertrages gemeinsam mit den anderen Informationen offen legen.

4.8.5 Die Rolle von Dritten bei der Offenlegung

Die Pflicht zur Offenlegung der Zuwendungen betrifft alle am Vermittlungsprozess beteiligten Personen, insbesondere natürlich auch die angestellten Mitarbeiter des Gewerbetreibenden.
Wie steht es jedoch mit der Pflicht zur Offenlegung von solchen Zuwendungen, die der Gewerbetreibende „Dritten", die nicht Empfänger der Dienstleistung sind, gewährt? Einen selbstständigen (Unter-)Vermittler des Gewerbetreibenden betrifft dies insoweit nicht, als dieser eigenen gewerberechtlichen Verpflichtungen unterliegt.
Zuwendungen an Tippgeber oder Personen, die der gewerberechtlichen Bagatellschwelle unterliegen (siehe hierzu S. 36), werden von der Offenlegungspflicht sehr wohl umfasst. Folglich ist die Weitergabe einer Zuwendung für das „Namhaftmachen" eines Anlegers oder für eine Empfehlung, etwa von einem Tippgeber, ebenfalls vom Gewerbetreibenden offenzulegen.

4.8.6 Ausnahmen für Gebühren und Entgelte

Gebühren und Entgelte müssen dann nicht offengelegt werden, wenn sie die Vermittlung oder Beratung erst ermöglichen bzw. dafür notwendig sind. § 17 Abs. 4 FinVermV schränkt dies dahingehend ein, dass die Verpflichtungen aus § 11 FinVermV nicht gefährdet werden dürfen.
Die Unternehmerpflichten des Emittenten aus § 86a HGB in einem Handelsvertreterverhältnis dürften davon grundsätzlich auch weitestgehend umfasst werden. Völlig unstreitig dürfte dies im Bereich der Preislisten, Werbedrucksachen oder Geschäftsbedingungen sein. Allerdings hat sich gerade im Versicherungsvermittlerbereich in den letzten Jahren eine gewisse Rechtsprechungspraxis herausgebildet, die teilweise auch die für den Vermittler kostenlose technische Unterstützung mit Hard- oder Software dem Pflichtenkreis des Unternehmers zurechnet.

Gerade diese Form der Unterstützung eines Handelsvertreters soll allerdings nach dem Willen des Verordnungsgebers jetzt einen geldwerten Vorteil darstellen (siehe BR-Drucksache 89/12 S. 48). Das daraus resultierende Dilemma lässt sich durch einen Hinweis an den Anleger lösen, z. B. dass dem Vermittler von einem Emittenten kostenlose Software zur Verfügung gestellt wird.

4.9 Das Beratungsprotokoll

§ 18 FinVermV fordert zwingend die Erstellung eines schriftlichen Beratungsprotokolls vom Gewerbetreibenden. Dieses Protokoll ist für jede Beratung und grundsätzlich unabhängig von dem Zustandekommen eines Geschäfts anzufertigen.
Diese Verpflichtung ist aufgrund des § 11 FinVermV nicht abdingbar. Insbesondere darf kein Verzicht auf die Erstellung eines Beratungsprotokolls erklärt werden bzw. wäre ein solcher Verzicht des Anlegers im Zweifelsfalle unbeachtlich.

4.9.1 Notwendige Inhalte

Nach § 18 Abs. 2 FinVermV muss ein Beratungsprotokoll die nachfolgenden Angaben enthalten:

Notwendige Inhalte in einem Beratungsprotokoll	
Anlass der Beratung	Anlass der Anlageberatung und -vermittlung
Dauer der Beratung	Dauer des Beratungsgesprächs bzw. der Beratungsgespräche
Persönliche Daten des Kunden	• Die der Anlageberatung und Anlagevermittlung zugrunde liegenden Informationen über – die persönliche Situation des Kunden – seine finanziellen Verhältnisse • Die vom Anleger verfolgten Ziele, die im Zusammenhang mit dem Anlagegeschäft stehen • Die Kenntnisse und Erfahrungen des Anlegers in Bezug auf die Finanzanlagen
Besprochene Finanzanlagen	Diejenigen Finanzanlagen, die Gegenstand der Anlageberatung und Vermittlung waren
Wünsche des Anlegers	Die vom Anleger im Zusammenhang mit der Anlagenberatung und Vermittlung geäußerten wesentlichen Anliegen und deren Gewichtung
Empfehlungen des Vermittlers	Die im Verlauf des Beratungsgesprächs erteilten Empfehlungen und die für diese Empfehlungen genannten wesentlichen Gründe

Gestaltung des Beratungsprotokolls

- Anlass der Anlageberatung und Anlagevermittlung sowie Dauer des Beratungsgesprächs lassen sich standardisiert und formalisiert in Form von kleineren Text- und/oder Ankreuzfeldern festhalten und dokumentieren.

- Die Inhalte nach § 16 FinVermV, die auch in das Beratungsprotokoll Eingang finden müssen, lassen sich ebenfalls leicht integrieren. Dies gilt z. B. für den finanziellen Status des Anlegers, seine Kenntnisse und Fähigkeiten, seine persönliche Situation und die Finanzanlagen, die Gegenstand der Beratung und Vermittlung waren.
- Die vom Anleger geäußerten wesentlichen Anlageziele und deren Gewichtung, bereits erteilte Empfehlungen und letztlich selbstverständlich die für die Empfehlungen genannten wesentlichen Gründe lassen sich dagegen nur mittels Freitextfeldern ordnungsgemäß dokumentieren. Anders kann der Individualität der Kundenwünsche und -ziele sowie einer sachgerechten Anlageempfehlung nicht ordnungsgemäß Rechnung getragen werden.

Sehr folgerichtig und konsequent werden die Vorgaben des § 16 FinVermV über dic Informationseinholung und die Verpflichtung des Gewerbetreibenden zu Empfehlung geeigneter Finanzanlagen in das Beratungsprotokoll implementiert.

Weitere Dokumente als Anhang zum Beratungsprotokoll?

Aus Gründen der Beweissicherung und zur Sicherstellung der Vollständigkeit wird dringend empfohlen, dem Anleger zusammen mit dem Beratungsprotokoll folgende Dokumente erneut auszuhändigen:

- die statusbezogene Erstinformation gemäß § 12 FinVermV,
- die produktbezogenen Informationen aus § 13 FinVermV,
- das gemäß § 15 FinVermV erforderliche Produktinformationsblatt sowie
- eine Information über die Offenlegung von Zuwendungen gem. § 17 FinVermV.

Es sei dabei betont, dass die (erneute) Übergabe der genannten Unterlagen an den Anleger keine Pflicht darstellt. Dieses Vorgehen hat neben dem vorgenannten Beweissicherungsaspekt jedoch noch weitere Vorteile:

- Versäumnisse im Vorfeld können durch die Bündelung aller Informationen evt. noch geheilt werden. Hat beispielsweise ein Gewerbetreibender vergessen, das Statusinformationsblatt bei Gesprächsbeginn auszuhändigen, kann dieses Versehen verbunden mit dem entsprechenden Hinweis noch ausgeglichen werden.
- Zudem erhalten sowohl der Anleger als auch der Gewerbetreibende dadurch eine umfassende Dokumentation über alle notwendig mitzuteilenden Inhalte.
- Für den Gewerbetreibenden lässt sich damit auch noch eine positive werbliche Botschaft vermitteln, die beim Anleger im Gedächtnis bleibt. So z. B., wenn er dem Anleger einen Ordner mit der Gesamtdokumentation aushändigt, der den Titel trägt „Ihr Beratungsordner“ oder „Ihre Beratungsdokumentation“.
- Ein mittelbarer Vorteil für den Vermittler besteht darin, dass er damit zur Erfüllung seiner Pflichten aus §§ 22 ff. FinVermV, der Aufzeichnung und Aufbewah-

rung der Beratungsdokumentation, komplette und übersichtliche Kundenakten vorweisen kann. Eine Mehrarbeit ist für ihn damit nicht verbunden

4.9.2 Die Form des Protokolls

Das Protokoll ist in Schriftform zu erstellen. § 126 BGB setzt hierzu die handschriftliche Unterzeichnung des Schriftstücks durch den Ersteller voraus, in diesem Fall des Protokolls durch den Gewerbetreibenden.
Einerseits soll durch dieses Formerfordernis für den Anleger ein möglichst hohes Maß an Transparenz erreicht werden. Für ihn soll auch nachträglich noch nachvollziehbar sein, aus welchen Beweggründen der Vermittler eine bestimmte Anlageempfehlung ausgesprochen hat. Andererseits soll durch das schriftliche Beratungsprotokoll auch eine Kontrollmöglichkeit für die Erlaubnisbehörde geschaffen werden.

Die Ausnahme vom Schriftformerfordernis

Wenn sich der Anleger damit ausdrücklich einverstanden erklärt, darf ihm auch eine elektronische Abschrift des Beratungsprotokolls übermittelt werden. § 18 Abs. 1 Satz 4 FinVermV sieht in diesem Ausnahmefall den Verzicht auf die schriftliche Abfassung vor.
Dies dürfte sich in der Praxis allerdings deswegen nicht bewähren, als es außergewöhnlich umständlich wäre. Zum einen ist die Unterschrift des Vermittlers unter dem Beratungsprotokoll auch hier erforderlich, zum anderen sind einzelne wesentliche Inhalte des Beratungsprotokolls sachgerecht nur durch das Ausfüllen von Freitextfeldern möglich. Ein Protokoll müsste insoweit zunächst in Papierform ausgefüllt werden und anschließend eingescannt und dauerhaft auf einem anderen Datenträger gesichert werden, um dann wiederum auch für Zwecke der Aufzeichnungspflichten nach § 22 FinVermV zur Verfügung zu stehen.

Unterschrift des Anlegers?

Um dem Schriftformerfordernis Genüge zu tun, muss nur der Berater/Vermittler das Beratungsprotokoll gem. § 126 BGB unterzeichnen. Eine Unterschrift des Anlegers ist gesetzlich nicht gefordert. Aus Gründen der Beweissicherung wird jedoch dringend geraten, das Protokoll auch durch den Anleger unterzeichnen zu lassen. Wird eine komplette Beratungsdokumentationsmappe erstellt, bietet es sich als Alternative an, dass der Anleger eine Empfangsbestätigung unterzeichnet.
Ist ein Kunde von vornherein nicht bereit, das Beratungsprotokoll zu unterschreiben, sind Zweifel an der Ernsthaftigkeit des Beratungsanliegens begründet. Der Gewerbetreibende sollte daher zu Beginn eines Beratungs- oder Vermittlungsgesprächs den Anleger gleich darauf hinweisen, dass dieser das Protokoll zwar nicht unterschreiben muss, er jedoch darum gebeten werden wird.
§ 18 Abs. 1 Satz 2 und 3 FinVermV stellt klar, dass dem Anleger eine Abschrift des Protokolls zur Verfügung gestellt werden muss. Das Original kann der Berater/Ver-

mittler bei sich behalten. Er sollte das aus grundsätzlichen Erwägungen heraus vor allem aus Gründen der Beweissicherung und aus seinen aus §§ 22 ff. FinVermV resultierenden Pflichten auch stets tun.
Abschrift bedeutet nach den allgemeinen Grundsätzen, dass es sich um eine dem Original entsprechende Zweitfassung handeln muss, keine schlichte Fotokopie. Das dem Anleger auszuhändigende Exemplar muss demnach auch die Originalunterschrift des Beraters/Vermittlers tragen.

4.9.3 Fristen für die Protokollerstellung

Gemäß § 18 Abs. 1 Satz 2 FinVermV muss dem Anleger eine Abschrift vom Beratungsprotokoll **unmittelbar nach Abschluss der Beratung, spätestens jedoch vor einem Geschäftsabschluss** ausgehändigt werden. Wie bereits mehrfach erwähnt, „zerlegt" der Verordnungsgeber den Erwerb von Finanzanlagen in einzelne Teilschritte. Hinsichtlich der Fristen für die Protokollerstellung und -übergabe an den Anleger bedeutet das, dass erst das Protokoll erstellt werden muss und dann erst nachfolgend etwa eine Kauforder vom Kunden unterzeichnet werden darf.
Daraus folgt, dass ein Protokoll über eine Beratung immer zu erstellen ist – das Zustandekommen eines konkreten Geschäftsabschlusses ist dafür nicht erforderlich.
Durchaus folgerichtig unterstellt der Verordnungsgeber hier damit eine gewisse Zeitspanne zwischen dem Termin der Beratung und dem Termin des Geschäftsabschlusses. Dem Anleger soll schließlich eine der Komplexität des Produktes angemessene Bedenkzeit eingeräumt werden.

- Bei schwer zu überschauenden komplexen Produkten ist eine gewisse Bedenkzeit angemessen, wenn nicht gar aufgrund des § 11 FinVermV geboten.
- Bei eher einfach strukturierten Produkten oder wenn der Kunde eine schnelle Abwicklung wünscht, ist eine solche Zeitvorgabe jedoch ausgesprochen praxisfremd. Sie zieht nämlich die Verabredung eines Zweitkontaktes zwischen dem Berater/Vermittler und dem Anleger nach sich, den möglicherweise gerade der Anleger selbst gar nicht wünscht oder der aus den oben genannten Gründen nicht (unbedingt) erforderlich ist.

Die Mitnahme mobiler Drucker zum Termin kann hier ggf. hilfreich sein, ist aufgrund des Umfangs der zu erstellenden Dokumentation und der (häufig unzureichenden) Qualität allerdings nicht sonderlich praktikabel. Ein Zweitkontakt wird sich künftig daher schwerlich vermeiden lassen. Für den Vermittler bietet dieses erneute Treffen allerdings auch den Vorteil, die Kundenbeziehung zu intensivieren.

Achtung
Die fehlerhafte Erstellung eines Beratungsprotokolls stellt gem. § 26 Nr. 9 und 10 FinVermV eine Ordnungswidrigkeit dar.

4.9.4 Die Ausnahmen

Hinsichtlich der Aushändigung des Beratungsprotokolls an den Anleger ergibt sich aus § 18 Abs. 3 FinVermV eine Ausnahme für die Fälle, in denen eine Beratung nicht in einem direkten Kundengespräch, sondern per Telefon, Fax oder E-Mail stattgefunden hat

In solchen Fällen ist die rechtzeitige, also die unverzügliche Anfertigung und Übergabe eines Beratungsprotokolls vor Geschäftsabschluss häufig nur schwer möglich. Hier muss dann dem Kunden eine Ausfertigung des Protokolls unverzüglich nach Abschluss des Beratungsgesprächs zugesendet werden. Auf ausdrücklichen Wunsch des Kunden kann es dann zum Geschäftsabschluss kommen, bevor der Kunde das Protokoll erhält. Allerdings muss der Vermittler dem Kunden dabei ein Rücktrittsrecht von einer Woche für das Geschäft einräumen. Die Frist beginnt zu laufen, sobald dem Kunden das Protokoll zugegangen ist.

Auf dieses Rücktrittsrecht muss der Vermittler den Anleger deutlich hinweisen. Er hat dies zusammen mit dem Wunsch des Kunden, das Geschäft vor Erhalt des Protokolls abzuschließen, im Protokoll zu vermerken.

Aus Anlegerschutzgesichtspunkten heraus ist dieses Rücktrittsrecht grundsätzlich zu begrüßen. Bei einer konkreten Inanspruchnahme können und werden sich daraus jedoch eine Reihe von Praxisproblemen ergeben. Hier gibt es noch viele Fragen ohne Antwort. Diese resultieren daraus, dass die FinVermV und die GewO den rechtlichen Status des Finanzanlagenvermittlers nicht definieren. Der Erwerb einer Finanzanlage kann nur in einem Dreiecksverhältnis zwischen Emittent, Anleger und Vermittler erfolgen, d. h., der Finanzanlagenvermittler wird entweder für den Anleger in einer Art Maklerfunktion tätig oder als Handelsvertreter eines Emittenten. Das Produkt, also die konkrete Finanzanlage selber, stellt jedoch dabei immer der Emittent. Eine durch ein Rücktrittsrecht des Anlegers ausgelöste Rückabwicklung des Anlageerwerbsvertrages kann daher vom Gewerbetreibenden zivilrechtlich gar nicht durchgeführt werden, da der Anlagebetrag immer beim Emissionshaus landet. Des Weiteren ist dann höchst fraglich, welche Werte bei einer Rückabwicklung etwa bei einem plötzlich hoch auftretenden Kursverlust heranzuziehen sind und/oder ob dabei mögliche Ausgabeaufschläge zu berücksichtigen sind. Die zivilrechtliche Verankerung von Rückabwicklungsnormen in der Gewerbeordnung bzw. der Ausführungsverordnung FinVermV dürfte einen Konstruktionsfehler darstellen.

Achtung

Nach § 18 Abs. 3 Satz 5 FinVermV sind die Richtigkeit und die Vollständigkeit des Beratungsprotokolls vom Finanzanlagenvermittler im Zweifelsfall zu beweisen, etwa wenn er dem Anleger später ein von diesem geltend gemachtes Rücktrittsrecht verweigert.

4.9.5 Muster: Beratungsprotokoll

Den gesetzlichen Anforderungen an das Beratungsprotokoll sollte das nachfolgend dargestellte Muster Genüge tun.

Protokoll nach der Finanzanlagenvermittlungsverordnung	**Kundennummer**

Anlass der Beratung

☐ Basisdokumentation
☐ Anlageberatung

Persönliche Angaben der/des Kunden

Name(n) / Vorname(n)

☐ Kontoinhaber
☐ Bevollmächtigter
☐ Gesetzliche(r) Vertreter

1. Anlass der Anlageberatung

Die Beratung erfolgt auf Initiative ☐ des Kunden ☐ des Vermittlers

☐ Neuanlage
☐ Wiederanlage
☐ Überprüfung von Positionen
☐ Sonstiges ______

2. Generelle Kundenangaben

Hinweis an den Kunden: Wir benötigen gemäß § 16 Finanzanlagenvermittlungsverordnung Angaben über Ihre Kenntnisse und Erfahrungen sowie über die von Ihnen mit diesen Geschäften verfolgten Ziele und Ihre finanziellen Verhältnisse.
Die Angaben sind freiwillig, dienen aber einer sachlichen Aufklärung bzw. Beratung und liegen daher in Ihrem Interesse. Eventuelle Änderungen sollten Sie uns daher zeitnah mitteilen.

Kommentar: Grundlage der Geeignetheitsprüfung gem. § 16 Abs. 1 sowie Abs. 3 Nr. 2 FinVermV im Rahmen der Anlageberatung

Protokoll nach der Finanzanlagenvermittlungsverordnung	**Kundennummer**

2.1 **Anlageziele der/des Anleger(s)**

- [ ] Liquidität bilden
- [ ] Liquidität sichern
- [ ] Zielsparen
- [ ] Ausbildung finanzieren
- [ ] Familie absichern
- [ ] Altersvorsorge
- [ ] Vermögensaufbau
- [ ] Spekulation

- [ ] Sonstige Ziele ______________________

2.2 Finanzielle Verhältnisse der/des Anleger(s)

a) Monatliches regelmäßiges Einkommen (netto)		€
Grundlage und Höhe des Einkommens:		€
aus nicht selbstständiger Tätigkeit		€
aus selbstständiger Tätigkeit		€
Sonstiges regelmäßiges Einkommen		€
abzüglich monatliche finanzielle Verpflichtungen	–	€
Gesamt (= verfügbares Einkommen)		€

***Kommentar:** Grundlage der Geeignetheitsprüfung gem. § 16 Abs. 1 sowie Abs. 3 Nr. 1 a) FinVermV im Rahmen der Anlageberatung. Es ist nicht zwingend, dass der Anleger hierüber Nachweise erbringt. Es kann daher sinnvoll sein, im Freitextfeld zu vermerken, dass die Ermittlung der finanziellen Verhältnisse auf den Kundenangaben beruht.*
Bitte beachten Sie die Folgen aus § 16 Abs. 4 FinVermV hinsichtlich offensichtlicher Unstimmigkeiten.

Protokoll nach der Finanzanlagenvermittlungsverordnung	**Kundennummer**

b) Vermögenswerte

Bankguthaben		€
Wertpapiere		€
selbst genutzte Immobilien		€
fremd genutzte Immobilien		€
Sonstiges		€
abzüglich Verbindlichkeiten	–	€

Kommentar: Grundlage der Geeignetheitsprüfung aus § 16 Abs. 1 sowie Abs. 3 b) FinVermV. Auch hier ist ein Nachweis nicht vorgesehen, es gilt das zuvor unter Nr. 2.2a) Gesagte

2.3 Risikobereitschaft der/des Anleger(s)

☐	Konservativ	Substanzerhaltung, hohe Sicherheit und Liquiditätsbedürfnisse mit nur geringer Renditeerwartung, Stabilität und kontinuierliche Entwicklung der Anlage gewünscht; Toleranz gegenüber geringen Kursschwankungen.
☐	Risikoscheu	Sicherheitsbedürfnisse überwiegend Liquiditätsbedarf und Renditeerwartungen, höhere Rendite als bei konservativer Risikobereitschaft gewünscht; Toleranz gegenüber geringen und mäßigen Kursschwankungen.
☐	Risikobereit	Sicherheit und Liquidität werden höherer Renditeerwartung untergeordnet; langfristig rendite- / kursgewinnorientiert; Toleranz gegenüber mäßigen bis teilweise starken Kursschwankungen und gegebenenfalls Kapitalverlusten.
☐	Spekulativ	Streben nach kurzfristigen hohen Renditechancen überwiegt Sicherheits- und Liquiditätsaspekte. Inkaufnahme von erheblichen Kursschwankungen und Kapitalverlusten.
☐	Hoch spekulativ	Nutzung höchster Renditechancen bei hohem Risiko unter Inkaufnahme von Totalverlusten.

Kommentar: Die Ermittlung der Risikobereitschaft des Kunden ist ebenfalls wesentlicher Bestandteil der Geeignetheitsprüfung gem. § 16 Abs. 1 und Abs. 3. Da es sich um ein wichtiges subjektives Element der Geeignetheitsprüfung handelt, ist auf die Ermittlung hohe Sorgfalt zu verwenden. Der Finanzvermittler sollte hier sehr gezielt, wiederholt und vertieft nachfragen und dies gegebenfalls ergänzend dokumentieren.

Protokoll nach der Finanzanlagenvermittlungsverordnung	**Kundennummer**

Freitextfeld

Kommentar: Hier bietet es sich an, zusätzliche Notizen zur Geeignetheitsprüfung nach § 16 Abs. 1 FinVermV handschriftlich zu vermerken, z. B.: „Die Angaben beruhen auf Kundenaussagen", „Kunde möchte ausdrücklich keine näheren Angaben machen", „Kunde wünscht ausschließlich eine Beratung zu ... (einem konkreten Produkt)".

2.4 Kenntnisse / Erfahrungen der / des Anleger(s) in der Durchführung von Anlagegeschäften

2.4.1 Art, Umfang, Häufigkeit und Zeitraum der zurückliegenden Geschäfte

Anlageformen	**Wie oft?**		**Erfahrungen seit?**		**Ungefährer Umsatz p. a. in EUR**	
	einmalig	wiederholt	≤ 6 Mon.	< 6 Mon.	< 5.000	< 5.000
☐ Schuldverschreibungen	☐	☐	☐	☐	☐	☐
☐ Aktien	☐	☐	☐	☐	☐	☐
☐ Optionsscheine	☐	☐	☐	☐	☐	☐
☐ Zertifikate	☐	☐	☐	☐	☐	☐
☐ Genussscheine	☐	☐	☐	☐	☐	☐
☐ Termingeschäfte*	☐	☐	☐	☐	☐	☐
☐ Sonstiges**						
	☐	☐	☐	☐	☐	☐
	☐	☐	☐	☐	☐	☐

* (Eurex, ausländische Terminbörsen, außerbörsliche Devisengeschäfte)

** (z. B. Finanzinnovationen,geschlossene Fonds)

	Ja	Nein
Hat der Kontoinhaber Erfahrungen mit Fremdwährungsanlagen?	☐	☐

Kommentar: Wesentlicher Bestandteil sowohl der Geeignetheits- als auch der Angemessenheitsprüfung gem. §§ 16 Abs.1 und § 16 Abs. 2 i.V.m. § 16 Abs 3 Satz 2 Nr. 1 und 2 FinVermV.

Protokoll nach der Finanzanlagenvermittlungsverordnung	**Kundennummer**

2.4.2 Ausbildung sowie gegenwärtige/relevante frühere berufliche Tätigkeiten der/des Kontoinhabers

Hinweis: Im Fall der Vertretung werden die Kenntnisse/Erfahrungen des bevollmächtigten gesetzlichen Vertreters zugrundegelegt.

***Kommentar:** Siehe oben, allerdings hier zu beachten i. V. m. § 16 Abs. 3 Satz 2 Nr. 3 FinVermV. Hinsichtlich der schulischen und weiterführenden Ausbildung können sicherlich auch noch weitere Ankreuzfelder entworfen werden. Die beruflichen Tätigkeiten(n) sollten handschriftlich als Freitext aufgeführt werden.*

2.5 Bemerkungen

Protokoll nach der Finanzanlagenvermittlungsverordnung	**Kundennummer**

3. Wesentliche Anliegen der/des Kontoinhabers und ihre Gewichtung in Bezug auf diese Anlageberatung

	Anlagenhorizont in Jahren: < 1	1 bis 5	5 bis 10	> 10	Einmalanlage	Ansparen	Sonstiges (z. B. Verfügbarkeit, Ausschüttung, steuerliche Aspekte, staatliche Förderung)
☐ Liquidität bilden							
☐ Liquidität sichern							
☐ Zielsparen							
☐ Ausbildung sichern							
☐ Familie absichern							
☐ Altersvorsorge							
☐ Altersvorsorge							
☐ Vermögensaufbau							
☐ Spekulation							
☐ Sonstiges Ziel							

☐ Weitere wesentliche Anliegen/Keines der unter Punkt 2.1 genannten Anlageziele/ Einmalige Abweichung von der unter Punkt 2.3 genannten Risikobereitschaft.

Kommentar: Indirekter Bestandteil sowohl der Geeignetheitsprüfung als auch der Angemessenheitsprüfung. Der Abgleich zwischen dem Kundenwunsch und der ausgesprochenen Empfehlung nach Ermittlung der objektiven und subjektiven Informationen wird damit erheblich erleichtert.

Weitere Angaben des Kunden

Datum __ __ ____ ____________________ Unterschrift des Vermittlers – verpflichtend

____________________ Unterschrift des Anlegers – freiwillig

Protokoll nach der Finanzanlagenvermittlungsverordnung	**Kundennummer**

4. Empfehlung/Informationen über Kapitalanlagen und wesentliche Gründe für die Empfehlung

	Produkt 1	Produkt 2	Produkt 3
Bezeichnung des Produkts			
	☐ Kaufen	☐ Kaufen	☐ Kaufen
	☐ vom Erwerb wird abgeraten	☐ vom Erwerb wird abgeraten	☐ vom Erwerb wird abgeraten
	☐ Ermittlung nicht möglich	☐ Ermittlung nicht möglich	☐ Ermittlung nicht möglich
Information über das Produkt	☐ Anhand der zur Verfügung gestellten Produkt-informationen wurde das Produkt erläutert	☐ Anhand der zur Verfügung gestellten Produkt-informationen wurde das Produkt erläutert	☐ Anhand der zur Verfügung gestellten Produkt-informationen wurde das Produkt erläutert
	☐ Gegebenenfalls ergänzende Angaben (z. B. bei Nachfragen des Kunden):	☐ Gegebenenfalls ergänzende Angaben (z. B. bei Nachfragen des Kunden):	☐ Gegebenenfalls ergänzende Angaben (z. B. bei Nachfragen des Kunden):
	☐ Erläuterung der wesentlichen Eigenschaften, Chancen und Risiken des Produkts (Kaufen/Zeichnen):	☐ Erläuterung der wesentlichen Eigenschaften, Chancen und Risiken des Produkts (Kaufen/Zeichnen):	☐ Erläuterung der wesentlichen Eigenschaften, Chancen und Risiken des Produkts (Kaufen/Zeichnen):
	☐ Erläuterung der wesentlichen Gründe für Verkaufen – bzw. Halteempfehlung:	☐ Erläuterung der wesentlichen Gründe für Verkaufen – bzw. Halteempfehlung:	☐ Erläuterung der wesentlichen Gründe für Verkaufen – bzw. Halteempfehlung:

Kommentar: Das Empfehlungsergebnis wird hier bewusst vorangestellt, um die Empfehlungsbegründung danach vornehmen zu können. Formal kann die Aushändigung der Produktinformationen gem. §§ 13 und 15 FinVermV festgehalten werden. Der Vermittler muss sich dann aber vergewissern, dass der Anleger diese auch verstanden hat (§ 16 Abs. 1 FinVermV).

Protokoll nach der Finanzanlagenvermittlungsverordnung	**Kundennummer**

	Produkt 1	**Produkt 2**	**Produkt 3**
Informationen über Zuwendungen etc.	Der Anleger wurde über Provisionen und Gebühren des Finanzanlagevermittlers mittels des beigefügten Informationsblattes unterrichtet.		
	☐	☐	☐
Datum	________	________	________
	Der Anleger wurde über sonstige Geldleistungen und geldwerte Vorteile des Vermittlers mittels des beigefügten Informationsblattes unterrichtet.		
	☐	☐	☐
Datum	________	________	________

***Kommentar:** Umsetzung der Vorgaben des § 17 FinVermV zur Offenlegung von Zuwendungen. Die Übergabe des entsprechenden Informationsblattes sollte mit einem Datumsvermerk versehen werden, der ebenfalls in das Beratungsprotokoll aufgenommen wird.*

Wesentliche Gründe für die Empfehlung	☐ Die Empfehlung wurde dem Anleger gegeben, da sie aus Sicht des Finanzanlagenvermittlers für ihn geeignet und/oder angemessen ist: Sie entspricht den Anlagezielen, der Risikobereitschaft, den wesentlichen Anliegen sowie den finanziellen Verhältnissen des Anlegers. Ferner ist der Anleger mit seinen Kenntnissen und Erfahrungen aus Sicht des Finanzanlagevermittlers in der Lage, die mit der Empfehlung verbundenen Anlagerisiken zu verstehen.
	☐ Weitere wesentliche Gründe für die Empfehlung (gegebenenfalls differenziert nach Produkten).

***Kommentar:** Auf die Empfehlungsbegründung gem. § 16 FinVermV sollte viel Sorgfalt verwendet werden.*

Bemerkungen (gegebenenfalls differenziert nach Produkten)	

Protokoll nach der Finanzanlagenvermittlungsverordnung	Kundennummer

5. Telefonische/Sonstige Beratung

☐ Der Kunde wünscht den Geschäftsabschluss ausdrücklich vor Erhalt des Protokolls.

Rücktrittsrecht des Kunden

Der Kunde kann von den auf der Beratung beruhenden Geschäften innerhalb einer Woche nach Zugang des Protokolls zurücktreten, sofern das Protokoll nicht richtig oder nicht vollständig ist.

Das Rücktrittsverlangen ist zu richten an:

Finanzanlagevermittler (Name, Anschrift)

☐ Der Kunde wünscht vor einem Geschäftsabschluss zunächst die Zusendung des Protokolls.

Kommentar: Umsetzung der Vorgaben des § 18 Abs. 3 FinVermV, wenn andere Kommunikationsmittel als das persönliche Gespräch gewählt werden.

6. Dauer des Beratungsgesprächs

☐ weniger als 15 Minuten ☐ 15 bis 30 Minuten ☐ 30 Minuten bis 1 Stunde ☐ mehr als 1 Stunde

Datum	Uhrzeit	Name des Finanzanlagevermittlers	Unterschrift und ggf.Stempel des Finanzanlagevermittlers

Kommentar: Formale Anforderungen an Inhalte des Beratungsprotokolls gem. § 18 Abs. 2 FinVermV. Da eine Unterschrift des Anlegers nicht verpflichtend ist, wurde auf die Aufnahme einer gesonderten Unterschriftszeile verzichtet. Sie kann – mit einem Freiwilligkeitsvermerk versehen – ebenfalls noch mitaufgenommen werden.

Checkliste: Weitergabe aller notwendigen Informationen und Unterlagen an den Anleger

Übergabe des Statusinformationsblattes gem. § 12 FinVermV

am __.__.____ um __:__ Uhr

1. Beratung

Folgende Unterlagen wurden dem Kunden unverzüglich nach Abschluss der Beratung und

☐ vor Geschäftsabschluss (wegen Datum/Uhrzeit siehe entsprechende Felder nach Punkt 6 des Protokolls)

☐ nach Geschäftsabschluss (nur bei telefonischer Beratung möglich)

zur Verfügung gestellt. ____________________

☐ Protokoll nach § 18 FinVermV

☐ Produktinformation zu Produkt 1 (siehe Punkt 3) ____________________

☐ Produktinformation zu Produkt 1 (siehe Punkt 3) ____________________

☐ Produktinformation zu Produkt 1 (siehe Punkt 3) ____________________

☐ Informationsblätter über die Offenlegung der Zuwendungen gem § 17 FinVermV

Sonstiges

2. Warnhinweis an den Kunden, wenn dieser sich weigert, Angaben zu Art, Umfang, Häufigkeit und Zeitraum zurückliegender Geschäfte (vgl. Punkt 2.4.1 des Protokolls) zu machen

☐ Der Anleger ist darauf hingewiesen worden, dass dem Finanzanlagevermittler aufgrund seiner Weigerung, Angaben zu Art, Umfang, Häufigkeit und/oder Zeitraum zurückliegender Geschäfte zu machen, eine Beurteilung der Angemessenheit seiner Anlagewünsche nicht möglich ist.

3. Folgende Unterlagen wurden dem Kunden zur Verfügung gestellt:

Informationspaket	Einzelne Informationen
☐	☐
☐	☐
	☐
	☐
	☐
	☐
	☐

Weitere Informationen

☐ ____________________

☐ ____________________

☐ ____________________

Checkliste: Weitergabe aller notwendigen Informationen und Unterlagen an den Anleger

4. Nachbearbeitung bei telefonischer Beratung

Der Kunde bestätigt telefonisch/____________________, dass ihm das Protokoll am __.__.____ zugegangen ist.

Datum	Name des Finanzanlagevermittlers

Um sicherzustellen, dass die Beratungsdokumentation vollständig ist, empfiehlt es sich, dem Anleger alle notwendigen Pflichtinformationen noch einmal gemeinsam mit dem Beratungsprotokoll auszuhändigen. Dem Kunden kann so eine „Beratungsmappe“ oder ein „Beratungsordner“ zusammengestellt werden, der alle diese Unterlagen enthält. Der zentralen Bedeutung der Dokumentation zur wechselseitigen Beweissicherung wird dies sicherlich absolut gerecht.

Dieser Ordner sollte dann zusätzlich zum Beratungsprotokoll folgende Elemente enthalten:

- die statusbezogenen Informationen
- die Anlegerinformationen über Risiken, Kosten, Nebenkosten und Interessenkonflikte
- das Produktinformationsblatt
- die Angaben zur Offenlegung der Zuwendungen

Alternativ lassen sich auch im Beratungsprotokoll Positionen einfügen, aus denen sich ergibt, wann der Anleger konkret welche der vorgenannten Informationen in welcher Form erhalten hat. Diese müssten im hier enthaltenen Muster ergänzt werden.

4.10 Beaufsichtigung von Mitarbeitern

Sachkunde und Zuverlässigkeit der Mitarbeiter

Wie bereits oben festgestellt, darf ein Vermittler gemäß § 34f Abs. 4 GewO nur solche Personen bei der Beratung und Vermittlung beschäftigen, die über die notwendige Sachkunde und Zuverlässigkeit verfügen. Die Verantwortung zur Überwachung der Berufszugangsregelungen seiner Mitarbeiter obliegt dem Vermittler.

Einhaltung der Pflichten aus FinVermV

Auch hinsichtlich der Berufsausübungsregelungen verlangt § 19 FinVermV vom Gewerbetreibenden zu gewährleisten, dass diese Mitarbeiter auch die Pflichten, die

aus §§ 11 bis 18 FinVermV resultieren, erfüllen. Es handelt sich dabei um seine direkte Obliegenheit.
Um diese Vorgaben sicherzustellen, bieten sich verschiedene Maßnahmen, die kumulativ angewandt werden sollten, an:

- Aufnahme des Pflichtenkatalogs der FinVermV in die arbeitsrechtlichen Vorgaben bzw. Dienstverträge der Angestellten
- Regelmäßige, vom Geschäftsverlauf abhängende Kontrollen dahingehend, wie der Angestellte seine Tätigkeit ausübt
- Detaillierte Inhaltskontrolle der Einholung der Anlegerangaben durch Vorlage und Durchsicht der Protokolle
- Detaillierte Überprüfung der durch den angestellten Vermittler abgegebenen Anlageempfehlungen
- Inhaltskontrolle der Beratungsdokumentation
- Überprüfung der Vollständigkeit der dem Anleger durch einen angestellten Vermittler zur Verfügung gestellten Pflichtinformationen

Da es sich um eine Verpflichtung des Gewerbetreibenden persönlich handelt, ist es sinnvoll, Überprüfungsrhythmen und -maßnahmen detailliert zu erfassen und eine übersichtliche Dokumentation darüber anzulegen. Anders wird es dem Gewerbetreibenden auch nicht möglich sein, gegenüber der Erlaubnisbehörde die Sicherstellung der Einhaltung der Berufsausübungspflichten durch seine Mitarbeiter nachzuweisen.
Als Arbeitshilfen dazu sollte sich der Gewerbetreibende Checklisten anfertigen. In diesen werden zunächst der Name des Mitarbeiters und sodann die Daten der Kontrollen erfasst.
Im Anschluss daran werden Inhalt und Vollständigkeit der Beratungsdokumentation für jeden einzelnen Anleger mittels einer „Häkchenliste" überprüft. Fehler in der Beratungsdokumentation oder ihre Ursachen können daneben vermerkt werden.
Vorteilhaft an solchen Checklisten ist, dass der Gewerbetreibende damit stets aktuellen Überblick über die Beratungsqualität hat und z. B. in Mitarbeiterführungsgesprächen negativen Entwicklungen rechtzeitig gegensteuern kann.

Achtung
Das Beratungsprotokoll ist vom Mitarbeiter des Gewerbetreibenden, so er denn an Beratung und Vermittlung beteiligt ist, anzufertigen und von diesem zu unterzeichnen. Eine Unterschrift des Gewerbetreibenden ist nicht erforderlich.

Die Vorgabe regelt nicht den in der Praxis vorkommenden Fall, dass sowohl der Gewerbetreibende als auch dessen Mitarbeiter gemeinsam an der Beratung und Vermittlung beteiligt sind. Im Hinblick auf die Erteilung objektiver Informationen ist dies auch sicher nur bedingt erforderlich, als sie sich zwangsläufig aus der Dokumentation ergeben. Fraglich könnte es allerdings z. B. im Hinblick auf die Offenlegung der Zuwendungen sein, welche der Angaben gegenüber dem Anleger zu tätigen sind: die – in der Regel – niedrigeren Provisionssätze des Mitarbeiters; oder die Zuwendungen, die der Gewerbetreibende persönlich erhält.

4.11 Nebenpflichten aus der FinVermV

Die Regelungen zur Berufsausübung in der FinVermV gliedern sich in die grundsätzlichen Verhaltenspflichten gegenüber dem Anleger sowie in formale Pflichten, die Nebenpflichten, die der Gewerbetreibende im Verhältnis zum Anleger bzw. zur Erlaubnisbehörde einzuhalten hat.
Diese Nebenpflichten werden im Folgenden näher dargestellt.

4.11.1 Kundengeldsicherung

Gemäß § 20 FinVermV ist es dem Vermittler untersagt, sich im Zusammenhang mit der Vermittlung von Finanzanlagen Eigentum oder Besitz an Geldern oder Anteilen von Anlegern zu verschaffen. Ein Verstoß dagegen ist eine Ordnungswidrigkeit gem. § 26 Abs. 1 Nr. 11 FinVermV.

Beispiel

Ein Anleger verfügt über einen größeren Barbetrag. Nach umfassender und ordnungsgemäßer Durchführung des gesamten Beratungsprozesses möchte er dem Gewerbetreibenden den Anlagebetrag bar aushändigen, da er sich den Weg zur Bank sparen möchte. Das wäre unzulässig.

In Zeiten des bargeldlosen Zahlungsverkehrs mutet dieses Verbot merkwürdig an. Es ist jedoch der Historie geschuldet, die zeigt, dass Kundengelder immer wieder veruntreut oder unterschlagen wurden. Das Verbot unterstützt auch den Vermittler selber. So könnte z. B. die Annahme von größeren Bargeldbeträgen gegen Vorgaben des Geldwäschegesetzes verstoßen.
Auch darf der Vermittler seinen Kunden ein kurzfristiges „Zwischenparken" des Anlagekapitals im Zeitraum zwischen Vertragsschluss und möglicher Kontoeröffnung nicht anbieten.
Das Recht zur Annahme von Geldern oder Anteilen des Kunden steht nur Unternehmen mit einer Erlaubnis der Bundesanstalt für Finanzdienstleistungsaufsicht gem. § 32 Abs. 1 KWG zu.

4.11.2 Anzeigepflicht für größere Unternehmen

Größere Vertriebseinheiten oder Finanzanlagenvermittlungsgesellschaften treffen gemäß § 21 FinVermV besondere Anzeigepflichten.
Der Gewerbetreibende selbst muss der zuständigen Behörde die jeweils mit der Leitung des Betriebs oder einer Zweigniederlassung beauftragten Personen unverzüglich

anzeigen. Das Ziel des Gesetzgebers ist es hier, Intransparenz in den Vermittlungsstrukturen zu vermeiden. Bei juristischen Personen gilt diese Anzeigepflicht auch für die nach Gesetz, Satzung oder Gesellschaftsvertrag jeweils zur Vertretung berufenen Personen.

Einer unverzüglichen Anzeigepflicht ist dann rechtzeitig nachgekommen, wenn dem Gewerbetreibenden kein „schuldhaftes Zögern" vorgeworfen werden kann.

Der zuständigen Erlaubnisbehörde sind folgende Informationen über den Gewerbebetrieb und die ausübenden Organe mitzuteilen:

- Name und ggf. Geburtsname
- Vorname
- die Staatsangehörigkeit/en
- der Geburtstag
- der Geburtsort sowie
- die Anschrift

4.11.3 Aufzeichnungspflicht

Der neu geschaffene § 34f GewO und die Bestimmungen der FinVermV haben die Vorgaben der §§ 34c GewO, 16 MaBV abgelöst. Allerdings wurden formale Regelungen, insbesondere hinsichtlich der Aufzeichnungspflicht und auch der Prüfungsberichte (siehe dazu im Folgenden), aus den alten Vorschriften übernommen.

Neu hinzugekommen sind erweiterte Prüfungspflichten der zuständigen Erlaubnisbehörden. Die Behörden haben jetzt die Aufgabe, zu prüfen, ob die neu eingeführten Informations-, Beratungs- und Dokumentationspflichten vom Vermittler (und seinen Mitarbeitern) auch tatsächlich eingehalten werden.

Anders ist eine Prüfung der Einhaltung der gewerberechtlichen Vorgaben und auch der Zuverlässigkeit des Vermittlers für die Gewerbebehörde kaum möglich. Diese vom Vermittler anzufertigenden Aufzeichnungen werden auch die Grundlage für entsprechende gewerberechtliche Beschränkungen der Erlaubnis des Vermittlers (z. B. die Rücknahme, der Widerruf) sein.

Da auf die Gewerbebehörden hier ein deutlich erhöhter Prüfungsauftrag zukommen wird, darf bezweifelt werden, dass das Ziel der Verwaltungskostenneutralität des Gesetzgebers eingehalten werden kann.

Gegenstand der regelmäßigen (jährlichen) Prüfung durch die Gewerbebehörden sind zum einen Inhalt und Förmlichkeit des Prüfungsberichts nach §§ 22 bis 25 FinVermV sowie grundsätzlich auch alle sonstigen Zulassungsbestimmungen, die sich aus dem Gesetz bzw. der Erlaubnisbescheinigung ergeben. Im Wesentlichen sind dies die nachfolgend aufgezählten Punkte.

Prüfungspunkte	
Vermögensschadenhaftpflichtversicherung	Fortbestehen des Versicherungsschutzes (Meldepflicht des Versicherers nach § 10 FinVermV!)
Leitung und/oder Geschäftsführungswechsel	Regelung in § 21 FinVermV
Rechnungslegung (Buchführung und Aufzeichnungen)	Grundsatz der Zuverlässigkeit aus § 34f GewO
Getrennte Verwaltung von Vermögensgegenständen des Anlegers	Grundsatz der Unzulässigkeit der Annahme von Kundengeldern nach § 20 FinVermV
Einhaltung der Haupt- und Nebenpflichten aus den Berufsausübungsregelungen	Informations-, Beratungs- und Dokumentationspflichten nach §§ 11 bis 19 FinVermV

Die Gewerbebehörde hat damit einerseits das Vorliegen sehr allgemeiner Voraussetzungen zu prüfen. Hinzu kommt aber andererseits auch eine detaillierte Prüfung „wie" der Gewerbetreibende seinen Verpflichtungen aus der FinVermV nachkommt. Dabei überführt § 22 FinVermV die Einhaltung der aus §§ 12 bis 18 FinVermV resultierenden Vorschriften in eine gewerberechtliche Überprüfung dahingehend, dass der Vermittler die im Folgenden näher dargestellten Angaben gegenüber der Erlaubnisbehörde zu machen hat.

4.11.3.1 Form und Frist der Aufzeichnungspflicht

Der Gewerbetreibende ist zunächst verpflichtet, seine Aufzeichnungen unverzüglich und in deutscher Sprachevorzunehmen.
Unterlagen und Belege sind übersichtlich zu sammeln. Als Zeitpunkt des Beginns der Aufzeichnungspflicht definiert § 22 FinVermV den der Annahme des (Anleger-) Auftrags.

4.11.3.2 Notwendige Inhalte der Aufzeichnungen

Nach § 22 Abs. 2 FinVermV müssen die Aufzeichnungen folgende Angaben enthalten:

1. Name und Vorname des Anlegers
2. Firma des Anlegers
3. Anschrift des Anlegers
4. Nachweis der rechtzeitigen und vollständigen Mitteilung folgender Angaben:
   - die statusbezogene Erstinformation über den Vermittler gemäß § 12 FinVermV
   - die allgemeinen Informationen des Anlegers über Risiken, Kosten und Nebenkosten der Finanzanlage nach § 13 FinVermV
5. Nachweis der Weitergabe der nach § 15 FinVermV auszuhändigenden Informationsblätter über die jeweiligen Finanzanlagen
6. Nachweis über die nach § 17 FinVermV erforderliche Offenlegung der Zuwendungen

7. Aus den Aufzeichnungen muss auch ersichtlich sein, dass die Angaben des Anlegers rechtzeitig und vollständig eingeholt wurden und eine geeignete Finanzanlage vermittelt wurde (§ 16 FinVermV)
8. Der Gewerbetreibende hat nachzuweisen, dass ein Beratungsprotokoll an den Anleger nach § 18 FinVermV ausgehändigt wurde.

Tipp

Inhaltlich entsprechen diese Aufzeichnungspflichten im vollen Umfang denjenigen Angaben und Unterlagen, die der Vermittler auch gegenüber dem Kunden/Anleger zu erbringen hat. Insofern ist es sinnvoll, sämtliche weitergegebenen Informationen an den Anleger als Doppel für die Behörde anzufertigen und in einem Ordner zu sammeln.

Achtung

Die Notwendigkeit, die gesamte Beratungsdokumentation für die Gewerbebehörden vorzuhalten, schließt ebenfalls die dem Anleger zur Verfügung gestellten Produkt- und Prospektmaterialien mit ein. Logistisch wird dies für den Gewerbetreibenden damit zu einer gewissen Herausforderung, muss er doch diese Materialien jeweils einzeln einer Kundenakte zuführen. Verweist er etwa in der Dokumentation auf eine bestimmte Druckstücknummer, muss er das Druckstück auch zur Akte nehmen. Alternativ kann er die Produktinformationen des Emittenten einscannen und diese dann der jeweiligen Kundenakte zuzuordnen.

4.11.4 Aufbewahrungspflichten

Nach § 23 FinVermV sind die Unterlagen nach § 22 FinVermV

- fünf Jahre
- auf einem dauerhaften Datenträger,
- in den Geschäftsräumen des Vermittlers aufzubewahren.

Der Gesetzgeber schreibt hier ausdrücklich keine Aufbewahrung in Papierform vor. Dies entlastet zwar den Vermittler, dürfte sich in der Praxis aber kaum bewähren. Greift ein Vermittler etwa auf Werbemittel eines Produktgebers/Emittenten zurück, sind diese gemeinsam mit dem Beratungsprotokoll aufzubewahren. Zudem ist die Unterschrift des Gewerbetreibenden unter das Beratungsprotokoll erforderlich. Daneben wird auch angeraten, den Anleger um seine Unterschrift unter das Protokoll zu ersuchen. Alle relevanten Unterlagen müssten folglich zunächst eingescannt werden, um sie dann auf einen dauerhaften Datenträger zu speichern, ein sicherlich sehr aufwändiges Verfahren, welches lediglich den Vorteil der Platzersparnis bietet.

Ein Vermittler kann sich nicht auf die fünfjährige gewerberechtliche Aufbewahrungsfrist berufen, wenn im Zivilrecht eine längere Frist vorgesehen ist. Es ist insoweit empfehlenswert, die gesamte Kundendokumentation mindestens über die Dauer der Geschäftsbeziehung zu diesem Kunden hin vollständig aufzubewahren.

Die Unterlagen müssen in den jeweils aktuellen Geschäftsräumen des Gewerbetreibenden aufbewahrt werden. Auch nach einem Umzug sind die Unterlagen folglich aufzubewahren.
Die Aufbewahrungsfrist beginnt am Schluss des jeweiligen Kalenderjahres, in dem der letzte aufzeichnungspflichtige Vorgang für den jeweiligen Auftrag angefallen ist.
Der Gesetzgeber sieht keine Regelung zu Aufbewahrungsfristen für den Fall vor, dass der Vermittler seine Tätigkeit, z. B. altersbedingt, aufgibt. Ebenso wenig wird geregelt, welche Aufbewahrungsfristen für einen Vermittler gelten, dem beispielsweise die Erlaubnis entzogen wurde. Derartige Nachwirkungspflichten ergeben sich allerdings aus allgemeinen verwaltungsverfahrensrechtlichen Vorgaben.

Tipp

Jedem Erlaubnisinhaber gem. § 34f GewO wird grundsätzlich empfohlen, mindestens Duplikate seiner Aufzeichnungen über den Zeitpunkt seines Ausscheidens hinaus für fünf Jahre aufzubewahren. Ebenso sollte eine entsprechende Nachhaftungserklärung im Rahmen der Berufshaftpflichtversicherung vereinbart werden.

4.11.5 Prüfungspflichten

Die in §§ 24, 25 FinVermV enthaltenen Prüfungspflichten entsprechen den bisher bereits für Berater/Vermittler geltenden §§ 16 und 17 MaBV. Sie sind fast inhaltsgleich übernommen worden.
Der Berater/Vermittler muss der für ihn örtlich zuständigen Erlaubnisbehörde für jedes Kalenderjahr seiner Beratungs-/Vermittlungstätigkeit **bis zum 31. Dezember des jeweiligen Folgejahres** einen **Prüfungsbericht** über die Einhaltung der Verpflichtungen nach der FinVermV vorlegen.
Darüber hinaus können die betreffenden Behörden auch noch **außerordentliche Prüfungen** anordnen, wenn das Verhalten des Vermittlers eine derartige Maßnahme im Interesse der Anleger oder der Allgemeinheit erfordert.

Beispiel

Das kann dann der Fall sein, wenn sich bei einem Vermittler Verdachtsfälle zu Unregelmäßigkeiten im Umgang mit Berufszulassungs- und/oder -ausübungsregelungen häufen.

Sofern der Berater/Vermittler in dem Kalenderjahr keine Tätigkeit nach § 34f Abs. 1 GewO ausgeübt hat, muss er der zuständigen Erlaubnisbehörde, wie bisher auch, unaufgefordert schriftlich eine sog. **Negativerklärung** übermitteln. Es sei an dieser Stelle nochmals darauf hingewiesen, dass es dabei nicht auf den erfolgreichen Geschäftsabschluss ankommt. Es darf auch beispielsweise keine Bewerbung stattgefunden haben (siehe hierzu näher S. 139).

Der Umfang der zu prüfenden Pflichten hat sich gegenüber denjenigen nach § 16 MaBV erhöht, da die FinVermV eine Reihe zusätzlicher Informations-, Beratungs- und Dokumentationspflichten eingeführt hat. Mit der jährlich routinemäßigen bzw. der anlassbezogenen Vorlage von Prüfungsberichten bei der zuständigen Erlaubnisbehörde soll die Einhaltung der Verhaltenspflichten der Berater/Vermittler im Sinne der FinVermV auf besondere Weise sichergestellt werden (siehe hierzu die Begründung zur FinVermV, Besonderer Teil §§ 24, 25, S. 280 in diesem Buch).
Die Berater-/Vermittlerpflichten nach §§ 12 bis 23 FinVermV sind jährlich von einem geeigneten Prüfer auf Einhaltung zu überprüfen. Der Prüfungsbericht ist der zuständigen Behörde innerhalb Jahresfrist zu übermitteln.

4.11.5.1 Prüfungsinhalte

Prüfungsinhalte sind im Einzelnen:

- die Einhaltung der statusbezogenen Informationspflichten (§ 12 FinVermV)
- die dem Anleger mitgeteilten Informationen über Risiken, Kosten und Nebenkosten (§ 13 FinVermV)
- die Überprüfung, ob der Vermittler redlich, eindeutig, nicht irreführend informiert und geworben hat (§ 14 FinVermV)
- der Umgang mit dem Produktinformationsblatt gemäß (§ 15 FinVermV)
- die korrekte Einholung von Angaben über den Anleger und die Einhaltung der Verpflichtung zur Empfehlung geeigneter Finanzanlagen (§ 16 FinVermV)
- die Offenlegung von Zuwendungen (§ 17 FinVermV)
- die Erstellung und Übergabe der Beratungsprotokolle (§ 18 FinVermV)
- die Sicherstellung der ordnungsgemäßen Überwachung der Mitarbeiter (§ 19 FinVermV)
- ob die Grundsätze über die Unzulässigkeit der Annahme von Geldern und Anteilen von Anlegern (§ 20 FinVermV) eingehalten wurden
- ob die besonderen Anzeigepflichten (§ 21 FinVermV) beachtet wurden
- Einhaltung der Aufzeichnungs- und Aufbewahrungspflichten (§§ 22, 23 FinVermV)

4.11.5.2 Verfahren und Kosten

In der Vergangenheit konnten Prüfungen eher kursorisch durchgeführt werden. Das wird jetzt wegen der Ausweitung des Prüfungsumfangs anders werden. Das Verfahren wird sich stärker formalisieren, und es ist mit einer deutlich höheren Kostenbelastung für die Berater/Vermittler zu rechnen.
Es wird eine Prüfung jeder vermittelten Finanzanlage durch einen geeigneten Prüfer erforderlich werden. Der Prüfer hat sich folglich zu vergewissern, dass der Berater/Vermittler die aus der FinVermV resultierenden Pflichten im Einzelnen auch tatsächlich eingehalten hat. Dies hat er durch ein entsprechendes Testat zu bestäti-

gen. Faktisch handelt es sich hier um ein „Outsourcing“ der Prüfungspflichten der Gewerbebehörde auf geeignete freiberufliche Prüfer.
Die Kosten der Prüfung sind gemäß § 24 Abs. 1 FinVermV vom Berater/Vermittler selbst zu tragen (BR-Drucks. 89-12, S. 4). Nach Schätzung des Verordnungsgebers ist hierfür mit ca. 2.000 EUR pro Prüfungsbericht zu rechnen (siehe hierzu die Begründung zur FinVermV, Allgemeiner Teil E 2, S. 3). Da dieser Betrag nach der den Schätzungsmaßstäben offenbar unterliegenden Erhebungsmethode ein Nettobetrag sein dürfte, erhöht er sich noch um die gesetzliche Umsatzsteuer in Höhe von 19 % (= 380 EUR).

4.11.5.3 Geeignete und ungeeignete Prüfer

Geeignete Prüfer

Geeignete Prüfer nach § 24 Abs. 3 FinVermV sind:

- Wirtschaftsprüfer, vereidigte Buchprüfer, Wirtschaftsprüfungs- und Buchführungsgesellschaften
- Prüfungsverbände, zu deren gesetzlichem oder satzungsgemäßem Zweck die regelmäßige und außerordentliche Prüfung ihrer Mitglieder gehört, sofern
  - von ihren gesetzlichen Vertretern mindestens einer Wirtschaftsprüfer ist,
  - sie die Voraussetzungen des § 63b bis g GenG erfüllen oder
  - sie sich für ihre Prüfungstätigkeit selbstständiger Wirtschaftsprüfer oder vereidigter Buchprüfer oder einer Wirtschaftsprüfungs- oder Buchprüfungsgesellschaft bedienen.

Der Kreis der geeigneten Prüfer ist nach § 24 Abs. 4 FinVermV erweitert:
Auch andere Personen, die öffentlich bestellt und zugelassen worden sind und die auf Grund ihrer Vorbildung und Erfahrung in der Lage sind, eine ordnungsgemäße Prüfung in dem jeweiligen Gewerbebetrieb durchzuführen sowie deren Zusammenschlüsse, können als Prüfer betraut werden.
Hierin liegt eine gewisse Änderung gegenüber der Regelung nach § 34c GewO a. F. und § 16 MaBV a. F. Geeignete Prüfer für Finanzanlagenvermittler waren nach § 16 Abs. 3 MaBV a. F. nur die „klassischen“ Prüferberufe. Allein Makler und Darlehensvermittler konnten auch durch Personen, die öffentlich bestellt oder zugelassen worden sind und die auf Grund ihrer Vorbildung und Erfahrung in der Lage sind, eine ordnungsgemäße Prüfung in dem jeweiligen Gewerbebetrieb durchzuführen sowie deren Zusammenschlüsse, geprüft werden. Genau diesen Kreis an Fachleuten bezieht der neue § 24 Abs. 4 FinVermV jetzt als geeignete Prüfer mit ein.

Achtung

Damit steht fest: Auch Steuerberater dürfen jetzt Prüfungsberichte erstellen! Dies war nach § 16 MaBV a. F. für Finanzanlagenvermittler bisher nicht zulässig (vgl. z. B. Berufsrechtliches Handbuch der BStBK Stand: 02/2011, Tz. 5.2.11). In der Praxis war dies jedoch schon so: So haben wohl verschiedene Gewerbeämter Prüfungsberichte von Steuerberatern ohne Beanstandungen entgegengenommen und akzeptiert.
Zu beachten ist: Bei dem prüfenden Steuerberater darf es sich nicht um den mit den laufenden steuerlichen Fragen des Unternehmens des Beraters/Vermittlers befassten Steuerberater handeln, da dieser gem. § 24 Abs. 5 FinVermV „befangen" wäre.

Die zwar nicht ausdrückliche, aber faktische Einbeziehung der Steuerberater und weiterer besonders qualifizierter Personen, u. a. die von der IHK „öffentlich bestellten und vereidigten Sachverständigen für Kapitalanlagen und private Finanzplanung", war in der Diskussion im Vorfeld des Erlasses der FinVermV ausgesprochen stark umstritten. Die Wirtschaftsprüferkammer hatte sich dieser Änderung nachdrücklich widersetzt und auf die hohen fachlichen Qualifikationserfordernisse sowie den gegenüber der MaBV erweiterten Prüfungsinhalt verwiesen (Schreiben der WPK v. 27.01.2012 an das BMWi, www.wpk.de unter „Stellungnahmen"): Es werde dadurch ein bislang Wirtschaftsprüfern und vereidigten Buchprüfern vorbehaltenes Prüfungsrecht anderen Berufsgruppen eröffnet. Nur die klassischen Prüferberufe könnten jedoch die erforderliche Neutralität, Unabhängigkeit und fachliche Qualität gewährleisten. Angesichts des Umstandes, dass der Prüfungsumfang nach § 24 FinVermV im Vergleich zu § 16 MaBV a. F. gewachsen ist, sei diese „Aufweichung" nicht gerechtfertigt.
Dagegen war neben der Organisation der Steuerberater insbesondere der DIHK (DIHK-Stellungnahme v. 03.01.2012, S. 33) für die Einbeziehung u. a. der Steuerberater eingetreten.
Offen bleibt, ob auch ein in Steuer- und Wirtschaftsrechtsfragen bewanderter Rechtsanwalt jetzt Prüfungsberichte erstellen darf. Denn es wird sich wohl nicht argumentieren lassen, dass Steuerberater andere Fach- oder Persönlichkeitsqualifikationen als Rechtsanwälte in diesem Bereich besitzen, zumal diese auf dem angestammten Berufsfeld des Steuerberaters uneingeschränkt und ohne zusätzlichen Qualifikationsnachweis tätig sein dürfen.
Die Regelung ist letztlich sicher aus praktischen Gründen zu begrüßen: Sie trägt dem Umstand Rechnung, dass es durch die nunmehr verbindliche jährliche Prüfung in der Zukunft zu einer wesentlich höheren Zahl von Prüfungsfällen kommen dürfte, die irgendwie vernünftig bewältigt werden muss.
Zu kritisieren ist aber, dass der Verordnungsgeber den Kreis der zur Prüfung berechtigten Personen durch Nennung der Berufsbezeichnung (so der Vorschlag des DIHK, aaO) nicht eindeutig festgelegt hat, sondern im Gegenteil vage geblieben ist. Nur unter Einbeziehung der Befangenheitsregelung in § 24 Abs. 5 FinVermV (s.u.) wird deutlich, dass hiermit nicht etwa eine in der Vergangenheit offenbar akzeptierte Verfahrensweise sanktioniert werden sollte, dass man den Steuerberater des prü-

fungspflichtigen Beraters/Vermittlers einsetzen darf, weil dieser bereits von der Buchhaltungsseite her so eingehend mit den gesamten kaufmännischen Dokumentationen vertraut, dass die Nachhaltung und Zusammenfassung der Unterlagen in Form eines Prüfungsberichts sich quasi als Koppelprodukt ohne weiteren größeren Aufwand ergibt. Diesem Steuerberater dürfte die nötige kritische Distanz fehlen und zum Ausschluss nach § 24 Abs. 5 FinVermV führen.

Ungeeignete Prüfer

Als Prüfer nicht geeignet sind nach § 24 Abs. 5 FinVermV Personen, bei denen die Besorgnis der Befangenheit besteht; sie dürfen keine Prüfungen durchführen. Die Besorgnis der Befangenheit kann sich aus personenbezogenen und aus sachbezogenen Gründen ergeben.

Beispiele: Personenbezogene Gründe

Personenbezogene Gründe können nahe Beziehungen der Prüferin oder des Prüfers zu einer Führungskraft des zu prüfenden Unternehmens des Beraters/Vermittlers oder zu einem an der zu prüfenden Sache Beteiligten sein. Auch nahe Beziehungen zu einem Beteiligten, der widerstreitend zur prüfenden Sache steht oder gegenläufige Interessen hat, können zur Befangenheit führen. Die nahe Beziehung kann persönlicher, verwandtschaftlicher oder wirtschaftlicher Art sein. Dasselbe ist bei kapitalmäßigen Bindungen der Prüferin oder des Prüfers im zu prüfenden Unternehmen oder bei Bindungen zu einer der vorstehend genannten Personen der Fall.

Beispiele: Sachbezogene Gründe

Sachbezogene Gründe, d. h. eigene Beziehungen des Prüfers zur Sache, sind gegeben, wenn sie oder er einen Tatbestand zu beurteilen hat, an dessen Zustandekommen sie oder er selbst maßgebend mitgewirkt hat. Führt der Prüfer die Bücher eines Mandanten und ist er auch für die Kontierung von Belegen oder für das Erteilen von Buchungsanweisungen zuständig oder hat er den Jahresabschluss erstellt oder maßgeblich an dessen Erstellung mitgewirkt, so kann er wegen Befangenheit keine Jahresabschlussprüfung nach Art und Umfang einer Pflichtprüfung mit der Erteilung eines Bestätigungsvermerkes durchführen.

4.11.5.4 Frist zur Abgabe des Prüfungsberichts

Der Prüfungsbericht ist der für die Erlaubniserteilung zuständigen Behörde bis spätestens zum 31. Dezember des darauffolgenden Jahres zu übermitteln. Diese Frist ist bindend und kann auch nicht auf Antrag verlängert werden. Wird sie nicht eingehalten, kann ein Bußgeld drohen. Ihre Versäumung lässt – mindestens im Wiederholungsfall – Zweifel an der gewerberechtlichen Zuverlässigkeit des Finanzanlagenvermittlers aufkommen.

Ausnahme von der Abgabefrist

Eine außerordentliche Prüfung kann eine Ausnahme zur fristgemäßen Abgabe begründen. Aus besonderem Anlass kann die Gewerbebehörde eine „Sonderprüfung" anordnen. Ein besonderer Anlass kann vorliegen, wenn die Gewerbebehörde berechtigte Zweifel an der Einhaltung der aus den Vorgaben der FinVermV resultierenden Pflichten des Vermittlers hat oder Zweifel an seiner Zuverlässigkeit bestehen. Die Behörde bestimmt dann selbst einen Prüfer, der die Sonderprüfung durchführt.
Die Sonderprüfung selber stellt dann eine Unterbrechung der Regelkette dar und ersetzt gewissermaßen die regelmäßige jährliche Prüfung.

4.11.5.5 Form des Prüfungsberichts

Der Prüfungsbericht ist schriftlich zu erstellen. Das Testat einer durchgeführten Prüfung muss die Unterschrift des Prüfers, versehen mit Ort und Datum, enthalten. Daneben muss im Prüfungsbericht vermerkt werden, ob und wenn ja, welche Verstöße des Gewerbetreibenden bei der Prüfung festgestellt worden sind.

4.11.5.6 Sonderfall: Negativerklärung

Wenn der Gewerbetreibende im Berichtszeitraum keine erlaubnispflichtige Tätigkeit nach § 34f Abs. 1 GewO ausgeübt hat, dann kann er innerhalb der oben genannten Frist der zuständigen Behörde eine Negativerklärung zukommen lassen.
Die Definition der „erlaubnispflichtigen Tätigkeit" ist, wie bereits oben dargestellt, sehr weit gefasst. Darunter fallen nicht nur Tätigkeiten, die einen Vermittlungserfolg des Gewerbetreibenden nach sich ziehen. Auch werbliche Maßnahmen, z. B. „Mailings" zählen zur erlaubnispflichtigen Tätigkeit.

Negativerklärung

An *(zuständige Behörde)*

____
____
____

Negativerklärung nach § 24 Abs. 1 Satz 4 Finanzanlagenvermittlungsverordnung
(bitte vollständig ausfüllen und Zutreffendes ankreuzen)

Angaben zur/zum Erlaubnisinhaber/in nach § 34f Gewerbeordnung (GewO):
Name, Vorname: ____________________
Geburtsdatum: ____________________
Anschrift: ____________________
Firmenbezeichnung
(eingetragener Name im Handelsregister): ____________________
Anschrift der Betriebsstätte:

Negativerklärung

Angaben zum Umfang der erteilten Erlaubnis nach § 34f GewO

Erbringung von Anlageberatung im Sinne des § 1 Absatz 1a Nummer 1a des Kreditwesengesetzes zu und Vermittlung des Abschlusses von Verträgen über den Erwerb der nachfolgenden Finanzanlagen:

1. Anteilscheine einer Kapitalanlagegesellschaft oder Investmentaktiengesellschaft oder von ausländischen Investmentanteilen, die im Geltungsbereich des Investmentgesetzes öffentlich vertrieben werden dürfen ☐
2. öffentlich angebotene Anteile an geschlossenen Fonds in Form einer Kommanditgesellschaft ☐
3. sonstige Vermögensanlagen im Sinne des § 1 Absatz 2 des Vermögensanlagengesetzes, deren öffentliches Angebot die Veröffentlichung eines Verkaufsprospekts nach § 6 in Verbindung mit § 2 des Vermögensanlagengesetzes voraussetzt, sowie Anteile an einer Genossenschaft im Sinne des § 1 des Genossenschaftsgesetzes ☐

Eine Auflage nach § 34f Abs. 1 Satz GewO wurde nicht ☐

wie folgt erteilt: ☐

____

____

Ausstellungsdatum der Erlaubnis: ____________________

Ausstellungsbehörde: ____________________

Die Regelungen der Gewerbeordnung und der Finanzanlagenvermittlungsverordnung sind mir bekannt.

Es wird hiermit versichert, dass im Kalenderjahr ____ keine Betätigung des/der o. a. Erlaubnisinhabers/in im Sinne des § 34f Gewerbeordnung (GewO) stattgefunden hat und keine Verpflichtungen nach §§ 12 bis 23 der Finanzanlagenvermittlungsverordnung vorliegen.

und ☐ **oder** ☐

Es wird hiermit versichert, dass im Kalenderjahr ____ lediglich Finanzinstrumente in der Eigenschaft als gebundener Agent im Sinne des § 2 Abs. 10 des Gesetzes über das Kreditwesen vermittelt wurden, ohne andere Finanzdienstleistungen erbracht zu haben. Einen Nachweis über die Eigenschaft als gebundener Agent füge ich als Anlage bei.

oder ☐

____

Negativerklärung

Diese Erklärung wurde erstellt durch: ______________________

Mir ist bekannt, dass eine unrichtige oder unvollständige Erklärung zum Widerruf der erteilten Erlaubnis nach § 34f GewO führen und die zuständige Behörde eine Nachschau (§ 15 MaBV) vornehmen kann und befugt ist, eine außerordentliche Prüfung nach § 24 Abs. 2 FinVermV auf Kosten des/der Erlaubnisinhabers/in anzuordnen. Mit ist auch bekannt, dass unrichtige oder unvollständige Angaben mit einer Geldbuße von bis zu 2.500 EUR geahndet werden und den Widerruf der Erlaubnis nach § 34f GewO zur Folge haben können.

Datum und Unterschrift ______________________

Achtung

Der in der Vergangenheit eher laxe Umgang mit den Negativerklärungen, insbesondere aus Gründen der Kostenersparnis, ist in Zukunft nicht mehr ratsam. Zum einem entspricht dies nicht den sehr weit gehenden Intentionen des Verordnungsgebers zum Anlegerschutz. Zum anderen besteht auch die latente Gefahr, dass es herauskommt, dass es eben doch Vermittlungstätigkeiten (wenn auch ohne entsprechenden Vermittlungserfolg) durch den Finanzanlagenvermittler gegeben hat. Gerade wegen des höheren Anlegerschutzes ist eine intensivere Prüfung und Beobachtung durch die zuständigen Behörden zu erwarten.

4.11.5.7 Rechte und Pflichten der an der Prüfung Beteiligten

Der Gewerbetreibende ist verpflichtet, dem Prüfer die Einsicht in Buchaufzeichnungen und Unterlagen zu gestatten. Daneben muss er ihm alle Informationen – Aufklärungen und Nachweise, die für eine ordentliche Prüfung erforderlich sind, zur Verfügung stellen.

Der Prüfer hingegen ist gemäß § 25 Abs. 2 FinVermV zu einer gewissenhaften und unparteilichen Prüfung verpflichtet. Dabei hat er Verschwiegenheit zu wahren. So darf er auch nicht unbefugt Geschäfts- und/oder Betriebsgeheimnisse verwerten, die er bei seiner Prüfungstätigkeit erfahren hat.

Gerade das Merkmal einer gewissenhaften Prüfung und die Vorgabe der Prüfungsinhalte aus § 24 Abs. 1 Nr. 1 FinVermV verhindern zukünftig die in der Vergangenheit eher kursorisch gehandhabten Prüfungen. Da der gesamte Vermittlungsprozess inhaltlich (siehe oben) einer Prüfung unterzogen werden muss, muss der Prüfer gewissenhaft die Einhaltung der Vermittlerpflichten, die aus der GewO und der FinVermV resultieren, überprüfen. Dies kann nur dadurch geschehen, dass sich der Prüfer jeden einzelnen, auch kleineren Beratungsfall detailliert ansieht.

4.11.5.8 Prüfungsmaßstab

Wie bereits vorher erwähnt, ist der Prüfer nach § 25 Abs. 2 FinVermV zu einer gewissenhaften Prüfung verpflichtet. Bei der „Gewissenhaftigkeit“ handelt es sich um einen unbestimmten Rechtsbegriff. Insoweit ist problematisch, welche genauen Kriterien für die Durchführung der Prüfung anzusetzen sind.
Die bisherige Regelung in §§ 34c Abs. 1 Satz 1 Nr. 2 und 4 GewO, 16 Abs. 1 MaBV sahen eine Prüfung allein durch Wirtschaftsprüfer (und weitere Prüferberufe nach WPO) vor, die sich inhaltlich an einem IDW Standard orientierten (aktuell: Standard IDW PS 830, vgl. Farr, Checkliste für die Anfertigung und Qualitätskontrolle von Berichten über die MaBV-Prüfung, 3. Aufl. Juli 2011). In diesem wurden entsprechende Prüfkriterien definiert.
Nach neuer Rechtslage sind gem. § 24 Abs. 4 FinVermV auch andere qualifizierte Prüfer zugelassen. Dieser Umstand darf aber nicht zur Annahme verleiten, dass es seitens des Verordnungsgebers nun gewollt wäre, eine sog. anlassbezogene Prüfung vergleichbar dem § 16 Abs. 2 MaBV (alte Fassung) zuzulassen. Rein anlassbezogene Prüfungen sind von ihren Grundanforderungen her deutlich niedriger anzusetzen als die erheblich strengeren Vorgaben der Prüfungspflichten bei Vorbehaltsaufgaben der Wirtschaftsprüfer nach dem IDW Standard.
Die Verbesserung des Anlegerschutzes durch Verschärfung der Berufszugangs- und der Berufsausübungsregelungen würde durch einen vom Anspruch her niedrigeren Prüfungsmaßstab der Intention des Verordnungsgebers, auch wenn eine Prüfung immer nachgelagert erfolgt, nicht gerecht.
Die Definition der „Gewissenhaftigkeit“ wird sich sinnvollerweise daher inhaltlich an den qualitätssichernden Anforderungen der Wirtschaftsprüfer zu orientieren haben.
Insoweit wird (noch) ein problemorientierter Lösungsansatz zu entwickeln sein, der einerseits die Einzeltatbestände insbesondere der Berufsausübungspflichten abdeckt und andererseits so praktikabel ist, dass er insbesondere dort, wo der Umfang der Einzelbelege zu umfangreich ist, geeignete Stichproben in Form einer Belegprüfung zulässt.
Dabei sind insbesondere IDW Standards für andere Personengruppen von Prüfern grundsätzlich nicht bindend, da sie ihnen nicht unterfallen. Eine – durchaus wünschenswerte – Leitbildfunktion wird ihnen aber sicherlich zukommen.

4.11.5.9 Übergangsregelung

Die FinVermV enthält keine konkrete Regelung darüber, bis zu welchem Zeitpunkt noch nach den „alten Vorgaben“ der §§ § 34c Abs. 1 Satz 1 Nr. 2 und 4 GewO, 16 Abs. 1 MaBV zu berichten und der Prüfbericht durch einen Wirtschaftsprüfer zu testieren ist und ab welchem Zeitpunkt die „neuen Vorgaben“ Anwendung finden müssen. Dies ist unter zwei Gesichtspunkten erheblich:
Zunächst ist die Erstellung eines Prüfberichts nach der „alten“ MaBV deutlich weniger aufwändig und kostenintensiv. Sodann sind Szenarien denkbar, die die Anwen-

dung des „alten Rechts“ noch für den Bericht des Jahres 2013 nahelegen könnten. Dies ist z. B. dann der Fall, wenn ein Gewerbetreibender im Jahr 2014 die Sachkundeprüfung (noch) nicht bestanden hat. Vergleichbar wäre auch die Situation, dass ein Gewerbetreibender sich entschließt, die Prüfung (doch nicht) abzulegen, etwa weil er aus Altersgründen ausscheiden möchte, und stattdessen seine Tätigkeit zum Enden 2014 „auslaufen“ lässt, der guten Ordnung halber jedoch erst einmal offiziell eine neue Erlaubnis beantragt.

- Unstreitig ist, dass für das Berichtsjahr 2012 die Regelungen der §§ § 34c Abs. 1 Satz 1 Nr. 2 und 4 GewO, 16 Abs. 1MaBV greifen.
- Komplizierter stellt sich dies für das Berichtsjahr 2013 dar. Der Gewerbetreibende hat bis zum 01.07.2013 Zeit, die Erlaubnis nach § 34f GewO zu beantragen, um dann später (im Jahr 2014) die Sachkundeprüfung abzulegen. Gemäß § 157 Abs. 2 GewO erlischt mit diesem Antrag automatisch seine alte Gewerbeerlaubnis nach § 34c GewO. Daraus könnte ein Wahlrecht des Gewerbetreibenden hinsichtlich des Prüfungsumfangs abgeleitet werden. Denkbar wäre grundsätzlich auch eine geteilte Prüfung für das Jahr 2013, teilweise nach „altem“ und nach „neuem“ Recht.

Aus dem Gesamtzusammenhang der Regelungen in § 157 Abs. 2 GewO und hier insbesondere Satz 6 dürfte herzuleiten sein, dass Bericht und Prüfung nach den Vorgaben der FinVermV zu erstellen sind. Danach gelten bis zum Zeitpunkt der behördlichen Entscheidung über den (Änderungs-)Antrag für die Tätigkeiten ab dem 01.01. 2013 und längstens bis zum 31.12.2014 (falls die Erlaubniserteilung sich bis dahin verzögert haben sollte bzw. bis zur förmlichen Verweigerung der Erlaubnis)§§ 34f GewO i. V. m. § 24 FinVermV – und damit eben nicht mehr die §§ 34c GewO i.V.m § 16 MaBV. Die neuen Regulierungsbestimmungen gelten für die allgemeinen und besonderen Verhaltens- und Tätigkeitsvorschriften, für das Prüfungsverfahren und den Prüfungsumfang sowie die damit verbundenen (höheren) Kosten.

5 Haftungsfragen

GewO und FinVermV stellen die Rahmenbedingungen für die Berufszulassung und -ausübung eines Finanzanlagenvermittlers dar. Sie enthalten keine expliziten Einzelregelungen zu Haftungsfragen. Im Dreiecksverhältnis zwischen einem Emittenten, dem Anleger und dem Gewerbetreibenden ergibt sich aus diesen Rahmenbedingungen jedoch eine Reihe von Fragen hinsichtlich verschiedener Haftungsszenarien.
In sog. mehrstufigen Vertrieben mit einer größeren Anzahl von echten oder unechten Untervertretungen und der dadurch bedingten Komplexität haben diese Fragestellungen eine noch höhere Bedeutung. Sie bestimmten sich im Wesentlichen nach allgemeinem Zivilrecht.

5.1 Haftungsdächer

Seit dem Inkrafttreten des Gesetzes zur Umsetzung der Richtlinie über Märkte für Finanzinstrumente (Richtlinie 2004/39/EG des Europäischen Parlaments und des Rates v. 21.04.2004 über Märkte für Finanzinstrumente, ABl. EU Nr. L 145/1 v. 30.04.2004) – kurz: FRUG – unterliegt die Vermittlung von Finanzinstrumenten wie Aktien, Zertifikaten, Anleihen, Hedgefonds und bestimmten weiteren Wertpapieren strengen Kriterien. Hintergrund des Gesetzes war die Regulierung der Anlageberatung nach der EU-Finanzmarktrichtlinie MiFID (Markets in Financial Instruments Directive). Wer Produkte der vorgenannten Art vermitteln will, braucht seitdem eine Erlaubnis zur Erbringung von Finanzdienstleistungen nach § 32 KWG. Alternativ kann er als gebundener Vermittler bzw. Ausschließlichkeitsvermittler (sog. Tied Agent) unter einem Haftungsdach eines Erlaubnisinhabers nach § 32 KWG tätig sein. Eine Gewerbeerlaubnisnach § 34c Gewerbeordnung reicht hier nicht.

Ausschließlichkeitsvertreter im Versicherungsbereich

Beim Kunden wirkt ein gebundener Agent juristisch gesehen als Erfüllungsgehilfe des Haftungsdachs: Er schließt die Verträge im Namen des Haftungsdachs, über das er das Geschäft dann auch abwickelt. Dieses übernimmt die Haftung für den Berater und bestimmt im Gegenzug die Produktpalette.
Das Institut des Ausschließlichkeitsvermittlers stammt ursprünglich aus dem Versicherungsvermittlerrecht. Abweichend von der engeren Definition in Art. 2 Nr. 7. der EU-Vermittlerrichtlinie v. 09.12.2002 (Richtlinie 2002/92/EG ABl. 9/9 v. 15.01.2003) ist ein gebundener Vermittler nach § 34d Abs. 4 GewO ein Versicherungsvertreter, der seine Tätigkeit ausschließlich im Auftrag eines oder mehrerer im Inland zum Geschäftsbetrieb befugter Versicherungsunternehmen ausübt, deren Versicherungsprodukte nicht in Konkurrenz zueinander stehen und für dessen Vermittlungstätigkeit ein vertretenes Versicherungsunternehmen die uneingeschränkte Haftung übernimmt. Der gebundene Vermittler bedarf keiner Gewerbeerlaubnis, sondern kann vom Versicherungsunternehmen ohne diese zum Vermittlerregister gemeldet wer-

den. Allerdings ist das Versicherungsunternehmen dann gesetzlich gehalten, sich selbst durch Einholung geeigneter Auskünfte von der Zuverlässigkeit und den geordneten Vermögensverhältnissen des Vermittlers zu überzeugen und dessen angemessene Qualifikation sicherzustellen.

Ausschließlichkeitsvertreter in der Finanzanlageberatung

Mit dem FRUG kam die Ausschließlichkeit mit der Regelung des § 2 Abs. 10 KWG (KWG-Vermittlerverordnung v. 04.12.2007, BGBl. I S. 2785) auch in die Finanzanlageberatung. Das bedeutet hier konkret: Der gebundene Vermittler kann bzw. muss sämtliches Investmentgeschäft – auch die bislang nicht unter die MiFID fallenden Investmentfonds – über das Haftungsdach einreichen. „Teilhaftungsdächer" hat die Bundesanstalt für Finanzdienstleistungsaufsicht (BaFin) in einer entsprechenden Anwendungsverordnung verboten. Alternative Anbindungen sind nur für andere Produktklassen z. B. für Versicherungen erlaubt.
In der Verordnung zu § 2 Abs. 10 KWG sind ausdrücklich nur zwei Formen der erlaubnisfreien Tätigkeit auf diesem Gebiet zugelassen:

- Die Zuführung von Kunden an Wertpapierdienstleistungsunternehmen in Form von Nachweisvermittlung, bei der nur zu einem Anbieter Beziehungen bestehen, keine Anlageberatung eingeschlossen ist und für die Vermittlung Provision bezahlt wird.

Beispiel

Darunter fallen Informationen über Produkte des Anbieters oder die Nennung eines Vertragspartners, der für den Kunden Finanzinstrumente kaufen oder verkaufen oder Finanzportfolioverwaltung erbringen kann

- Die Erbringung der Anlageberatung oder Anlage- und Abschlussvermittlung ausschließlich für Rechnung und unter der Haftung eines Instituts bzw. Unternehmens, das die erforderliche Erlaubnis zur Erbringung von Finanzdienstleistungen nach § 32 KWG besitzt.

Beispiel

Diese Ausnahme ist seitdem für Vermittler bzw. Berater von Bedeutung, die nur über eine Erlaubnis nach § 34c GewO zum Vertrieb von Investmentfonds verfügen bzw. die als Versicherungsvermittler tätig sind und selbst keine Zulassung als Finanzdienstleistungsinstitut nach § 32 KWG beantragen können, aber neben Investmentfonds auch über Aktien oder Zertifikaten beraten oder diese vermitteln wollen. Die Anbindung an ein Institut bzw. Unternehmen (Haftungsgeber) ermöglicht es ihnen, Finanzdienstleistungen ohne die normalerweise erforderliche Erlaubnis nach § 32 KWG zu erbringen. Sie gelten dann als vertraglich gebundene Agenten und können alle Finanzdienstleistungen des Haftungsgebers anbieten, sowohl die Anlage- und Abschlussvermittlung als auch die Einzelvermittlung von Finanzinstrumenten, wie Zertifikate oder Aktien. Darüber hinaus können sie auch alle Arten von Versicherungen anbieten. Das Haftungsdach, also das Unternehmen mit der Erlaubnis nach § 32 KWG, muss eine Haftpflichtversicherung für den gebundenen Agenten abschließen und die Haftungsübernahme bei der BaFin anzeigen.

Die Einzelheiten der Anzeigepflicht und der Aufnahme des gebundenen Agenten in ein öffentliches Register regelt die bereits erwähnte Verordnung.
Der gebundene Agent kann gegenüber seinen Kunden in eigenem Namen auftreten, Vertragspartner des Kunden wird aber der Haftungsgeber. Es müssen alle Geschäfte, die der gebundene Agent vermittelt, über den Haftungsgeber abgewickelt werden. Die Tätigkeit des vertraglich gebundenen Agenten wird dem Haftungsgeber zugerechnet. Deshalb muss das Institut oder Unternehmen dafür sorgen, dass der angeschlossene Vermittler bzw. Berater zuverlässig und fachlich geeignet ist sowie die gesetzlichen Vorgaben nach § 25a Abs. 4 Satz 1 KWG erfüllt.
Beachtet ein Unternehmen die Pflichten bei der Auswahl und Überwachung seiner vertraglich gebundenen Vermittler bzw. Berater nicht, kann die BaFin untersagen, solche Vermittler bzw. Berater einzusetzen. In diesem Fall entfällt für die gebundenen Vermittler bzw. Berater die Ausnahme von der Erlaubnispflicht. Sie müssen dann entweder ihre Tätigkeit einstellen, oder sich um eine Erlaubnis bemühen.

5.1.1 Vor- und Nachteile

Mit dem FRUG wurde die bis dahin nur für den Versicherungsvertrieb typische sog. Ausschließlichkeitsvermittlung (KWG-Vermittlerverordnung v. 04.12.2007, BGBl. I S. 2785) auch in die Finanzanlageberatung eingeführt.

Vor- und Nachteile für Emittenten

Die Vorteile für den Emittenten, sich einer Ausschließlichkeitsorganisation zu bedienen, liegen typischerweise darin, dass der Vermittler auf diese Weise vertraglich verpflichtet wird, ausschließlich dessen Produkte zu vermitteln. Dies gilt im Übrigen auch für die nicht unter die MiFID fallenden Investmentfonds. Ein weiterer Vorteil besteht darin, dass eine Ausschließlichkeitsorganisation in operativer Hinsicht stets leichter zu steuern und zu führen ist als ein unabhängiger Vertrieb. Dem gegenüber stehen als Nachteile der hohe administrative und organisatorische Aufwand für die Emittenten und zusätzlich die direkte Einflussmöglichkeit der BaFin auf den Vertrieb.

Vor- und Nachteile für den Vermittler

Für den Vermittler ist die Haftungsübernahme nur scheinbar ein Vorteil. Denn er beraubt sich jedweder Flexibilität hinsichtlich des Produktangebots und der Produktauswahl. Eine erhebliche Anzahl einzelner Haftungsszenarien dürfte zudem ohnehin über § 278 BGB dem Emittenten (zusätzlich) zuzurechnen sein, so dass für ihn ein echter Gewinn über das Haftungsdach nur insoweit zu erzielen ist, als bei ihm selbst keine Schadensersatzpflicht entsteht.

5.1.2 Unterschiede zur VersVermV

Ganz anders stellt sich hingegen das Haftungsdach gem. § 34d Abs. 4 GewO bei der Versicherungsvermittlung dar. Das Institut des Ausschließlichkeitsvermittlers stammte ursprünglich aus dem Versicherungsrecht. Abweichend von der engeren Definition in Art. 2 Nr. 7 der EU-Vermittlerrichtlinie v. 09.12.2002 ist ein gebundener Vermittler nach § 34d Abs. 4 GewO ein Versicherungsvertreter, der seine Tätigkeit ausschließlich im Auftrag eines oder mehrerer im Inland zum Geschäftsbetrieb befugter Versicherungsunternehmen, deren Versicherungsprodukte nicht in Konkurrenz zueinander stehen, ausübt und für dessen Vermittlungstätigkeit ein vertretenes Versicherungsunternehmen die uneingeschränkte Haftung übernimmt. Der gebundene Vermittler bedarf keiner Gewerbeerlaubnis, sondern kann vom Versicherungsunternehmen ohne eine solche zum Vermittlerregister gemeldet werden. Allerdings ist das Versicherungsunternehmen dann (anstelle der IHK) verpflichtet, sich selbst durch Einholung geeigneter Auskünfte von der Zuverlässigkeit und den geordneten Vermögensverhältnissen des Vermittlers zu überzeugen und eine angemessene Qualifikation sicherzustellen. (§§ 80 ff. VAG, Weisung 9/1007 der BaFin)

Auch hier ist der „Unterschlupf" des Vermittlers unter das Haftungsdach ein zweischneidiges Schwert, insbesondere weil gerade bei den den Markt dominierenden Einfirmenhandelsvertretern ohnehin gemäß der „Auge und Ohr"-Rechtsprechung des BGH eine Haftung regelmäßig gem. § 278 BGB beim Prinzipal des Vertreters liegen wird.

> **Achtung**
> Auch wenn die FinVermV eine Reihe von Erleichterungen, insbesondere in § 12, den statusbezogenen Informationspflichten, für Versicherungsvermittler vorsieht – sind doch die oben genannten Haftungsdächer streng voneinander zu unterscheiden. Sie haben nichts miteinander zu tun und basieren auf völlig unterschiedlichen Rechtsgrundlagen. Haftungsdächer auch für Finanzanlagenvermittler bereit zu stellen, ist nach § 34f GewO als Lösungsweg nur bedingt geeignet.

5.1.3 Vertriebshaftungsdach und Boutique-Haftungsdach

Aus dem Konzept des von einem Emittenten von Finanzdienstleistungsprodukten bereit gestellten Haftungsdaches entwickelte sich auf dem Anbietermarkt relativ schnell ein regelrechtes Dienstleistungsangebot, bei welchem eigens für die Haftungsdachfunktion gegründete Unternehmen das Haftungsdach mitsamt kompletter Infrastruktur für den Betrieb des Wertpapier- und Wertpapiervermittlungsgeschäfts zur Verfügung stellen. Dies schützt den einzelnen Berater, und durch den Skalenef-

fekt wird eine Kostendegression erreicht, die der Berater allein mit einer eigenen Lizenz niemals erreichen könnte.
In diesem Zusammenhang ist zwischen sog. Vertriebshaftungsdächern und Boutique-Haftungsdächern zu unterscheiden.
Eine Ausgestaltung derselben ist allerdings nur über den Weg des § 2 Abs. 10 KWG denkbar.
Zum einen handelt es sich um in der Ausrichtung reine Vertriebshaftungsdächer, die dem Berater meist eine vordefinierte Liste einsetzbarer Produkte und Konditionsmodelle, auch in Kombination mit einem vorbereiteten Vertriebskonzept, anbieten.
Zum anderen haben sich Boutique-Haftungsdächer gebildet, die dem Berater die maximale Freiheit bei der Auswahl von Produkten und Konditionsmodellen bieten wollen.

5.1.4 Vorteile und Nachteile von Haftungsdächern für freie Berater

Können Haftungsdächer auch für Finanzanlagenvermittler nach § 34f GewO die Lösung sein? In der Regel stellt ein Haftungsdach dem angeschlossenen Berater die komplette Büroinfrastruktur zu niedrigen Kosten zur Verfügung und übernimmt die komplette strategische Weiterentwicklung des Wertpapiergeschäfts, insbesondere in Bezug auf Gesetzgebung, Abläufe, Organisation und Informationstechnologie. Zudem kann der Berater ein weitgehend vorgefertigtes Investment- und Vertriebskonzept nutzen und dazu ein eigenes Investment- und Geschäftskonzept umsetzen. Durch diese Art der Zusammenarbeit kann der Berater zu Kosten, die bei eigener Lizenz niemals so niedrig gehalten werden könnten, seinen Kunden die gleichen Wertpapierdienstleistungen anbieten wie die Banken.
Diesen Vorteilen steht gegenüber, dass auch der Berater sich streng an die Bestimmungen des KWG und WpHG zu halten hat. Berater, die ein solch reguliertes Arbeitsumfeld nicht gewohnt sind und nie so gearbeitet haben, empfinden dies oftmals als Nachteil, wenn auch die Regulierungselemente letztlich für alle regulierten Berater – und künftig auch zunehmend für freie Berater – eine Belastung darstellen. Für viele Berater dürfte es ein – zumindest subjektiver – Nachteil sein, dass das Gesetz bei einer Haftungsdachanbindung Exklusivität fordert: **Ein** Berater kann nur unter **ein** Haftungsdach. Bei einer Zusammenarbeit müsste das komplette Wertpapiergeschäft des Beraters (inklusive Investmentfonds und künftig voraussichtlich inklusive Beteiligungen) über das Haftungsdach abgewickelt werden. Auch ein Wechsel des Haftungsdachs ist für den Berater – und wohl auch für seine Kunden – sehr aufwändig und bei manchen Haftungsdächern sogar nur mit Einschränkungen umsetzbar.

5.2 Einengung der Vertriebswege seit 01.06.2012

Seit dem 01.06. 2012 greift gemäß den geänderten bzw. neu eingeführten §§ 1 Abs. 11, 64 n KWG eine Regulierungserweiterung im Zusammenhang mit geschlossenen Fonds. Seit diesem Datum gelten die geschlossenen Fonds als Finanzinstrumente. Das hat für viele der sog. gebundenen Vermittler erhebliche Folgen. Gebundene Vermittler unter einem Haftungsdach werden bezüglich geschlossener Fonds ihre Vorgehensweise ändern müssen: Sie können diese Art der Vermittlung wie bisher nur fortsetzen, wenn der Haftungsdachbetreiber dies anbietet.
Der direkte Vertrieb geschlossener Fonds aus einem anderem Portfolio ist nicht mehr darstellbar. Der Haftungsdachbetreiber wird das aus Sicherheitsgründen nicht zulassen und sich wegen seiner Kontroll- und Überwachungsverantwortung entsprechend absichern.
Die BaFin hat inzwischen bereits verlauten lassen, dass die neue Rechtslage ihres Erachtens die aktuell gängigen Haftungsdächer nicht mehr zulässt, die in großem Umfang auch Fremdprodukte anbieten und für deren Vermittlung sie (in einem bestimmten Rahmen) die Haftung übernehmen. Nach Art. 23 MiFID dürfe ein Haftungsdach nur eigene Produkte anbieten. Ein nach Art. 23 MiFID zulässiges Haftungsdach liege vor, wenn das jeweilige Emissionshaus seinen Vertrieb unter einem eigenen Haftungsdach organisiert. Welche Auswirkungen das im Rahmen der Finanzanlagenvermittlungsverordnung hat, wird nachfolgend kurz beschrieben.

5.2.1 Vermittler

Es wird eine Reihe von Emittenten geben, die ihre Vermittler – mit allen oben genannten Vor- und Nachteilen – unter ein auf §§ 32, 2 Abs. 10 KWG basierendes Haftungsdach bewegen werden. Auf diese sind dann die GewO und FinVermV nicht anwendbar. Damit unterliegen diese Gewerbetreibenden dann auch nicht diesen Vorgaben. Im eher seltenen Fall wird dem Vermittler auch eine Art Unterschlupf unter solch ein Haftungsdach angeboten werden.
Vermittler, die bislang keinem Haftungsdach unterlagen bzw. dies auch zukünftig nicht wünschen, sind hingegen auf die Erlaubnis nach § 34f GewO angewiesen.

5.2.2 Unternehmen/Emittenten

Aus § 2 Abs. 10 KWG und den Verordnungen der BaFin folgen für die Unternehmen viele in der Durchführung und Einhaltung organisatorisch aufwändige Vorgaben. Regelmäßige Pflege und Aktualisierung sowie Überwachung des Vertriebes stehen den Vorteilen einer direkten Einfluss- und Eingriffsmöglichkeit auf die Vermittler entgegen. Von daher werden es sich diese Unternehmen zukünftig gründlich überlegen Haftungsdächer anzubieten.

5.2.3 Mehrstufige Vertriebe

Mehrstufige Vertriebe, die – wie auch immer – vertraglich an einen oder mehrere Produktgeber gebunden sind und sich einer echten oder unechten Untervermittlerstruktur bedienen, werden sich – solange die Wahlmöglichkeit besteht – aus Gründen der Flexibilität wohl vorwiegend dazu entscheiden, nicht unter ein Haftungsdach aus §§ 32, 2 Abs. 10 KWG zu schlüpfen. Damit unterliegen sie dann auch wieder den Vorgaben der GewO und der FinVermV.

5.3 Haftungsszenarien aus der FinVermV

Grundsätzlich handelt es sich bei allen Pflichten aus der GewO und der FinVermV um eigene Pflichten des Gewerbetreibenden, die nicht vertraglich abdingbar, also nicht auf andere abwälzbar und übertragbar sind.
Trotz des Zwangs des Gewerbetreibenden zum Abschluss einer Berufshaftpflichtversicherung wird ein geschädigter Anleger aus prozessökonomischen Gründen eher dazu neigen, den Produktgeber/Emittenten und nicht den Gewerbetreibenden selber in Anspruch zu nehmen.
Im Dreiecksverhältnis zwischen dem Gewerbetreibenden, dem Anleger und dem Emittenten sind verschiedene Haftungsszenarien denkbar:

- Haftung aus der Rechtsbeziehung zwischen dem Anleger und dem Gewerbetreibenden
- Haftung des Emittenten aus der vertraglichen Beziehung zum Anleger

5.3.1 Haftung des Vermittlers gegenüber dem Anleger

Wie bereits ausgeführt, wird in der FinVermV nicht zwischen einem Berater und einem Vermittler differenziert. Dies lässt sich damit rechtfertigen, dass einer Vermittlung sinnvollerweise auch immer eine Beratung vorgeschaltet ist.

Haftung aus dem Dienstvertrag

Aus diesem Grunde handelt es sich bei dem Vertragsverhältnis (Beratervertrag) um einen Dienstvertrag mit Elementen der Geschäftsbesorgung (§§ 611, 675 BGB).
Vertragliche Haftungsansprüche eines Anlegers können nur dann entstehen, wenn auch vertragliche oder quasivertragliche Pflichten bei Beratung und/oder Vermittlung verletzt worden sind (Bultmann in: Hoepner/Lischke, Anlegerschutzrecht, Rn. 431). Die Rechtsprechung hat hier eine Reihe von Kriterien für einen vertraglichen Pflichtenkatalog definiert:

- Personenbezogene Vertragspflichten mit dem Ziel einer anlegergerechten Beratung

  Der Vermittler muss dazu den Wissensstand, die Risikobereitschaft und das Anlageziel des Kunden ermitteln und berücksichtigen. Zudem muss er dem Anleger alle Informationen zukommen lassen, die für diesen für die spezifische Anlage (Chancen/Risiken, Renditeaussichten) wichtig sind.

- Produktbezogene Vertragspflichten

  Der Vermittler muss sachgerecht, vollständig und wahrheitsgemäß über alle wesentlichen Kriterien des entsprechenden Produktes beraten; dies vor allem mit Hinweisen auf besondere Risiken, die Ertragschancen, markt- und kursrelevante Risiken etc.

Ein Verstoß gegen diese Verpflichtungen löst zivilrechtliche, das heißt vertragliche Haftungsansprüche aus, so dass diesbezüglich die FinVermV gar nicht erst herangezogen werden muss.
In diesem Zusammenhang ist ergänzend bemerkenswert, dass es nach den zivilrechtlichen Vorschriften zum Dienstvertrag keine vertragliche Verpflichtung zur Protokollierung bzw. Dokumentation der Anlegerberatung gibt.

Wenn der Vermittler als Vertreter handelt

Tritt der Gewerbetreibende in eigenem Namen auf, haftet er auch für vertragliche Pflichtverletzungen selber. Viele Gewerbetreibende werden jedoch als Vertreter des Emittenten auftreten. Legt ein Vermittler dies offen bzw. ist dies unter objektiven Gesichtspunkten für den Anleger ersichtlich, ist nur wenig Raum für eine Eigenhaftung des Gewerbetreibenden. Eine Eigenhaftung käme allenfalls bei einer Überschreitung seiner Vertretungsmacht oder wegen eines besonderen wirtschaftlichen Interesses des Vermittlers in Betracht.
Der Gewerbetreibende kann auch als Vertreter und/oder Erfüllungsgehilfe eines Vertriebsunternehmens auftreten, welches vom Emittenten mit der Vermittlung beauftragt wurde (mehrstufiger Vertrieb). Dabei ist dann regelmäßig die „übergeordnete" Vertriebsorganisation Vertragspartner des Beratungsvertrages mit dem Kunden und nicht der einzelne Vermittler/Gewerbetreibende. Verletzt der Gewerbetreibende seine vertraglichen Pflichten, ist dies gegenüber der „übergeordneten" Vertriebsorganisation geltend zu machen.

5.3.2 Haftung aus Deliktsrecht

Unzweifelhaft dürfte die FinVermV ein Schutzgesetz i. S. des § 823 Abs. 2 BGB darstellen. Das heißt: Verletzt der Vermittler Pflichten aus der FinVermV, haftet er auf Schadensersatz.

5.3.3 Haftung des Emittenten gegenüber dem Anleger

Wenn ein Handelsvertreter (eindeutig) für einen Emittenten auftritt und reiner „Vermittlungsagent" des Produktgebers ist und es sich etwa aus Gründen der Prozessökonomie für den Anleger empfiehlt, seine Ansprüche (auch) gegen den Emittenten zu erheben, ist dem Emittenten ein Fehlverhalten des Vermittlers gem. § 278

BGB zuzurechnen. Dies ist der gängige Stand der sog. Auge-und-Ohr-Rechtsprechung des BGH. Auch für einen freien Vermittler – vergleichbar einem Versicherungsmakler – dürften diese Grundsätze gelten, auch wenn das Vermittlungsverhältnis hier nicht auf §§ 84 ff. HGB beruht.
Verstößt der Vermittler gegen die oben genannten Vertragspflichten, ist dies dem Emittenten zuzurechnen. Er kann dann jedoch den Vermittler in Regress nehmen.

Achtung

Anders als im VVG und der VersVermV handelt es sich bei den Vorgaben der FinVermV zur Beratungsdokumentation um alleinige Pflichten des Gewerbetreibenden und nicht um solche des Emittenten. Der Dokumentation kommt jedoch im Fall von Rechtsstreitigkeiten zwischen Emittent und Kunden ganz erhebliche Beweiskraft zu.
Vertragliche Verpflichtungen zu Herausgabe des Beratungsprotokolls an den Emittenten durch den Vermittler dürften nur im Ausnahmefall existieren; eine gesetzliche Verpflichtung lässt sich nur sehr schwer konstruieren. Eine Lösung dieses Dilemmas für den Emittenten könnte wie folgt aussehen:
Er kann mit dem Vermittler vereinbaren, ihn von einem Regress freizustellen, wenn er das Beratungsprotokoll herausgibt. Dies lässt sich noch mit einer Reihe von weiteren Anreizen verknüpfen. Der Emittent kann dem Vermittler eine Qualitätsprüfung seiner Beratungsprotokolle zur Einhaltung seiner gewerberechtlichen Verpflichtungen anbieten. Er kann zudem den Vermittler von Ansprüchen aus der Prospekthaftung freistellen, sollte dann aber sicherstellen, dass der Gewerbetreibende nicht noch ergänzende Verkaufsunterlagen anfertigt und die vom Emittenten erstellten Prospekte ordnungsgemäß verwendet.
Wenn dem Vermittler eine Nachforschungs- und Plausibilitätsprüfungspflicht hinsichtlich des Produktes des Emittenten obliegt (höchst streitig, vgl. Darstellung bei Bultmann a.a.O., Rn. 470 ff.), ist es durchaus möglich, dass der Emittent dieses Risiko dem Vermittler „abnimmt".

5.4 Haftungsumfang

Zur Feststellung der Schadenshöhe ist die tatsächliche Wertentwicklung der Kapitalanlage völlig unerheblich. Es kommt bei der Ermittlung des Haftungsumfangs allein darauf an, dass der Anleger durch unrichtige oder unvollständige Beratung einen Vertrag abgeschlossen hat, den er sonst so nicht abgeschlossen hätte. Die damit implizierte ex post-Betrachtung ist der Hauptgegenstand der Tatsachenermittlung vor Gericht.
Die Schadenshöhe bemisst sich immer danach, den Anleger so zu stellen, wie er ohne die Pflichtverletzung gestanden hätte.

- Dies umfasst immer den Betrag, der für die Kapitalanlage selbst aufgewendet wurde. Im Einzelfall ist auch der Zinsausfallschaden zu ersetzen.
- Im Rahmen des Schadensersatzes kann ebenfalls die Freistellung von Verbindlichkeiten aus dem Anlagevertrag gefordert werden.

Steuerliche Vorteile des Anlegers bleiben dagegen grundsätzlich außer Betracht.

5.5 Mitverschulden des Anlegers

Die Voraussetzungen eines Mitverschuldens des Anlegers waren in der Vergangenheit äußerst umstritten. Hier wird künftig der Beratungsdokumentation eine außergewöhnlich hohe Bedeutung zukommen:
In Fällen,

- in denen ein Anleger die für eine ordnungsgemäße Beratung erforderlichen Angaben nicht gemacht hat oder falsche Angaben mitgeteilt hat und
- der Vermittler dies ordnungsgemäß dokumentiert hat,

kann (wohl) von einem Mitverschulden des Anlegers ausgegangen werden.

5.6 Verjährung der Ansprüche

Ansprüche des Anlegers verjähren im Rahmen der allgemeinen Fristen der §§ 195 ff. BGB. Die dreijährige Frist gem. § 199 BGB beginnt mit dem Ende des Kalenderjahres, in dem der Anspruch entstanden ist und der Anleger von den anspruchsbegründeten Umständen und der Person des Ersatzpflichtigen Kenntnis erlangt hat.

6 Sanktionen bei Verstößen gegen die neuen Regelungen

Verstößt der Berater/Vermittler nach Erteilung der gewerberechtlichen Erlaubnis gegen die Zulassungs- und Ausübungsbestimmungen, kann ihm die zuständige Gewerbebehörde die Ausübung dieses Gewerbes ganz oder teilweise untersagen.
Verstöße in diesem Sinne sind in mannigfacher Form denkbar. Grundsätzlich ist zu unterscheiden zwischen

- Verstößen gegen die Regeln, deren Beachtung mit der erteilten Erlaubnis verbunden ist, und
- Verstößen gegen Regeln, welche die Voraussetzungen der Erlaubniserteilung bilden.

Unter die erst genannten fallen etwa Verstöße

- gegen den inhaltlichen Umfang der Erlaubnis.

Beispiel:

Ein Berater/Vermittler vertreibt Produkte, für die seine Erlaubnis nicht ausgelegt ist, weil er nicht die Erlaubnis für alle drei Bereiche hat.

- gegen die Bestimmungen zur Einhaltung der Informations- und Dokumentationspflichten bzw. der Prüfungspflichten oder
- gegen die Grundsätze des guten Leumunds und der persönlichen Zuverlässigkeit

Unter die zweit genannten fallen z. B. die Vorlage nicht korrekter Dokumente zu den Zugangsvoraussetzungen (verkürzter Praxisnachweis, Examina, die von der Sachkundeprüfung ganz oder teilweise befreien) oder vergleichbare Täuschungen bzw. Dokumentenfälschungen.

6.1 Unzuverlässigkeit

Nach § 35 Abs. 1 GewO ist beispielsweise die Ausübung eines Gewerbes zu untersagen, wenn Tatsachen vorliegen, welche die Unzuverlässigkeit des Gewerbetreibenden in Bezug auf sein Gewerbe dartun, sofern die Untersagung zum Schutze der Allgemeinheit oder der im Betrieb Beschäftigten erforderlich ist. Unzuverlässig ist, wer sein Gewerbe nicht im Einklang mit den gesetzlichen Bestimmungen betreibt. Nach ständiger Rechtsprechung (BVerwGE 65, 1 f.) ist gewerberechtlich unzuverlässig, wer keine Gewähr dafür bietet, dass er in Zukunft sein Gewerbe ordnungsgemäß ausüben wird. Die Unzuverlässigkeit ist auf das ausgeübte Gewerbe bezogen zu beurteilen. Dabei muss der Gesamteindruck des bisher gezeigten Verhaltens gegen eine ordnungsgemäße Gewerbeausübung sprechen. Auf ein Verschulden des Gewerbetreibenden kommt es nicht an. Die maßgeblichen Tatsachen müssen dem Gewerbetreibenden lediglich objektiv-kausal zuzurechnen sein. Die Behörde (und hier ist nach aktueller Rechtslage noch nicht klar, welche Stelle das in den jeweiligen Bundesländern sein wird) leitet dann zunächst ein Verfahren zum Widerruf der Erlaubnis ein. Die Grundsätze dazu sind geregelt im Verwaltungsverfahrensgesetz (§§ 48 ff. VwVG).

Im Widerrufsverfahren werden die Umstände, die eine Rücknahme der Erlaubnis rechtfertigen können, von Amts wegen geprüft. Von Amts wegen bedeutet, dass die zuständige Stelle alle Untersuchungen und Wertungen selbst zu treffen hat und nicht auf Veranlassung von Dritten tätig wird. Es kann allerdings sein, dass eine Information (Anzeige) von dritter Seite Anlass für die Einleitung eines Widerrufsverfahrens gegeben hat. Dabei teilt sie dem Gewerbetreibenden zunächst die vorliegenden Tatsachen und die drohende Maßnahme mit. Der Betroffene erhält die Möglichkeit, sich zu äußern und entsprechende Vorkehrungen zu treffen, den drohenden Erlaubniswiderruf abzuwenden. Soweit das nicht gelingt, drohen

- der Widerruf der Erlaubnis
- der Widerruf der Erlaubnis mit anschließender Gewerbeuntersagung

Einen offiziellen Leitfaden und entsprechende Vordrucke – etwa für die Widerrufsverfügung – gibt es derzeit noch nicht, da die Zuständigkeitsfragen dazu bundesweit noch nicht abschließend geklärt sind.

Man kann sich aber für bestimmte Einzelvorgänge durchaus orientieren an den für Versicherungsvermittler bereits praktizierten Vorgaben. So etwa die folgende:

Checkliste: Widerrufsverfahren zur Versicherungsvermittlererlaubnis (§§ 34d und e GewO)

Rücknahme/Widerruf gemäß §§ 48, 49 VwVG

A. Verfahren bei Widerruf/Rücknahme – der allgemeine Verfahrensgang

1. Sammlung der Widerrufs- bzw. Rücknahmegründe
2. Formulierung der Gründe, auf die der Widerruf/Rücknahme gestützt werden soll
3. Anhörung des Betroffenen (möglichst schriftlich)
4. Formulierung des Widerrufs- bzw. Rücknahmebescheids mit Rechtsbehelfsbelehrung
5. Gebührenentscheidung
6. Zustellung des Bescheides per Einschreiben/Rückschein oder Postzustellungsurkunde

B . Ermächtigungsgrundlage für den Widerruf/Rücknahme

Mangels einer Spezialvorschrift aus dem besonderen Verwaltungsrecht (§§ 34d und e GewO) richtet sich der Widerruf bzw. die Rücknahme der Versicherungsvermittler-Erlaubnis durch die IHK nach den §§ 48, 49 VwVfG i. V. m. dem jeweiligen LandesVwVfG.

Checkliste: Widerrufsverfahren zur Versicherungsvermittlererlaubnis (§§ 34d und e GewO)

Es kommen in Betracht:

- Rücknahme (§ 48 VwVfG): Aufhebung eines rechtswidrigen Verwaltungsaktes
- Widerruf (§ 49 VwVfG): Aufhebung eines rechtmäßigen Verwaltungsaktes

1. Rücknahme der Erlaubnis

Die Erlaubnis kann bereits rechtswidrig erteilt worden sein, so dass sie bei Kenntnis der Gründe für die Rechtswidrigkeit zurückgenommen werden muss. Beispiel: Falsche Angaben im Erlaubnisverfahren über die Zuverlässigkeit, die Sachkunde oder das Bestehen einer Haftpflichtversicherung.

Die Erlaubnis wird i. d. R. für die Zukunft zurückgenommen.

Ausnahme: Wenn der Erlaubnisinhaber von der Rechtswidrigkeit Kenntnis hatte oder diese infolge grober Fahrlässigkeit nicht kannte, wird die Erlaubnis auch für die Vergangenheit zurückgenommen.

2. Widerruf nach § 49 Abs. 2 VwVfG

a) Rechtsgrund für den Widerruf

Die Aufhebung der Versicherungsvermittlererlaubnis wird in der Regel nach § 49 Abs. 2 VwVfG erfolgen (Widerruf eines ursprünglich rechtmäßigen, begünstigenden Verwaltungsaktes). Voraussetzung ist, dass einer der in § 49 Abs. 2 VwVfG genannten Widerrufsgründe vorliegt.

Bei erlaubnispflichtigen Tätigkeiten kommt regelmäßig der Widerrufsgrund nach § 49 Abs. 2 S.1 Nr. 3 VwVfG in Betracht. Danach ist ein Widerruf möglich, wenn aufgrund der Änderung der Sachlage (neue Tatsachen) die IHK berechtigt wäre, den Verwaltungsakt nicht zu erlassen und ohne den Widerruf das öffentliche Interesse gefährdet wäre. Das wiederum ist hauptsächlich dann der Fall, wenn Feststellungen getroffen worden sind, nach denen die persönliche Zuverlässigkeit nicht mehr gegeben ist.

Dies kann insbesondere dann der Fall sein, wenn der Vermittler sich strafbar gemacht hat (Finanzstraftaten, Vermögensdelikte), ein Insolvenzverfahren eröffnet wurde oder der vorgeschriebene Versicherungsschutz weggefallen ist.

Es muss in jedem Einzelfall geprüft werden, ob die Änderung der Tatsachen, die für die Erlaubniserteilung erforderlich sind, so gravierend sind, dass sie einen Widerruf der Erlaubnis rechtfertigen (Gefährdung des öffentlichen Interesses). Im Fall von Steuerschulden kommt es beispielsweise sehr auf deren Höhe an (VG München, Urteil v. 07.01.2009, Az.: M 16 K 08.2024). Im Falle der Insolvenz und des Wegfalls der Versicherung ist das allerdings ausnahmslos gegeben.

Liegen die Voraussetzungen im Sinne des § 49 Abs.2 VwVfG vor, so kann dem Vermittler die Erlaubnis ganz oder teilweise mit Wirkung für die Zukunft zurückgenommen werden. Es besteht also Ermessen hinsichtlich des „ob" und des Umfanges des Widerrufs.

Checkliste: Widerrufsverfahren zur Versicherungsvermittlererlaubnis (§§ 34d und e GewO)

b) **Frist zur Aufhebung der Erlaubnis:**
Rücknahme und Widerruf können nur innerhalb eines Jahres seit Kenntnis der die Aufhebung rechtfertigenden Tatsachen erfolgen. Die Jahresfrist beginnt erst mit der sog. Entscheidungsreife zu laufen, d. h., wenn der IHK die Tatsachen bekannt sind, die den Widerruf begründen. Die IHK muss die maßgeblichen tatsächlichen Umstände positiv kennen. Bei Unkenntnis, selbst wenn diese schon fast grob fahrlässig sein sollte, wird die Frist nicht in Gang gesetzt.

c) **Form des Widerrufsbescheides**
Der Widerruf erfolgt stets schriftlich und muss mit einer Rechtsbehelfsbelehrung versehen werden. Die IHK ordnet auch stets die sofortige Vollziehung an, was bedeutet, dass mit dem Widerruf sofort das Tätigkeitsverbot einsetzt. Der Betroffene kann gegen den Bescheid klagen und mit der Klage den Antrag verbinden, dass die sofortige Vollziehung aufgehoben wird.

Der Widerruf einer Erlaubnis und die Aufgabe der erlaubnispflichtigen Gewerbetätigkeit können mit Verwaltungszwang durchgesetzt werden. Der Widerruf einer Erlaubnis wird nach Vollziehbarkeit dem Gewerbezentralregister zur Eintragung gemeldet. Wer vorsätzlich oder fahrlässig eine erlaubnispflichtige Gewerbetätigkeit ausübt, ohne im Besitz der dafür erforderlichen Erlaubnis zu sein, handelt nach § 144 GewO ordnungswidrig. Dies kann u. a. mit Geldbußen bis zu 5.000 Euro geahndet werden. Ein Widerruf erfolgt stets nur mit Wirkung für die Zukunft, nicht für zurückliegende Zeiträume.
Die Erlaubnis erlischt durch Rücknahme oder Widerruf gemäß §§ 48, 49 VwVfG. Da es sich hier um einen sog. begünstigenden Verwaltungsakt handelt, müssen die Grundsätze über die Rücknahme des begünstigenden Verwaltungsaktes beachtet werden. Vor der Entscheidung über Rücknahme bzw. Widerruf ist der Betroffene anzuhören. Es kann die für den Sitz seines Geschäfts bzw. der Hauptniederlassung zuständige IHK gehört werden. Soweit die Stelle/Behörde, die die Erlaubnis erteilt hat und die für die Rücknahme bzw. den Widerruft zuständige Stelle/Behörde nicht identisch sind, ist auch die erlaubniserteilende Stelle/Behörde zu hören.
Vollziehbare und unanfechtbare Entscheidungen, durch die eine Erlaubnis wegen Unzuverlässigkeit versagt bzw. entzogen wurde, sind dem Gewerbezentralregister mitzuteilen. In Fällen einer GmbH oder AG erfasst die Mitteilung nicht nur die Gesellschaft, sondern auch der Personen des vertretungsberechtigten Organs.
Nach § 52 VwVfG kann die zuständige Stelle/Behörde auch das Original der Erlaubnisurkunde zur Rückgabe vom nicht mehr Ausübungsberechtigten anfordern.
Schließlich ist zu erwähnen, dass auch völlig unbefangene Gründe zum Erlöschen der Erlaubnis führen können. So sind etwa die Liquidation oder der Verzicht Um-

stände, die einen Widerruf erforderlich machen. In der Anzeige eines Gewerbetreibenden nach § 14 Abs. 1 S 2 Nr. 3 GewO liegt nicht notwendigerweise der Verzicht auf die Erlaubnis.

6.2 Ordnungswidrigkeiten

§ 26 FinVermV regelt in ähnlicher Weise wie § 18 MaBV a. F. die Tatbestände der Ordnungswidrigkeiten. Es handelt sich um die im Gewerberecht üblichen Bußgeldtatbestände zur Sanktionierung der in der Verordnung angelegten Pflichten und Gebote.

6.2.1 Sanktionsrahmen

Der Sanktionsrahmen als solcher ist in der FinVermV nicht geregelt:
Für das gesamte formelle Ordnungswidrigkeitsrecht und die allgemeinen Grundsätze gelten die Bestimmungen des OWiG.
Für das materielle Recht gilt die GewO selbst, hier insbesondere auch § 145 Abs. 4 GewO. Dort ist der Bußgeldrahmen wie folgt beschrieben:

„Die Ordnungswidrigkeit kann in den Fällen des Absatzes 1 Nr. 1 Buchstabe a und Nr. 3 Buchstabe a mit einer Geldbuße bis zu fünfzigtausend Euro, in den Fällen des Absatzes 1 Nr. 1 Buchstabe b, Nr. 2, 2a, 3 Buchstabe b, Nr. 4 und des Absatzes 2 Nr. 9 mit einer Geldbuße bis zu fünftausend Euro, in den Fällen des Absatzes 2 Nr. 1 bis 8 mit einer Geldbuße bis zu zweitausendfünfhundert Euro, in den Fällen des Absatzes 3 mit einer Geldbuße bis zu eintausend Euro geahndet werden."

6.2.2 Ordnungswidrigkeitstatbestände

In insgesamt 17 Ziffern des § 26 Abs. 1 FinVermV werden die denkbaren Verstöße eines Vermittlers/Beraters gegen die Haupt- und Nebenpflichten der Berufsausübung nach §§ 12 bis 25 FinVermV aufgeführt und strafbewehrt.
Die Bestimmungen unterscheiden sich insoweit konsequenterweise erheblich von den entsprechenden Bestimmungen der alten MaBV. Identisch ist nur die jeweilige Regelung zum Reisegewerbe in § 18 Abs. 2 MaBV und § 26 Abs. 2 FinVermV.

6.2.3 Besondere Einzeltatbestände

Entscheidendes Gewicht liegt jeweils auf den unbestimmten Rechtsbegriffen „Vollständigkeit" und der „Rechtzeitigkeit".
Die Durchführung der Pflichtmaßnahmen und die Vorlage von Unterlagen müssen jeweils strikt im Rahmen der jeweils gesetzten Höchstfristen stattfinden. Ein besonders wichtiger Fall ist hier die Vorlage des jährlichen Prüfungsberichtes. Die Negativ-

erklärung ist ebenfalls verpflichtend, wenn auch nicht ausdrücklich erwähnt. Sie fällt unter „eine Erklärung" nach § 26 Abs. 1 Nr. 14 FinVermV (in § 18 Abs. 1 Nr. 12 MaBV alt hieß es: „eine dort genannte Erklärung").

Die Grundsätze für das Handeln eines Organs sind § 9 Abs. 1 OWiG zu entnehmen. Hier ist eine Entscheidung des OLG Düsseldorf (Beschluss v. 19.06.1995, DB 1995, 2261) richtungsweisend: Eine Delegation und eine damit verbundene Exkulpation sind grundsätzlich möglich und zulässig. Nur in diesem Rahmen kann ein Verstoß in Betracht kommen und geahndet werden.

Im Übrigen gilt der Grundsatz des § 145 Abs. 2 Nr. 9 GewO, nach dem die vorsätzliche oder fahrlässige Begehung von Ordnungswidrigkeiten möglich ist. Angesichts des Pflichtenumfangs nach der FinVermV ist das Gewicht des Fahrlässigkeitstatbestandes nicht zu unterschätzen. Welche Bedeutung das in der Praxis gewinnen kann, bleibt abzuwarten. Es gilt jedenfalls der Fahrlässigkeitsbegriff des § 10 OWiG. Auch das unbewusste Verhalten fällt darunter, wenn die Vermeidungsmöglichkeiten bekannt waren oder hätten gekannt werden müssen. Ebenfalls gelten die Irrtumsgrundsätze des § 11 OWiG und dabei insbesondere der Grundsatz der sog. Parallelwertung in der Laiensphäre: Auch wer eine Verbotsnorm nicht rechtlich vollständig kennt, kann schuldhaft handeln, wenn ihm nach seinem allgemeinen Kenntnisstand das Grundverständnis und die Zielsetzung des Normbefehls bewusst waren, ohne dass er den Wortlaut der Norm selbst genau kannte.

7 Der Zeitplan

Das neue Finanzanlagenvermittlungsrecht wird stufenweise eingeführt. Es gibt zahlreiche Übergangsregelungen, die es hier zu beachten gilt. Die folgende Übersicht zeigt die Termine, die für die Praxis maßgeblich sind:

Terminplan: Einführung der neuen Regelungen	
01.11.2012	Ab diesem Datum kann die IHK-Prüfung zum „Finanzanlagenfachmann (IHK)" bzw. zur „Finanzanlagenfachfrau (IHK)" abgelegt werden.
01.01.2013	Die Regelungen treten in Kraft: • Für Berufseinsteiger gelten alle Anforderungen des § 34f GewO und der FinVermV sofort. • Für „Fortführer" i. S. des § 34c GewO gelten die Verhaltens- und Dokumentations- sowie Prüfungspflichten für ihre Beratungs- und Vermittlungstätigkeit unabhängig von einer evt. noch fehlenden neuen Erlaubnisbescheinigung
01.01. bis 30.06.2013	Haben Vermittler bereits eine Erlaubnis nach § 34c GewO, läuft in dieser Zeit die „Umtauschfrist". Wer als § 34c GewO-Erlaubnisinhaber in dieser Frist eine Erlaubnis nach § 34f GewO beantragt, muss seine Zuverlässigkeit und seine geordneten Vermögensverhältnisse nicht erneut nachweisen. Diese Alte-Hasen-Regelung gilt jedoch nur für solche Erlaubnisinhaber, die seit 2006 ununterbrochen tätig waren und die Berichtspflichten korrekt erfüllt haben.
31.12.2014	Bis zu diesem Datum müssen alle Finanzanlagevermittler ihre Sachkunde nachweisen.
01.01.2015	Alle Übergangsregelungen enden. Wer bis dahin keine Erlaubnis oder nur eine Erlaubnis nach § 34c GewO hat, darf nicht (mehr) als Finanzanlagenvermittler tätig sein.

8 Arbeitshilfen

8.1 Visiten-/Klappkarte für Finanzanlagenvermittler

Das nachfolgende Muster gilt für Finanzanlagenvermittler, die **nur** über eine Erlaubnis gem. § 34f Abs. 1 Satz 1 Nr. 1 GewO verfügen.

Vorderseite:

Helferlein Finanzanlagen

Franz Helferlein
Finanzanlagenvermittler

ABC-Straße 100
12345 Musterstadt

Tel.: +49 1234 9876543
Fax: +49 1234 9876542
E-Mail: F.Helferlein@Helferlein.de

Rückseite:

Finanzanlagenvermittler gem. § 34f Abs. 1 Satz 1 Nr. 1 GewO

Eingetragen unter der Registernummer ... in das Vermittlerregister in ...
(Anschrift, Telefonnummer, Registerbehörde)

Erlaubnisbehörde: .... *(Anschrift der Behörde)*

Tätig für die Emittenten und Anbieter:
- ABCDE Bank
- DEF Kapitalanlagegesellschaft

8.2 Informationsblatt für Kunden

Das folgende Informationsblatt lässt sich entweder als Schreiben an Interessenten oder mit einer personalisierten Anrede inhaltsgleich für ein Terminbestätigungsschreiben verwenden.

Helferlein Finanzanlagen

Franz Helferlein
Finanzanlagenvermittler
ABC-Straße 100
12345 Musterstadt
Tel.: +49 234876543
Fax: +49 1234 9876542
E-Mail: F.Helferlein@Helferlein.de

Musterstadt, den __.__.____

Sehr geehrte Interessentin, sehr geehrter Interessent,

ich bin gesetzlich verpflichtet, Ihnen die nachfolgenden Informationen über meine Tätigkeit als Finanzanlagenvermittler zu mitzuteilen.

Umfang meiner Gewerbeerlaubnis

Ich besitze die Gewerbeerlaubnis für die Finanzanlagenvermittlung nach § 34f Abs. 1 Satz 1 Nr. 1 GewO. Auf Grund dessen bin ich befugt, Ihnen Anteilsscheine einer Kapitalanlagegesellschaft oder Investmentaktiengesellschaft oder von ausländischen Investmentanteilen, die im Geltungsbereich des Investmentgesetzes öffentlich vertrieben werden dürfen, zu empfehlen und zu vermitteln.

Zuständige Behörde und Überprüfungsmöglichkeit

Ich bin unter der Registernummer ... in das Vermittlerregister ... *(Bezeichnung, Anschrift, Telefonnummer, Internetadresse der Registerbehörde)* eingetragen. Sie haben die Möglichkeit, diese Angaben dort durch Nachfrage unter Angabe meines Namens und/oder der Registernummer zu überprüfen.

Emittenten und Anbieter

Ich vertreibe Produkte der nachfolgend aufgeführten Emittenten und Anbieter:

ABCDE Bank und DEF Kapitalanlagegesellschaft

(Angaben zu Anschriften und Telefonnummern sind nicht gesetzlich vorgeschrieben.)

... *(Es folgt der eigentliche Text des Anschreibens.)*

Mit freundlichen Grüßen

Franz Helferlein

8.3 Informationsblatt für Kunden von Versicherungs- und Finanzanlagenvermittlern

Ein Informationsblatt für einen Versicherungs- **und** Finanzanlagenvermittler gem. §§ 34d Abs. 4 und 34f Abs. 1 Satz 1 Nr. 1 GewO könnte wie folgt aussehen:

Helferlein Finanzanlagen

Franz Helferlein
Finanzanlagenvermittler
ABC-Straße 100
12345 Musterstadt
Tel.: +49 234876543
Fax: +49 1234 9876542
E-Mail: F.Helferlein@Helferlein.de

Musterstadt, den __.__.____

Sehr geehrte Interessentin, sehr geehrter Interessent,

ich bin gesetzlich verpflichtet, Ihnen die nachfolgenden Informationen über meine Tätigkeit als Finanzanlagen- und Versicherungsvermittler mitzuteilen.

Die Vermittlung von Versicherungen und die Vermittlung von Finanzanlagen sind gesetzlich jeweils gesondert und zudem unterschiedlich geregelt. Mit diesem Informationsblatt möchte ich Sie pflichtgemäß über die rechtlichen Rahmenbedingungen dieser beiden Tätigkeiten informieren.

Umfang meiner Gewerbeerlaubnis zur Vermittlung von Finanzanlagen

Ich besitze die Gewerbeerlaubnis für die Finanzanlagenvermittlung nach § 34f Abs. 1 Satz 1 Nr. 1 GewO. Auf Grund dessen bin ich befugt, Ihnen Anteilsscheine einer Kapitalanlagegesellschaft oder Investmentaktiengesellschaft oder von ausländischen Investmentanteilen, die im Geltungsbereich des Investmentgesetzes öffentlich vertrieben werden dürfen, zu empfehlen und zu vermitteln.

Zuständige Behörde und Überprüfungsmöglichkeit

Ich bin unter der Registernummer ... in das Vermittlerregister *(Bezeichnung, Anschrift, Telefonnummer, Internetadresse der Registerbehörde)* eingetragen. Sie haben die Möglichkeit, diese Angaben dort durch Nachfrage unter Angabe meines Namens und/oder der Registernummer zu überprüfen.

Emittenten und Anbieter

Ich vertreibe Produkte der nachfolgend aufgeführten Emittenten und Anbieter:

ABCDE Bank und DEF Kapitalanlagegesellschaft *(Angaben zu Anschriften und Telefonnummern sind nicht gesetzlich vorgeschrieben.)*

Helferlein Finanzanlagen

Umfang meiner Gewerbeerlaubnis zur Vermittlung von Versicherungen

Ich besitze außerdem die Gewerbeerlaubnis gem. § 34d Absatz 4 GewO als so genannter Ausschließlichkeitsvertreter der XYZ123 Versicherung. Das bedeutet, dass ich als Versicherungsvermittler ausschließlich die XYZ123 Versicherung vertrete und deren Versicherungsprodukte vermittle.

Zuständige Behörde und Überprüfungsmöglichkeit

Ich bin unter der Registernummer ... in das Vermittlerregister *(Bezeichnung, Anschrift, Telefonnummer, Internetadresse der Registerbehörde)* eingetragen. Sie haben die Möglichkeit, diese Angaben dort durch Nachfrage unter Angabe meines Namens und/oder der Registernummer zu überprüfen.

Ombudsleute/Hinweis

Einerseits zur Vermeidung von teuren Rechtsstreitigkeiten und andererseits zur Überprüfung möglicher Fehler, stehen Ihnen die Ombudsleute des Versicherungswesens mit Rat und Tat zu Seite. Diese Ombudsleute erreichen Sie unter den folgenden Adressen:

Versicherungsombudsmann e.V.
Postfach 080 632
10006 Berlin
Tel.: 0800 369 6000
Fax: 0800 369 9000
www.versicherungsombudsmann.de

Ombudsmann für die private Kranken- und Pflegeversicherung
Postfach 060 222
10057 Berlin
Tel.: 01802 55 04 44
Fax: 030 20 45 89 31
www.pkv-ombudsmann.de

Die Anrufung des Ombudsmannes ist für Sie mit keinen Kosten verbunden.

Mit freundlichen Grüßen

Franz Helferlein

8.4 Fragenkatalog zur Ermittlung von Kundeninfos

Fragenkatalog zum Kundenverständnis

1. **Wie hoch ist Ihr Anlagevermögen?**

   Spar- und Anlagevermögen (z. B. Barmittel, Anleihen, Aktien und sonstige Anlagen)
   - unter 25.000 EUR ☐
   - von 25.000 bis 125.000 EUR ☐
   - von 125.000 bis 250.000 EUR ☐
   - mehr als 250.000 EUR ☐

   Immobilienbesitz (z. B. Häuser, Wohnungen, Grundstücke)
   - unter 150.000 EUR ☐
   - von 150.000 bis 300.000 EUR ☐
   - von 300.000 bis 500.000 EUR ☐
   - mehr als 500.000 EUR ☐

2. **Wie hoch ist Ihr monatliches Nettoeinkommen (z. B. Gehalt, Dividenden, Mieteinkünfte, Zinsen)?**
   - unter 1.250 EUR ☐
   - von 1.250 bis 2.500 EUR ☐
   - von 2.500 bis 5.000 EUR ☐
   - mehr als 5.000 EUR ☐

3. **Wie viel können Sie monatlich unter Berücksichtigung Ihrer Ausgaben sparen?**
   - unter 250 EUR ☐
   - von 250 bis 500 EUR ☐
   - von 500 bis 1.000 EUR ☐
   - mehr als 1.000 EUR ☐

4. **Anlagehorizont: Wie lange können Sie (mindestens 75 %) Ihr(es) Portfolio(s) fest anlegen?**
   - nicht länger als 3 Jahre ☐
   - 3 bis 5 Jahre ☐
   - 5 bis 10 Jahre ☐
   - mehr als 10 Jahre ☐

Fragenkatalog zum Kundenverständnis

5. Was ist Ihre wichtigste Zielsetzung für die kommenden 5 Jahre?

Ich möchte 75 % oder mehr meines Geldes dazu nutzen, eine Wohnung zu kaufen bzw. zu renovieren oder einen neuen Wagen kaufen.	☐
Ich möchte ein zusätzliches Einkommen aus meinem Kapital erzielen. Das Kapital selbst möchte ich nicht anrühren.	☐
Ich will einerseits ein ergänzendes Einkommen aus meinem Kapital erzielen, andererseits soll mein Kapital weiter wachsen.	☐
Ich möchte den Ertrag meines Portfolios reinvestieren. Ich setze voll und ganz auf ein weiteres Wachstum meines Kapitals.	☐

6. Welche Anforderungen stellen Sie in der Regel an Ihre Anlagen?

	Nein	Ja
Mein Kapital muss zu jedem Augenblick geschützt bleiben. Ich möchte vorab wissen, was mir meine Anlage einbringt. (Bei „Ja" gleich zur Frage 9)	☐	☐
Ich bevorzuge Anlagen mit Kapitalschutz. Den Ertrag meiner Anlagen muss ich nicht im Voraus kennen. (Bei „Ja" gleich zur Frage 9)	☐	☐
Ich achte zunächst auf die mit meiner Anlage erzielbare Rendite; Kapitalschutz finde ich weniger wichtig. Ich bin also bereit, ein gewisses Risiko einzugehen.	☐	☐
Ich setze immer auf eine hohe Rendite. Ich akzeptiere, dass der Wert meiner Anlagen sich schnell ändern kann und dass ich, sicherlich kurzfristig, unter Umständen erhebliche Verluste hinzunehmen habe.	☐	☐

7. Mit welcher Rendite sind Sie zufrieden? Bedenke: Das Risiko steigt mit der Renditeerwartung!

Ich möchte eine durchschnittliche Rendite von 4 %. Ich akzeptiere, dass der Wert meines Portfolios jährlich um rund 6 % abnehmen kann.	☐
Ich möchte eine durchschnittliche Rendite von 6 %. Ich akzeptiere, dass der Wert meines Portfolios jährlich um rund 9 % abnehmen kann.	☐
Ich möchte eine durchschnittliche Rendite von 8 %. Ich akzeptiere, dass der Wert meines Portfolios jährlich um rund 12 % abnehmen kann.	☐
Ich möchte eine durchschnittliche Rendite von mindestens 10 %. Ich akzeptiere, dass der Wert meines Portfolios jährlich um rund 15 % abnehmen kann.	☐

Fragenkatalog zum Kundenverständnis

8. Wie reagieren Sie, wenn der Wert Ihres Portfolios um über … abnimmt?

	6 %	9 %	12 %	15 %
Das raubt mir den Schlaf. Ich verkaufe risikoreiche Anlagen sofort und wähle künftiger sicherere Anlageformen (z. B. Euro-Anleihen).	☐	☐	☐	☐
Ich verkaufe meine risikoreiche Anlage nicht unmittelbar. Ich verfolge die Entwicklung aus nächster Nähe. Sollte sich die Situation weiter verschlechtern, kann ich immer noch eingreifen.	☐	☐	☐	☐
Ich halte meine risikoreichen Anlagen im Portfolio in der Hoffnung, dass ich meine Verluste im Laufe der Zeit wieder wettmachen kann.	☐	☐	☐	☐
Einen Wertverlust meiner Anlagen erachte ich als eine gute Gelegenheit. Diese Gelegenheit nutze ich dazu, um weitere Papiere hinzuzukaufen.	☐	☐	☐	☐

9. Welche der nachfolgenden Anlageinstrumente sind Ihnen bekannt? In welche Investments haben Sie bereits angelegt?

	bekannt	aktive Anlage
Anleihen (Eurobonds, Staatsanleihen, Kassenobligationen, ...)	☐	☐
Investmentfonds ohne Kapitalschutz (Aktienfonds, Anleihenfonds, Strategiefonds, ...)	☐	☐
Investmentfonds mit Kapitalschutz (Fixfonds) oder Structured Notes	☐	☐
Aktien	☐	☐
Rohstoffe oder Edelmetalle (Gold, ...)	☐	☐
Optionen, Futures oder andere komplexe Anlageinstrumente	☐	☐

Wie häufig treffen Sie Anlageentscheidungen? ______

10. Wie informieren Sie sich über das finanziell-ökonomische Geschehen in der Welt?

Dafür interessiere ich mich nicht oder nur wenig. Ich selbst suche nicht nach Informationen.	☐
Ich lese regelmäßig den Wirtschafts- und Finanzteil meiner Zeitung.	☐
Ich lese regelmäßig die Finanzpresse. Darüber hinaus suche ich im Internet nach weiteren Informationen oder ich besuche regelmäßig Informationsvorstellungen zu dem Thema „Investieren".	☐
Ich beobachte die Finanzmärkte aus beruflichen Gründen. Ich bin bei einem Finanzinstitut, einer Börsengesellschaft oder der Finanzabteilung einer Firma beschäftigt.	☐

8.5 Ermittlung der Risikobereitschaft von Anlegern

Bei der Ermittlung der Risikobereitschaft von Anlegern helfen die folgenden Checklisten zur Typisierung von Anlegern. Je mehr Kriterien jeweils in den folgenden Checklisten angekreuzt werden können, desto höher die Tendenz zum jeweiligen Typ.

Der furchtsame Anleger

Checkliste
Furchtsame Anleger ...
• scheuen und meiden Gefahren
• wissen zwar um die Chancen spekulativerer Anlagerformen, möchten sie aber aus rein subjektiven Motiven heraus nicht wahrnehmen
• würden schon bei kleineren Kursschwankungen hektisch handeln
• streben deshalb verlässliche und planbare Renditen an
• möchten Risiken (nahezu) ausschließen
• wünschen sich regelmäßige und sichere Erträge/Zahlungen

Im kurzfristigen Anlagebereich können solchen Anlegern fast nur Tages- oder Festgelder empfohlen werden mit der Konditionsbindung an die Befristung; im längerfristigen Bereich bieten sich praktisch nur Sparbriefe oder Banksparpläne an.

Der vorsichtige und sicherheitsorientierte Anleger

Checkliste
Vorsichtige und sicherheitsorientierte Anleger ...
• möchten nur wenige Risiken eingehen
• lassen sich von kleineren Wertschwankungen noch nicht aus der Ruhe bringen, solange sie für sie jederzeit kontrollier- und überschaubar bleiben
• wollen größere Kursausschläge, wie sie bei Aktien und Aktienfonds häufig vorkommen können, in jedem Fall vermeiden
• haben eine Chancenorientierung, die sich leicht über derjenigen der jeweils aktuellen Bankzinsen für den entsprechenden zeitlichen Anlagehorizont bewegt

Im kurzfristigen Anlagebereich lassen sich für diesen Anlegertyp wohl auch nur Tages- und Festgeldanlagen empfehlen; im längerfristigen Bereich kommen Rentenfondsanlagen in Betracht – um Währungsschwankungen auszuschließen jedoch nur im Euro-Bereich.

Der ruhige, bedächtige Anleger

Checkliste
Ruhige und bedächtige Anleger ...
• sind sich darüber bewusst, dass man für höhere Erträge auch größere Risiken eingehen muss
• verfügen durchaus über eine gewisse Risikoaversion, möchten also keinesfalls alles oder „allzu viel" riskieren
• akzeptieren Kurs- oder Währungsschwankungen, solange sie in kontrollierbarem Rahmen gehalten werden können
• haben eine Chancenorientierung, die in ihnen Wunsch weckt, Renditen zu erzielen, die deutlich über denen der vergleichbaren Bankzinsen liegen

Im mittel- und langfristigen Bereich lassen sich für solche Anleger dann beispielsweise nur Dach,- Misch- oder Rentenfonds empfehlen.

Der chancenorientierte Anleger

Checkliste
Chancenorientierte Anleger ...
• gehen von einem Anlagehorizont aus
• akzeptieren und wissen um Wert- und Kursschwankungen im mittleren und langfristigen Produktsegment, kalkulieren mit Verlusten im Rahmen der Perspektive
• überprüfen ihre Entscheidungen in regelmäßigen Abständen – mindestens quartalsweise; hinterfragen die Aussichten und greifen nötigenfalls korrigierend ein
• verfügen über Erfahrungen im Umgang mit Wertpapieren und/oder handelbaren Produkten
• halten die Chancen auch bei vagen Prognosen immer für das Wichtigste
• erwarten eine überdurchschnittliche Rendite und sind stets mittel- bis langfristig orientiert

Hier empfehlen sich in Abhängigkeit von den fachlichen Kenntnissen des jeweiligen Anlegers alle spekulativeren Fondsanlagen im Aktien-, Waren- oder auch Währungsfondssegment.

Der risikobewusste, mutige Anleger

Checkliste
Risikobewusste, mutige Anleger ...
• wollen einen maximalen Kurs- oder Spekulationsgewinn bezogen auf das eingesetzte Kapital erzielen
• wissen um die spekulativen Elemente von Geldanlagen und akzeptieren notfalls sogar einen Totalverlust
• definieren keinen Anlagehorizont, solange die Renditen stimmen
• verfügen über ausgeprägte Erfahrungen im Anlagebereich, zumindest aber in Einzelsegmenten, sowie ein hohes Fachwissen

Anhand einer solchen Typisierung lassen sich auch noch eine Vielzahl weiterer Kriterien ermitteln, welche die Risikobereitschaft des Anlegers für den Gewerbetreibenden deutlicher erkennbar machen lassen.

8.6 Beratungsprotokoll

Protokoll nach der Finanzanlagenvermittlungsverordnung	**Kundennummer**

Anlass der Beratung

- ☐ Basisdokumentation
- ☐ Anlageberatung

Persönliche Angaben der/des Kunden

Name(n) / Vorname(n)

- ☐ Kontoinhaber
- ☐ Bevollmächtigter
- ☐ Gesetzliche(r) Vertreter

Protokoll nach der Finanzanlagenvermittlungsverordnung

Kundennummer

1. Anlass der Anlageberatung

Die Beratung erfolgt auf Initiative ☐ des Kunden ☐ des Vermittlers

- ☐ Neuanlage
- ☐ Wiederanlage
- ☐ Überprüfung von Positionen
- ☐ Sonstiges ______

2. Generelle Kundenangaben

Hinweis an den Kunden: Wir benötigen gemäß § 16 Finanzanlagenvermittlungsverordnung Angaben über Ihre Kenntnisse und Erfahrungen sowie über die von Ihnen mit diesen Geschäften verfolgten Ziele und Ihre finanziellen Verhältnisse.
Die Angaben sind freiwillig, dienen aber einer sachlichen Aufklärung bzw. Beratung und liegen daher in Ihrem Interesse. Eventuelle Änderungen sollten Sie uns daher zeitnah mitteilen.

2.1 Anlageziele der/des Anleger(s)

- ☐ Liquidität bilden
- ☐ Zielsparen
- ☐ Familie absichern
- ☐ Vermögensaufbau
- ☐ Liquidität sichern
- ☐ Ausbildung finanzieren
- ☐ Altersvorsorge
- ☐ Spekulation

☐ Sonstige Ziele ______

2.2 Finanzielle Verhältnisse der/des Anleger(s)

a) Monatliches regelmäßiges Einkommen (netto) ______ €

Grundlage und Höhe des Einkommens: ______ €

aus nicht selbstständiger Tätigkeit ______ €

aus selbstständiger Tätigkeit ______ €

Sonstiges regelmäßiges Einkommen ______ €

______

abzüglich monatliche finanzielle Verpflichtungen – ______ €

Gesamt (= verfügbares Einkommen) ______ €

Protokoll nach der Finanzanlagenvermittlungsverordnung	Kundennummer

b) Vermögenswerte

Bankguthaben		€
Wertpapiere		€
selbst genutzte Immobilien		€
fremd genutzte Immobilien		€
Sonstiges		€

abzüglich Verbindlichkeiten – ☐ €

2.3 Risikobereitschaft der/des Anleger(s)

☐	Konservativ	Substanzerhaltung, hohe Sicherheit und Liquiditätsbedürfnisse mit nur geringer Renditeerwartung, Stabilität und kontinuierliche Entwicklung der Anlage gewünscht; Toleranz gegenüber geringen Kursschwankungen.
☐	Risikoscheu	Sicherheitsbedürfnisse überwiegend Liquiditätsbedarf und Renditeerwartungen, höhere Rendite als bei konservativer Risikobereitschaft gewünscht; Toleranz gegenüber geringen und mäßigen Kursschwankungen.
☐	Risikobereit	Sicherheit und Liquidität werden höherer Renditeerwartung untergeordnet; langfristig rendite- / kursgewinnorientiert; Toleranz gegenüber mäßigen bis teilweise starken Kursschwankungen und gegebenenfalls Kapitalverlusten.
☐	Spekulativ	Streben nach kurzfristigen hohen Renditechancen überwiegt Sicherheits- und Liquiditätsaspekte. Inkaufnahme von erheblichen Kursschwankungen und Kapitalverlusten.
☐	Hoch spekulativ	Nutzung höchster Renditechancen bei hohem Risiko unter Inkaufnahme von Totalverlusten.

Protokoll nach der Finanzanlagenvermittlungsverordnung	**Kundennummer**

Freitextfeld

2.4 Kenntnisse / Erfahrungen der / des Anleger(s) in der Durchführung von Anlagegeschäften

2.4.1 Art, Umfang, Häufigkeit und Zeitraum der zurückliegenden Geschäfte

Anlageformen	**Wie oft?**		**Erfahrungen seit?**		**Ungefährer Umsatz p. a. in EUR**	
	einmalig	**wiederholt**	**≤ 6 Mon.**	**< 6 Mon.**	**< 5.000**	**< 5.000**
Schuldverschreibungen						
Aktien						
Optionsscheine						
Zertifikate						
Genussscheine						
Termingeschäfte*						
Sonstiges**						

* (Eurex, ausländische Terminbörsen, außerbörsliche Devisengeschäfte)

** (z. B. Finanzinnovationen,geschlossene Fonds)

	Ja	**Nein**
Hat der Kontoinhaber Erfahrungen mit Fremdwährungsanlagen?		

Protokoll nach der Finanzanlagenvermittlungsverordnung	**Kundennummer**

2.4.2 Ausbildung sowie gegenwärtige/relevante frühere berufliche Tätigkeiten der/des Kontoinhabers

Hinweis: Im Fall der Vertretung werden die Kenntnisse/Erfahrungen des bevollmächtigten gesetzlichen Vertreters zugrundegelegt.

2.5 Bemerkungen

Protokoll nach der Finanzanlagenvermittlungsverordnung	**Kundennummer**

3. Wesentliche Anliegen der/des Kontoinhabers und ihre Gewichtung in Bezug auf diese Anlageberatung

	Anlagenhorizont in Jahren: < 1	1 bis 5	5 bis 10	> 10	Einmalanlage	Ansparen	Sonstiges (z. B. Verfügbarkeit, Ausschüttung, steuerliche Aspekte, staatliche Förderung)
☐ Liquidität bilden							
☐ Liquidität sichern							
☐ Zielsparen							
☐ Ausbildung sichern							
☐ Familie absichern							
☐ Altersvorsorge							
☐ Altersvorsorge							
☐ Vermögensaufbau							
☐ Spekulation							
☐ Sonstiges Ziel							

☐ Weitere wesentliche Anliegen/Keines der unter Punkt 2.1 genannten Anlageziele/
Einmalige Abweichung von der unter Punkt 2.3 genannten Risikobereitschaft.

Weitere Angaben des Kunden

Datum __ __ ____

______________________ Unterschrift des Vermittlers – verpflichtend

______________________ Unterschrift des Anlegers – freiwillig

Protokoll nach der Finanzanlagenvermittlungsverordnung	Kundennummer

4. Empfehlung/Informationen über Kapitalanlagen und wesentliche Gründe für die Empfehlung

	Produkt 1	Produkt 2	Produkt 3
Bezeichnung des Produkts			
	☐ Kaufen ☐ vom Erwerb wird abgeraten ☐ Ermittlung nicht möglich	☐ Kaufen ☐ vom Erwerb wird abgeraten ☐ Ermittlung nicht möglich	☐ Kaufen ☐ vom Erwerb wird abgeraten ☐ Ermittlung nicht möglich
Information über das Produkt	☐ Anhand der zur Verfügung gestellten Produktinformationen wurde das Produkt erläutert	☐ Anhand der zur Verfügung gestellten Produktinformationen wurde das Produkt erläutert	☐ Anhand der zur Verfügung gestellten Produktinformationen wurde das Produkt erläutert
	☐ Gegebenenfalls ergänzende Angaben (z. B. bei Nachfragen des Kunden):	☐ Gegebenenfalls ergänzende Angaben (z. B. bei Nachfragen des Kunden):	☐ Gegebenenfalls ergänzende Angaben (z. B. bei Nachfragen des Kunden):
	☐ Erläuterung der wesentlichen Eigenschaften, Chancen und Risiken des Produkts (Kaufen/Zeichnen):	☐ Erläuterung der wesentlichen Eigenschaften, Chancen und Risiken des Produkts (Kaufen/Zeichnen):	☐ Erläuterung der wesentlichen Eigenschaften, Chancen und Risiken des Produkts (Kaufen/Zeichnen):
	☐ Erläuterung der wesentlichen Gründe für Verkaufen – bzw. Halteempfehlung:	☐ Erläuterung der wesentlichen Gründe für Verkaufen – bzw. Halteempfehlung:	☐ Erläuterung der wesentlichen Gründe für Verkaufen – bzw. Halteempfehlung:

Protokoll nach der Finanzanlagenvermittlungsverordnung	**Kundennummer**		
	Produkt 1	**Produkt 2**	**Produkt 3**
Informationen über Zuwendungen etc.	Der Anleger wurde über Provisionen und Gebühren des Finanzanlagevermittlers mittels des beigefügten Informationsblattes unterrichtet.		
	☐	☐	☐
Datum	________	________	________
	Der Anleger wurde über sonstige Geldleistungen und geldwerte Vorteile des Vermittlers mittels des beigefügten Informationsblattes unterrichtet.		
	☐	☐	☐
Datum	________	________	________
Wesentliche Gründe für die Empfehlung	☐ Die Empfehlung wurde dem Anleger gegeben, da sie aus Sicht des Finanzanlagenvermittlers für ihn geeignet und/oder angemessen ist: Sie entspricht den Anlagezielen, der Risikobereitschaft, den wesentlichen Anliegen sowie den finanziellen Verhältnissen des Anlegers. Ferner ist der Anleger mit seinen Kenntnissen und Erfahrungen aus Sicht des Finanzanlagevermittlers in der Lage, die mit der Empfehlung verbundenen Anlagerisiken zu verstehen.		
	☐ Weitere wesentliche Gründe für die Empfehlung (gegebenenfalls differenziert nach Produkten).		
Bemerkungen (gegebenenfalls differenziert nach Produkten)			

Protokoll nach der Finanzanlagenvermittlungsverordnung	Kundennummer

5. Telefonische/Sonstige Beratung

☐ Der Kunde wünscht den Geschäftsabschluss ausdrücklich vor Erhalt des Protokolls.

Rücktrittsrecht des Kunden

Der Kunde kann von den auf der Beratung beruhenden Geschäften innerhalb einer Woche nach Zugang des Protokolls zurücktreten, sofern das Protokoll nicht richtig oder nicht vollständig ist.

Das Rücktrittsverlangen ist zu richten an:

Finanzanlagevermittler (Name, Anschrift)

☐ Der Kunde wünscht vor einem Geschäftsabschluss zunächst die Zusendung des Protokolls.

6. Dauer des Beratungsgesprächs

☐ weniger als 15 Minuten ☐ 15 bis 30 Minuten ☐ 30 Minuten bis 1 Stunde ☐ mehr als 1 Stunde

Datum	Uhrzeit	Name des Finanzanlagevermittlers	Unterschrift und ggf.Stempel des Finanzanlagevermittlers

8.7 Checkliste zum Beratungsprotokoll

Mit dieser Checkliste können Sie intern prüfen, ob dem Anleger alle notwendigen Informationen und Unterlagen ausgehändigt wurden.

Checkliste: Weitergabe aller notwendigen Informationen und Unterlagen an den Anleger

Übergabe des Statusinformationsblattes gem. § 12 FinVermV

am __.__.____ um __:__ Uhr

1. Beratung

Folgende Unterlagen wurden dem Kunden unverzüglich nach Abschluss der Beratung und

- ☐ vor Geschäftsabschluss (wegen Datum/Uhrzeit siehe entsprechende Felder nach Punkt 6 des Protokolls)
- ☐ nach Geschäftsabschluss (nur bei telefonischer Beratung möglich)

zur Verfügung gestellt. ____________________

- ☐ Protokoll nach § 18 FinVermV
- ☐ Produktinformation zu Produkt 1 (siehe Punkt 3) ____________________
- ☐ Produktinformation zu Produkt 1 (siehe Punkt 3) ____________________
- ☐ Produktinformation zu Produkt 1 (siehe Punkt 3) ____________________
- ☐ Informationsblätter über die Offenlegung der Zuwendungen gem § 17 FinVermV

Sonstiges

2. Warnhinweis an den Kunden, wenn dieser sich weigert, Angaben zu Art, Umfang, Häufigkeit und Zeitraum zurückliegender Geschäfte (vgl. Punkt 2.4.1 des Protokolls) zu machen

- ☐ Der Anleger ist darauf hingewiesen worden, dass dem Finanzanlagevermittler aufgrund seiner Weigerung, Angaben zu Art, Umfang, Häufigkeit und/oder Zeitraum zurückliegender Geschäfte zu machen, eine Beurteilung der Angemessenheit seiner Anlagewünsche nicht möglich ist.

3. Folgende Unterlagen wurden dem Kunden zur Verfügung gestellt:

Informationspaket	Einzelne Informationen
☐	☐
☐	☐
	☐
	☐
	☐
	☐
	☐

Checkliste: Weitergabe aller notwendigen Informationen und Unterlagen an den Anleger

Weitere Informationen

- [ ] ______________________________
- [ ] ______________________________
- [ ] ______________________________

4. Nachbearbeitung bei telefonischer Beratung

Der Kunde bestätigt telefonisch/______________________, dass ihm das Protokoll am __.__.____ zugegangen ist.

Datum	Name des Finanzanlagevermittlers

8.8 Negativerklärung

Negativerklärung nach § 24 Abs. 1 Satz 4 Finanzanlagenvermittlungsverordnung

Negativerklärung

An *(zuständige Behörde)*

____

____

____

Negativerklärung nach § 24 Abs. 1 Satz 4 Finanzanlagenvermittlungsverordnung
(bitte vollständig ausfüllen und Zutreffendes ankreuzen)

Angaben zur/zum Erlaubnisinhaber/in nach § 34f Gewerbeordnung (GewO):

Name, Vorname: ________________________________

Geburtsdatum: ________________________________

Anschrift: ________________________________

Firmenbezeichnung
(eingetragener Name im Handelsregister): ________________________________

Anschrift der Betriebsstätte: ________________________________

Angaben zum Umfang der erteilten Erlaubnis nach § 34f GewO

Erbringung von Anlageberatung im Sinne des § 1 Absatz 1a Nummer 1a des Kreditwesengesetzes zu und Vermittlung des Abschlusses von Verträgen über den Erwerb der nachfolgenden Finanzanlagen:

1. Anteilscheine einer Kapitalanlagegesellschaft oder Investmentaktiengesellschaft oder von ausländischen Investmentanteilen, die im Geltungsbereich des Investmentgesetzes öffentlich vertrieben werden dürfen ☐
2. öffentlich angebotene Anteile an geschlossenen Fonds in Form einer Kommanditgesellschaft ☐
3. sonstige Vermögensanlagen im Sinne des § 1 Absatz 2 des Vermögensanlagengesetzes, deren öffentliches Angebot die Veröffentlichung eines Verkaufsprospekts nach § 6 in Verbindung mit § 2 des Vermögensanlagengesetzes voraussetzt, sowie Anteile an einer Genossenschaft im Sinne des § 1 des Genossenschaftsgesetzes ☐

Negativverklärung

Eine Auflage nach § 34f Abs. 1 Satz GewO wurde nicht ☐
wie folgt erteilt: ☐

____

____

Ausstellungsdatum der Erlaubnis: ____________________
Ausstellungsbehörde: ____________________

Die Regelungen der Gewerbeordnung und der Finanzanlagenvermittlungsverordnung sind mir bekannt.

Es wird hiermit versichert, dass im Kalenderjahr ____ keine Betätigung des/der o. a. Erlaubnisinhabers/in im Sinne des § 34f Gewerbeordnung (GewO) stattgefunden hat und keine Verpflichtungen nach §§ 12 bis 23 der Finanzanlagenvermittlungsverordnung vorliegen.

und ☐ **oder** ☐

Es wird hiermit versichert, dass im Kalenderjahr ____ lediglich Finanzinstrumente in der Eigenschaft als gebundener Agent im Sinne des § 2 Abs. 10 des Gesetzes über das Kreditwesen vermittelt wurden, ohne andere Finanzdienstleistungen erbracht zu haben. Einen Nachweis über die Eigenschaft als gebundener Agent füge ich als Anlage bei.

oder ☐

____

____

Diese Erklärung wurde erstellt durch: ____________________

Mir ist bekannt, dass eine unrichtige oder unvollständige Erklärung zum Widerruf der erteilten Erlaubnis nach § 34f GewO führen und die zuständige Behörde eine Nachschau (§ 15 MaBV) vornehmen kann und befugt ist, eine außerordentliche Prüfung nach § 24 Abs. 2 FinVermV auf Kosten des/der Erlaubnisinhabers/in anzuordnen. Mit ist auch bekannt, dass unrichtige oder unvollständige Angaben mit einer Geldbuße von bis zu 2.500 EUR geahndet werden und den Widerruf der Erlaubnis nach § 34f GewO zur Folge haben können.

Datum und Unterschrift ____________________

8.9 Prüfende Industrie- und Handelskammern

Hier eine Übersicht über Industrie- und Handelskammern, welche die Prüfung für Finanzanlagenvermittler anbieten.

IHK	Prüft	Prüft eher nicht
Berlin	X	
Baden-Württemberg		
IHK Region Stuttgart	X	
IHK Rhein-Neckar	X	
IHK Ulm	X	
IHK Reutlingen	X	
IHK Heilbronn-Franken	X	
IHK Karlsruhe	X	
Bayern		
IHK München und IHK Nürnberg Ende November/Anfang Dezember 2012	X	
IHK Regensburg ab 2013 je nach Bedarf und Teilnehmeranzahl	X	
IHK Coburg wird eine Prüfung (ab 2013) anbieten. Genaue Daten sind noch nicht bekannt.	X	
IHK Bayreuth wird eine Prüfung (ab 2013) anbieten.	X	
IHK Passau wird die Prüfung ab 2013 anbieten.	X	
IHK Augsburg ab ca. Januar 2013	X	
IHK Würzburg wahrscheinlich ab 2013	X	
Brandenburg		
Potsdam	Noch unklar	Noch unklar
übrige IHK'n in Brandenburg		X
Bremen	X	
Bremerhaven		X
Hamburg	X	
Hessen		
IHK Darmstadt	X	
IHK Frankfurt am Main	X	
IHK Kassel	X	
IHK Limburg	X	
IHK Wiesbaden	X	

IHK	Prüft	Prüft eher nicht
Mecklenburg-Vorpommern		
Rostock	X (abwechselnd)	
Schwerin	X (abwechselnd)	
Neubrandenburg	X (abwechselnd)	
Niedersachsen		
Braunschweig	X	
Hannover	X	
NRW		
Aachen		X
Bielefeld (auch für Detmold)	X	
Bonn	X	
Dortmund (auch für Arnsberg, Bochum, Hagen, Siegen)	X	
Düsseldorf (auch für Krefeld, Duisburg, Essen)	X	
Köln	X	
Nordwestfalen	X	
Wuppertal	X	
Rheinland Pfalz		
IHK Koblenz	X	
IHK Ludwigshafen		X
Rheinhessen		X
Trier		X
Saarland	X	
Sachsen		
Chemnitz	X	
Dresden	X	
Leipzig		X
Sachsen-Anhalt		
Halle-Dessau	X	
Magdeburg	X	
Schleswig-Holstein		
Kiel	X	
Flensburg		X
Lübeck		X
Thüringen		
Gera	X	
Erfurt	X	

9 Gesetzesmaterialien

9.1 Verordnung über die Finanzanlagenvermittlung (Finanzanlagenvermittlungsverordnung – FinVermV)

Artikel 1 V. v. 02.05.2012 (BGBl. I S. 1006); Geltung ab 01.01.2013, §§ 1 bis 3 und Anlagen gelten ab 01.11.2012

Abschnitt 1 Sachkundenachweis

§ 1 Sachkundeprüfung

(1) Durch die Sachkundeprüfung nach § 34f Absatz 2 Nummer 4 der Gewerbeordnung erbringt der Prüfling den Nachweis, über die zur Ausübung der in § 34f Absatz 1 der Gewerbeordnung genannten Tätigkeiten erforderlichen fachspezifischen Produkt- und Beratungskenntnisse zu verfügen.

(2) Gegenstand der Sachkundeprüfung sind:

1. Kundenberatung:
   a) Erstellung von Kundenprofilen, Bedarfsermittlung,
   b) Lösungsmöglichkeiten,
   c) Produktdarstellung und -information;
2. fachliche Kenntnisse auf folgenden Gebieten, insbesondere in Bezug auf rechtliche Grundlagen und steuerliche Behandlungen:
   a) Beratung und Vermittlung von Finanzanlagen, die in § 34f Absatz 1 Satz 1 der Gewerbeordnung genannt sind,
   b) Investmentvermögen im Sinne des § 1 Satz 2 des Investmentgesetzes und die Möglichkeiten der staatlichen Förderung,
   c) geschlossene Fonds,
   d) sonstige Vermögensanlagen im Sinne des § 1 Absatz 2 des Vermögensanlagengesetzes.

Die inhaltlichen Anforderungen an die Sachkundeprüfung sind an den Vorgaben der Anlage 1 auszurichten.

§ 2 Zuständige Stelle und Prüfungsausschuss

(1) Die Abnahme der Sachkundeprüfung erfolgt durch die Industrie- und Handelskammern. Die Sachkundeprüfung kann bei jeder Industrie- und Handelskammer abgelegt werden, die diese Prüfung anbietet.

(2) Für die Abnahme der Prüfung errichten die Industrie- und Handelskammern Prüfungsausschüsse. Sie berufen die Mitglieder dieser Ausschüsse. Die Mitglieder müssen auf den Prüfungsgebieten sachkundig, mit der aktuellen Praxis der Finanz-

anlagenvermittlung und -beratung durch eigene Erfahrung vertraut und für die Mitwirkung im Prüfungswesen geeignet sein.

(3) Mehrere Industrie- und Handelskammern können Vereinbarungen zur gemeinsamen Durchführung der Sachkundeprüfung schließen. Sie können einen gemeinsamen Prüfungsausschuss errichten. § 10 des Gesetzes zur vorläufigen Regelung des Rechts der Industrie- und Handelskammern in der im Bundesgesetzblatt Teil III, GliederungsNummer 701-1, veröffentlichten bereinigten Fassung, das zuletzt durch Artikel 2 des Gesetzes vom 11. Juli 2011 (BGBl. I S. 1341) geändert worden ist, bleibt unberührt.

§ 3 Verfahren

(1) Die Prüfung besteht aus einem schriftlichen und einem praktischen Teil.

(2) Der schriftliche Teil der Prüfung erstreckt sich auf die in § 1 Absatz 2 Nummer 2 aufgeführten Inhalte, die in einem ausgewogenen Verhältnis zueinander zu prüfen sind. Folgende Bereiche sind schriftlich zu prüfen:

1. Kenntnisse über Investmentvermögen im Sinne des § 1 Satz 2 des Investmentgesetzes,
2. Kenntnisse über geschlossene Fonds sowie
3. Kenntnisse über sonstige Vermögensanlagen im Sinne des § 1 Absatz 2 des Vermögensanlagengesetzes.

Der schriftliche Teil der Prüfung kann auf Antrag des Prüflings auf die einzelnen Kategorien von Finanzanlagen nach Satz 1 Nummer 1, 2 oder 3 beschränkt werden. Für eine Erlaubnis nach § 34f Absatz 1 Satz 1 Nummer 1 in Verbindung mit Satz 3 der Gewerbeordnung muss der schriftliche Teil der Prüfung die in Satz 2 Nummer 1 genannten Bereiche umfassen, für eine Erlaubnis nach § 34f Absatz 1 Satz 1 Nummer 2 in Verbindung mit Satz 3 der Gewerbeordnung muss der schriftliche Teil der Prüfung die in Satz 2 Nummer 2 genannten Bereiche umfassen. Für eine Erlaubnis nach § 34f Absatz 1 Satz 1 Nummer 3 in Verbindung mit Satz 3 der Gewerbeordnung muss der schriftliche Teil der Prüfung die in Satz 2 Nummer 2 und 3 genannten Bereiche umfassen. Der Prüfling soll anhand von praxisbezogenen Aufgaben nachweisen, dass er die grundlegenden fachlichen und rechtlichen Kenntnisse erworben hat und diese praktisch anwenden kann.

(3) Die Auswahl der schriftlichen Prüfungsaufgaben trifft ein bundesweit einheitlich tätiger Aufgabenauswahlausschuss. Der Ausschuss wird mit sieben Mitgliedern und sieben stellvertretenden Mitgliedern besetzt, die von den Industrie- und Handelskammern berufen werden. Die Berufung erfolgt jeweils nach Anhörung von Vertretern der Finanzanlagenvermittler, der Anbieter von Investmentvermögen, geschlossenen Fonds und sonstigen Vermögensanlagen und der Verbraucherschutzorganisationen. Es werden berufen:

1. drei Mitglieder und drei Stellvertreter aus den Reihen der Finanzanlagenvermittler oder der Vertreter ihrer Interessen,

2. zwei Mitglieder und zwei Stellvertreter aus den Reihen der Anbieter von Investmentvermögen im Sinne des § 1 Satz 2 des Investmentgesetzes, geschlossenen Fonds und sonstigen Vermögensanlagen oder der Vertreter ihrer Interessen,
3. ein Mitglied und ein Stellvertreter aus den Reihen der Industrie- und Handelskammern oder der Vertreter ihrer Interessen sowie
4. ein Mitglied und ein Stellvertreter aus den Reihen der Verbraucherschutzorganisationen oder der Vertreter ihrer Interessen.

Die Mitglieder des Ausschusses sowie ihre Stellvertreter müssen in der Lage sein, sachverständige Entscheidungen zur Aufgabenauswahl zu treffen. Die Prüfungsaufgaben werden nach der Prüfung nicht veröffentlicht; sie stehen den Prüflingen nur während der Prüfungen zur Verfügung.

(4) Im praktischen Teil der Prüfung, der als Simulation eines Kundenberatungsgesprächs durchgeführt wird, wird jeweils ein Prüfling geprüft. Hier soll der Prüfling nachweisen, dass er über die Fähigkeiten verfügt, kundengerechte Lösungen zu entwickeln und anzubieten.

(5) Der praktische Teil der Prüfung ist nicht zu absolvieren, wenn der Prüfling

1. eine auf die in Absatz 2 Satz 1 Nummer 1 genannte Kategorie von Finanzanlagen beschränkte Sachkundeprüfung ablegt und
   a) eine Erlaubnis nach § 34d Absatz 1 oder § 34e Absatz 1 der Gewerbeordnung hat oder
   b) einen Sachkundenachweis im Sinne des § 34d Absatz 2 Nummer 4 der Gewerbeordnung oder einen diesem nach § 19 Absatz 1 der Versicherungsvermittlungsverordnung gleichgestellten Abschluss besitzt oder
2. eine Folgeprüfung zur Erweiterung einer nach § 34f Absatz 1 Satz 3 der Gewerbeordnung auf einzelne Kategorien von Finanzanlagen beschränkten Erlaubnis ablegt.

(6) Die Prüfung ist nicht öffentlich. Im praktischen Teil der Prüfung können jedoch anwesend sein:

1. beauftragte Vertreter der Bundesanstalt für Finanzdienstleistungsaufsicht (Bundesanstalt),
2. Mitglieder eines anderen Prüfungsausschusses,
3. Vertreter der Industrie- und Handelskammern,
4. Personen, die beauftragt sind, die Qualität der Prüfungen zu kontrollieren, oder
5. Personen, die in einen Prüfungsausschuss berufen werden sollen.

Die in den Nummern 1 bis 5 genannten Personen dürfen nicht in die laufende Prüfung eingreifen oder in die Beratung über das Prüfungsergebnis einbezogen werden.

(7) Die Leistung des Prüflings ist vom Prüfungsausschuss mit „bestanden“ oder „nicht bestanden“ zu bewerten. Die Prüfung ist bestanden, wenn sowohl der schriftliche als auch der praktische Teil der Prüfung mit „bestanden“ bewertet worden ist.

Der schriftliche Teil der Prüfung ist bestanden, wenn der Prüfling in den in Absatz 2 Satz 2 Nummer 1 bis 3 genannten und geprüften Bereichen jeweils mindestens 50 Prozent der erreichbaren Punkte erzielt. Der praktische Teil der Prüfung ist bestanden, wenn der Prüfling mindestens 50 Prozent der erreichbaren Punkte erzielt.
(8) Die Industrie- und Handelskammer stellt unverzüglich eine Bescheinigung nach Anlage 2 aus, wenn der Prüfling die Prüfung erfolgreich abgelegt hat. In der Bescheinigung ist anzugeben, welche Bereiche nach Absatz 2 Satz 2 Nummer 1 bis 3 der schriftliche Teil der Prüfung umfasst hat. Wurde die Prüfung nicht erfolgreich abgelegt, erhält der Prüfling darüber einen Bescheid, in dem auf die Möglichkeit der Wiederholungsprüfung hinzuweisen ist.
(9) Die Einzelheiten des Prüfungsverfahrens regelt die Industrie- und Handelskammer durch Satzung.

§ 4 Gleichstellung anderer Berufsqualifikationen
(1) Folgende Berufsqualifikationen und deren Vorläufer oder Nachfolger werden als Nachweis der erforderlichen Sachkunde anerkannt:
1. Abschlusszeugnis
   a) als geprüfter Bankfachwirt oder -wirtin (IHK),
   b) als geprüfter Fachwirt oder -wirtin für Versicherungen und Finanzen (IHK),
   c) als geprüfter Investment-Fachwirt oder -wirtin (IHK),
   d) als geprüfter Fachwirt oder -wirtin für Finanzberatung (IHK),
   e) als Bank- oder Sparkassenkaufmann oder -frau,
   f) als Kaufmann oder -frau für Versicherungen und Finanzen „Fachrichtung Finanzberatung“ oder
   g) als Investmentfondskaufmann oder -frau;
2. Abschlusszeugnis
   a) eines betriebswirtschaftlichen Studiengangs der Fachrichtung Bank, Versicherungen oder Finanzdienstleistung (Hochschulabschluss oder gleichwertiger Abschluss) oder
   b) als Fachberater oder -beraterin für Finanzdienstleistungen (IHK) mit abgeschlossener allgemeiner kaufmännischer Ausbildung,
   c) als Finanzfachwirt oder -wirtin (FH) mit einem abgeschlossenen weiterbildenden Zertifikatsstudium an einer Hochschule,

wenn zusätzlich eine mindestens einjährige Berufserfahrung im Bereich Anlageberatung oder -vermittlung vorliegt;
3. Abschlusszeugnis

als Fachberater oder -beraterin für Finanzdienstleistungen (IHK), wenn zusätzlich eine mindestens zweijährige Berufserfahrung im Bereich Anlageberatung oder -vermittlung vorliegt.

(2) Eine Prüfung, die ein mathematisches, wirtschafts- oder rechtswissenschaftliches Studium an einer Hochschule oder Berufsakademie erfolgreich abschließt, wird als Nachweis anerkannt, wenn die erforderliche Sachkunde beim Antragsteller vorliegt. Dies setzt in der Regel voraus, dass zusätzlich eine mindestens dreijährige Berufserfahrung im Bereich Anlagevermittlung oder -beratung nachgewiesen wird.

§ 5 Anerkennung von ausländischen Berufsbefähigungsnachweisen im Rahmen der Niederlassungsfreiheit

Unterscheiden sich die nach § 13c der Gewerbeordnung vorgelegten Nachweise hinsichtlich der zugrunde liegenden Sachgebiete wesentlich von den Anforderungen der §§ 1 und 3 und gleichen die von der den Antrag stellenden Person im Rahmen ihrer Berufspraxis erworbenen Kenntnisse diesen wesentlichen Unterschied nicht aus, so ist die Erlaubnis zur Aufnahme der angestrebten Tätigkeit von der erfolgreichen Teilnahme an einer ergänzenden, diese Sachgebiete umfassenden Sachkundeprüfung (spezifische Sachkundeprüfung) abhängig.

Abschnitt 2 Vermittlerregister

§ 6 Angaben zur Speicherung im Vermittlerregister

Im Register nach § 11a der Gewerbeordnung werden folgende Angaben zu den Eintragungspflichtigen gespeichert:

1. der Familienname und der Vorname sowie die Firmen der Personenhandelsgesellschaften, in denen der Eintragungspflichtige als geschäftsführender Gesellschafter tätig ist,
2. das Geburtsdatum,
3. die Angabe, dass der Eintragungspflichtige eine Erlaubnis als Finanzanlagenvermittler nach § 34f Absatz 1 Satz 1 der Gewerbeordnung besitzt,
4. der Umfang der Erlaubnis nach § 34f Absatz 1 Satz 1 Nummer 1 bis 3 der Gewerbeordnung,
5. die Bezeichnung und die Anschrift der zuständigen Erlaubnisbehörde und der zuständigen Registerbehörde,
6. die betriebliche Anschrift,
7. die RegistrierungsNummer nach § 7 Absatz 3 Satz 1,
8. der Familienname und der Vorname der vom Eintragungspflichtigen beschäftigten Personen, die unmittelbar bei der Beratung und Vermittlung mitwirken sowie
9. das Geburtsdatum der nach Nummer 8 eingetragenen Personen.

Ist der Eintragungspflichtige eine juristische Person, so werden auch der Familienname und der Vorname der natürlichen Personen gespeichert, die innerhalb des für die Geschäftsführung verantwortlichen Organs für die Vermittlertätigkeiten zuständig sind.

§ 7 Eintragung

(1) Der Eintragungspflichtige hat der zuständigen Erlaubnisbehörde unverzüglich nach Aufnahme seiner Tätigkeit die Angaben nach § 6 Satz 1 Nummer 1 bis 7 und Satz 2 mitzuteilen. Ebenso hat er Änderungen der Angaben nach § 6 unverzüglich mitzuteilen. Die zuständige Erlaubnisbehörde leitet die Angaben nach den Sätzen 1 und 2 unverzüglich an die Registerbehörde weiter.

(2) Der Eintragungspflichtige hat die Angaben nach § 6 Satz 1 Nummer 8 und 9 sowie Änderungen dieser Angaben unverzüglich der Registerbehörde mitzuteilen.

(3) Die Registerbehörde erteilt dem Eintragungspflichtigen eine Eintragungsbestätigung mit der Registrierungsnummer, unter der der Eintragungspflichtige im Register geführt wird. Die Registerbehörde teilt der zuständigen Erlaubnisbehörde die Registrierungsnummer mit.

(4) Die Registerbehörde unterrichtet den Eintragungspflichtigen und die zuständige Erlaubnisbehörde unverzüglich über eine Datenlöschung nach § 11a Absatz 3a Satz 2 der Gewerbeordnung.

§ 8 Eingeschränkter Zugang

Hinsichtlich der Angaben nach § 6 Satz 1 Nummer 2 und 9 ist ein automatisierter Abruf nicht zulässig. Die Registerbehörde darf zu diesen Angaben nur den in § 11a Absatz 7 der Gewerbeordnung genannten Behörden schriftlich Auskunft erteilen.

Abschnitt 3 Anforderungen an die Berufshaftpflichtversicherung

§ 9 Umfang der Versicherung

(1) Die Versicherung gemäß § 34f Absatz 2 Nummer 3 der Gewerbeordnung muss bei einem im Inland zum Geschäftsbetrieb zugelassenen Versicherungsunternehmen genommen werden.

(2) Die Mindestversicherungssumme beträgt 1.130.000 Euro für jeden Versicherungsfall und 1.700.000 Euro für alle Versicherungsfälle eines Jahres, unabhängig vom Umfang der Erlaubnis nach § 34f Absatz 1 Satz 1 der Gewerbeordnung. Die genannten Mindestversicherungssummen erhöhen oder vermindern sich ab dem 15. Januar 2013 und danach regelmäßig alle fünf Jahre prozentual entsprechend den von Eurostat veröffentlichten Anforderungen des Europäischen Verbraucherpreisindexes, wobei sie auf den nächsthöheren Hundertbetrag in Euro aufzurunden sind. Die angepassten Mindestversicherungssummen werden jeweils zum 2. Januar des jeweiligen Jahres, in dem die Anpassung zu erfolgen hat, durch das Bundesministerium für Wirtschaft und Technologie im Bundesanzeiger veröffentlicht.

(3) Der Versicherungsvertrag muss Deckung für die sich aus der gewerblichen Tätigkeit im Anwendungsbereich dieser Verordnung ergebenden Haftpflichtgefahren für Vermögensschäden gewähren. Der Versicherungsvertrag muss sich auch auf solche Vermögensschäden erstrecken, für die der Versicherungspflichtige nach § 278 oder § 831 des Bürgerlichen Gesetzbuchs einzustehen hat, soweit die Erfüllungs- oder

Verrichtungsgehilfen nicht selbst zum Abschluss einer solchen Berufshaftpflichtversicherung verpflichtet sind. Ist der Gewerbetreibende in einer oder mehreren Personenhandelsgesellschaften als geschäftsführender Gesellschafter tätig, muss für die jeweilige Personenhandelsgesellschaft jeweils ein Versicherungsvertrag abgeschlossen werden; der Versicherungsvertrag kann auch die Tätigkeiten des Gewerbetreibenden nach Satz 1 abdecken.

(4) Der Versicherungsvertrag hat Versicherungsschutz für jede einzelne Pflichtverletzung zu gewähren, die gesetzliche Haftpflichtansprüche privatrechtlichen Inhalts gegen den Versicherungspflichtigen zur Folge haben könnte; dabei kann vereinbart werden, dass sämtliche Pflichtverletzungen bei Erledigung eines einheitlichen Geschäfts als ein Versicherungsfall gelten.

(5) Von der Versicherung kann die Haftung für Ersatzansprüche wegen wissentlicher Pflichtverletzung ausgeschlossen werden. Weitere Ausschlüsse sind nur insoweit zulässig, als sie marktüblich sind und dem Zweck der Berufshaftpflichtversicherung nicht zuwiderlaufen.

§ 10 Anzeigepflicht des Versicherungsunternehmens

(1) Die vom Versicherungsunternehmen nach § 113 Absatz 2 des Versicherungsvertragsgesetzes erteilte Versicherungsbestätigung darf zum Zeitpunkt der Antragstellung bei der für die Erlaubniserteilung zuständigen Behörde nicht älter als drei Monate sein.

(2) Das Versicherungsunternehmen ist verpflichtet, der für die Erlaubniserteilung nach § 34f Absatz 1 der Gewerbeordnung zuständigen Behörde unverzüglich Folgendes mitzuteilen:

1. die Beendigung oder Kündigung des Versicherungsvertrags, gegebenenfalls erst nach Ablauf der Frist des § 38 Absatz 3 Satz 3 des Versicherungsvertragsgesetzes,
2. das Ausscheiden eines Versicherungsnehmers aus einem Gruppenversicherungsvertrag sowie
3. jede Änderung des Versicherungsvertrags, die den vorgeschriebenen Versicherungsschutz im Verhältnis zu Dritten beeinträchtigen kann.

Die zuständige Behörde hat dem Versicherungsunternehmen das Datum des Eingangs der Anzeige nach Satz 1 mitzuteilen.

(3) Zuständige Stelle im Sinne des § 117 Absatz 2 des Versicherungsvertragsgesetzes ist die für die Erlaubniserteilung nach § 34f Absatz 1 der Gewerbeordnung zuständige Behörde.

Abschnitt 4 Informations-, Beratungs- und Dokumentationspflichten

§ 11 Allgemeine Verhaltenspflicht

Der Gewerbetreibende ist verpflichtet, seine Tätigkeit mit der erforderlichen Sachkenntnis, Sorgfalt und Gewissenhaftigkeit im Interesse des Anlegers auszuüben.

§ 12 Statusbezogene Informationspflichten

(1) Der Gewerbetreibende hat dem Anleger vor der ersten Anlageberatung oder -vermittlung folgende Angaben klar und verständlich in Textform mitzuteilen:

1. seinen Familiennamen und seinen Vornamen sowie die Firmen der Personenhandelsgesellschaften, in denen der Eintragungspflichtige als geschäftsführender Gesellschafter tätig ist,
2. seine betriebliche Anschrift sowie weitere Angaben, die es dem Anleger ermöglichen, schnell und unmittelbar mit ihm in Kontakt zu treten; insbesondere eine Telefonnummer und eine E-Mail-Adresse oder Faxnummer,
3. ob er als Finanzanlagenvermittler mit einer Erlaubnis nach § 34f Absatz 1 Satz 1 Nummer 1, 2 oder 3 der Gewerbeordnung in das Register nach § 34f Absatz 5 in Verbindung mit § 11a Absatz 1 der Gewerbeordnung eingetragen ist und wie sich diese Eintragung überprüfen lässt,
4. die Emittenten und Anbieter, zu deren Finanzanlagen er Vermittlungs- oder Beratungsleistungen anbietet, sowie
5. die Anschrift der für die Erlaubniserteilung nach § 34f Absatz 1 der Gewerbeordnung zuständigen Behörde sowie die Registrierungsnummer, unter der er im Register eingetragen ist.

(2) Besitzt der Gewerbetreibende auch eine Erlaubnis nach § 34d Absatz 1 oder § 34e Absatz 1 der Gewerbeordnung, so werden die Informationspflichten nach Absatz 1 durch die Informationspflichten nach § 11 der Versicherungsvermittlungsverordnung erfüllt, sofern die nach Absatz 1 erforderlichen Angaben enthalten sind.

(3) Die Angaben nach Absatz 1 dürfen mündlich mitgeteilt werden, wenn der Anleger dies wünscht. In diesem Fall sind dem Anleger die Angaben unverzüglich nach Vertragsschluss in Textform zur Verfügung zu stellen.

(4) Sonstige Vorschriften über Informationspflichten des Gewerbetreibenden bleiben unberührt.

§ 13 Information des Anlegers über Risiken, Kosten, Nebenkosten und Interessenkonflikte

(1) Der Gewerbetreibende ist verpflichtet, dem Anleger rechtzeitig vor Abschluss eines Geschäfts Informationen über die Risiken der angebotenen oder vom Anleger nachgefragten Finanzanlage zur Verfügung zu stellen. Diese Informationen müssen so gefasst sein, dass der Anleger nach vernünftigem Ermessen die Art und die Risiken der Finanzanlagen verstehen und auf dieser Grundlage seine Anlageentscheidung treffen kann. Die Informationen können auch in standardisierter Form zur Verfügung gestellt werden.

(2) Die nach Absatz 1 zur Verfügung zu stellenden Informationen müssen eine ausreichend detaillierte allgemeine Beschreibung der Art und der Risiken der Finanzan-

lagen enthalten. Die Beschreibung der Risiken muss, soweit nach Art der Finanzanlage und nach den Kenntnissen des Anlegers relevant, folgende Angaben enthalten:

1. die mit Finanzanlagen der betreffenden Art einhergehenden Risiken, einschließlich einer Erläuterung der Hebelwirkung und ihrer Effekte sowie des Risikos des Verlustes der gesamten Kapitalanlage,
2. das Ausmaß der Schwankungen des Preises (Volatilität) der betreffenden Finanzanlagen und etwaige Beschränkungen des für solche Finanzanlagen verfügbaren Marktes,
3. den Umstand, dass jeder Anleger aufgrund von Geschäften mit den betreffenden Finanzanlagen möglicherweise finanzielle und sonstige Verpflichtungen einschließlich Eventualverbindlichkeiten übernehmen muss, die zu den Kosten für den Erwerb der Finanzanlagen hinzukommen, sowie
4. Einschusspflichten oder ähnliche Verpflichtungen.

(3) Hinsichtlich der Kosten und Nebenkosten müssen die Informationen Folgendes enthalten:

1. Angaben zu dem Gesamtpreis, den der Anleger im Zusammenhang mit der Finanzanlage und den Dienstleistungen des Gewerbetreibenden zu zahlen hat, einschließlich aller damit verbundenen Gebühren, Provisionen, Entgelte und Auslagen, oder, wenn die genaue Preisangabe nicht möglich ist, die Grundlage für die Berechnung des Gesamtpreises, damit der Anleger diesen überprüfen kann; die vom Gewerbetreibenden in Rechnung gestellten Provisionen sind separat aufzuführen; falls ein Teil des Gesamtpreises in einer Fremdwährung zu zahlen oder in einer anderen Währung als in Euro dargestellt ist, müssen die betreffende Währung und der anzuwendende Wechselkurs sowie die damit verbundenen Kosten oder, wenn die genaue Angabe des Wechselkurses nicht möglich ist, die Grundlage für seine Berechnung angegeben werden,
2. einen Hinweis auf die Möglichkeit, dass dem Anleger aus Geschäften im Zusammenhang mit der Finanzanlage weitere Kosten und Steuern entstehen können, sowie
3. Bestimmungen über die Zahlung oder sonstige Gegenleistungen.

(4) Beim Vertrieb von Anteilen an Investmentvermögen im Sinne des § 1 Satz 2 des Investmentgesetzes gelten § 121 Absatz 1 bis 3 sowie § 123 des Investmentgesetzes entsprechend.

(5) Der Gewerbetreibende hat den Anleger rechtzeitig vor Abschluss eines Geschäfts auf Interessenkonflikte hinzuweisen, die in Ausübung der in § 34f Absatz 1 der Gewerbeordnung genannten Tätigkeiten zwischen ihm oder seinen Mitarbeitern und den Anlegern oder zwischen den Anlegern bestehen können.

(6) Die Informationen nach den Absätzen 1 bis 3 sind dem Anleger in Textform zur Verfügung zu stellen.

§ 14 Redliche, eindeutige und nicht irreführende Informationen und Werbung

(1) Alle Informationen einschließlich Werbemitteilungen, die der Gewerbetreibende dem Anleger zugänglich macht, müssen redlich, eindeutig und nicht irreführend sein. Wichtige Aussagen oder Warnungen dürfen nicht verschleiert oder abgeschwächt dargestellt werden. Werbemitteilungen müssen eindeutig als solche erkennbar sein.

(2) Für die vom Gewerbetreibenden verwendete oder veranlasste Werbung in Textform für den Erwerb von Anteilen eines Investmentvermögens im Sinne des § 1 Satz 2 des Investmentgesetzes gilt § 124 Absatz 1 bis 2a des Investmentgesetzes entsprechend.

(3) Enthält eine Werbemitteilung eine Willenserklärung, die unmittelbar auf die Herbeiführung eines Vertragsschlusses über eine Finanzanlage gerichtet ist, oder eine Aufforderung an den Anleger, ein solches Angebot abzugeben und ist die Art und Weise der Antwort oder ein Antwortformular vorgegeben, so sind bereits in der Werbemitteilung die Informationen nach § 13 Absatz 2 und 3 anzugeben, soweit diese für den Vertragsschluss relevant sind.

(4) Der Gewerbetreibende darf den Namen der Bundesanstalt für Finanzdienstleistungsaufsicht nicht in einer Weise nennen, die so verstanden werden kann, dass Finanzanlagen im Sinne des § 34f Absatz 1 Satz 1 Nummer 2 und 3 der Gewerbeordnung von der Bundesanstalt gebilligt oder genehmigt werden oder worden sind.

(5) § 4 Absatz 2 bis 9 der Wertpapierdienstleistungs-Verhaltens- und Organisationsverordnung gilt entsprechend.

§ 15 Bereitstellung des Informationsblatts

Im Fall einer Anlageberatung hat der Gewerbetreibende dem Anleger rechtzeitig vor dem Abschluss eines Geschäfts über jede Finanzanlage, auf die sich eine Kaufempfehlung bezieht, folgendes Informationsblatt zur Verfügung zu stellen:

1. bei Anteilen an inländischen Investmentvermögen die „wesentlichen Anlegerinformationen" nach § 42 Absatz 2 bis 2c des Investmentgesetzes,
2. bei ausländischen Investmentanteilen die „wesentlichen Anlegerinformationen" nach § 137 Absatz 2 des Investmentgesetzes,
3. bei EU-Investmentanteilen die „wesentlichen Anlegerinformationen", die nach § 122 Absatz 1 Satz 2 des Investmentgesetzes in deutscher Sprache veröffentlicht worden sind, sowie
4. bei Vermögensanlagen im Sinne des § 1 Absatz 2 des Vermögensanlagengesetzes das Vermögensanlagen-Informationsblatt, wenn ein solches nach § 13 des Vermögensanlagengesetzes zu erstellen ist.

§ 16 Einholung von Informationen über den Anleger; Pflicht zur Empfehlung geeigneter Finanzanlagen

(1) Der Gewerbetreibende hat im Rahmen der Anlageberatung alle Informationen über Kenntnisse und Erfahrungen des Anlegers in Bezug auf Finanzanlagen, die Anlageziele des Anlegers und seine finanziellen Verhältnisse einzuholen, die erforderlich sind, um dem Anleger eine für ihn geeignete Finanzanlage empfehlen zu können. Die Geeignetheit beurteilt sich danach, ob

1. die empfohlene Finanzanlage den Anlagezielen des Anlegers entspricht,
2. die hieraus erwachsenden Anlagerisiken für den Anleger entsprechend seinen Anlagezielen finanziell tragbar sind und
3. er die Anlagerisiken mit seinen Kenntnissen und Erfahrungen verstehen kann.

Der Gewerbetreibende darf dem Anleger nur solche Finanzanlagen empfehlen, die nach den nach Satz 1 eingeholten Informationen für ihn geeignet sind. Sofern der Gewerbetreibende die erforderlichen Informationen nicht erlangt, darf er dem Anleger im Rahmen der Anlageberatung keine Finanzanlage empfehlen.

(2) Vor einer Anlagevermittlung hat der Gewerbetreibende vom Anleger Informationen über seine Kenntnisse und Erfahrungen in Bezug auf Geschäfte mit bestimmten Arten von Finanzanlagen einzuholen, soweit diese Informationen erforderlich sind, um die Angemessenheit der Finanzanlage für den Anleger beurteilen zu können. Die Angemessenheit beurteilt sich danach, ob der Anleger über die erforderlichen Kenntnisse und Erfahrungen verfügt, um die Risiken im Zusammenhang mit der Art der Finanzanlage angemessen beurteilen zu können. Gelangt der Gewerbetreibende aufgrund der nach Satz 1 erhaltenen Information zu der Auffassung, dass die vom Anleger gewünschte Finanzanlage für den Anleger nicht angemessen ist, hat er den Anleger vor einer Anlagevermittlung darauf hinzuweisen. Erlangt der Gewerbetreibende nicht die erforderlichen Informationen, hat er den Anleger vor einer Anlagevermittlung darüber zu informieren, dass eine Beurteilung der Angemessenheit im Sinne des Satzes 1 nicht möglich ist. Der Hinweis nach Satz 3 und die Informationen nach Satz 4 können in standardisierter Form erfolgen.

(3) Zu den einzuholenden Informationen nach Absatz 1 Satz 1 gehören, soweit erforderlich, hinsichtlich

1. der finanziellen Verhältnisse des Anlegers Angaben über
   a) Grundlage und Höhe regelmäßiger Einkommen und regelmäßiger finanzieller Verpflichtungen sowie
   b) vorhandene Vermögenswerte, insbesondere Barvermögen, Kapitalanlagen und Immobilienvermögen, und
2. der mit den Geschäften verfolgten Ziele Angaben über die Anlagedauer, die Risikobereitschaft des Anlegers und den Zweck der Anlage.

Zu den einzuholenden Informationen nach Absatz 1 Satz 1 und Absatz 2 Satz 1 gehören, soweit erforderlich, hinsichtlich der Kenntnisse und Erfahrungen des Anlegers Angaben über

1. die Arten von Finanzanlagen, mit denen der Anleger vertraut ist,
2. Art, Umfang, Häufigkeit und Zeitraum zurückliegender Geschäfte des Anlegers mit Finanzanlagen,
3. Ausbildung sowie gegenwärtige und relevante frühere berufliche Tätigkeiten des Anlegers.

(4) Soweit die in den Absätzen 1 bis 3 genannten Informationen auf Angaben des Anlegers beruhen, hat der Gewerbetreibende die Fehlerhaftigkeit oder Unvollständigkeit der Angaben nicht zu vertreten, es sei denn, die Unrichtigkeit oder Unvollständigkeit der Angaben des Anlegers ist ihm bekannt oder infolge grober Fahrlässigkeit unbekannt. Gewerbetreibende dürfen Anleger nicht dazu verleiten, Angaben nach den Absätzen 1 bis 3 zurückzuhalten.

(5) Die Pflichten nach Absatz 2 gelten nicht, soweit der Gewerbetreibende

1. auf Veranlassung des Kunden Anlagevermittlung in Bezug auf Anteile an Investmentvermögen erbringt, die den Anforderungen der Richtlinie 2009/65/EG des Europäischen Parlaments und des Rates vom 13. Juli 2009 zur Koordinierung der Rechts- und Verwaltungsvorschriften betreffend bestimmte Organismen für gemeinsame Anlagen in Wertpapieren (OGAW) (ABl. L 302 vom 17.11.2009, S. 32, L 269 vom 13.10.2010, S. 27), die zuletzt durch die Richtlinie 2010/78/EU (ABl. L 331 vom 15.12.2010, S. 120) geändert worden ist, entsprechen und
2. den Kunden darüber informiert, dass keine Angemessenheitsprüfung im Sinne des Absatzes 2 vorgenommen wird. Die Information kann in standardisierter Form erfolgen.

§ 17 Offenlegung von Zuwendungen

(1) Der Gewerbetreibende darf im Zusammenhang mit der Vermittlung von und Beratung über Finanzanlagen nach § 34f Absatz 1 Satz 1 der Gewerbeordnung keine Zuwendungen von Dritten annehmen oder an Dritte gewähren, die nicht Kunden dieser Dienstleistung sind, es sei denn,

1. er hat Existenz, Art und Umfang der Zuwendung oder, soweit sich der Umfang noch nicht bestimmen lässt, die Art und Weise seiner Berechnung dem Anleger vor Abschluss des Vertrags in umfassender, zutreffender und verständlicher Weise offengelegt und
2. die Zuwendung steht der ordnungsgemäßen Vermittlung und Beratung im Interesse des Anlegers nicht entgegen.

(2) Zuwendungen im Sinne des Absatzes 1 sind Provisionen, Gebühren oder sonstige Geldleistungen sowie alle geldwerten Vorteile, die der Gewerbetreibende vom Emit-

tenten, Anbieter einer Finanzanlage oder von einem sonstigen Dritten für deren Vermittlung oder Beratung erhält oder an Dritte gewährt.
(3) Gebühren und Entgelte, die die Vermittlung von und die Beratung über Finanzanlagen nach § 34f Absatz 1 Satz 1 der Gewerbeordnung erst ermöglichen oder dafür notwendig sind und die ihrer Art nach nicht geeignet sind, die Erfüllung der Pflicht nach § 11 zu gefährden, sind vom Verbot nach Absatz 1 ausgenommen.

§ 18 Anfertigung eines Beratungsprotokolls
(1) Der Gewerbetreibende muss über jede Anlageberatung unverzüglich nach deren Abschluss und vor Abschluss eines Geschäfts ein Protokoll in Schriftform anfertigen. Eine Abschrift ist dem Anleger unverzüglich nach Abschluss der Beratung und vor Abschluss eines Geschäfts zur Verfügung zu stellen. Der Anleger kann vom Gewerbetreibenden die Herausgabe einer Abschrift des Protokolls verlangen. Durch eine elektronische Abschrift erfüllt der Gewerbetreibende seine Pflichten nur, wenn sich der Anleger ausdrücklich mit einer elektronischen Abschrift einverstanden erklärt.
(2) Das Beratungsprotokoll hat vollständige Angaben zu enthalten über
1. den Anlass der Anlageberatung,
2. die Dauer des Beratungsgesprächs,
3. die der Anlageberatung zugrunde liegenden Informationen über die persönliche Situation des Kunden, einschließlich der nach § 16 einzuholenden Informationen,
4. die Finanzanlagen, die Gegenstand der Anlageberatung waren,
5. die vom Anleger im Zusammenhang mit der Anlageberatung geäußerten wesentlichen Anliegen und deren Gewichtung, sowie
6. die im Verlauf des Beratungsgesprächs erteilten Empfehlungen und die für diese Empfehlungen genannten wesentlichen Gründe.

(3) Sofern der Anleger für die Anlageberatung Kommunikationsmittel wählt, die die Übermittlung des Protokolls vor Abschluss des Geschäfts nicht gestatten, muss der Gewerbetreibende dem Anleger eine Abschrift des Protokolls unverzüglich nach Abschluss des Beratungsgesprächs zusenden. In diesem Fall kann der Geschäftsabschluss auf ausdrücklichen Wunsch des Anlegers vor Erhalt des Protokolls erfolgen, wenn der Gewerbetreibende dem Anleger für den Fall, dass das Protokoll nicht richtig oder nicht vollständig ist, ausdrücklich ein innerhalb einer Woche nach Zugang des Protokolls auszuübendes Rücktrittsrecht einräumt. Der Gewerbetreibende muss auf das Rücktrittsrecht und die Frist hinweisen. Der ausdrückliche Wunsch des Anlegers, das Geschäft auch vor Erhalt des Protokolls abzuschließen, sowie der Hinweis auf das Rücktrittsrecht müssen im Protokoll vermerkt werden. Bestreitet der Gewerbetreibende das Rücktrittsrecht, hat er die Richtigkeit und Vollständigkeit des Protokolls zu beweisen.

§ 19 Beschäftigte

Der Gewerbetreibende hat sicherzustellen, dass auch seine Beschäftigten die Pflichten nach den §§ 11 bis 18 erfüllen. Führt ein Beschäftigter des Gewerbetreibenden die Beratung durch, so hat der Beschäftigte das Beratungsprotokoll nach § 18 Absatz 1 anzufertigen.

Abschnitt 5 Sonstige Pflichten

§ 20 Unzulässigkeit der Annahme von Geldern und Anteilen von Anlegern

Der Gewerbetreibende ist nicht befugt, sich im Zusammenhang mit der Finanzanlagenberatung oder -vermittlung nach § 34f Absatz 1 Satz 1 der Gewerbeordnung Eigentum oder Besitz an Geldern oder Anteilen von Anlegern zu verschaffen.

§ 21 Anzeigepflicht

Der Gewerbetreibende hat der für die Erlaubniserteilung nach § 34f Absatz 1 der Gewerbeordnung zuständigen Behörde unverzüglich nach Satz 3 anzuzeigen, welche Personen jeweils mit der Leitung des Betriebs oder einer Zweigniederlassung beauftragt sind. Dies gilt bei juristischen Personen auch für die nach Gesetz, Satzung oder Gesellschaftsvertrag jeweils zur Vertretung berufenen Personen. In der Anzeige ist für jede Person Folgendes anzugeben:

1. der Name, der Geburtsname, sofern dieser vom Namen abweicht, sowie der Vorname,
2. die Staatsangehörigkeit oder Staatsangehörigkeiten,
3. der Geburtstag und -ort sowie
4. die Anschrift.

§ 22 Aufzeichnungspflicht

(1) Der Gewerbetreibende hat von der Annahme des Auftrags an nach Maßgabe der Absätze 2 und 3 Aufzeichnungen zu machen sowie Unterlagen und Belege übersichtlich zu sammeln. Die Aufzeichnungen sind unverzüglich und in deutscher Sprache vorzunehmen.

(2) Aus den Aufzeichnungen und Unterlagen müssen ersichtlich sein

1. der Name und Vorname oder die Firma sowie die Anschrift des Anlegers,
2. der Nachweis, dass die in den §§ 12, 13, 15 und 17 genannten Angaben rechtzeitig und vollständig mitgeteilt wurden,
3. der Nachweis, dass die in § 16 Absatz 1 genannten Informationen rechtzeitig und vollständig eingeholt wurden und über geeignete Finanzanlagen beraten wurde,
4. der Nachweis, dass die in § 16 Absatz 2 Satz 1 genannten Informationen rechtzeitig und vollständig eingeholt und die in Satz 3 und 4 genannten Informationen rechtzeitig und vollständig mitgeteilt wurden, sowie

5. der Nachweis über das Beratungsprotokoll nach § 18 und seine Aushändigung an den Anleger.

(3) Sonstige Vorschriften über Aufzeichnungs- und Buchführungspflichten des Gewerbetreibenden bleiben unberührt.

§ 23 Aufbewahrung

Die in § 22 genannten Unterlagen sind fünf Jahre auf einem dauerhaften Datenträger vorzuhalten und in den Geschäftsräumen aufzubewahren. Die Frist beginnt mit dem Schluss des Kalenderjahres, in dem der letzte aufzeichnungspflichtige Vorgang für den jeweiligen Auftrag angefallen ist. Vorschriften, die eine längere Frist bestimmen, bleiben unberührt.

§ 24 Prüfungspflicht

(1) Der Gewerbetreibende hat

1. auf seine Kosten die Einhaltung der sich aus den §§ 12 bis 23 ergebenden Verpflichtungen für jedes Kalenderjahr durch einen geeigneten Prüfer prüfen zu lassen und
2. der für die Erlaubniserteilung zuständigen Behörde den Prüfungsbericht bis spätestens zum 31. Dezember des darauffolgenden Jahres zu übermitteln.

Der Prüfungsbericht hat einen Vermerk darüber zu enthalten, ob und gegebenenfalls welche Verstöße des Gewerbetreibenden festgestellt worden sind. Der Prüfer hat den Vermerk mit Angabe von Ort und Datum zu unterzeichnen. Sofern der Gewerbetreibende im Berichtszeitraum keine nach § 34f Absatz 1 der Gewerbeordnung erlaubnispflichtige Tätigkeit ausgeübt hat, hat er spätestens bis zu dem in Satz 1 genannten Termin anstelle des Prüfungsberichts unaufgefordert und schriftlich eine entsprechende Erklärung zu übermitteln.

(2) Die für die Erlaubniserteilung nach § 34f Absatz 1 der Gewerbeordnung zuständige Behörde kann aus besonderem Anlass anordnen, dass Gewerbetreibende sich auf ihre Kosten im Rahmen einer außerordentlichen Prüfung durch einen geeigneten Prüfer auf die Einhaltung der sich aus den §§ 12 bis 23 ergebenden Pflichten überprüfen lassen und der Behörde den Prüfungsbericht übermitteln. Der Prüfer wird von der nach Satz 1 zuständigen Behörde bestimmt. Absatz 1 Satz 3 und 4 gilt entsprechend.

(3) Geeignete Prüfer sind

1. Wirtschaftsprüfer, vereidigte Buchprüfer, Wirtschaftsprüfungs- und Buchprüfungsgesellschaften,
2. Prüfungsverbände, zu deren gesetzlichem oder satzungsmäßigem Zweck die regelmäßige und außerordentliche Prüfung ihrer Mitglieder gehört, sofern
   a) von ihren gesetzlichen Vertretern mindestens einer Wirtschaftsprüfer ist,

b) sie die Voraussetzungen des § 63b Absatz 5 des Genossenschaftsgesetzes erfüllen oder
c) sie sich für ihre Prüfungstätigkeit selbstständiger Wirtschaftsprüfer oder vereidigter Buchprüfer oder einer Wirtschaftsprüfungs- oder Buchprüfungsgesellschaft bedienen.

(4) Auch andere Personen, die öffentlich bestellt und zugelassen worden sind und die aufgrund ihrer Vorbildung und Erfahrung in der Lage sind, eine ordnungsgemäße Prüfung in dem jeweiligen Gewerbebetrieb durchzuführen sowie deren Zusammenschlüsse können als Prüfer betraut werden.

(5) Ungeeignet für eine Prüfung sind Personen, bei denen die Besorgnis der Befangenheit besteht.

§ 25 Rechte und Pflichten der an der Prüfung Beteiligten

(1) Der Gewerbetreibende hat dem Prüfer jederzeit Einsicht in die Bücher, Aufzeichnungen und Unterlagen zu gestatten. Er hat ihm alle Aufklärungen und Nachweise auf Verlangen zu geben, die der Prüfer für eine sorgfältige Prüfung benötigt.

(2) Der Prüfer ist zur gewissenhaften und unparteiischen Prüfung und zur Verschwiegenheit verpflichtet. Er darf nicht unbefugt Geschäfts- und Betriebsgeheimnisse verwerten, die er bei seiner Tätigkeit erfahren hat. Ein Prüfer, der vorsätzlich oder fahrlässig seine Pflichten verletzt, ist dem Gewerbetreibenden zum Ersatz des daraus entstehenden Schadens verpflichtet. Mehrere Personen haften als Gesamtschuldner.

Abschnitt 6 Ordnungswidrigkeiten

§ 26 Ordnungswidrigkeiten

(1) Ordnungswidrig im Sinne des § 144 Absatz 2 Nummer 6 der Gewerbeordnung handelt, wer vorsätzlich oder fahrlässig

1. entgegen § 12 Absatz 1 eine Mitteilung nicht, nicht richtig, nicht vollständig oder nicht rechtzeitig macht,
2. entgegen § 13 Absatz 1 Satz 1 eine Information nicht, nicht richtig, nicht vollständig, nicht in der vorgeschriebenen Weise oder nicht rechtzeitig zur Verfügung stellt,
3. entgegen § 15 ein Informationsblatt nicht, nicht richtig, nicht vollständig oder nicht rechtzeitig zur Verfügung stellt,
4. entgegen § 16 Absatz 1 Satz 1 oder Absatz 2 Satz 1 eine Information nicht, nicht richtig, nicht vollständig oder nicht rechtzeitig einholt,
5. entgegen § 16 Absatz 1 Satz 3 oder Satz 4 eine Finanzanlage empfiehlt,
6. entgegen § 16 Absatz 2 Satz 3 einen Hinweis nicht, nicht richtig, nicht vollständig oder nicht rechtzeitig erteilt,
7. entgegen § 16 Absatz 2 Satz 4 eine Information nicht, nicht richtig, nicht vollständig oder nicht rechtzeitig zur Verfügung stellt,

8. entgegen § 17 Absatz 1 eine Zuwendung annimmt oder gewährt,
9. entgegen § 18 Absatz 1 Satz 1, auch in Verbindung mit § 19 Satz 2, ein Beratungsprotokoll nicht, nicht richtig, nicht vollständig oder nicht rechtzeitig anfertigt oder nicht oder nicht richtig unterzeichnet,
10. entgegen § 18 Absatz 1 Satz 2 oder Absatz 3 Satz 1 eine Abschrift eines Beratungsprotokolls nicht, nicht richtig, nicht vollständig, nicht in der vorgeschriebenen Weise oder nicht rechtzeitig zur Verfügung stellt oder nicht, nicht richtig, nicht in der vorgeschriebenen Weise oder nicht rechtzeitig zusendet,
11. entgegen § 20 sich Eigentum oder Besitz an Geldern oder Anteilen eines Anlegers verschafft,
12. entgegen § 21 Satz 1, auch in Verbindung mit Satz 2, eine Anzeige nicht, nicht richtig, nicht vollständig oder nicht rechtzeitig erstattet,
13. entgegen § 22 Absatz 1 Satz 1 eine Aufzeichnung nicht, nicht richtig, nicht vollständig, nicht in der vorgeschriebenen Weise oder nicht rechtzeitig macht, entgegen § 23 Satz 1 eine Unterlage nicht, nicht in der vorgeschriebenen Weise oder nicht mindestens fünf Jahre aufbewahrt,
14. entgegen § 24 Absatz 1 Satz 1 oder Satz 4 einen Prüfungsbericht oder eine Erklärung nicht, nicht richtig, nicht vollständig oder nicht rechtzeitig übermittelt,
15. einer vollziehbaren Anordnung nach § 24 Absatz 2 Satz 1 zuwiderhandelt,
16. entgegen § 25 Absatz 1 Satz 1 einem Prüfer eine Einsicht nicht gestattet oder
17. entgegen § 25 Absatz 1 Satz 2 einem Prüfer eine Aufklärung oder einen Nachweis nicht, nicht richtig, nicht vollständig oder nicht rechtzeitig gibt.

(2) Ordnungswidrig im Sinne des § 145 Absatz 2 Nummer 9 der Gewerbeordnung handelt, wer vorsätzlich oder fahrlässig eine in Absatz 1 bezeichnete Handlung in Ausübung eines Reisegewerbes begeht.

Anlage 1 (zu § 1 Absatz 2) Inhaltliche Anforderungen an die Sachkundeprüfung

1. Kundenberatung
1.1 Serviceerwartungen des Kunden
1.2 Besuchsvorbereitung/Kundenkontakte
1.3 Kundengespräch
1.3.1 Kundensituation
1.3.2 Erstellung eines Kundenprofils
1.3.3 Kundenbedarf und anlegergerechte Lösungen
1.3.4 Gesprächsführung und Systematik

1.4 Kundenbetreuung

2. Kenntnisse für Beratung und Vertrieb von Finanzanlageprodukten
2.1 Wirtschaftliche Grundlagen

2.2 Grundlagen über Finanzinstrumente und Kategorien von Finanzanlagen
2.2.1 Geldanlageformen
2.2.2 Nichtbörsennotierte Finanzanlageprodukte
2.2.3 Börsennotierte Finanzanlageprodukte

2.3 Allgemeine rechtliche Grundlagen
2.3.1 Vertragsrecht
2.3.2 Geschäftsfähigkeit

2.4 Rechtliche Grundlagen für Finanzanlagenberatung und -vermittlung
2.4.1 Wertpapierhandelsgesetz
2.4.2 Finanzanlagenvermittlungsverordnung
2.4.2.1 Statusbezogene Informationspflichten
2.4.2.2 Einholung von Informationen über den Kunden
2.4.2.3 Pflicht zur Empfehlung geeigneter Finanzanlagen
2.4.2.4 Offenlegung von Zuwendungen
2.4.2.5 Produktinformationsblatt
2.4.2.6 Informationen über Risiken, Kosten, Nebenkosten und Interessenkonflikte
2.4.2.7 Erstellung eines Beratungsprotokolls
2.4.3 Kreditwesengesetz
2.4.4 Geldwäschegesetz
2.4.5 Finanzmarktrichtlinie

2.5 Vermittlerrecht
2.5.1 Rechtsstellung

2.5.2 Berufsvereinigungen/Berufsverbände
2.5.3 Arbeitnehmervertretungen

2.6 Wettbewerbsrecht
2.6.1 Allgemeine Wettbewerbsgrundsätze
2.6.2 Unzulässige Werbung

2.7 Verbraucherschutz
2.7.1 Grundlagen des Verbraucherschutzes
2.7.2 Schlichtungsstellen
2.7.3 Datenschutz

3. Investmentvermögen (offene Fonds)
3.1 Märkte für Finanzanlagen
3.1.1 Geldmarkt
3.1.2 Rentenmarkt
3.1.3 Aktienmarkt

3.2 Konzept offener Fonds
3.2.1 Investmentidee, Funktionsweise und Struktur
3.2.2 Fachbegriffe

3.3 Fondsarten
3.3.1 Geldmarktfonds
3.3.2 Rentenfonds
3.3.3 Aktienfonds
3.3.4 Gemischte Fonds
3.3.5 Offene Immobilienfonds
3.3.6 Dachfonds
3.3.7 Hedgefonds
3.3.8 Zertifikatefonds
3.3.9 Garantiefonds
3.3.10 No-Load-Fonds
3.3.11 Ausschüttende und thesaurierende Fonds
3.3.12 Länder-, Regionen- und Branchenfonds
3.3.13 Laufzeitfonds
3.3.14 Exchange Traded Funds (ETFs)
3.3.15 Publikumsfonds
3.3.16 Spezialfonds
3.3.17 Anteilsklassen

3.4 Chancen, Risiken und Haftung

3.5 Investmentgesetz

3.6 Steuerliche Behandlung

3.6.1 Investmentsteuergesetz

3.6.2 Einkommensteuer, Ertrags- und Gewinnsteuer

3.6.3 Übertragung, Vererbung und Schenkung

3.6.4 Freibeträge

3.7 Eröffnung, Gestaltung und Führung von Depotkonten

3.8 Staatliche Förderung von Investmentfonds

3.8.1 Zielgruppen

3.8.2 5. Vermögensbildungsgesetz

3.8.3 Altersvermögensgesetz

3.9 Anlageprogramme

3.10 Rating und Ranking

4. Geschlossene Fonds

4.1 Vertragsbeziehungen, Funktionsweise und Struktur

4.2 Arten von geschlossenen Fonds

4.2.1 Geschlossene Immobilienfonds und Projektentwicklungsfonds

4.2.2 Medienfonds

4.2.3 Schiffsfonds und Containerfonds

4.2.4 Private Equity Fonds

4.2.5 Flugzeugfonds

4.2.6 Leasingfonds

4.2.7 Lebensversicherungszweitmarktfonds und Policenfonds

4.2.8 Umweltfonds

4.2.9 Sonstige Fonds (insbes. Infrastrukturfonds, sog. Blind Pools, Zweitmarktfonds)

4.3 Chancen, Risiken und Haftung

4.4 Fachbegriffe

4.5 Rechtliche Grundlagen

4.5.1 Vermögensanlagengesetz

4.5.2 Bürgerliches Gesetzbuch

4.5.3 Handelsgesetzbuch

4.5.4 Kommanditgesellschaft

4.5.5 GmbH-Gesetz

4.6 Steuerliche Behandlung

4.6.1 Einkommensteuer

4.6.2 Doppelbesteuerungsabkommen
4.6.3 Gewinnerzielungsabsicht
4.6.4 Übertragung, Vererbung und Schenkung
4.7 Auflösung stiller Reserven

5. Sonstige Vermögensanlagen im Sinne des § 1 Absatz 2 des Vermögensanlagengesetzes

5.1 Anlageformen
5.1.1 Genussrechte
5.1.2 Stille Beteiligungen
5.1.3 Namensschuldverschreibungen
5.1.4 Genossenschaftsanteile
5.1.5 Weitere Vermögensanlagen

5.2 Chancen, Risiken und Haftung
5.3 Fachbegriffe
5.4 Rechtliche Grundlagen
5.4.1 Vermögensanlagengesetz
5.4.2 Bürgerliches Gesetzbuch
5.4.3 Handelsgesetzbuch
5.4.4 GmbH-Gesetz
5.4.5 Genossenschaftsgesetz

5.5 Steuerliche Behandlung
5.5.1 Einkommensteuer
5.5.2 Doppelbesteuerungsabkommen
5.5.3 Gewinnerzielungsabsicht
5.5.4 Übertragung, Vererbung und Schenkung

Anlage 2 (zu § 3 Absatz 8)
Bescheinigung über die erfolgreiche Ablegung der Sachkundeprüfung „Geprüfter Finanzanlagenfachmann/Geprüfte Finanzanlagenfachfrau IHK“ nach § 34f Absatz 2 Nummer 4 der Gewerbeordnung in Verbindung mit § 34f Absatz 1 Satz 1 Nummer 1 der Gewerbeordnung (Investmentvermögen)/§ 34f Absatz 1 Satz 1 Nummer 2 der Gewerbeordnung (Anteile an geschlossenen Fonds in Form einer Kommanditgesellschaft)/§ 34f Absatz 1 Satz 1 Nummer 3 der Gewerbeordnung (sonstigen Vermögensanlagen im Sinne des § 1 Absatz 2 des Vermögensanlagengesetzes)

Herr/Frau ....
(Name und Vorname)
geboren am .... in ....
wohnhaft in ....
hat am ....
vor der Industrie- und Handelskammer ....

die Sachkundeprüfung für die Ausübung des Gewerbes als Finanzanlagenvermittler nach § 34f Absatz 2 Nummer 4 der Gewerbeordnung erfolgreich abgelegt.
Die Prüfung erstreckte sich insbesondere auf die fachspezifischen Pflichten und Befugnisse folgender Sachgebiete:

1. Kundenberatung (Erstellung von Kundenprofilen und Bedarfsermittlung, Lösungsmöglichkeiten, Produktdarstellung und Information),
2. fachliche Grundlagen für die Vermittlung von Finanzanlageprodukten und die Beratung über diese,
3. Kenntnisse auf dem Gebiet Investmentvermögen im Sinne des Investmentgesetzes, insbesondere in Bezug auf rechtliche Grundlagen und steuerliche Behandlung (§ 1 Absatz 2 Nummer 2 Buchstabe b der Finanzanlagenvermittlungsverordnung),
4. Kenntnisse auf dem Gebiet geschlossene Fonds, insbesondere in Bezug auf rechtliche Grundlagen und steuerliche Behandlung (§ 1 Absatz 2 Nummer 2 Buchstabe c der Finanzanlagenvermittlungsverordnung),
5. Kenntnisse auf dem Gebiet sonstige Vermögensanlagen im Sinne des § 1 Absatz 2 des Vermögensanlagengesetzes, insbesondere in Bezug auf rechtliche Grundlagen und steuerliche Behandlung (§ 1 Absatz 2 Nummer 2 Buchstabe d der Finanzanlagenvermittlungsverordnung).

(In der Überschrift und bei den Nummern 3 bis 5 nur Zutreffendes ausdrucken.)

(Stempel/Siegel)

....

(Ort und Datum) (Unterschrift)

9.2 Gewerbeordnung (GewO) - Auszug

vom 22.02.1999 (BGBl. I S. 202), zuletzt geändert durch Artikel 3 des Gesetzes vom 15.12.2011 (BGBl. I S. 2714)

§ 4 Grenzüberschreitende Dienstleistungserbringung, Niederlassung

(1) Werden Gewerbetreibende von einer Niederlassung in einem anderen Mitgliedstaat der Europäischen Union oder einem anderen Vertragsstaat des Abkommens über den Europäischen Wirtschaftsraum aus im Geltungsbereich dieses Gesetzes vorübergehend selbständig gewerbsmäßig tätig, sind § 34b Absatz 1, 3, 4, 6 und 7, § 34c Absatz 1 Satz 1 Nummer 1 *und 4 (ab 01.01.2013: und 3)* sowie § 38 Absatz 1 und 2 insoweit nicht anzuwenden. Die §§ 14, 55 Absatz 2 und 3, die §§ 55c, 56a und 57 Absatz 3 sind in diesen Fällen ebenfalls nicht anzuwenden, es sei denn, es werden gewerbsmäßige Tätigkeiten ausgeübt, die auf Grund des Artikels 2 Absatz 2 der Richtlinie 2006/123/EG des Europäischen Parlaments und des Rates vom 12. Dezember 2006 über Dienstleistungen im Binnenmarkt (ABl. L 376 vom 27.12.2006, S. 36) vom Anwendungsbereich dieser Richtlinie oder auf Grund der Regelungen des Artikels 17 dieser Richtlinie von der Dienstleistungsfreiheit ausgenommen sind.

(2) Absatz 1 gilt nicht, wenn die Tätigkeit aus dem anderen Mitgliedstaat der Europäischen Union oder dem anderen Vertragsstaat des Abkommens über den Europäischen Wirtschaftsraum heraus zur Umgehung der in Absatz 1 genannten Vorschriften erbracht wird. Eine Umgehung liegt insbesondere vor, wenn ein Gewerbetreibender, um sich den in Absatz 1 genannten Vorschriften zu entziehen, von einem anderen Mitgliedstaat der Europäischen Union oder einem anderen Vertragsstaat des Abkommens über den Europäischen Wirtschaftsraum aus ganz oder vorwiegend im Geltungsbereich dieses Gesetzes tätig wird.

(3) Eine Niederlassung besteht, wenn eine selbständige gewerbsmäßige Tätigkeit auf unbestimmte Zeit und mittels einer festen Einrichtung von dieser aus tatsächlich ausgeübt wird.

§ 6a Entscheidungsfrist, Genehmigungsfiktion

(1) Hat die Behörde über einen Antrag auf Erlaubnis zur Ausübung eines Gewerbes nach § 34b Absatz 1, 3, 4, § 34c Absatz 1 Satz 1 Nummer 1 *und 4 (ab 01.01.2013: und 3)* oder § 55 Absatz 2 nicht innerhalb einer Frist von drei Monaten entschieden, gilt die Erlaubnis als erteilt.

(2) Absatz 1 gilt auch für Verfahren nach § 33a Absatz 1 und § 69 Absatz 1 und für Verfahren nach dem Gaststättengesetz, solange keine landesrechtlichen Regelungen bestehen.

§ 11a Vermittlerregister

(1) Jede Industrie- und Handelskammer (Registerbehörde) führt ein Register der nach § 34d Abs. 7, auch in Verbindung mit § 34e Absatz 2, *(ab 01.01.2013: und § 34f Absatz 5)* Eintragungspflichtigen. Die örtliche Zuständigkeit richtet sich nach dem Landesrecht. Zweck des Registers ist es insbesondere, der Allgemeinheit, vor allem *Versicherungsnehmern (ab 01.01.2013: Anlegern)* und Versicherungsunternehmen, die Überprüfung der Zulassung sowie des Umfangs der zugelassenen Tätigkeit der Eintragungspflichtigen zu ermöglichen. Die Registerbehörden bedienen sich bei der Führung des Registers der in § 32 Abs. 2 des Umweltauditgesetzes bezeichneten gemeinsamen Stelle (gemeinsame Stelle). Die Registerbehörde unterliegt der Aufsicht der obersten Landesbehörde.

(2) Auskünfte aus dem Register werden im Wege des automatisierten Abrufs über das Internet oder schriftlich erteilt. Die Registerbehörden gewährleisten, dass eine gleichzeitige Abfrage bei allen Registern nach Absatz 1 Satz 1 möglich ist.

(3) Die für eine Untersagung nach § 35 zuständige Behörde teilt der Registerbehörde eine Untersagung unverzüglich mit. Bei Aufhebung der Erlaubnis nach § 34d Abs. 1 oder § 34e Abs. 1 oder der Erlaubnisbefreiung nach § 34d Abs. 3 oder einer Mitteilung nach Satz 1 oder § 80 Abs. 4 des Versicherungsaufsichtsgesetzes hat die Registerbehörde unverzüglich die zu dem Betroffenen gespeicherten Daten zu löschen. Der Familienname, der Vorname, die RegistrierungsNummer sowie der Tag der Löschung werden im Register in einem täglich aktualisierten Verzeichnis gespeichert. Zugang zu diesem Verzeichnis erhalten nur Versicherungsunternehmen. Die Angaben werden einen Monat nach der Speicherung in diesem Verzeichnis gelöscht.

(ab 01.01.2013:

(3a) Die für die Erlaubniserteilung nach § 34f Absatz 1 zuständige Behörde teilt der Registerbehörde unverzüglich die für die Eintragung nach § 34f Absatz 5 erforderlichen Angaben sowie die Aufhebung der Erlaubnis nach § 34f Absatz 1 mit. Bei Erhalt der Mitteilung über die Aufhebung der Erlaubnis nach § 34f Absatz 1 hat die Registerbehörde unverzüglich die zu dem Betroffenen gespeicherten Daten zu löschen.)

(4) Beabsichtigt ein *(ab 01.01.2013: nach § 34d Absatz 7, auch in Verbindung mit § 34e Absatz 2,)* Eintragungspflichtiger, in einem anderen Mitgliedstaat der Europäischen Union oder in einem anderen Vertragsstaat des Abkommens über den Europäischen Wirtschaftsraum tätig zu werden, hat er dies zuvor der Registerbehörde mitzuteilen.

(5) Das Bundesministerium für Wirtschaft und Technologie kann durch Rechtsverordnung mit Zustimmung des Bundesrates Vorschriften erlassen über die Einzelheiten der Registerführung, insbesondere über

1. die in dem Register zu speichernden Angaben; gespeichert werden dürfen nur Angaben zur Identifizierung (insbesondere Familienname, Vorname, Geschäftsanschrift, Geburtstag und Registrierungsnummer), zur Zulassung und zum Umfang der zugelassenen Tätigkeit der Eintragungspflichtigen,

2. Angaben, die nicht allgemein zugänglich sein sollen, sowie die Stellen, die Zugang zu diesen Angaben erhalten.

(6) Die Zusammenarbeit der zuständigen Stellen mit den zuständigen Behörden der anderen Mitgliedstaaten der Europäischen Union sowie der anderen Vertragsstaaten des Abkommens über den Europäischen Wirtschaftsraum erfolgt nach folgenden Maßgaben:

1. Auf Ersuchen der zuständigen Behörde eines anderen Mitglied- oder Vertragsstaates übermittelt die zuständige Registerbehörde Informationen einschließlich personenbezogener Daten, die zur Überprüfung der Einhaltung der Voraussetzungen für die Tätigkeit als Versicherungsvermittler oder Versicherungsberater erforderlich sind, an die zuständige Behörde des anderen Mitglied- oder Vertragsstaates.
2. Die Registerbehörde darf ohne Ersuchen der zuständigen Behörde eines anderen Mitglied- oder Vertragsstaates Informationen einschließlich personenbezogener Daten übermitteln, wenn Anhaltspunkte dafür vorliegen, dass die Kenntnis dieser Informationen für die Überprüfung der Einhaltung der Voraussetzungen für die Tätigkeit als Versicherungsvermittler oder Versicherungsberater erforderlich ist.
3. Soweit von dem betreffenden Mitglied- oder Vertragsstaat nach Artikel 6 Abs. 2 der Richtlinie 2002/92/EG des Europäischen Parlaments und des Rates vom 9. Dezember 2002 über Versicherungsvermittlung (ABl. EG 2003 Nr. L 9 S. 3) gefordert, teilt die Registerbehörde im Falle des Absatzes 4 die Absicht des Eintragungspflichtigen der zuständigen Behörde des anderen Mitglied- oder Vertragsstaates mit und unterrichtet gleichzeitig den Eintragungspflichtigen. Zum Zwecke der Überwachung darf die Registerbehörde der zuständigen Behörde des anderen Mitglied- oder Vertragsstaates die zu dem Eintragungspflichtigen im Register gespeicherten Angaben übermitteln. Die zuständige Behörde eines anderen Mitglied- oder Vertragsstaates ist über Änderungen übermittelter Angaben zu unterrichten.
4. Handelt es sich bei den nach Absatz 3 gelöschten Angaben um solche eines in einem anderen Mitglied- oder Vertragsstaat tätigen Gewerbetreibenden, so teilt die Registerbehörde der zuständigen Behörde des anderen Mitglied- oder Vertragsstaates die Löschung unverzüglich mit.

Die Zusammenarbeit, insbesondere die Übermittlung von Informationen, erfolgt jeweils über das Bundesministerium für Wirtschaft und Technologie, das sich dabei der gemeinsamen Stelle bedient.

(7) Die Registerbehörde, die Bundesanstalt für Finanzdienstleistungsaufsicht und die für die Erlaubniserteilung nach § 34d Abs. 1 Satz 1 *und § 34e Abs. 1 Satz 1 (ab 01.01.2013: , § 34e Absatz 1 Satz 1 und § 34f Absatz 1 Satz 1)*, für die Untersagung nach § 35, die Entgegennahme der Gewerbeanzeige nach § 14 oder die Verfolgung von Ordnungswidrigkeiten nach dem Gesetz über Ordnungswidrigkeiten zuständi-

gen Behörden dürfen einander auch ohne Ersuchen Informationen einschließlich personenbezogener Daten übermitteln, soweit dies zur Erfüllung ihrer jeweiligen mit der Tätigkeit von Versicherungsvermittlern und Versicherungsberatern *(ab 01.01.2013: sowie Finanzanlagenvermittlern)* zusammenhängenden Aufgaben erforderlich ist. Die in Satz 1 genannten Stellen stellen der Europäischen Aufsichtsbehörde für das Versicherungswesen und die betriebliche Altersversorgung nach Maßgabe des Artikels 35 der Verordnung (EU) Nr. 1094/2010 des Europäischen Parlaments und des Rates vom 24. November 2010 zur Errichtung einer Europäischen Aufsichtsbehörde (Europäische Aufsichtsbehörde für das Versicherungswesen und die betriebliche Altersversorgung), zur Änderung des Beschlusses Nr. 716/2009/EG und zur Aufhebung des Beschlusses 2009/79/EG der Kommission (ABl. L 331 vom 15.12.2010, S. 48) auf Verlangen alle Informationen zur Verfügung, die zur Erfüllung von deren Aufgaben auf Grund der Verordnung (EU) Nr. 1094/2010 erforderlich sind.

(8) Alle Personen, die im Rahmen des für Versicherungsvermittler und Versicherungsberater *(ab 01.01.2013: sowie Finanzanlagenvermittlern)* geltenden Registrierungsverfahrens oder der Überprüfung der Einhaltung der Voraussetzungen für die Tätigkeit als Versicherungsvermittler oder Versicherungsberater *(ab 01.01.2013: sowie Finanzanlagenvermittlern)* zur Entgegennahme oder Erteilung von Informationen verpflichtet sind, unterliegen dem Berufsgeheimnis. § 84 des Versicherungsaufsichtsgesetzes gilt entsprechend.

§ 13b Anerkennung ausländischer Unterlagen und Bescheinigungen

(1) Soweit nach diesem Gesetz oder einer auf Grund dieses Gesetzes erlassenen Rechtsverordnung die Zuverlässigkeit oder die Vermögensverhältnisse einer Person zu prüfen sind, sind als Nachweis für die Zuverlässigkeit und für geordnete Vermögensverhältnisse von Gewerbetreibenden aus einem anderen Mitgliedstaat der Europäischen Union oder einem anderen Vertragsstaat des Abkommens über den Europäischen Wirtschaftsraum Unterlagen als ausreichend anzuerkennen, die im Herkunftsstaat ausgestellt wurden und die belegen, dass die Anforderungen an die Zuverlässigkeit und die geordneten Vermögensverhältnisse des Gewerbetreibenden erfüllt werden. Dabei kann verlangt werden, dass die Unterlagen in beglaubigter Kopie und beglaubigter deutscher Übersetzung vorgelegt werden. Werden im Herkunftsstaat solche Unterlagen nicht ausgestellt, so können sie durch eine Versicherung an Eides statt des Gewerbetreibenden oder nach dem Recht des Herkunftsstaats vergleichbare Handlungen ersetzt werden.

(2) Soweit in diesem Gesetz oder einer auf Grund dieses Gesetzes erlassenen Rechtsverordnung ein Nachweis darüber verlangt wird, dass ein Gewerbetreibender gegen die finanziellen Risiken seiner beruflichen Tätigkeit haftpflichtversichert ist, ist von Gewerbetreibenden aus einem anderen Mitgliedstaat der Europäischen Union oder einem anderen Vertragsstaat des Abkommens über den Europäischen Wirtschafts-

raum als Nachweis eine Bescheinigung über den Abschluss einer Berufshaftpflichtversicherung als hinreichend anzuerkennen, die von einem Kreditinstitut oder einem Versicherungsunternehmen in einem anderen Mitgliedstaat oder Vertragsstaat ausgestellt wurde, sofern die in diesem Staat abgeschlossene Berufshaftpflichtversicherung im Wesentlichen vergleichbar ist zu der, die von Inländern verlangt wird, und zwar hinsichtlich der Zweckbestimmung, der vorgesehenen Deckung bezüglich des versicherten Risikos, der Versicherungssumme und möglicher Ausnahmen von der Deckung. Bei nur teilweiser Gleichwertigkeit kann eine zusätzliche Sicherheit verlangt werden, die die nicht gedeckten Risiken absichert.
(3) Absatz 2 gilt nicht, soweit Tätigkeiten nach den §§ 30, 33c, 33d, 34, 34a, 34c Absatz 1 Satz 1 *Nummer 1a bis 3 (ab 01.01.2013: Nummer 2)*, den §§ 34d, 34e *(ab 01.01.2013: , 34f)* oder nach § 60a ausgeübt werden.

§ 14 Anzeigepflicht; Verordnungsermächtigung
(1) Wer den selbständigen Betrieb eines stehenden Gewerbes, einer Zweigniederlassung oder einer unselbständigen Zweigstelle anfängt, muss dies der zuständigen Behörde gleichzeitig anzeigen. Das Gleiche gilt, wenn

1. der Betrieb verlegt wird,
2. der Gegenstand des Gewerbes gewechselt oder auf Waren oder Leistungen ausgedehnt wird, die bei Gewerbebetrieben der angemeldeten Art nicht geschäftsüblich sind, oder
3. der Betrieb aufgegeben wird.

Steht die Aufgabe des Betriebes eindeutig fest und ist die Abmeldung nicht innerhalb eines angemessenen Zeitraums erfolgt, kann die Behörde die Abmeldung von Amts wegen vornehmen.
(2) Absatz 1 gilt auch für den Handel mit Arzneimitteln, mit Losen von Lotterien und Ausspielungen sowie mit Bezugs- und Anteilscheinen auf solche Lose und für den Betrieb von Wettannahmestellen aller Art.
(3) Wer die Aufstellung von Automaten jeder Art als selbständiges Gewerbe betreibt, muss die Anzeige bei der zuständigen Behörde seiner Hauptniederlassung erstatten. Der Gewerbetreibende ist verpflichtet, zum Zeitpunkt der Aufstellung des Automaten den Familiennamen mit mindestens einem ausgeschriebenen Vornamen, seine ladungsfähige Anschrift sowie die Anschrift seiner Hauptniederlassung an dem Automaten sichtbar anzubringen. Gewerbetreibende, für die eine Firma im Handelsregister eingetragen ist, haben außerdem ihre Firma in der in Satz 2 bezeichneten Weise anzubringen. Ist aus der Firma der Familienname des Gewerbetreibenden mit einem ausgeschriebenen Vornamen zu ersehen, so genügt die Anbringung der Firma.
(4) Die Finanzbehörden teilen den zuständigen Behörden die nach § 30 der Abgabenordnung geschützten Verhältnisse von Unternehmern im Sinne des § 5 des Gewerbesteuergesetzes mit, wenn deren Steuerpflicht erloschen ist; mitzuteilen sind lediglich Name und betriebliche Anschrift des Unternehmers und der Tag, an dem

die Steuerpflicht endete. Die Mitteilungspflicht besteht nicht, soweit ihre Erfüllung mit einem unverhältnismäßigen Aufwand verbunden wäre. Absatz 5 Satz 1 gilt entsprechend.

(5) Die erhobenen Daten dürfen nur für die Überwachung der Gewerbeausübung sowie statistische Erhebungen verwendet werden. Der Name, die betriebliche Anschrift und die angezeigte Tätigkeit des Gewerbetreibenden dürfen allgemein zugänglich gemacht werden.

(6) Öffentlichen Stellen, soweit sie nicht als öffentlich-rechtliche Unternehmen am Wettbewerb teilnehmen, dürfen der Zweckbindung nach Absatz 5 Satz 1 unterliegende Daten übermittelt werden, soweit

1. eine regelmäßige Datenübermittlung nach Absatz 8 zulässig ist,
2. die Kenntnis der Daten zur Abwehr einer gegenwärtigen Gefahr für die öffentliche Sicherheit oder erheblicher Nachteile für das Gemeinwohl erforderlich ist oder
3. der Empfänger die Daten beim Gewerbetreibenden nur mit unverhältnismäßigem Aufwand erheben könnte oder von einer solchen Datenerhebung nach der Art der Aufgabe, für deren Erfüllung die Kenntnis der Daten erforderlich ist, abgesehen werden muss und kein Grund zu der Annahme besteht, dass das schutzwürdige Interesse des Gewerbetreibenden überwiegt.

Für die Weitergabe von Daten innerhalb der Verwaltungseinheiten, denen die für die Entgegennahme der Anzeige und die Überwachung der Gewerbeausübung zuständigen Behörden angehören, gilt Satz 1 entsprechend.

(7) Öffentlichen Stellen, soweit sie als öffentlich-rechtliche Unternehmen am Wettbewerb teilnehmen, und nichtöffentlichen Stellen dürfen der Zweckbindung nach Absatz 5 Satz 1 unterliegende Daten übermittelt werden, wenn der Empfänger ein rechtliches Interesse an der Kenntnis der zu übermittelnden Daten glaubhaft macht und kein Grund zu der Annahme besteht, dass das schutzwürdige Interesse des Gewerbetreibenden überwiegt.

(8) Die zuständige Behörde darf Daten aus der Gewerbeanzeige regelmäßig übermitteln an

1. die Industrie- und Handelskammer zur Wahrnehmung der in den §§ 1, 3 und 5 des Gesetzes zur vorläufigen Regelung des Rechts der Industrie- und Handelskammern genannten sowie der nach § 1 Abs. 4 desselben Gesetzes übertragenen Aufgaben,
2. die Handwerkskammer zur Wahrnehmung der in § 91 der Handwerksordnung genannten, insbesondere der ihr durch die §§ 6, 19 und 28 der Handwerksordnung zugewiesenen und sonstiger durch Gesetz übertragener Aufgaben,
3. die für den Immissionsschutz zuständige Landesbehörde zur Durchführung arbeitsschutzrechtlicher sowie immissionsschutzrechtlicher Vorschriften,

3a. die für den technischen und sozialen Arbeitsschutz, einschließlich den Entgeltschutz nach dem Heimarbeitsgesetz zuständige Landesbehörde zur Durchführung ihrer Aufgaben,
4. das Eichamt zur Wahrnehmung der im Eichgesetz, in der Eichordnung sowie in der Fertigpackungsverordnung gesetzlich festgelegten Aufgaben,
5. die Bundesagentur für Arbeit zur Wahrnehmung der in § 405 Abs. 1 in Verbindung mit § 404 Abs. 2 des Dritten Buches Sozialgesetzbuch sowie der im Arbeitnehmerüberlassungsgesetz genannten Aufgaben,
6. die Deutsche Gesetzliche Unfallversicherung e. V. ausschließlich zur Weiterleitung an die zuständige Berufsgenossenschaft für die Erfüllung der ihr durch Gesetz übertragenen Aufgaben,
7. die Behörden der Zollverwaltung zur Wahrnehmung der ihnen nach dem Schwarzarbeitsbekämpfungsgesetz, nach § 405 Abs. 1 in Verbindung mit § 404 Abs. 2 des Dritten Buches Sozialgesetzbuch sowie nach dem Arbeitnehmerüberlassungsgesetz obliegenden Aufgaben,
8. das Registergericht, soweit es sich um die Abmeldung einer im Handels- und Genossenschaftsregister eingetragenen Haupt- oder Zweigniederlassung handelt, für Maßnahmen zur Herstellung der inhaltlichen Richtigkeit des Handelsregisters gemäß § 388 Abs. 1 des Gesetzes über das Verfahren in Familiensachen und in den Angelegenheiten der freiwilligen Gerichtsbarkeit oder des Genossenschaftsregisters gemäß § 160 des Gesetzes betreffend die Erwerbs- und Wirtschaftsgenossenschaften,
9. die statistischen Ämter der Länder zur Führung des Statistikregisters nach § 1 Abs. 1 Satz 1 des Statistikregistergesetzes in den Fällen des Absatzes 1 Satz 2 Nr. 1 und 2.

Die Übermittlung der Daten ist auf das zur Wahrnehmung der in Satz 1 bezeichneten Aufgaben Erforderliche zu beschränken. § 138 der Abgabenordnung bleibt unberührt.

(9) Darüber hinaus sind Übermittlungen der nach den Absätzen 1 bis 4 erhobenen Daten nur zulässig, soweit die Kenntnis der Daten zur Verfolgung von Straftaten erforderlich ist oder eine besondere Rechtsvorschrift dies vorsieht.

(10) Die Einrichtung eines automatisierten Verfahrens, das den Abruf von Daten aus der Gewerbeanzeige ermöglicht, ist nur zulässig, wenn technisch sichergestellt ist, dass

1. die abrufende Stelle die bei der zuständigen Stelle gespeicherten Daten nicht verändern kann und
2. ein Abruf durch eine in Absatz 7 genannte Stelle nur möglich ist, wenn die abrufende Stelle entweder den Namen des Gewerbetreibenden oder die betriebliche Anschrift des Gewerbetreibenden angegeben hat; der Abruf von Daten unter

Verwendung unvollständiger Abfragedaten oder die Suche mittels einer Ähnlichenfunktion kann zugelassen werden.

(11) Die Einrichtung eines automatisierten Verfahrens, das den Abruf von Daten ermöglicht, die der Zweckbindung nach Absatz 5 Satz 1 unterliegen, ist nur zulässig, soweit

1. dies wegen der Häufigkeit oder der Eilbedürftigkeit der Abrufe und unter Berücksichtigung der schutzwürdigen Interessen der Gewerbetreibenden angemessen ist,
2. die zum Abruf bereitgehaltenen Daten ihrer Art nach für die Aufgaben oder Geschäftszwecke des Empfängers erforderlich sein können und
3. technisch sichergestellt ist, dass Daten durch andere als die in Absatz 8 genannten Stellen nur abgerufen werden können, wenn dabei der Verwendungszweck, für den der Abruf erfolgt, sowie das Aktenzeichen oder eine andere Bezeichnung des Vorgangs, für den der Abruf erfolgt, angegeben wird.

Die Datenempfänger sowie die Verwendungszwecke, für die Abrufe zugelassen werden, sind vom Leiter der Verwaltungseinheit schriftlich festzulegen. Die zuständige Stelle protokolliert die Abrufe einschließlich der angegebenen Verwendungszwecke und Vorgangsbezeichnungen. Die Protokolle müssen die Feststellung der für die einzelnen Abrufe verantwortlichen Personen ermöglichen. Eine mindestens stichprobenweise Protokollauswertung ist durch die speichernde Stelle zu gewährleisten. Die Protokolldaten dürfen nur zur Kontrolle der Zulässigkeit der Abrufe verwendet werden und sind nach sechs Monaten zu löschen.

(12) Daten, die der Zweckbindung nach Absatz 5 Satz 1 unterliegen, darf der Empfänger nur für den Zweck verwenden, zu dessen Erfüllung sie ihm übermittelt werden.

(13) Über die Gewerbeanzeigen nach Absatz 1 Satz 1 und 2 Nr. 3 werden monatliche Erhebungen als Bundesstatistik durchgeführt. Die Statistik nach Satz 1 soll als Informationsgrundlage für die Wirtschafts-, Wettbewerbs- und Strukturpolitik dienen. Für die Erhebungen besteht Auskunftspflicht. Auskunftspflichtig sind die Anzeigepflichtigen, die die Auskunftspflicht durch Erstattung der Anzeige erfüllen. Die zuständige Behörde übermittelt aus den Gewerbeanzeigen monatlich die Daten als Erhebungs- oder Hilfsmerkmale an die statistischen Ämter der Länder, die zur Führung der Statistik nach Satz 1 erforderlich sind. Die statistischen Ämter der Länder dürfen die Angaben zum eingetragenen Namen des Betriebes mit Rechtsform und zum Namen des Betriebsinhabers für die Bestimmung der Rechtsform bis zum Abschluss der nach § 12 Abs. 1 des Bundesstatistikgesetzes vorgesehenen Prüfung auswerten. Ferner dürfen sie nähere Angaben zu der angemeldeten Tätigkeit unmittelbar bei den Auskunftspflichtigen erfragen, soweit die gemeldete Tätigkeit sonst den Wirtschaftszweigen nach Anhang I der Verordnung (EG) Nr. 1893/2006 des Europäischen Parlaments und des Rates vom 20. Dezember 2006 zur Aufstellung der statis-

tischen Systematik der Wirtschaftszweige NACE Revision 2 und zur Änderung der Verordnung (EWG) Nr. 3037/90 des Rates sowie einiger Verordnungen der EG über bestimmte Bereiche der Statistik (ABl. EU Nr. L 393 S. 1) in der jeweils geltenden Fassung nicht zugeordnet werden kann.

(14) Das Bundesministerium für Wirtschaft und Technologie erlässt mit Zustimmung des Bundesrates durch Rechtsverordnung zur Gewährleistung der ordnungsgemäßen Erfüllung der Anzeigepflicht nach Absatz 1, zur Regelung der Datenübermittlung nach Absatz 8 sowie zur Führung der Statistik nach Absatz 13 nähere Vorschriften. Die Rechtsverordnung

1. bestimmt insbesondere, welche erforderlichen Informationen in den Anzeigen nach Absatz 1 anzugeben sind,
2. kann die Verwendung von Vordrucken zur Anzeige eines Gewerbes anordnen, die Gestaltung der Vordrucke durch Muster festlegen und Vorgaben treffen, wie und in welcher Anzahl die Vordrucke auszufüllen sind,
3. kann Rahmenvorgaben für die elektronische Datenverarbeitung und -übermittlung festlegen,
4. bestimmt, welche Daten zur Aufgabenwahrnehmung der in Absatz 8 Satz 1 bezeichneten Stellen erforderlicherweise zu übermitteln sind, und
5. bestimmt, welche Daten als Erhebungs- und Hilfsmerkmale für die Statistik nach Absatz 13 Satz 1 an die statistischen Ämter der Länder zu übermitteln sind.

§ 29 Auskunft und Nachschau

(1) Gewerbetreibende oder sonstige Personen,

1. die einer Erlaubnis nach §§ 30, 33a, 33c, 33d, 33i, 34, 34a, 34b, 34c, 34d *oder 34e (ab 01.01.2013: , 34e oder 34f)* bedürfen,
2. die nach § 34b Abs. 5 oder § 36 öffentlich bestellt sind,
3. die ein überwachungsbedürftiges Gewerbe im Sinne des § 38 Abs. 1 betreiben,
4. gegen die ein Untersagungsverfahren nach § 35 oder § 59 eröffnet oder abgeschlossen wurde oder
5. die ein Gewerbe nach § 18 Abs. 1 Satz 1 des Kulturgüterrückgabegesetzes betreiben

(Betroffene), haben den Beauftragten der zuständigen öffentlichen Stelle auf Verlangen die für die Überwachung des Geschäftsbetriebs erforderlichen mündlichen und schriftlichen Auskünfte unentgeltlich zu erteilen.

§ 34c Makler, Anlageberater, Bauträger, Baubetreuer (ab 01.01.2013: Makler, Bauträger, *Baubetreuer)*

(1) Wer gewerbsmäßig

1. den Abschluss von Verträgen über Grundstücke, grundstücksgleiche Rechte, gewerbliche Räume oder Wohnräume vermitteln oder die Gelegenheit zum Abschluss solcher Verträge nachweisen,

1a. *(Ab 01.01.2013: 2.)* den Abschluss von Darlehensverträgen vermitteln oder die Gelegenheit zum Abschluss solcher Verträge nachweisen,

(Nr. 2 anzuwenden bis 31.12.2012:)

2. *den Abschluss von Verträgen über den Erwerb von Anteilscheinen einer Kapitalanlagegesellschaft oder Investmentaktiengesellschaft, von ausländischen Investmentanteilen, die im Geltungsbereich des Investmentgesetzes öffentlich vertrieben werden dürfen, von sonstigen öffentlich angebotenen Vermögensanlagen, die für gemeinsame Rechnung der Anleger verwaltet werden, oder von öffentlich angebotenen Anteilen an einer und von verbrieften Forderungen gegen eine Kapitalgesellschaft oder Kommanditgesellschaft vermitteln,*

(Nr. 3 anzuwenden bis 31.12.2012:

3. *Anlageberatung im Sinne der Bereichsausnahme des § 2 Abs. 6 Satz 1 Nr. 8 des Kreditwesengesetzes betreiben,*

4. *(Ab 01.01.2013: 3.)* Bauvorhaben
   a) als Bauherr im eigenen Namen für eigene oder fremde Rechnung vorbereiten oder durchführen und dazu Vermögenswerte von Erwerbern, Mietern, Pächtern oder sonstigen Nutzungsberechtigten oder von Bewerbern um Erwerbs- oder Nutzungsrechte verwenden,
   b) als Baubetreuer im fremden Namen für fremde Rechnung wirtschaftlich vorbereiten oder durchführen

will, bedarf der Erlaubnis der zuständigen Behörde. Die Erlaubnis kann inhaltlich beschränkt und mit Auflagen verbunden werden, soweit dies zum Schutze der Allgemeinheit oder der Auftraggeber erforderlich ist; unter denselben Voraussetzungen ist auch die nachträgliche Aufnahme, Änderung und Ergänzung von Auflagen zulässig.

(2) Die Erlaubnis ist zu versagen, wenn

1. Tatsachen die Annahme rechtfertigen, daß der Antragsteller oder eine der mit der Leitung des Betriebes oder einer Zweigniederlassung beauftragten Personen die für den Gewerbebetrieb erforderliche Zuverlässigkeit nicht besitzt; die erforderliche Zuverlässigkeit besitzt in der Regel nicht, wer in den letzten fünf Jahren vor Stellung des Antrages wegen eines Verbrechens oder wegen Diebstahls, Unterschlagung, Erpressung, Betruges, Untreue, Geldwäsche, Urkundenfälschung, Hehlerei, Wuchers oder einer Insolvenzstraftat rechtskräftig verurteilt worden ist, oder

2. der Antragsteller in ungeordneten Vermögensverhältnissen lebt; dies ist in der Regel der Fall, wenn über das Vermögen des Antragstellers das Insolvenzverfahren eröffnet worden oder er in das *vom Insolvenzgericht oder (anzuwenden bis 31.12.2012)* vom Vollstreckungsgericht zu führende Verzeichnis (§ 26 Abs. 2 Insolvenzordnung, *§ 915 (ab 01.01.2013: § 882b)* Zivilprozeßordnung eingetragen ist.

(3) Das Bundesministerium für Wirtschaft und Technologie wird ermächtigt, durch Rechtsverordnung mit Zustimmung des Bundesrates zum Schutze der Allgemeinheit und der Auftraggeber Vorschriften zu erlassen über den Umfang der Verpflichtungen des Gewerbetreibenden bei der Ausübung des Gewerbes, insbesondere über die Verpflichtungen

1. ausreichende Sicherheiten zu leisten oder eine zu diesem Zweck geeignete Versicherung abzuschließen, sofern der Gewerbetreibende Vermögenswerte des Auftraggebers erhält oder verwendet,
2. die erhaltenen Vermögenswerte des Auftraggebers getrennt zu verwalten,
3. nach der Ausführung des Auftrages dem Auftraggeber Rechnung zu legen,
4. der zuständigen Behörde Anzeige beim Wechsel der mit der Leitung des Betriebes oder einer Zweigniederlassung beauftragten Personen zu erstatten und hierbei bestimmte Angaben zu machen,
5. dem Auftraggeber die für die Beurteilung des Auftrages und des zu vermittelnden oder nachzuweisenden Vertrages jeweils notwendigen Informationen schriftlich oder mündlich zu geben,
6. Bücher zu führen einschließlich der Aufzeichnung von Daten über einzelne Geschäftsvorgänge sowie über die Auftraggeber.

In der Rechtsverordnung nach Satz 1 kann ferner die Befugnis des Gewerbetreibenden zur Entgegennahme und zur Verwendung von Vermögenswerten des Auftraggebers beschränkt werden, soweit dies zum Schutze des Auftraggebers erforderlich ist. Außerdem kann in der Rechtsverordnung der Gewerbetreibende verpflichtet werden, die Einhaltung der nach Satz 1 Nr. 1 bis 6 und Satz 2 erlassenen Vorschriften auf seine Kosten regelmäßig sowie aus besonderem Anlaß prüfen zu lassen und den Prüfungsbericht der zuständigen Behörde vorzulegen, soweit es zur wirksamen Überwachung erforderlich ist; hierbei können die Einzelheiten der Prüfung, insbesondere deren Anlaß, Zeitpunkt und Häufigkeit, die Auswahl, Bestellung und Abberufung der Prüfer, deren Rechte, Pflichten und Verantwortlichkeit, der Inhalt des Prüfungsberichts, die Verpflichtungen des Gewerbetreibenden gegenüber dem Prüfer sowie das Verfahren bei Meinungsverschiedenheiten zwischen dem Prüfer und dem Gewerbetreibenden, geregelt werden.

(4) (weggefallen)

(5) Die Absätze 1 bis 3 gelten nicht für

(Nr. 1 anzuwenden bis 31.12.2012:)

1. *Betreuungsunternehmen im Sinne des § 37 Abs. 2 des Zweiten Wohnungsbaugesetzes oder des § 22c Abs. 2 des Wohnungsbaugesetzes für das Saarland, solange sie diese Eigenschaft behalten,*
2. *(Ab 01.01.2013: 1.)* Kreditinstitute, für die eine Erlaubnis nach § 32 Abs. 1 des Kreditwesengesetzes erteilt wurde, und für Zweigstellen von Unternehmen im Sinne des § 53b Abs. 1 Satz 1 des Kreditwesengesetzes,

(Nr. 2a anzuwenden bis 31.12.2012:)

2a. *Kapitalanlagegesellschaften, für die eine Erlaubnis nach § 7 Abs. 1 des Investmentgesetzes erteilt wurde, und Zweigniederlassungen von Unternehmen im Sinne des § 13 Abs. 1 Satz 1 des Investmentgesetzes,*

(Nr. 3 anzuwenden bis 31.12.2012:)

3. *Finanzdienstleistungsinstitute in bezug auf Vermittlungstätigkeiten oder Anlageberatung, für die ihnen eine Erlaubnis nach § 32 Abs. 1 des Kreditwesengesetzes erteilt wurde oder nach § 64e Abs. 2 oder § 64i Abs. 1 des Kreditwesengesetzes als erteilt gilt,*

(Nr. 3a anzuwenden bis 31.12.2012:)

3a. *Gewerbetreibende im Sinne des Absatzes 1 Satz 1 Nr. 2 oder Nr. 3 in bezug auf Vermittlungstätigkeiten oder Anlageberatung nach Maßgabe des § 2 Abs. 10 Satz 1 des Kreditwesengesetzes,*

4. *(Ab 01.01.2013: 2.)* Gewerbetreibende, die lediglich zur Finanzierung der von ihnen abgeschlossenen Warenverkäufe oder zu erbringenden Dienstleistungen den Abschluß von Verträgen über Darlehen vermitteln oder die Gelegenheit zum Abschluß solcher Verträge nachweisen,
5. *(Ab 01.01.2013: 3.)* Zweigstellen von Unternehmen mit Sitz in einem anderen Mitgliedstaat der Europäischen Union, die nach § 53b Abs. 7 des Kreditwesengesetzes Darlehen zwischen Kreditinstituten vermitteln dürfen, soweit sich ihre Tätigkeit nach Absatz 1 auf die Vermittlung von Darlehen zwischen Kreditinstituten beschränkt,
6. *(Ab 01.01.2013: 4.)* Verträge, soweit Teilzeitnutzung von Wohngebäuden im Sinne des § 481 des Bürgerlichen Gesetzesbuchs gemäß Absatz 1 Satz 1 Nr. 1 nachgewiesen oder vermittelt wird.

§ 34d Versicherungsvermittler

(1) Wer gewerbsmäßig als Versicherungsmakler oder als Versicherungsvertreter den Abschluss von Versicherungsverträgen vermitteln will (Versicherungsvermittler), bedarf der Erlaubnis der zuständigen Industrie- und Handelskammer. Die Erlaubnis kann inhaltlich beschränkt und mit Auflagen verbunden werden, soweit dies zum Schutze der Allgemeinheit oder der Versicherungsnehmer erforderlich ist; unter

denselben Voraussetzungen sind auch die nachträgliche Aufnahme, Änderung und Ergänzung von Auflagen zulässig. In der Erlaubnis ist anzugeben, ob sie einem Versicherungsmakler oder einem Versicherungsvertreter erteilt wird. Die einem Versicherungsmakler erteilte Erlaubnis beinhaltet die Befugnis, Dritte, die nicht Verbraucher sind, bei der Vereinbarung, Änderung oder Prüfung von Versicherungsverträgen gegen gesondertes Entgelt rechtlich zu beraten; diese Befugnis zur Beratung erstreckt sich auch auf Beschäftigte von Unternehmen in den Fällen, in denen der Versicherungsmakler das Unternehmen berät. Bei der Wahrnehmung der Aufgaben nach den Sätzen 1 und 2 unterliegt die Industrie- und Handelskammer der Aufsicht der obersten Landesbehörde.

(2) Die Erlaubnis ist zu versagen, wenn

1. Tatsachen die Annahme rechtfertigen, dass der Antragsteller die für den Gewerbebetrieb erforderliche Zuverlässigkeit nicht besitzt; die erforderliche Zuverlässigkeit besitzt in der Regel nicht, wer in den letzten fünf Jahren vor Stellung des Antrages wegen eines Verbrechens oder wegen Diebstahls, Unterschlagung, Erpressung, Betruges, Untreue, Geldwäsche, Urkundenfälschung, Hehlerei, Wuchers oder einer Insolvenzstraftat rechtskräftig verurteilt worden ist,
2. der Antragsteller in ungeordneten Vermögensverhältnissen lebt; dies ist in der Regel der Fall, wenn über das Vermögen des Antragstellers das Insolvenzverfahren eröffnet worden oder er in das *vom Insolvenzgericht oder (anzuwenden bis 31.12.2012)* vom Vollstreckungsgericht zu führende Verzeichnis (§ 26 Abs. 2 der Insolvenzordnung, § 915 *(ab 01.01.2013: § 882b)* der Zivilprozessordnung) eingetragen ist,
3. der Antragsteller den Nachweis einer Berufshaftpflichtversicherung nicht erbringen kann oder
4. der Antragsteller nicht durch eine vor der Industrie- und Handelskammer erfolgreich abgelegte Prüfung nachweist, dass er die für die Versicherungsvermittlung notwendige Sachkunde über die versicherungsfachlichen, insbesondere hinsichtlich Bedarf, Angebotsformen und Leistungsumfang, und rechtlichen Grundlagen sowie die Kundenberatung besitzt; es ist ausreichend, wenn der Nachweis durch eine angemessene Zahl von beim Antragsteller beschäftigten natürlichen Personen erbracht wird, denen die Aufsicht über die unmittelbar mit der Vermittlung von Versicherungen befassten Personen übertragen ist und die den Antragsteller vertreten dürfen.

(3) Auf Antrag hat die nach Absatz 1 zuständige Behörde einen Gewerbetreibenden, der die Versicherung als Ergänzung der im Rahmen seiner Haupttätigkeit gelieferten Waren oder Dienstleistungen vermittelt, von der Erlaubnispflicht nach Absatz 1 zu befreien, wenn er nachweisen kann, dass

1. er seine Tätigkeit als Versicherungsvermittler unmittelbar im Auftrag eines oder mehrerer Versicherungsvermittler, die Inhaber einer Erlaubnis nach Absatz 1 sind, oder eines oder mehrerer Versicherungsunternehmen ausübt,
2. für ihn eine Berufshaftpflichtversicherung nach Maßgabe des Absatzes 2 Nr. 3 besteht und
3. er zuverlässig sowie angemessen qualifiziert ist und nicht in ungeordneten Vermögensverhältnissen lebt; als Nachweis hierfür ist eine Erklärung der in Nummer 1 bezeichneten Auftraggeber ausreichend, mit dem Inhalt, dass sie sich verpflichten, die Anforderungen entsprechend § 80 Abs. 2 des Versicherungsaufsichtsgesetzes zu beachten und die für die Vermittlung der jeweiligen Versicherung angemessene Qualifikation des Antragstellers sicherzustellen, und dass ihnen derzeit nichts Gegenteiliges bekannt ist.

Absatz 1 Satz 2 gilt entsprechend.

(4) Keiner Erlaubnis bedarf ein Versicherungsvermittler nach Absatz 1 Satz 1, wenn

1. er seine Tätigkeit als Versicherungsvermittler ausschließlich im Auftrag eines oder, wenn die Versicherungsprodukte nicht in Konkurrenz stehen, mehrerer im Inland zum Geschäftsbetrieb befugten Versicherungsunternehmen ausübt und
2. durch das oder die Versicherungsunternehmen für ihn die uneingeschränkte Haftung aus seiner Vermittlertätigkeit übernommen wird.

(5) Keiner Erlaubnis bedarf ein Versicherungsvermittler nach Absatz 1 Satz 1, wenn er in einem anderen Mitgliedstaat der Europäischen Union oder in einem anderen Vertragsstaat des Abkommens über den Europäischen Wirtschaftsraum niedergelassen ist und die Eintragung in ein Register nach Artikel 3 der Richtlinie 2002/92/EG des Europäischen Parlaments und des Rates vom 9. Dezember 2002 über Versicherungsvermittlung (ABl. EG 2003 Nr. L 9 S. 3) nachweisen kann.

(6) Gewerbetreibende nach den Absätzen 1, 3 und 4 dürfen direkt bei der Vermittlung mitwirkende Personen nur beschäftigen, wenn sie sicherstellen, dass diese Personen über die für die Vermittlung der jeweiligen Versicherung angemessene Qualifikation verfügen, und geprüft haben, ob sie zuverlässig sind.

(7) Gewerbetreibende nach den Absätzen 1, 3 und 4 sind verpflichtet, sich unverzüglich nach Aufnahme ihrer Tätigkeit in das Register nach § 11a Abs. 1 eintragen zu lassen. Wesentliche Änderungen der im Register gespeicherten Angaben sind der Registerbehörde unverzüglich mitzuteilen. Im Falle des § 80 Abs. 3 des Versicherungsaufsichtsgesetzes wird mit der Mitteilung an die Registerbehörde zugleich die uneingeschränkte Haftung nach Absatz 4 Nr. 2 durch das Versicherungsunternehmen übernommen. Diese Haftung besteht nicht für Vermittlertätigkeiten nach Löschung der Angaben zu dem Gewerbetreibenden aus dem Register auf Grund einer Mitteilung nach § 80 Abs. 4 des Versicherungsaufsichtsgesetzes.

(8) Das Bundesministerium für Wirtschaft und Technologie kann im Einvernehmen mit dem Bundesministerium der Justiz, dem Bundesministerium der Finanzen und

dem Bundesministerium für Ernährung, Landwirtschaft und Verbraucherschutz durch Rechtsverordnung mit Zustimmung des Bundesrates zur Umsetzung der Richtlinie 2002/92/EG, zur Umsetzung der Richtlinie 2005/36/EG des Europäischen Parlaments und des Rates vom 7. September 2005 über die Anerkennung von Berufsqualifikationen (ABl. EU Nr. L 255 S. 22, 2007 Nr. L 271 S. 18) oder zum Schutze der Allgemeinheit und der Versicherungsnehmer Vorschriften erlassen über

1. den Umfang der Verpflichtungen des Versicherungsvermittlers bei der Ausübung des Gewerbes, insbesondere über
   a) die Informationspflichten gegenüber dem Versicherungsnehmer,
   b) die Verpflichtung, ausreichende Sicherheiten zu leisten oder eine zu diesem Zweck geeignete Versicherung abzuschließen, sofern der Versicherungsvermittler Vermögenswerte des Versicherungsnehmers oder für diesen bestimmte Vermögenswerte erhält oder verwendet,
2. die Inhalte und das Verfahren für eine Sachkundeprüfung nach Absatz 2 Nr. 4, die Ausnahmen von der Erforderlichkeit der Sachkundeprüfung sowie die Gleichstellung anderer Berufsqualifikationen mit der Sachkundeprüfung, die örtliche Zuständigkeit der Industrie- und Handelskammern, die Berufung eines Aufgabenauswahlausschusses,
3. Umfang und inhaltliche Anforderungen an die nach Absatz 2 Nr. 3 erforderliche Haftpflichtversicherung, insbesondere die Höhe der Mindestversicherungssummen, die Bestimmung der zuständigen Stelle im Sinne des § 158c Abs. 2 des Gesetzes über den Versicherungsvertrag, über den Nachweis des Bestehens einer Haftpflichtversicherung und Anzeigepflichten des Versicherungsunternehmens gegenüber den Behörden und den Versicherungsnehmern,
4. die Anforderungen und Verfahren, die zur Durchführung der Richtlinie 2005/36/EG Anwendung finden sollen auf Inhaber von in einem Mitgliedstaat der Europäischen Union oder eines Vertragsstaates des Abkommens über den Europäischen Wirtschaftsraum erworbenen Berufsqualifikationen, die im Inland vorübergehend oder dauerhaft als Versicherungsvermittler tätig werden wollen, und nicht die Voraussetzungen des Absatzes 5 erfüllen.

In der Rechtsverordnung nach Satz 1 kann ferner die Befugnis des Versicherungsvermittlers zur Entgegennahme und zur Verwendung von Vermögenswerten des Versicherungsnehmers oder für diesen bestimmten Vermögenswerten beschränkt werden, soweit dies zum Schutze des Versicherungsnehmers erforderlich ist. In der Rechtsverordnung nach Satz 1 kann bestimmt werden, dass über die Erfüllung der Verpflichtungen nach Satz 1 Nr. 1 Buchstabe b Aufzeichnungen zu führen sind und die Einhaltung der Verpflichtungen nach Satz 1 Nr. 1 Buchstabe b auf Kosten des Versicherungsvermittlers regelmäßig oder aus besonderem Anlass zu überprüfen und der Prüfungsbericht der zuständigen Behörde vorzulegen ist, soweit es zur wirksamen Überwachung erforderlich ist; hierbei können die Einzelheiten der Prüfung, insbesondere deren Anlass, Zeitpunkt und Häufigkeit, die Auswahl, Bestellung und Abberufung der Prüfer, deren Rechte, Pflichten und Verantwortlichkeit, der Inhalt des Prüfberichts, die Verpflichtungen des Versicherungsvermittlers gegenüber dem Prüfer sowie das Verfahren bei Meinungsverschiedenheiten zwischen dem Prüfer und dem Versicherungsvermittler, geregelt werden.

(9) Die Absätze 1 bis 8 gelten nicht

1. für Gewerbetreibende, wenn
   a) sie nicht hauptberuflich Versicherungen vermitteln,
   b) sie ausschließlich Versicherungsverträge vermitteln, für die nur Kenntnisse des angebotenen Versicherungsschutzes erforderlich sind,
   c) sie keine Lebensversicherungen oder Versicherungen zur Abdeckung von Haftpflichtrisiken vermitteln,
   d) die Versicherung eine Zusatzleistung zur Lieferung einer Ware oder der Erbringung einer Dienstleistung darstellt und entweder das Risiko eines Defekts, eines Verlusts oder einer Beschädigung von Gütern abdeckt oder die Beschädigung, den Verlust von Gepäck oder andere Risiken im Zusammenhang mit einer bei dem Gewerbetreibenden gebuchten Reise, einschließlich Haftpflicht- oder Unfallversicherungsrisiken, sofern die Deckung zusätzlich zur Hauptversicherungsdeckung für Risiken im Zusammenhang mit dieser Reise gewährt wird,
   e) die Jahresprämie einen Betrag von 500 Euro nicht übersteigt und
   f) die Gesamtlaufzeit einschließlich etwaiger Verlängerungen nicht mehr als fünf Jahre beträgt;
2. für Gewerbetreibende, die als Bausparkasse oder als von einer Bausparkasse beauftragter Vermittler für Bausparer als Bestandteile der Bausparverträge Versicherungen im Rahmen eines Kollektivvertrages vermitteln, die ausschließlich dazu bestimmt sind, die Rückzahlungsforderungen der Bausparkasse aus gewährten Darlehen abzusichern;
3. für Gewerbetreibende, die als Zusatzleistung zur Lieferung einer Ware oder der Erbringung einer Dienstleistung im Zusammenhang mit Darlehens- und Leasingverträgen Restschuldversicherungen vermitteln, deren Jahresprämie einen Betrag von 500 Euro nicht übersteigt.

(10) Die Vorschriften für Versicherungsvermittler gelten auch für Rückversicherungsvermittler.

(11) Die Absätze 1 bis 4, 6, 7 und 9 gelten nicht für Gewerbetreibende, die
   a) als natürliche Person ihren Wohnsitz in einem anderen Mitgliedstaat der Europäischen Union oder einem anderen Vertragsstaat des Abkommens über den Europäischen Wirtschaftsraum haben und dort die Tätigkeit der Versicherungsvermittlung ausüben oder

b) als juristische Person ihren satzungsmäßigen Sitz oder, wenn sie gemäß dem für sie geltenden einzelstaatlichen Recht keinen satzungsmäßigen Sitz haben, ihren Hauptverwaltungssitz in einem anderen Mitgliedstaat der Europäischen Union oder einem anderen Vertragsstaat des Abkommens über den Europäischen Wirtschaftsraum haben.

§ 34e Versicherungsberater

(1) Wer gewerbsmäßig Dritte über Versicherungen beraten will, ohne von einem Versicherungsunternehmen einen wirtschaftlichen Vorteil zu erhalten oder von ihm in anderer Weise abhängig zu sein (Versicherungsberater), bedarf der Erlaubnis der zuständigen Industrie- und Handelskammer. Die Erlaubnis kann inhaltlich beschränkt und mit Auflagen verbunden werden, soweit dies zum Schutze der Allgemeinheit oder der Versicherungsnehmer erforderlich ist; unter denselben Voraussetzungen ist auch die nachträgliche Aufnahme, Änderung und Ergänzung von Auflagen zulässig. Die Erlaubnis beinhaltet die Befugnis, Dritte bei der Vereinbarung, Änderung oder Prüfung von Versicherungsverträgen oder bei der Wahrnehmung von Ansprüchen aus dem Versicherungsvertrag im Versicherungsfall rechtlich zu beraten und gegenüber dem Versicherungsunternehmen außergerichtlich zu vertreten. Bei der Wahrnehmung ihrer Aufgaben nach den Sätzen 1 und 2 unterliegt die Industrie- und Handelskammer der Aufsicht der obersten Landesbehörde.

(2) § 34d Abs. 2 und 5 bis 8 und 11 sowie die auf Grund des § 34d Abs. 8 erlassenen Rechtsvorschriften gelten entsprechend.

(3) Versicherungsberater dürfen keine Provision von Versicherungsunternehmen entgegennehmen. Das Bundesministerium für Wirtschaft und Technologie kann im Einvernehmen mit dem Bundesministerium der Justiz durch Rechtsverordnung mit Zustimmung des Bundesrates zum Schutze der Allgemeinheit und der Versicherungsnehmer nähere Vorschriften über das Provisionsannahmeverbot erlassen. In der Rechtsverordnung nach Satz 2 kann insbesondere bestimmt werden, dass die Einhaltung des Provisionsannahmeverbotes auf Kosten des Versicherungsberaters regelmäßig oder aus besonderem Anlass zu überprüfen und der Prüfungsbericht der zuständigen Behörde vorzulegen ist, soweit es zur wirksamen Überwachung erforderlich ist; hierbei können die Einzelheiten der Prüfung, insbesondere deren Anlass, Zeitpunkt und Häufigkeit, die Auswahl, Bestellung und Abberufung der Prüfer, deren Rechte, Pflichten und Verantwortlichkeit, der Inhalt des Prüfberichts, die Verpflichtungen des Versicherungsberaters gegenüber dem Prüfer sowie das Verfahren bei Meinungsverschiedenheiten zwischen dem Prüfer und dem Versicherungsberater, geregelt werden. Zur Überwachung des Provisionsannahmeverbotes kann in der Rechtsverordnung bestimmt werden, dass der Versicherungsberater über die Einnahmen aus seiner Tätigkeit Aufzeichnungen zu führen hat.

(§ 34f anzuwenden ab 01.01.2013:)

§ 34f Finanzanlagenvermittler

(1) Wer im Umfang der Bereichsausnahme des § 2 Absatz 6 Satz 1 Nummer 8 des Kreditwesengesetzes gewerbsmäßig zu

1. *Anteilscheinen einer Kapitalanlagegesellschaft oder Investmentaktiengesellschaft oder von ausländischen Investmentanteilen, die im Geltungsbereich des Investmentgesetzes öffentlich vertrieben werden dürfen,*
2. *Anteilen an geschlossenen Fonds in Form einer Kommanditgesellschaft,*
3. *sonstigen Vermögensanlagen im Sinne des § 1 Absatz 2 des Vermögensanlagengesetzes*

Anlageberatung im Sinne des § 1 Absatz 1a Nummer 1a des Kreditwesengesetzes erbringen oder den Abschluss von Verträgen über den Erwerb solcher Finanzanlagen vermitteln will (Finanzanlagenvermittler), bedarf der Erlaubnis der zuständigen Behörde. Die Erlaubnis kann inhaltlich beschränkt oder mit Auflagen verbunden werden, soweit dies zum Schutz der Allgemeinheit oder der Anleger erforderlich ist; unter denselben Voraussetzungen sind auch die nachträgliche Aufnahme, Änderung und Ergänzung von Auflagen zulässig. Die Erlaubnis nach Satz 1 kann auf die Anlageberatung zu und die Vermittlung von Verträgen über den Erwerb von einzelnen Kategorien von Finanzanlagen nach Nummer 1, 2 oder 3 beschränkt werden.

(2) Die Erlaubnis ist zu versagen, wenn

1. *Tatsachen die Annahme rechtfertigen, dass der Antragsteller oder eine der mit der Leitung des Betriebs oder einer Zweigniederlassung beauftragten Personen die für den Gewerbebetrieb erforderliche Zuverlässigkeit nicht besitzt; die erforderliche Zuverlässigkeit besitzt in der Regel nicht, wer in den letzten fünf Jahren vor Stellung des Antrags wegen eines Verbrechens oder wegen Diebstahls, Unterschlagung, Erpressung, Betrugs, Untreue, Geldwäsche, Urkundenfälschung, Hehlerei, Wuchers oder einer Insolvenzstraftat rechtskräftig verurteilt worden ist,*
2. *der Antragsteller in ungeordneten Vermögensverhältnissen lebt; dies ist in der Regel der Fall, wenn über das Vermögen des Antragstellers das Insolvenzverfahren eröffnet worden oder er in das vom Insolvenzgericht oder vom Vollstreckungsgericht zu führende Verzeichnis (§ 26 Absatz 2 der Insolvenzordnung, § 915 der Zivilprozessordnung) eingetragen ist,*
3. *der Antragsteller den Nachweis einer Berufshaftpflichtversicherung nicht erbringen kann oder*
4. *der Antragsteller nicht durch eine vor der Industrie- und Handelskammer erfolgreich abgelegte Prüfung nachweist, dass er die für die Vermittlung von und Beratung über Finanzanlagen im Sinne des Absatzes 1 Satz 1 notwendige Sachkunde über die fachlichen und rechtlichen Grundlagen sowie über die Kundenberatung besitzt; die Sachkunde ist dabei im Umfang der beantragten Erlaubnis nachzuweisen.*

(3) Keiner Erlaubnis nach Absatz 1 bedürfen

1. *Kreditinstitute, für die eine Erlaubnis nach § 32 Absatz 1 des Kreditwesengesetzes erteilt wurde, und Zweigstellen von Unternehmen im Sinne des § 53b Absatz 1 Satz 1 des Kreditwesengesetzes,*
2. *Kapitalanlagegesellschaften, für die eine Erlaubnis nach § 7 Absatz 1 des Investmentgesetzes erteilt wurde, und Zweigniederlassungen von Unternehmen im Sinne des § 13 Absatz 1 Satz 1 des Investmentgesetzes,*
3. *Finanzdienstleistungsinstitute in Bezug auf Vermittlungstätigkeiten oder Anlageberatung, für die ihnen eine Erlaubnis nach § 32 Absatz 1 des Kreditwesengesetzes erteilt wurde oder für die eine Erlaubnis nach § 64e Absatz 2, § 64i Absatz 1, § 64m oder § 64n des Kreditwesengesetzes als erteilt gilt,*
4. *Gewerbetreibende in Bezug auf Vermittlungs- und Beratungstätigkeiten nach Maßgabe des § 2 Absatz 10 Satz 1 des Kreditwesengesetzes.*

(4) Gewerbetreibende nach Absatz 1 dürfen direkt bei der Beratung und Vermittlung mitwirkende Personen nur beschäftigen, wenn sie sicherstellen, dass diese Personen über einen Sachkundenachweis nach Absatz 2 Nummer 4 verfügen und geprüft haben, ob sie zuverlässig sind. Die Beschäftigung einer direkt bei der Beratung und Vermittlung mitwirkenden Person kann dem Gewerbetreibenden untersagt werden, wenn Tatsachen die Annahme rechtfertigen, dass die Person die für ihre Tätigkeit erforderliche Sachkunde oder Zuverlässigkeit nicht besitzt.

(5) Gewerbetreibende nach Absatz 1 sind verpflichtet, sich unverzüglich nach Aufnahme ihrer Tätigkeit über die für die Erlaubniserteilung zuständige Behörde entsprechend dem Umfang der Erlaubnis in das Register nach § 11a Absatz 1 eintragen zu lassen; ebenso sind Änderungen der im Register gespeicherten Angaben der Registerbehörde unverzüglich mitzuteilen.

(6) Gewerbetreibende nach Absatz 1 haben die unmittelbar bei der Beratung und Vermittlung mitwirkenden Personen im Sinne des Absatzes 4 unverzüglich nach Aufnahme ihrer Tätigkeit bei der Registerbehörde zu melden und eintragen zu lassen. Änderungen der im Register gespeicherten Angaben sind der Registerbehörde unverzüglich mitzuteilen.

§ 34g Verordnungsermächtigung

(1) Das Bundesministerium für Wirtschaft und Technologie hat im Einvernehmen mit dem Bundesministerium der Finanzen und dem Bundesministerium für Ernährung, Landwirtschaft und Verbraucherschutz durch Rechtsverordnung mit Zustimmung des Bundesrates zum Schutze der Allgemeinheit und der Anleger Vorschriften zu erlassen über den Umfang der Verpflichtungen des Gewerbetreibenden bei der Ausübung des Gewerbes eines Finanzanlagenvermittlers. Die Rechtsverordnung hat Vorschriften zu enthalten über

1. die Informationspflichten gegenüber dem Anleger, einschließlich einer Pflicht, Provisionen und andere Zuwendungen offenzulegen und dem Anleger ein Informationsblatt über die jeweilige Finanzanlage zur Verfügung zu stellen,
2. die bei dem Anleger einzuholenden Informationen, die erforderlich sind, um diesen anlage- und anlegergerecht zu beraten,
3. die Dokumentationspflichten des Gewerbetreibenden einschließlich einer Pflicht, Beratungsprotokolle zu erstellen und dem Anleger zur Verfügung zu stellen.

Hinsichtlich der Informations-, Beratungs- und Dokumentationspflichten ist hierbei ein dem Abschnitt 6 des Wertpapierhandelsgesetzes vergleichbares Anlegerschutzniveau herzustellen.

(2) Die Rechtsverordnung kann auch Vorschriften enthalten

1. zur Pflicht, Bücher zu führen und die notwendigen Daten über einzelne Geschäftsvorgänge sowie über die Anleger aufzuzeichnen,
2. zur Pflicht, der zuständigen Behörde Anzeige beim Wechsel der mit der Leitung des Betriebes oder einer Zweigniederlassung beauftragten Personen zu erstatten und hierbei bestimmte Angaben zu machen,
3. zu den Inhalten und dem Verfahren für die Sachkundeprüfung nach § 34f Absatz 2 Nummer 4, den Ausnahmen von der Erforderlichkeit der Sachkundeprüfung sowie der Gleichstellung anderer Berufsqualifikationen mit der Sachkundeprüfung, der Zuständigkeit der Industrie- und Handelskammern sowie der Berufung eines Aufgabenauswahlausschusses,
4. zum Umfang der und zu inhaltlichen Anforderungen an die nach § 34f Absatz 2 Nummer 3 erforderliche Haftpflichtversicherung, insbesondere über die Höhe der Mindestversicherungssumme, die Bestimmung der zuständigen Behörde im Sinne des § 117 Absatz 2 des Versicherungsvertragsgesetzes, über den Nachweis über das Bestehen der Haftpflichtversicherung und Anzeigepflichten des Versicherungsunternehmens gegenüber den Behörden und den Anlegern,
5. zu den Anforderungen und Verfahren, die zur Durchführung der Richtlinie 2005/36/EG auf Inhaber von Berufsqualifikationen angewendet werden sollen, die in einem anderen Mitgliedstaat der Europäischen Union oder einem anderen Vertragsstaat des Abkommens über den Europäischen Wirtschaftsraum erworben wurden, sofern diese Personen im Inland vorübergehend oder dauerhaft als Finanzanlagenvermittler tätig werden wollen.

Außerdem kann der Gewerbetreibende in der Verordnung verpflichtet werden, die Einhaltung der nach Absatz 1 Satz 2 und Absatz 2 Satz 1 Nummer 1, 2 und 4 erlassenen Vorschriften auf seine Kosten regelmäßig sowie aus besonderem Anlass prüfen zu lassen und den Prüfungsbericht der zuständigen Behörde vorzulegen, soweit dies zur wirksamen Überwachung erforderlich ist. Hierbei können die Einzelheiten der Prüfung, insbesondere deren Anlass, Zeitpunkt und Häufigkeit, die Auswahl, Bestellung und Abberufung der Prüfer, deren Rechte, Pflichten und Verantwortlichkeit, der Inhalt des Prüfungsberichts, die Verpflichtungen der Gewerbetreibenden gegenüber dem Prüfer sowie das Verfahren bei Meinungsverschiedenheiten zwischen dem Prüfer und dem Gewerbetreibenden geregelt werden.

§ 47 Stellvertretung in besonderen Fällen

Inwiefern für die nach den §§ 33i, 34, 34a, 34b, 34c *(ab 01.01.2013:, 34d, 34e, 34f)* und 36 konzessionierten oder angestellten Personen eine Stellvertretung zulässig ist, hat in jedem einzelnen Falle die Behörde zu bestimmen, welcher die Konzessionierung oder Anstellung zusteht.

§ 55a Reisegewerbekartenfreie Tätigkeiten

(1) Einer Reisegewerbekarte bedarf nicht, wer

1. gelegentlich der Veranstaltung von Messen, Ausstellungen, öffentlichen Festen oder aus besonderem Anlaß mit Erlaubnis der zuständigen Behörde Waren feilbietet;
2. selbstgewonnene Erzeugnisse der Land- und Forstwirtschaft, des Gemüse-, Obst- und Gartenbaues, der Geflügelzucht und Imkerei sowie der Jagd und Fischerei vertreibt;
3. Tätigkeiten der in § 55 Abs. 1 Nr. 1 genannten Art in der Gemeinde seines Wohnsitzes oder seiner gewerblichen Niederlassung ausübt, sofern die Gemeinde nicht mehr als 10 000 Einwohner zählt;
4. (weggefallen)
5. auf Grund einer Erlaubnis nach § 4 des Milch- und Margarinegesetzes Milch oder bei dieser Tätigkeit auch Milcherzeugnisse abgibt;
6. Versicherungsverträge als Versicherungsvermittler im Sinne des § 34d Abs. 3, 4 oder 5 oder Bausparverträge vermittelt oder abschließt oder Dritte als Versicherungsberater im Sinne des § 34e in Verbindung mit § 34d Abs. 5 über Versicherungen berät; das Gleiche gilt für die in dem Gewerbebetrieb beschäftigten Personen;
7. ein nach Bundes- oder Landesrecht erlaubnispflichtiges Gewerbe ausübt, für dessen Ausübung die Zuverlässigkeit erforderlich ist, und über die erforderliche Erlaubnis verfügt;
8. (weggefallen)

(ab 01.01.2013:)

8. *im Sinne des § 34f Absatz 3 Nummer 4 Finanzanlagen als Finanzanlagenvermittler vermittelt und Dritte über Finanzanlagen berät; das Gleiche gilt für die in dem Gewerbebetrieb beschäftigten Personen;*
9. von einer nicht ortsfesten Verkaufsstelle oder einer anderen Einrichtung in regelmäßigen, kürzeren Zeitabständen an derselben Stelle Lebensmittel oder andere Waren des täglichen Bedarfs vertreibt; das Verbot des § 56 Abs. 1 Nr. 3 Buchstabe b findet keine Anwendung;

10. Druckwerke auf öffentlichen Wegen, Straßen, Plätzen oder an anderen öffentlichen Orten feilbietet.

(2) Die zuständige Behörde kann für besondere Verkaufsveranstaltungen Ausnahmen von dem Erfordernis der Reisegewerbekarte zulassen.

§ 57 Versagung der Reisegewerbekarte

(1) Die Reisegewerbekarte ist zu versagen, wenn Tatsachen die Annahme rechtfertigen, daß der Antragsteller die für die beabsichtigte Tätigkeit erforderliche Zuverlässigkeit nicht besitzt.

(anzuwenden bis 31.12.2012:)

(2) Im Falle der Ausübung des Bewachungsgewerbes, des Gewerbes der Makler, Bauträger und Baubetreuer, des Versicherungsvermittlergewerbes sowie des Versicherungsberatergewerbes gelten die Versagungsgründe der §§ 34a, 34c oder 34d auch in Verbindung mit § 34e entsprechend.

(ab 01.01.2013:)

(2) Im Falle der Ausübung des Bewachungsgewerbes, des Gewerbes der Makler, Bauträger und Baubetreuer, des Versicherungsvermittlergewerbes, des Versicherungsberatergewerbes sowie des Gewerbes des Finanzanlagenvermittlers gelten die Versagungsgründe der §§ 34a, 34c, 34d, auch in Verbindung mit § 34e, oder 34f entsprechend.

(3) Die Ausübung des Versteigerergewerbes als Reisegewerbe ist nur zulässig, wenn der Gewerbetreibende die nach § 34b Abs. 1 erforderliche Erlaubnis besitzt.

§ 61a Anwendbarkeit von Vorschriften des stehenden Gewerbes für die Ausübung als Reisegewerbe

(1) Für die Ausübung des Reisegewerbes gilt § 29 entsprechend.

(anzuwenden bis 31.12.2013:)

(2) Für die Ausübung des Bewachungsgewerbes, des Versteigerergewerbes, des Gewerbes der Makler, Bauträger und Baubetreuer, des Versicherungsvermittlergewerbes sowie des Versicherungsberatergewerbes gelten § 34a Abs. 1 Satz 4 und Abs. 2 bis 5, § 34b Abs. 5 bis 8 und 10, § 34c Abs. 3 und 5, § 34d Abs. 6 bis 10, § 34e Abs. 2 bis 3 sowie die auf Grund des § 34a Abs. 2, des § 34b Abs. 8, des § 34c Abs. 3, des § 34d Abs. 8 und des § 34e Abs. 3 erlassenen Rechtsvorschriften entsprechend. Die zuständige Behörde kann für die Versteigerung leicht verderblicher Waren für ihren Bezirk Ausnahmen zulassen.

(ab 01.01.2013:)

(2) Für die Ausübung des Bewachungsgewerbes, des Versteigerergewerbes, des Gewerbes der Makler, Bauträger und Baubetreuer, des Versicherungsvermittlergewerbes, des Versicherungsberatergewerbes sowie des Gewerbes des Finanzanlagenvermittlers gelten § 34a Abs. 1 Satz 4 und Abs. 2 bis 5, § 34b Abs. 5 bis 8 und 10, § 34c Abs. 3 und 5, § 34d Abs. 6 bis 10, § 34e Abs. 2 bis 3, § 34f Absatz 4 und 5 und § 34g sowie die auf Grund des § 34a Abs. 2, des § 34b Abs. 8, des § 34c Abs. 3, des § 34d Abs. 8, des § 34e Abs. 3 und

des § 34g erlassenen Rechtsvorschriften entsprechend. Die zuständige Behörde kann für die Versteigerung leicht verderblicher Waren für ihren Bezirk Ausnahmen zulassen.

§ 70a Untersagung der Teilnahme an einer Veranstaltung

(1) Die zuständige Behörde kann einem Aussteller oder Anbieter die Teilnahme an einer bestimmten Veranstaltung oder einer oder mehreren Arten von Veranstaltungen im Sinne der §§ 64 bis 68 untersagen, wenn Tatsachen die Annahme rechtfertigen, daß er die hierfür erforderliche Zuverlässigkeit nicht besitzt.

(anzuwenden bis 31.12.2012:)

(2) Im Falle der selbständigen Ausübung des Bewachungsgewerbes, des Gewerbes der Makler, Bauträger und Baubetreuer, des Versicherungsvermittlergewerbes sowie des Versicherungsberatergewerbes auf einer Veranstaltung im Sinne der §§ 64 bis 68 gelten die Versagungsgründe der §§ 34a, 34c oder 34d auch in Verbindung mit § 34e entsprechend.

(ab 01.01.2013:)

(2) Im Falle der selbständigen Ausübung des Bewachungsgewerbes, des Gewerbes der Makler, Bauträger und Baubetreuer, des Versicherungsvermittlergewerbes, des Versicherungsberatergewerbes sowie des Gewerbes des Finanzanlagenvermittlers auf einer Veranstaltung im Sinne der §§ 64 bis 68 gelten die Versagungsgründe der §§ 34a, 34c oder 34d, auch in Verbindung mit § 34e oder 34f entsprechend.

(3) Die selbständige Ausübung des Versteigerergewerbes auf einer Veranstaltung im Sinne der §§ 64 bis 68 ist nur zulässig, wenn der Gewerbetreibende die nach § 34b Abs. 1 erforderliche Erlaubnis besitzt.

§ 71b Anwendbarkeit von Vorschriften des stehenden Gewerbes für die Ausübung im Messe-, Ausstellungs- und Marktgewerbe

(1) Für die Ausübung des Messe-, Ausstellungs- und Marktgewerbes gilt § 29 entsprechend.

(anzuwenden bis 31.12.2012:)

(2) Für die Ausübung des Bewachungsgewerbes, des Versteigerergewerbes, des Gewerbes der Makler, Bauträger und Baubetreuer, des Versicherungsvermittlergewerbes sowie des Versicherungsberatergewerbes gelten § 34a Abs. 1 Satz 4 und Abs. 2 bis 5, § 34b Abs. 5 bis 8 und 10, § 34c Abs. 3 und 5, § 34d Abs. 6 bis 10, § 34e Abs. 2 bis 3 sowie die auf Grund des § 34a Abs. 2, des § 34b Abs. 8, des § 34c Abs. 3, des § 34d Abs. 8 und des § 34e Abs. 3 erlassenen Rechtsvorschriften entsprechend. Die zuständige Behörde kann für die Versteigerung leicht verderblicher Waren für ihren Bezirk Ausnahmen zulassen.

(ab 01.01.2013:)

(2) Für die Ausübung des Bewachungsgewerbes, des Versteigerergewerbes, des Gewerbes der Makler, Bauträger und Baubetreuer, des Versicherungsvermittlergewerbes, des Versicherungsberatergewerbes sowie des Gewerbes des Finanzanlagenvermittlers gelten § 34a

Abs. 1 Satz 4 und Abs. 2 bis 5, § 34b Abs. 5 bis 8 und 10, § 34c Abs. 3 und 5, § 34d Abs. 6 bis 10, § 34e Abs. 2 bis 3 sowie die auf Grund des § 34a Abs. 2, des § 34b Abs. 8, des § 34c Abs. 3, des § 34d Abs. 8, des § 34e Abs. 3 und des § 34g erlassenen Rechtsvorschriften entsprechend. 2Die zuständige Behörde kann für die Versteigerung leicht verderblicher Waren für ihren Bezirk Ausnahmen zulassen.

§ 144 Verletzung von Vorschriften über erlaubnisbedürftige stehende Gewerbe

(1) Ordnungswidrig handelt, wer vorsätzlich oder fahrlässig

1. ohne die erforderliche Erlaubnis
   a) (weggefallen),
   b) nach § 30 Abs. 1 eine dort bezeichnete Anstalt betreibt,
   c) nach § 33a Abs. 1 Satz 1 Schaustellungen von Personen in seinen Geschäftsräumen veranstaltet oder für deren Veranstaltung seine Geschäftsräume zur Verfügung stellt,
   d) nach § 33c Abs. 1 Satz 1 ein Spielgerät aufstellt, nach § 33d Abs. 1 Satz 1 ein anderes Spiel veranstaltet oder nach § 33i Abs. 1 Satz 1 eine Spielhalle oder ein ähnliches Unternehmen betreibt,
   e) nach § 34 Abs. 1 Satz 1 das Geschäft eines Pfandleihers oder Pfandvermittlers betreibt,
   f) nach § 34a Abs. 1 Satz 1 Leben oder Eigentum fremder Personen bewacht,
   g) nach § 34b Abs. 1 fremde bewegliche Sachen, fremde Grundstücke oder fremde Rechte versteigert,
   h) nach § 34c Abs. 1 Satz 1 Nr. 1 oder Nummer 1a den Abschluß von Verträgen der dort bezeichneten Art vermittelt oder die Gelegenheit hierzu nachweist, nach § 34c Abs. 1 Satz 1 Nr. 4 als Bauherr oder Baubetreuer Bauvorhaben in der dort bezeichneten Weise vorbereitet oder durchführt, nach § 34c Abs. 1 Satz 1 Nr. 3 Anlageberatung betreibt oder

      (ab 01.01.2013: h)

      nach § 34c Absatz 1 Satz 1 Nummer 1 oder Nummer 2 den Abschluß von Verträgen der dort bezeichneten Art vermittelt oder die Gelegenheit hierzu nachweist,
   i) nach § 34c Abs. 1 Satz 1 Nr. 2 den Abschluss von Verträgen der dort bezeichneten Art vermittelt,

      (ab 01.01.2013: i)

      nach § 34c Absatz 1 Satz 1 Nummer 3 ein Bauvorhaben vorbereitet oder durchführt,
   j) nach § 34d Abs. 1 Satz 1, auch in Verbindung mit § 34d Abs. 10, den Abschluss von Verträgen der dort bezeichneten Art vermittelt *oder (ab 01.01.2013: ,)*
   k) nach § 34e Abs. 1 Satz 1 über Versicherungen berät oder

(ab 01.01.2013: l)

l) nach § 34f Absatz 1 Satz 1 Anlageberatung erbringt oder den Abschluss von Verträgen der dort bezeichneten Art vermittelt oder

2. ohne eine nach § 47 erforderliche Erlaubnis das Gewerbe durch einen Stellvertreter ausüben läßt.

(2) Ordnungswidrig handelt auch, wer vorsätzlich oder fahrlässig

1. einer auf Grund des § 33f Abs. 1 Nr. 1, 2 oder 4, § 33g Nr. 2, § 34 Abs. 2, § 34a Abs. 2, § 34b Abs. 8, § 34d Abs. 8 Satz 1 Nr. 1 oder 3, Satz 2 oder 3, § 34e Abs. 3 Satz 3 oder 4 oder § 38 Abs. 3 erlassenen Rechtsverordnung zuwiderhandelt, soweit sie für einen bestimmten Tatbestand auf diese Bußgeldvorschrift verweist,
2. entgegen § 34 Abs. 4 bewegliche Sachen mit Gewährung des Rückkaufrechts ankauft,
3. einer vollziehbaren Auflage nach § 33a Abs. 1 Satz 3, § 33c Abs. 1 Satz 3, § 33d Abs. 1 Satz 2, § 33e Abs. 3, § 33i Abs. 1 Satz 2, § 34 Abs. 1 Satz 2, § 34a Abs. 1 Satz 2, § 34b Abs. 3, § 34d Abs. 1 Satz 2, auch in Verbindung mit Abs. 3 Satz 2, § 34e Abs. 1 Satz 2 oder § 36 Abs. 1 Satz 3 oder einer vollziehbaren Anordnung nach § 33c Abs. 3 Satz 3 oder § 34a Abs. 4 zuwiderhandelt,
4. ein Spielgerät ohne die nach § 33c Abs. 3 Satz 1 erforderliche Bestätigung der zuständigen Behörde aufstellt,
5. einer vollziehbaren Auflage nach § 34c Abs. 1 Satz 2 *(ab 01.01.2013: oder § 34f Absatz 1 Satz 2)* zuwiderhandelt,
6. einer Rechtsverordnung nach § 34c Abs. 3 *(ab 01.01.2013: oder § 34g Absatz 1 Satz 1 oder Absatz 2 Satz 1 Nummer 1, 2 oder 4 oder Satz 2)* oder einer vollziehbaren Anordnung auf Grund einer solchen Rechtsverordnung zuwiderhandelt, soweit die Rechtsverordnung für einen bestimmten Tatbestand auf diese Bußgeldvorschrift verweist,
7. entgegen § 34d Abs. 7 Satz 1, auch in Verbindung mit § 34e Abs. 2, sich nicht oder nicht rechtzeitig eintragen lässt oder

(ab 01.01.2013:

7. entgegen § 34d Absatz 7 Satz 1, auch in Verbindung mit § 34e Absatz 2, oder § 34f Absatz 5 Satz 1 oder Absatz 6 Satz 1 eine Eintragung nicht vornehmen lässt,)

8. entgegen § 34e Abs. 3 Satz 1, auch in Verbindung mit einer Rechtsverordnung nach Satz 2, eine Provision entgegennimmt. *(ab 01.01.2013: oder)*

(ab 01.01.2013:

9. entgegen § 34f Absatz 5 Satz 1 oder Absatz 6 Satz 2 eine Mitteilung nicht, nicht richtig, nicht vollständig oder nicht rechtzeitig macht.)

(3) Ordnungswidrig handelt ferner, wer vorsätzlich oder fahrlässig bei einer Versteigerung einer Vorschrift des § 34b Abs. 6 oder 7 zuwiderhandelt.

(4) Die Ordnungswidrigkeit kann in den Fällen des Absatzes 1 Nr. 1 Buchstabe i mit einer Geldbuße bis zu fünfzigtausend Euro, in den Fällen des Absatzes 1 Nr. 1 Buchstabe a bis h, j bis k, Nr. 2 und des Absatzes 2 Nr. 5 bis 8 mit einer Geldbuße bis zu fünftausend Euro, in den Fällen des Absatzes 2 Nr. 1 bis 4 mit einer Geldbuße bis zu zweitausendfünfhundert Euro, in den Fällen des Absatzes 3 mit einer Geldbuße bis zu eintausend Euro geahndet werden.
(ab 01.01.2013:
(4) Die Ordnungswidrigkeit kann in den Fällen des Absatzes 1 Nr. 1 Buchstabe l mit einer Geldbuße bis zu fünfzigtausend Euro, in den Fällen des Absatzes 1 Nr. 1 Buchstabe a bis k, Nr. 2 und des Absatzes 2 Nummer 5 bis 9 mit einer Geldbuße bis zu fünftausend Euro, in den Fällen des Absatzes 2 Nr. 1 bis 4 mit einer Geldbuße bis zu zweitausendfünfhundert Euro, in den Fällen des Absatzes 3 mit einer Geldbuße bis zu eintausend Euro geahndet werden.)

§ 145 Verletzung von Vorschriften über das Reisegewerbe
(1) Ordnungswidrig handelt, wer vorsätzlich oder fahrlässig
1. ohne Erlaubnis nach § 55 Abs. 2
   a) eine Tätigkeit nach *§ 34c Abs. 1 Satz 1 Nr. 2 (ab 01.01.2013: § 34f Absatz 1 Satz 1)* oder
   b) eine sonstige Tätigkeit als Reisegewerbe

   betreibt,
2. einer auf Grund des § 55f erlassenen Rechtsverordnung zuwiderhandelt, soweit sie für einen bestimmten Tatbestand auf diese Bußgeldvorschrift verweist,

2a. entgegen § 57 Abs. 3 das Versteigerergewerbe als Reisegewerbe ausübt,

3. einer vollziehbaren Anordnung nach § 59 Satz 1, durch die
   a) eine reisegewerbliche Tätigkeit nach *§ 34c Abs. 1 Satz 1 Nr. 2 (ab 01.01.2013: § 34f Absatz 1 Satz 1)* oder
   b) eine sonstige reisegewerbliche Tätigkeit untersagt wird,

   zuwiderhandelt oder
4. ohne die nach § 60a Abs. 2 Satz 2 oder Abs. 3 Satz 1 erforderliche Erlaubnis ein dort bezeichnetes Reisegewerbe betreibt.

(2) Ordnungswidrig handelt auch, wer vorsätzlich oder fahrlässig
1. einer auf Grund des § 60a Abs. 2 Satz 4 in Verbindung mit § 33f Abs. 1 oder § 33g Nr. 2 erlassenen Rechtsverordnung zuwiderhandelt, soweit sie für einen bestimmten Tatbestand auf diese Bußgeldvorschrift verweist,
2. Waren im Reisegewerbe
   a) entgegen § 56 Abs. 1 Nr. 1 vertreibt,
   b) entgegen § 56 Abs. 1 Nr. 2 feilbietet oder ankauft oder
   c) entgegen § 56 Abs. 1 Nr. 3 feilbietet,

3. (weggefallen)
4. (weggefallen)
5. (weggefallen)
6. entgegen § 56 Abs. 1 Nr. 6 Rückkauf- oder Darlehensgeschäfte abschließt oder vermittelt,
7. einer vollziehbaren Auflage nach
   a) § 55 Abs. 3, auch in Verbindung mit § 56 Abs. 2 Satz 3 zweiter Halbsatz,
   b) § 60a Abs. 2 Satz 4 in Verbindung mit § 33d Abs. 1 Satz 2 oder
   c) § 60a Abs. 3 Satz 2 in Verbindung mit § 33i Abs. 1 Satz 2

   zuwiderhandelt,
8. einer Rechtsverordnung nach § 61a Abs. 2 Satz 1 in Verbindung mit § 34a Abs. 2, § 34b Abs. 8, § 34d Abs. 8 Satz 1 Nr. 1 oder 3, Satz 2 oder 3 oder § 34e Abs. 3 Satz 3 oder 4 oder einer vollziehbaren Anordnung auf Grund einer solchen Rechtsverordnung zuwiderhandelt, soweit die Rechtsverordnung für einen bestimmten Tatbestand auf diese Bußgeldvorschrift verweist oder
9. einer Rechtsverordnung nach § 61a Abs. 2 Satz 1 in Verbindung mit § 34c Abs. 3 *(ab 01.01.2013: oder mit § 34g Absatz 1 Satz 1 oder Absatz 2 Satz 1 Nummer 1, 2 oder 4 oder Satz 2)* oder einer vollziehbaren Anordnung auf Grund dieser Rechtsverordnung zuwiderhandelt, soweit die Rechtsverordnung für einen bestimmten Tatbestand auf diese Bußgeldvorschrift verweist.

(3) Ordnungswidrig handelt ferner, wer vorsätzlich oder fahrlässig

1. entgegen § 55c eine Anzeige nicht, nicht richtig, nicht vollständig oder nicht rechtzeitig erstattet,
2. an Sonn- oder Feiertagen eine im § 55e Abs. 1 bezeichnete Tätigkeit im Reisegewerbe ausübt,
3. entgegen § 60c Abs. 1 Satz 1, auch in Verbindung mit § 56 Abs. 2 Satz 3 zweiter Halbsatz oder § 60c Abs. 2 Satz 2 oder Abs. 3 Satz 2, die Reisegewerbekarte oder eine dort genannte Unterlage nicht bei sich führt oder nicht oder nicht rechtzeitig vorzeigt oder eine dort genannte Tätigkeit nicht oder nicht rechtzeitig einstellt,
4. entgegen § 60c Abs. 1 Satz 2, auch in Verbindung mit § 56 Abs. 2 Satz 3, die geführten Waren nicht vorlegt,
5. (weggefallen)
6. entgegen § 56a Absatz 1 Satz 1 die Veranstaltung eines Wanderlagers nicht, nicht richtig, nicht vollständig oder nicht rechtzeitig anzeigt oder die Art der Ware oder der Dienstleistung oder den Ort der Veranstaltung in der öffentlichen Ankündigung nicht angibt,
7. entgegen § 56a Absatz 1 Satz 2 unentgeltliche Zuwendungen einschließlich Preisausschreiben, Verlosungen oder Ausspielungen ankündigt,

8. entgegen § 56a Absatz 1 Satz 4 als Veranstalter ein Wanderlager von einer Person leiten läßt, die in der Anzeige nicht genannt ist,
9. einer vollziehbaren Anordnung nach § 56a Absatz 2 zuwiderhandelt,
10. entgegen § 60c Abs. 2 Satz 1 eine Zweitschrift oder eine beglaubigte Kopie der Reisegewerbekarte nicht oder nicht rechtzeitig aushändigt oder
11. entgegen § 60c Abs. 3 Satz 1 eine dort genannte Unterlage nicht mit sich führt.

(4) Die Ordnungswidrigkeit kann in den Fällen des Absatzes 1 Nr. 1 Buchstabe a und Nr. 3 Buchstabe a mit einer Geldbuße bis zu fünfzigtausend Euro, in den Fällen des Absatzes 1 Nr. 1 Buchstabe b, Nr. 2, 2a, 3 Buchstabe b, Nr. 4 und des Absatzes 2 Nr. 9 mit einer Geldbuße bis zu fünftausend Euro, in den Fällen des Absatzes 2 Nr. 1 bis 8 mit einer Geldbuße bis zu zweitausendfünfhundert Euro, in den Fällen des Absatzes 3 mit einer Geldbuße bis zu eintausend Euro geahndet werden.

(anzuwenden bis 31.12.3012:)

§ 157 Übergangsregelung zu § 34c

Für einen Gewerbetreibenden, der am 1. November 2007 eine Erlaubnis für den Abschluss von Verträgen im Sinne des § 34c Abs. 1 Satz 1 Nr. 2 hat, gilt die Erlaubnis für die Anlageberatung im Sinne des § 34c Abs. 1 Satz 1 Nr. 3 als zu diesem Zeitpunkt erteilt.

(anzuwenden ab 01.01.3013:)

§ 157 Übergangsregelungen zu den §§ 34c und 34f

(1) Für einen Gewerbetreibenden, der am 1. November 2007 eine Erlaubnis für die Vermittlung des Abschlusses von Verträgen im Sinne des § 34c Absatz 1 Satz 1 Nummer 1 Buchstabe b in der bis zum 31. Oktober 2007 geltenden Fassung hat, gilt die Erlaubnis für die Anlageberatung im Sinne des § 34c Abs. 1 Satz 1 Nr. 3 in der ab dem 1. November 2007 geltenden Fassung als zu diesem Zeitpunkt erteilt.

(2) Gewerbetreibende, die am 1. Januar 2013 eine Erlaubnis für die Vermittlung des Abschlusses von Verträgen im Sinne des § 34c Absatz 1 Satz 1 Nummer 2 oder für die Anlageberatung nach § 34c Absatz 1 Satz 1 Nummer 3 haben und diese Tätigkeit nach dem 1. Januar 2013 weiterhin ausüben wollen, sind verpflichtet, bis zum 1. Juli 2013 eine Erlaubnis als Finanzanlagenvermittler nach § 34f Absatz 1 zu beantragen und sich selbst sowie die nach § 34f Absatz 6 einzutragenden Personen nach Erteilung der Erlaubnis gemäß § 34f Absatz 5 registrieren zu lassen. Die für die Erlaubniserteilung zuständige Stelle übermittelt dazu die erforderlichen Informationen an die Registerbehörde. Wird die Erlaubnis unter Vorlage der bisherigen Erlaubnisurkunde gemäß § 34c Absatz 1 Satz 1 Nummer 2 oder Nummer 3 beantragt, so erfolgt keine Prüfung der Zuverlässigkeit und der Vermögensverhältnisse nach § 34f Absatz 2 Nummer 1 und 2. Für den Nachweis der nach § 34f Absatz 2 Nummer 4 erforderlichen Sachkunde gilt Absatz 3. Die Erlaubnis nach § 34c Absatz 1 Satz 1 Nummer 2 oder Nummer 3 erlischt mit der bestandskräftigen Entscheidung über den Erlaub-

nisantrag nach § 34f Absatz 1 Satz 1, spätestens aber mit Ablauf der in Satz 1 genannten Frist. Bis zu diesem Zeitpunkt gilt die Erlaubnis nach § 34c Absatz 1 Satz 1 Nummer 2 oder Nummer 3 als Erlaubnis nach § 34f Absatz 1 Satz 1.
(3) Gewerbetreibende im Sinne des Absatzes 2 sind verpflichtet, bis zum 1. Januar 2015 einen Sachkundenachweis nach § 34f Absatz 2 Nummer 4 gegenüber der zuständigen Behörde zu erbringen. Die Erlaubnis nach § 34f Absatz 1 Satz 1 erlischt, wenn der erforderliche Sachkundenachweis nach § 34f Absatz 2 Nummer 4 nicht bis zum Ablauf dieser Frist erbracht wird. Beschäftigte im Sinne des § 34f Absatz 4 sind verpflichtet, bis zum 1. Januar 2015 einen Sachkundenachweis nach § 34f Absatz 2 Nummer 4 zu erwerben. Personen, die seit dem 1. Januar 2006 ununterbrochen unselbstständig oder selbstständig als Anlagevermittler oder Anlageberater gemäß § 34c Absatz 1 Satz 1 Nummer 2 oder Nummer 3 in der bis zum 31. Dezember 2012 geltenden Fassung tätig waren, bedürfen keiner Sachkundeprüfung. Selbstständig tätige Anlagevermittler oder Anlageberater haben die ununterbrochene Tätigkeit durch Vorlage der erteilten Erlaubnis und die lückenlose Vorlage der Prüfungsberichte nach § 16 Absatz 1 Satz 1 der Makler- und Bauträgerverordnung in der am 31. Dezember 2012 geltenden Fassung nachzuweisen.

9.3 Verordnung über die Pflichten der Makler, Darlehens- und Anlagenvermittler, Anlageberater, Bauträger und Baubetreuer

(ab 01.01.2013: Verordnung über die Pflichten der Makler, Darlehensvermittler, Bauträger und Baubetreuer)
(Makler- und Bauträgerverordnung – MaBV)

in der Fassung der Bekanntmachung vom 07.11.1990 (BGBl. I S. 2479), zuletzt geändert durch Artikel 2 der Verordnung zur Einführung einer Finanzanlagenvermittlungsverordnung vom 2. Mai 2012 (BGBl. I S.1006) – Auszug –

§ 2 Sicherheitsleistung, Versicherung
(1) Bevor der Gewerbetreibende zur Ausführung des Auftrages Vermögenswerte des Auftraggebers erhält oder zu deren Verwendung ermächtigt wird, hat er dem Auftraggeber in Höhe dieser Vermögenswerte Sicherheit zu leisten oder eine zu diesem Zweck geeignete Versicherung abzuschließen; dies gilt nicht in den Fällen des *§ 34c Abs. 1 Satz 1 Nr. 4 Buchstabe a (ab 01.01.2013 § 34c Absatz 1 Satz 1 Nummer 3 Buchstabe a)* der Gewerbeordnung, sofern dem Auftraggeber Eigentum an einem Grundstück übertragen oder ein Erbbaurecht bestellt oder übertragen werden soll. Zu sichern sind Schadensersatzansprüche des Auftraggebers wegen etwaiger von dem

Gewerbetreibenden und den Personen, die er zur Verwendung der Vermögenswerte ermächtigt hat, vorsätzlich begangener unerlaubter Handlungen, die sich gegen die in Satz 1 bezeichneten Vermögenswerte richten.

(2) Die Sicherheit kann nur durch die Stellung eines Bürgen geleistet werden. Als Bürge können nur Körperschaften des öffentlichen Rechts mit Sitz im Geltungsbereich dieser Verordnung, Kreditinstitute, die im Inland zum Geschäftsbetrieb befugt sind, sowie Versicherungsunternehmen bestellt werden, die zum Betrieb der Bürgschaftsversicherung im Inland befugt sind. Die Bürgschaftserklärung muß den Verzicht auf die Einrede der Vorausklage enthalten. Die Bürgschaft darf nicht vor dem Zeitpunkt ablaufen, der sich aus Absatz 5 ergibt.

(3) Versicherungen sind nur dann im Sinne des Absatzes 1 geeignet, wenn

1. das Versicherungsunternehmen zum Betrieb der Vertrauensschadensversicherung im Inland befugt ist und
2. die allgemeinen Versicherungsbedingungen dem Zweck dieser Verordnung gerecht werden, insbesondere den Auftraggeber aus dem Versicherungsvertrag auch in den Fällen des Insolvenzverfahrens des Gewerbetreibenden unmittelbar berechtigen.

(4) Sicherheiten und Versicherungen können nebeneinander geleistet und abgeschlossen werden. Sie können für jeden einzelnen Auftrag oder für mehrere gemeinsam geleistet oder abgeschlossen werden. Der Gewerbetreibende hat dem Auftraggeber die zur unmittelbaren Inanspruchnahme von Sicherheiten und Versicherungen erforderlichen Urkunden auszuhändigen, bevor er Vermögenswerte des Auftraggebers erhält oder zu deren Verwendung ermächtigt wird.

(5) Die Sicherheiten und Versicherungen sind aufrechtzuerhalten

1. in den Fällen des *§ 34c Absatz 1 Satz 1 Nummer 1, 1a und 2 (ab 01.01.2013: § 34c Absatz 1 Satz 1 Nummer 1 und 2)* der Gewerbeordnung, bis der Gewerbetreibende die Vermögenswerte an den in dem Auftrag bestimmten Empfänger übermittelt hat,
2. in den Fällen des *§ 34c Abs. 1 Satz 1 Nr. 4 Buchstabe a (ab 01.01.2013: § 34c Absatz 1 Satz 1 Nummer 3 Buchstabe a)* der Gewerbeordnung, sofern ein Nutzungsverhältnis begründet werden soll, bis zur Einräumung des Besitzes und Begründung des Nutzungsverhältnisses,
3. in den Fällen des *§ 34c Abs. 1 Satz 1 Nr. 4 Buchstabe b (ab 01.01.2013: § 34c Absatz 1 Satz 1 Nummer 3 Buchstabe b)* der Gewerbeordnung bis zur Rechnungslegung; sofern die Rechnungslegungspflicht gemäß § 8 Abs. 2 entfällt, endet die Sicherungspflicht mit der vollständigen Fertigstellung des Bauvorhabens.

Erhält der Gewerbetreibende Vermögenswerte des Auftraggebers in Teilbeträgen, oder wird er ermächtigt, hierüber in Teilbeträgen zu verfügen, endet die Verpflichtung aus Absatz 1 Satz 1, erster Halbsatz, in bezug auf die Teilbeträge, sobald er dem Auftraggeber die ordnungsgemäße Verwendung dieser Vermögenswerte nachgewiesen hat; die Sicherheiten und Versicherungen für den letzten Teilbetrag sind bis zu dem in Satz 1 bestimmten Zeitpunkt aufrechtzuerhalten.

(6) Soweit nach den Absätzen 2 und 3 eine Bürgschaft oder Versicherung verlangt wird, ist von Gewerbetreibenden aus einem anderen Mitgliedstaat der Europäischen Union oder einem anderen Vertragsstaat des Abkommens über den Europäischen Wirtschaftsraum als Nachweis eine Bescheinigung über den Abschluss einer Bürgschaft oder Versicherung als hinreichend anzuerkennen, die von einem Kreditinstitut oder einem Versicherungsunternehmen in einem anderen Mitgliedstaat oder Vertragsstaat ausgestellt wurde, sofern die in diesem Staat abgeschlossene Versicherung im Wesentlichen vergleichbar ist zu der, die von in Deutschland niedergelassenen Gewerbetreibenden verlangt wird, und zwar hinsichtlich der Zweckbestimmung, der vorgesehenen Deckung bezüglich des versicherten Risikos, der Versicherungssumme und möglicher Ausnahmen von der Deckung. Bei nur teilweiser Gleichwertigkeit kann eine zusätzliche Sicherheit verlangt werden, die die nicht gedeckten Risiken absichert.

§ 3 Besondere Sicherungspflichten für Bauträger

(1) Der Gewerbetreibende darf in den Fällen des *§ 34c Abs. 1 Satz 1 Nr. 4 Buchstabe a (ab 01.01.2013: § 34c Absatz 1 Satz 1 Nummer 3 Buchstabe a)* der Gewerbeordnung, sofern dem Auftraggeber Eigentum an einem Grundstück übertragen oder ein Erbbaurecht bestellt oder übertragen werden soll, Vermögenswerte des Auftraggebers zur Ausführung des Auftrages erst entgegennehmen oder sich zu deren Verwendung ermächtigen lassen, wenn

1. der Vertrag zwischen dem Gewerbetreibenden und dem Auftraggeber rechtswirksam ist und die für seinen Vollzug erforderlichen Genehmigungen vorliegen, diese Voraussetzungen durch eine schriftliche Mitteilung des Notars bestätigt und dem Gewerbetreibenden keine vertraglichen Rücktrittsrechte eingeräumt sind,
2. zur Sicherung des Anspruchs des Auftraggebers auf Eigentumsübertragung oder Bestellung oder Übertragung eines Erbbaurechts an dem Vertragsobjekt eine Vormerkung an der vereinbarten Rangstelle im Grundbuch eingetragen ist; bezieht sich der Anspruch auf Wohnungs- oder Teileigentum oder ein Wohnungs- oder Teilerbbaurecht, so muß außerdem die Begründung dieses Rechts im Grundbuch vollzogen sein,
3. die Freistellung des Vertragsobjekts von allen Grundpfandrechten, die der Vormerkung im Range vorgehen oder gleichstehen und nicht übernommen werden sollen, gesichert ist, und zwar auch für den Fall, daß das Bauvorhaben nicht vollendet wird,
4. die Baugenehmigung erteilt worden ist oder, wenn eine Baugenehmigung nicht oder nicht zwingend vorgesehen ist,
   a) von der zuständigen Behörde bestätigt worden ist, daß

aa) die Baugenehmigung als erteilt gilt oder

bb) nach den baurechtlichen Vorschriften mit dem Vorhaben begonnen werden darf, oder,

b) wenn eine derartige Bestätigung nicht vorgesehen ist, von dem Gewerbetreibenden bestätigt worden ist, daß

aa) die Baugenehmigung als erteilt gilt oder

bb) nach den baurechtlichen Vorschriften mit dem Bauvorhaben begonnen werden darf,

und nach Eingang dieser Bestätigung beim Auftraggeber mindestens ein Monat vergangen ist.

Die Freistellung nach Satz 1 Nr. 3 ist gesichert, wenn gewährleistet ist, daß die nicht zu übernehmenden Grundpfandrechte im Grundbuch gelöscht werden, und zwar, wenn das Bauvorhaben vollendet wird, unverzüglich nach Zahlung der geschuldeten Vertragssumme, andernfalls unverzüglich nach Zahlung des dem erreichten Bautenstand entsprechenden Teils der geschuldeten Vertragssumme durch den Auftraggeber. Für den Fall, daß das Bauvorhaben nicht vollendet wird, kann sich der Kreditgeber vorbehalten, an Stelle der Freistellung alle vom Auftraggeber vertragsgemäß im Rahmen des Absatzes 2 bereits geleisteten Zahlungen bis zum anteiligen Wert des Vertragsobjekts zurückzuzahlen. Die zur Sicherung der Freistellung erforderlichen Erklärungen einschließlich etwaiger Erklärungen nach Satz 3 müssen dem Auftraggeber ausgehändigt worden sein. Liegen sie bei Abschluß des notariellen Vertrages bereits vor, muß auf sie in dem Vertrag Bezug genommen sein; andernfalls muß der Vertrag einen ausdrücklichen Hinweis auf die Verpflichtung des Gewerbetreibenden zur Aushändigung der Erklärungen und deren notwendigen Inhalt enthalten.

(2) Der Gewerbetreibende darf in den Fällen des Absatzes 1 die Vermögenswerte ferner in bis zu sieben Teilbeträgen entsprechend dem Bauablauf entgegennehmen oder sich zu deren Verwendung ermächtigen lassen. Die Teilbeträge können aus den nachfolgenden Vomhundertsätzen zusammengesetzt werden:

1. 30 vom Hundert der Vertragssumme in den Fällen, in denen Eigentum an einem Grundstück übertragen werden soll, oder 20 vom Hundert der Vertragssumme in den Fällen, in denen ein Erbbaurecht bestellt oder übertragen werden soll, nach Beginn der Erdarbeiten,
2. von der restlichen Vertragssumme
   - 40 vom Hundert nach Rohbaufertigstellung, einschließlich Zimmererarbeiten,
   - 8 vom Hundert für die Herstellung der Dachflächen und Dachrinnen,
   - 3 vom Hundert für die Rohinstallation der Heizungsanlagen,
   - 3 vom Hundert für die Rohinstallation der Sanitäranlagen,
   - 3 vom Hundert für die Rohinstallation der Elektroanlagen,
   - 10 vom Hundert für den Fenstereinbau, einschließlich der Verglasung,

- 6 vom Hundert für den Innenputz, ausgenommen Beiputzarbeiten,
- 3 vom Hundert für den Estrich,
- 4 vom Hundert für die Fliesenarbeiten im Sanitärbereich,
- 12 vom Hundert nach Bezugsfertigkeit und Zug um Zug gegen Besitzübergabe,
- 3 vom Hundert für die Fassadenarbeiten,
- 5 vom Hundert nach vollständiger Fertigstellung.

Sofern einzelne der in Satz 2 Nr. 2 genannten Leistungen nicht anfallen, wird der jeweilige Vomhundertsatz anteilig auf die übrigen Raten verteilt. Betrifft das Bauvorhaben einen Altbau, so gelten die Sätze 1 und 2 mit der Maßgabe entsprechend, daß der hiernach zu errechnende Teilbetrag für schon erbrachte Leistungen mit Vorliegen der Voraussetzungen des Absatzes 1 entgegengenommen werden kann.
(3) Der Gewerbetreibende darf in den Fällen des *§ 34c Abs. 1 Satz 1 Nr. 4 Buchstabe a (ab 01.01.2013: § 34c Absatz 1 Satz 1 Nummer 3 Buchstabe a)* der Gewerbeordnung, sofern ein Nutzungsverhältnis begründet werden soll, Vermögenswerte des Auftraggebers zur Ausführung des Auftrages in Höhe von 20 vom Hundert der Vertragssumme nach Vertragsabschluß entgegennehmen oder sich zu deren Verwendung ermächtigen lassen; im übrigen gelten Absatz 1 Satz 1 Nr. 1 und 4 und Absatz 2 entsprechend.

§ 4 Verwendung von Vermögenswerten des Auftraggebers
(1) Der Gewerbetreibende darf Vermögenswerte des Auftraggebers, die er erhalten hat oder zu deren Verwendung er ermächtigt worden ist, nur verwenden
1. in den Fällen des *§ 34c Absatz 1 Satz 1 Nummer 1, 1a und 2 (ab 01.01.2013: § 34c Absatz 1 Satz 1 Nummer 1 und 2)* der Gewerbeordnung zur Erfüllung des Vertrages, der durch die Vermittlung oder die Nachweistätigkeit des Gewerbetreibenden zustande gekommen ist,
2. in den Fällen des *§ 34c Abs. 1 Satz 1 Nr. 4 (ab 01.01.2013: § 34c Absatz 1 Satz 1 Nummer 3)* der Gewerbeordnung zur Vorbereitung und Durchführung des Bauvorhabens, auf das sich der Auftrag bezieht; als Bauvorhaben gilt das einzelne Gebäude, bei Einfamilienreihenhäusern die einzelne Reihe.

(2) Der Gewerbetreibende darf in den Fällen des *§ 34c Abs. 1 Satz 1 Nr. 4 Buchstabe b (ab 01.01.2013: § 34c Absatz 1 Satz 1 Nummer 3 Buchstabe b)* der Gewerbeordnung, in denen er das Bauvorhaben für mehrere Auftraggeber vorbereitet und durchführt, die Vermögenswerte der Auftraggeber nur im Verhältnis der Kosten der einzelnen Einheiten zu den Gesamtkosten des Bauvorhabens verwenden.

§ 7 Ausnahmevorschrift
(1) Gewerbetreibende im Sinne des *§ 34c Abs. 1 Satz 1 Nr. 4 Buchstabe a (ab 01.01.2013: § 34c Absatz 1 Satz 1 Nummer 3 Buchstabe a)* der Gewerbeordnung, die dem Auftraggeber Eigentum an einem Grundstück zu übertragen oder ein Erbbau-

recht zu bestellen oder zu übertragen haben, sind von den Verpflichtungen des § 3 Abs. 1 und 2, des § 4 Abs. 1 und der §§ 5 und 6, die übrigen Gewerbetreibenden im Sinne des § 34c Abs. 1 der Gewerbeordnung sind von den Verpflichtungen des § 2, des § 3 Abs. 3 und der §§ 4 bis 6 freigestellt, sofern sie Sicherheit für alle etwaigen Ansprüche des Auftraggebers auf Rückgewähr oder Auszahlung seiner Vermögenswerte im Sinne des § 2 Abs. 1 Satz 1 geleistet haben. § 2 Abs. 2, Abs. 4 Satz 2 und 3 und Abs. 5 Satz 1 gilt entsprechend. In den Fällen des *§ 34c Abs. 1 Satz 1 Nr. 4 Buchstabe a (ab 01.01.2013: § 34c Absatz 1 Satz 1 Nummer 3 Buchstabe a)* der Gewerbeordnung, in denen dem Auftraggeber Eigentum an einem Grundstück übertragen oder ein Erbbaurecht bestellt oder übertragen werden soll, ist die Sicherheit aufrechtzuerhalten, bis die Voraussetzungen des § 3 Abs. 1 erfüllt sind und das Vertragsobjekt vollständig fertiggestellt ist. Ein Austausch der Sicherungen der §§ 2 bis 6 und derjenigen des § 7 ist zulässig.

(2) Der Gewerbetreibende ist von den in Absatz 1 Satz 1 erwähnten Verpflichtungen auch dann freigestellt, wenn es sich bei dem Auftraggeber um

1. eine juristische Person des öffentlichen Rechts oder ein öffentlich-rechtliches Sondervermögen oder
2. einen in das Handelsregister oder das Genossenschaftsregister eingetragenen Kaufmann

handelt und der Auftraggeber in gesonderter Urkunde auf die Anwendung dieser Bestimmungen verzichtet. Im Falle des Satzes 1 Nr. 2 hat sich der Gewerbetreibende vom Auftraggeber dessen Eigenschaft als Kaufmann durch einen Auszug aus dem Handelsregister oder dem Genossenschaftsregister nachweisen zu lassen.

§ 10 Buchführungspflicht

(1) Der Gewerbetreibende hat von der Annahme des Auftrages an nach Maßgabe der folgenden Vorschriften Aufzeichnungen zu machen sowie Unterlagen und Belege übersichtlich zu sammeln. Die Aufzeichnungen sind unverzüglich und in deutscher Sprache vorzunehmen.

(2) Aus den Aufzeichnungen und Unterlagen sämtlicher Gewerbetreibender müssen ersichtlich sein

1. der Name und Vorname oder die Firma sowie die Anschrift des Auftraggebers,
2. folgende Angaben, soweit sie im Einzelfall in Betracht kommen,
   a) das für die Vermittler- oder Nachweistätigkeit oder für die Tätigkeit als Baubetreuer vom Auftraggeber zu entrichtende Entgelt; Wohnungsvermittler haben das Entgelt in einem Bruchteil oder Vielfachen der Monatsmiete anzugeben;
   b) ob der Gewerbetreibende zur Entgegennahme von Zahlungen oder sonstigen Leistungen ermächtigt ist;

c) Art und Höhe der Vermögenswerte des Auftraggebers, die der Gewerbetreibende zur Ausführung des Auftrages erhalten oder zu deren Verwendung er ermächtigt werden soll;

d) daß der Gewerbetreibende den Auftraggeber davon unterrichtet hat, daß er von ihm nur im Rahmen des § 3 Vermögenswerte entgegennehmen oder sich zu deren Verwendung ermächtigen lassen und diese Vermögenswerte nur im Rahmen des § 4 verwenden darf, es sei denn, daß nach § 7 verfahren wird;

e) Art, Höhe und Umfang der vom Gewerbetreibenden für die Vermögenswerte zu leistenden Sicherheit und abzuschließenden Versicherung, Name oder Firma und Anschrift des Bürgen und der Versicherung;

f) Vertragsdauer.

(3) Aus den Aufzeichnungen und Unterlagen von Gewerbetreibenden im Sinne des *§ 34c Absatz 1 Satz 1 Nummer 1, 2 und 3 (ab 01.01.2013: § 34c Absatz 1 Satz 1 Nummer 1)* der Gewerbeordnung müssen ferner folgende Angaben ersichtlich sein, soweit sie im Einzelfall in Betracht kommen,

1. bei der Vermittlung oder dem Nachweis der Gelegenheit zum Abschluß von Verträgen über den Erwerb von Grundstücken oder grundstücksgleichen Rechten: Lage, Größe und Nutzungsmöglichkeit des Grundstücks, Art, Alter und Zustand des Gebäudes, Ausstattung, Wohn- und Nutzfläche, Zahl der Zimmer, Höhe der Kaufpreisforderung einschließlich zu übernehmender Belastungen, Name, Vorname und Anschrift des Veräußerers;
2. bei der Vermittlung oder dem Nachweis der Gelegenheit zum Abschluß von Verträgen über die Nutzung von Grundstücken oder grundstücksgleichen Rechten: Lage, Größe und Nutzungsmöglichkeit des Grundstücks, Art, Alter und Zustand des Gebäudes, Ausstattung, Wohn- und Nutzfläche, Zahl der Zimmer, Höhe der Mietforderung sowie gegebenenfalls Höhe eines Baukostenzuschusses, einer Kaution, einer Mietvorauszahlung, eines Mieterdarlehens oder einer Abstandssumme, Name, Vorname und Anschrift des Vermieters;
3. bei der Vermittlung oder dem Nachweis der Gelegenheit zum Abschluß von Verträgen über die Nutzung von gewerblichen Räumen oder Wohnräumen: Lage des Grundstücks und der Räume, Ausstattung, Nutz- und Wohnfläche, Zahl der Räume, Höhe der Mietforderung sowie gegebenenfalls Höhe eines Baukostenzuschusses, einer Kaution, einer Mietvorauszahlung, eines Mieterdarlehens oder einer Abstandssumme, Name, Vorname und Anschrift des *Vermieters; (ab 01.01.2013: Vermieters.)*
4. (weggefallen);
5. bei der Vermittlung von Verträgen über den Erwerb von Anteilen an Investmentvermögen, die von einer inländischen Kapitalanlagegesellschaft oder Investmentaktiengesellschaft im Sinne der §§ 96 bis 111a des Investmentgesetzes ausgegeben werden, oder von ausländischen Investmentanteilen, die nach dem

Investmentgesetz öffentlich vertrieben werden dürfen, oder der auf diese bezogenen Anlageberatung: Firma und Sitz der Kapitalanlagegesellschaft, Investmentaktiengesellschaft oder ausländischen Investmentgesellschaft, je ein Stück der Vertragsbedingungen oder der Satzung, des ausführlichen und gegebenenfalls des vereinfachten Verkaufsprospektes sowie der Jahres- und Halbjahresberichte für das Investmentvermögen, jeweils in deutscher Sprache (§ 121 Abs. 1 und 3 sowie § 123 des Investmentgesetzes); bei der Vermittlung von Verträgen über den Erwerb von ausländischen Investmentanteilen, die im Geltungsbereich des Investmentgesetzes öffentlich vertrieben werden dürfen, oder bei der auf diese bezogenen Anlageberatung außerdem Angaben darüber, ob die ausländische Investmentgesellschaft in ihrem Sitzstaat im Hinblick auf das Investmentgeschäft einer staatlichen Aufsicht untersteht, ob und seit wann die ausländische Investmentgesellschaft zum öffentlichen Vertrieb ihrer Investmentanteile berechtigt ist sowie ob und wann die Bundesanstalt für Finanzdienstleistungsaufsicht den öffentlichen Vertrieb untersagt hat oder die Berechtigung zum öffentlichen Vertrieb durch Verzicht erloschen ist;

(ab 01.01.2013: Nr. 5 aufgehoben)

6. bei der Vermittlung von Verträgen über den Erwerb von sonstigen öffentlich angebotenen Vermögensanlagen, die für gemeinsame Rechnung der Anleger verwaltet werden, sowie über den Erwerb von öffentlich angebotenen Anteilen an einer Kommanditgesellschaft oder der jeweils auf diese bezogenen Anlageberatung:
   a) die Kosten, die insgesamt jeweils von jeder Zahlung des Erwerbers abgezogen werden;
   b) die laufenden Kosten, die darüber hinaus jährlich nach den Vertragsbedingungen einbehalten werden;
   c) (weggefallen);
   d) ob rechtsverbindlich öffentliche Finanzierungshilfen zugesagt worden sind;
   e) ob die eingezahlten Gelder von einem Kreditinstitut treuhänderisch verwaltet werden, sowie Firma und Sitz dieses Kreditinstituts;
   f) ob bei einer Kommanditgesellschaft die Kapitalanteile von Kommanditisten als Treuhänder für die Anleger gehalten werden, sowie Name, Vorname oder Firma und Anschrift oder Sitz dieser Treuhänder;
   g) wie hoch der Anteil der Fremdfinanzierung an der gesamten Finanzierung ist, ob die Kredite fest zugesagt sind und von wem;
   h) ob ein Kontrollorgan für die Geschäftsführung bestellt ist und welche Befugnisse es hat;
   i) ob die Haftung des Erwerbers auf die Einlage beschränkt ist;

j) ob weitere Zahlungsverpflichtungen für den Erwerber bestehen oder entstehen können;
k) Firma und Sitz des Unternehmens, das die angebotene Vermögensanlage verwaltet, oder der Gesellschaft, deren Anteile angeboten werden;

(ab 01.01.2013: Nr. 6 aufgehoben)

7. bei der Vermittlung von Verträgen über den Erwerb von öffentlich angebotenen Anteilen an einer Kapitalgesellschaft oder verbrieften Forderungen gegen eine Kapitalgesellschaft oder Kommanditgesellschaft oder der jeweils auf diese bezogenen Anlageberatung:
   a) Firma, Sitz und Zeitpunkt der Gründung der Gesellschaft;
   b) ob und an welchen Börsen die Anteile oder Forderungen gehandelt werden;
   c) ob ein Emissionsprospekt und ein Börsenprospekt vorliegen;
   d) nach welchem Recht sich die Beziehungen zwischen dem Erwerber und der Gesellschaft richten;
   e) sämtliche mit dem Erwerb verbundenen Kosten;
   1. bei verbrieften Forderungen außerdem Angaben über Zinssatz, Ausgabekurs, Tilgungs- und Rückzahlungsbedingungen und Sicherheiten.

(ab 01.01.2013: Nr. 7 aufgehoben)

(4) Aus den Aufzeichnungen und Unterlagen von Gewerbetreibenden im Sinne des *§ 34c Abs. 1 Satz 1 Nr. 4 (ab 01.01.2013: § 34c Absatz 1 Satz 1 Nummer 3)* der Gewerbeordnung müssen zusätzlich zu den Angaben nach Absatz 2 folgende Angaben ersichtlich sein, soweit sie im Einzelfall in Betracht kommen,

1. bei Bauvorhaben, die ganz oder teilweise zur Veräußerung bestimmt sind: Lage und Größe des Baugrundstücks, das Bauvorhaben mit den von der Bauaufsicht genehmigten Plänen nebst Baubeschreibung, sofern das Bauvorhaben nicht genehmigungspflichtig ist, neben den vorerwähnten Plänen und der Baubeschreibung die Bestätigung der Behörde oder des Gewerbetreibenden gemäß § 3 Abs. 1 Satz 1 Nr. 4 Buchstabe a oder b, der Zeitpunkt der Fertigstellung, die Kaufsache, die Kaufpreisforderung, die Belastungen, die Finanzierung, soweit sie nicht vom Erwerber erbracht werden soll;
2. bei Bauvorhaben, die ganz oder teilweise vermietet, verpachtet oder in anderer Weise zur Nutzung überlassen werden sollen: Lage und Größe des Baugrundstücks, das Bauvorhaben mit den von der Bauaufsicht genehmigten Plänen nebst Baubeschreibung, sofern das Bauvorhaben nicht genehmigungspflichtig ist, neben den vorerwähnten Plänen und der Baubeschreibung die Bestätigung der Behörde oder des Gewerbetreibenden gemäß § 3 Abs. 1 Satz 1 Nr. 4 Buchstabe a oder b, der Zeitpunkt der Fertigstellung, der Vertragsgegenstand, die Miet-, Pacht- oder sonstige Forderung, die darüber hinaus zu erbringenden laufenden Leistungen und die etwaigen einmaligen Leistungen, die nicht zur Vorbereitung oder Durchführung des Bauvorhabens verwendet werden sollen;

3. bei Bauvorhaben, die der Gewerbetreibende als Baubetreuer wirtschaftlich vorbereiten oder durchführen soll: Lage und Größe des Baugrundstücks, das Bauvorhaben mit Plänen und Baubeschreibung, der Zeitpunkt der Fertigstellung, die veranschlagten Kosten, die Kostenobergrenze und die von dem Gewerbetreibenden bei Dritten zu beschaffende Finanzierung.

(5) Aus den Aufzeichnungen, Unterlagen und Belegen sämtlicher Gewerbetreibender müssen ferner ersichtlich sein, soweit dies im Einzelfall in Betracht kommt,

1. Art und Höhe der Vermögenswerte des Auftraggebers, die der Gewerbetreibende zur Ausführung des Auftrages erhalten hat oder zu deren Verwendung er ermächtigt wurde,
2. das für die Vermittler- oder Nachweistätigkeit oder für die Tätigkeit als Baubetreuer vom Auftraggeber entrichtete Entgelt,
3. eine Bestätigung des Auftraggebers über die Aushändigung der in § 2 Abs. 4 Satz 3 bezeichneten Unterlagen,
4. Kopie der Bürgschaftsurkunde und des Versicherungsscheins,
5. Verwendungen von Vermögenswerten des Auftraggebers durch den Gewerbetreibenden nach Tag und Höhe, in den Fällen des § 2 Abs. 5 Satz 2 auch eine Bestätigung des Auftraggebers darüber, daß ihm die ordnungsgemäße Verwendung der Teilbeträge nachgewiesen worden ist,
6. Tag und Grund der Auftragsbeendigung,
7. Tag der Beendigung des Bürgschaftsvertrages und der Versicherung,
8. die in § 7 Abs. 2 erwähnten Unterlagen,
9. Nachweis, daß dem Auftraggeber die in § 11 bezeichneten Angaben rechtzeitig und vollständig mitgeteilt worden sind.

(6) Sonstige Vorschriften über Aufzeichnungs- und Buchführungspflichten des Gewerbetreibenden bleiben unberührt.

§ 11 Informationspflicht und Werbung

(1) Der Gewerbetreibende hat dem Auftraggeber schriftlich und in deutscher Sprache folgende Angaben mitzuteilen, soweit sie im Einzelfall in Betracht kommen:

1. in den Fällen des § 34c Abs. 1 Satz 1 Nr. 1 der Gewerbeordnung unmittelbar nach der Annahme des Auftrages die in § 10 Abs. 2 Nr. 2 Buchstabe a und f erwähnten Angaben und spätestens bei Aufnahme der Vertragsverhandlungen über den vermittelten oder nachgewiesenen Vertragsgegenstand die in § 10 Abs. 2 Nr. 2 Buchstabe b bis e und Abs. 3 Nr. 1 bis 3 erwähnten Angaben,
2. in den Fällen des § 34c Abs. 1 Satz 1 Nr. 2 und 3 der Gewerbeordnung vor der Annahme des Auftrages die in § 10 Abs. 2 Nr. 2 und Abs. 3 Nr. 6 und 7 erwähnten Angaben,

3. in den Fällen des § 34c Abs. 1 Satz 1 Nr. 4 der Gewerbeordnung spätestens bis zur Annahme des Auftrages die in § 10 Abs. 2 Nr. 2 und Abs. 4 erwähnten Angaben. Vor diesem Zeitpunkt hat der Gewerbetreibende dem Auftraggeber die Angaben zu machen, die zur Beurteilung des Auftrages nach dem jeweiligen Verhandlungsstand erforderlich sind. Im Falle des § 10 Abs. 4 Nr. 3 entfällt die Verpflichtung, soweit die Angaben vom Auftraggeber stammen.

Ist der Auftraggeber eine natürliche Person, kann er die Übermittlung der Angaben in der Amtssprache eines Mitgliedstaates der Europäischen Union oder eines Vertragsstaates des Abkommens über den Europäischen Wirtschaftsraum verlangen, wenn er in diesem Mitgliedstaat oder Vertragsstaat seinen Wohnsitz hat.

(2) In den Fällen des § 34c Abs. 1 Satz 1 Nr. 2 und 3 der Gewerbeordnung gelten beim Vertrieb von Anteilen an Investmentvermögen im Sinne des Investmentgesetzes § 121 Abs. 1 und 3 sowie § 123 des Investmentgesetzes entsprechend. Für die von dem Gewerbetreibenden nach § 34c Abs. 1 Satz 1 Nr. 2 und 3 der Gewerbeordnung verwandte oder veranlasste Werbung in Textform für den Erwerb von Anteilen eines Investmentvermögens im Sinne des Investmentgesetzes gilt § 124 Abs. 1 bis 2a des Investmentgesetzes entsprechend.

(ab 01.01.2013:)

§ 11 Informationspflicht und Werbung

Der Gewerbetreibende hat dem Auftraggeber schriftlich und in deutscher Sprache folgende Angaben mitzuteilen, soweit sie im Einzelfall in Betracht kommen:

1. *in den Fällen des § 34c Absatz 1 Satz 1 Nummer 1 der Gewerbeordnung*
   a) *unmittelbar nach der Annahme des Auftrags die in § 10 Absatz 2 Nummer 2 Buchstabe a und f genannten Angaben und*
   b) *spätestens bei Aufnahme der Vertragsverhandlungen über den vermittelten oder nachgewiesenen Vertragsgegenstand die in § 10 Absatz 2 Nummer 2 Buchstabe b bis e und Absatz 3 Nummer 1 bis 3 genannten Angaben,*
2. *in den Fällen des § 34c Absatz 1 Satz 1 Nummer 3 der Gewerbeordnung spätestens bis zur Annahme des Auftrags die in § 10 Absatz 2 Nummer 2 und Absatz 4 genannten Angaben; vor diesem Zeitpunkt hat der Gewerbetreibende dem Auftraggeber die Angaben zu machen, die zur Beurteilung des Auftrags nach dem jeweiligen Verhandlungsstand erforderlich sind; im Fall des § 10 Absatz 4 Nummer 3 entfällt die Verpflichtung, soweit die Angaben vom Auftraggeber stammen.*

Ist der Auftraggeber eine natürliche Person, kann er die Übermittlung der Angaben in der Amtssprache eines Mitgliedstaates der Europäischen Union oder eines Vertragsstaates des Abkommens über den Europäischen Wirtschaftsraum verlangen, wenn er in diesem Mitgliedstaat oder Vertragsstaat seinen Wohnsitz hat.

§ 16 Prüfungen

(1) Gewerbetreibende im Sinne des *§ 34c Abs. 1 Satz 1 Nr. 2 und 4 (ab 01.01.2013: § 34c Absatz 1 Satz 1 Nummer 3)* der Gewerbeordnung haben auf ihre Kosten die Einhaltung der sich aus den §§ 2 bis 14 ergebenden Verpflichtungen für jedes Kalenderjahr durch einen geeigneten Prüfer prüfen zu lassen und der zuständigen Behörde den Prüfungsbericht bis spätestens zum 31. Dezember des darauffolgenden Jahres zu übermitteln. Sofern der Gewerbetreibende im Berichtszeitraum keine nach § 34c Abs. 1 Satz 1 der Gewerbeordnung erlaubnispflichtige Tätigkeit ausgeübt hat, hat er spätestens bis zu dem in Satz 1 genannten Termin anstelle des Prüfungsberichts eine entsprechende Erklärung zu übermitteln. Der Prüfungsbericht muß einen Vermerk darüber enthalten, ob Verstöße des Gewerbetreibenden festgestellt worden sind. Verstöße sind in dem Vermerk aufzuzeigen. Der Prüfer hat den Vermerk mit Angabe von Ort und Datum zu unterzeichnen.

(2) Die zuständige Behörde ist befugt, Gewerbetreibende im Sinne des § 34c Abs. 1 der Gewerbeordnung auf deren Kosten aus besonderem Anlaß im Rahmen einer außerordentlichen Prüfung durch einen geeigneten Prüfer überprüfen zu lassen. Der Prüfer wird von der zuständigen Behörde bestimmt. Absatz 1 Satz 3 bis 5 gilt entsprechend.

(3) Geeignete Prüfer sind

1. Wirtschaftsprüfer, vereidigte Buchprüfer, Wirtschaftsprüfungs- und Buchprüfungsgesellschaften,
2. Prüfungsverbände, zu deren gesetzlichem oder satzungsmäßigem Zweck die regelmäßige und außerordentliche Prüfung ihrer Mitglieder gehört, sofern
   a) von ihren gesetzlichen Vertretern mindestens einer Wirtschaftsprüfer ist,
   b) sie die Voraussetzungen des § 63b Abs. 5 des Gesetzes betreffend die Erwerbs- und Wirtschaftsgenossenschaften erfüllen oder
   c) sie sich für ihre Prüfungstätigkeit selbständiger Wirtschaftsprüfer oder vereidigter Buchprüfer oder einer Wirtschaftsprüfungs- oder Buchprüfungsgesellschaft bedienen.

Bei Gewerbetreibenden im Sinne des *§ 34c Abs. 1 Satz 1 Nr. 1 und 1a (ab 01.01.2013: § 34c Absatz 1 Satz 1 Nummer 1 und 2)* der Gewerbeordnung können mit der Prüfung nach Absatz 2 auch andere Personen, die öffentlich bestellt oder zugelassen worden sind und die auf Grund ihrer Vorbildung und Erfahrung in der Lage sind, eine ordnungsgemäße Prüfung in dem jeweiligen Gewerbebetrieb durchzuführen, sowie deren Zusammenschlüsse betraut werden. § 13a Absatz 1 und 2 Satz 1 und 2, Absatz 5 bis 7 der Gewerbeordnung gilt für die in Satz 2 genannten Personen, die mit der Prüfung betraut werden können, entsprechend. Ungeeignet für eine Prüfung sind Personen, bei denen die Besorgnis der Befangenheit besteht.

§ 18 Ordnungswidrigkeiten

(1) Ordnungswidrig im Sinne des § 144 Abs. 2 Nr. 6 der Gewerbeordnung handelt, wer

1. Vermögenswerte des Auftraggebers annimmt oder sich zu deren Verwendung ermächtigen läßt, bevor er
   a) nach § 2 Abs. 1 Sicherheit geleistet oder eine Versicherung abgeschlossen oder
   b) die in § 2 Abs. 4 Satz 3 bezeichneten Urkunden ausgehändigt hat,
2. entgegen § 2 Abs. 5, auch in Verbindung mit § 7 Abs. 1 Satz 2, oder § 7 Abs. 1 Satz 3 die Sicherheit oder Versicherung nicht aufrechterhält,
3. einer Vorschrift des § 3 über die Entgegennahme oder die Ermächtigung zur Verwendung von Vermögenswerten des Auftraggebers zuwiderhandelt,
4. einer Vorschrift des § 4 über die Verwendung von Vermögenswerten des Auftraggebers zuwiderhandelt,
5. einer Vorschrift des § 6 Abs. 1, Abs. 2 Satz 1 oder 2, Abs. 3 Satz 1 oder Abs. 3 Satz 2 in Verbindung mit Abs. 2 Satz 2 über die getrennte Vermögensverwaltung zuwiderhandelt,
6. entgegen § 9 die Anzeige nicht, nicht richtig, nicht vollständig oder nicht rechtzeitig erstattet,
7. entgegen § 10 Abs. 1 bis 5 erforderliche Aufzeichnungen nicht, nicht richtig, nicht vollständig, nicht ordnungsgemäß oder nicht rechtzeitig macht oder Unterlagen oder Belege nicht oder nicht übersichtlich sammelt,
8. entgegen *§ 11 Abs. 1 Satz 1 Nr. 1 bis 3 (ab 01.01.2013: § 11 Satz 1 Nummer 1 oder 2)* dem Auftraggeber die dort bezeichneten Angaben nicht, nicht richtig, nicht vollständig oder nicht rechtzeitig mitteilt,
9. (weggefallen)
10. entgegen § 14 Abs. 1 Satz 1 Geschäftsunterlagen nicht während der vorgeschriebenen Frist aufbewahrt,
11. (weggefallen)
12. entgegen § 16 Abs. 1 Satz 1 oder 2 einen Prüfungsbericht nicht, nicht richtig, nicht vollständig oder nicht rechtzeitig oder eine dort genannte Erklärung nicht, nicht richtig oder nicht rechtzeitig vorlegt oder
13. den Duldungs- oder Mitwirkungspflichten des § 17 Abs. 1 nicht, nicht ausreichend oder nicht rechtzeitig nachkommt.

(2) Ordnungswidrig im Sinne des § 145 Abs. 2 Nr. 9 der Gewerbeordnung handelt, wer vorsätzlich oder fahrlässig eine in Absatz 1 bezeichnete Handlung in Ausübung eines Reisegewerbes begeht.

(3) Ordnungswidrig im Sinne des § 146 Abs. 2 Nr. 11a der Gewerbeordnung handelt, wer vorsätzlich oder fahrlässig eine in Absatz 1 bezeichnete Handlung in Ausübung eines Messe-, Ausstellungs- oder Marktgewerbes begeht.

§ 19 Anwendung bei grenzüberschreitender Dienstleistungserbringung

(1) Üben Gewerbetreibende von einer Niederlassung in einem anderen Mitgliedstaat der Europäischen Union oder einem anderen Vertragsstaat des Abkommens über den Europäischen Wirtschaftsraum aus im Geltungsbereich dieser Verordnung vorübergehend selbständig gewerbsmäßig eine Tätigkeit nach § 34c Absatz 1 Satz 1 Nummer 1 oder *Nummer 4 (ab 01.01.2013: Nummer 3)* der Gewerbeordnung aus, sind die §§ 8 bis 11, 14 bis 17, 18 Absatz 1 Nummer 6 bis 13, jeweils auch in Verbindung mit § 18 Absatz 2 und 3, insoweit nicht anwendbar. § 4 Absatz 2 der Gewerbeordnung gilt entsprechend.

(2) In den Fällen des § 34c Absatz 1 Satz 1 Nummer 1 oder *Nummer 4 (ab 01.01.2013: Nummer 3)* der Gewerbeordnung sind die §§ 2, 4 bis 8, 10 bis 18 Absatz 1 Nummer 1, 2, 4, 5 und 7 bis 13, jeweils auch in Verbindung mit § 18 Absatz 2 und 3, auch anzuwenden, wenn der im Inland niedergelassene Gewerbetreibende die Dienstleistungsfreiheit in einem anderen Mitgliedstaat der Europäischen Union oder einem anderen Vertragsstaat des Abkommens über den Europäischen Wirtschaftsraum in Anspruch nimmt und dort vorübergehend selbständig gewerbsmäßig tätig wird.

§ 20 Übergangsvorschriften

(1) Gewerbetreibende, die Vermögenswerte des Auftraggebers nach den §§ 3 oder 7 Abs. 1 in der bis zum 28. Februar 1991 geltenden Fassung abzusichern haben, können die Verträge weiterhin nach diesen Vorschriften abwickeln.

(2) Betreuungsunternehmen im Sinne des § 37 Abs. 2 des Zweiten Wohnungsbaugesetzes und des § 22c Abs. 2 des Wohnungsbaugesetzes für das Saarland, die diese Eigenschaft verlieren, dürfen Vermögenswerte des Auftraggebers von diesem Zeitpunkt an nur noch unter den Voraussetzungen der §§ 2 bis 7 entgegennehmen oder sich zu deren Verwendung ermächtigen lassen.

(ab 01.01.2013:)

§ 20 Übergangsvorschriften

Gewerbetreibende, die Vermögenswerte des Auftraggebers nach den §§ 3 oder 7 Abs. 1 in der bis zum 28. Februar 1991 geltenden Fassung abzusichern haben, können die Verträge weiterhin nach diesen Vorschriften abwickeln.

9.4 Verordnung über den Einsatz von Mitarbeitern in der Anlageberatung, als Vertriebsbeauftragte oder als Compliance-Beauftragte und über die Anzeigepflichten nach § 34d des Wertpapierhandelsgesetzes

(WpHG-Mitarbeiteranzeigeverordnung – WpHGMaAnzV)

vom 21.12.2011 (BGBl. I S. 3116); Geltung ab 01.11.2012

Auf Grund des § 34d Absatz 6 Satz 1 und 2 des Wertpapierhandelsgesetzes, der durch Artikel 1 Nummer 9 des Gesetzes vom 5. April 2011 (BGBl. I S. 538) eingefügt worden ist, in Verbindung mit § 1 Nummer 1 der Verordnung zur Übertragung von Befugnissen zum Erlass von Rechtsverordnungen auf die Bundesanstalt für Finanzdienstleistungsaufsicht, der zuletzt durch die Verordnung vom 23. Mai 2011 (BGBl. I S. 938) geändert worden ist, verordnet die Bundesanstalt für Finanzdienstleistungsaufsicht:

Abschnitt 1
Sachkunde

§ 1 Sachkunde des Mitarbeiters in der Anlageberatung

(1) Mitarbeiter in der Anlageberatung im Sinne des § 34d Absatz 1 des Wertpapierhandelsgesetzes müssen die für die Erbringung der Anlageberatung erforderliche Sachkunde haben. Die Sachkunde umfasst insbesondere Kenntnisse in folgenden Sachgebieten und ihre praktische Anwendung:

1. Kundenberatung:
   a) Bedarfsermittlung,
   b) Lösungsmöglichkeiten,
   c) Produktdarstellung und -information und
   d) Serviceerwartungen des Kunden, Besuchsvorbereitung, Kundenkontakte, Kundengespräch, Kundenbetreuung;
2. rechtliche Grundlagen der Anlageberatung:
   a) Vertragsrecht und
   b) Vorschriften des Wertpapierhandels- und des Investmentgesetzes, die bei der Anlageberatung oder der Anbahnung einer Anlageberatung zu beachten sind;

3. fachliche Grundlagen:
   a) Funktionsweise der Finanzinstrumente,
   b) Risiken der Finanzinstrumente und
   c) Gesamtheit aller im Zusammenhang mit den Geschäften anfallenden Kosten.

Die nach Satz 2 Nummer 3 erforderlichen Kenntnisse müssen sich auf die Arten von Finanzinstrumenten beziehen, die Gegenstand der Anlageberatung des Mitarbeiters sein können.
(2) Die nach Absatz 1 erforderliche Sachkunde muss durch Abschluss- oder Arbeitszeugnisse, gegebenenfalls in Verbindung mit Stellenbeschreibungen, durch Schulungsnachweise oder in anderer geeigneter Weise nachgewiesen sein.

§ 2 Sachkunde des Vertriebsbeauftragten
Der Vertriebsbeauftragte im Sinne des § 34d Absatz 2 des Wertpapierhandelsgesetzes muss für seine Tätigkeit neben Kenntnissen über die gesetzlichen Anforderungen an Vertriebsvorgaben sowie deren Ausgestaltung, Umsetzung und Überwachung auch die für die Erbringung der Anlageberatung erforderliche Sachkunde haben. § 1 Absatz 1 Satz 2, 3 und Absatz 2 ist entsprechend anzuwenden, wobei hinsichtlich der fachlichen Grundlagen nach § 1 Absatz 1 Satz 2 Nummer 3 auf diejenigen Finanzinstrumente und Geschäfte abzustellen ist, für die Vertriebsvorgaben ausgestaltet, umgesetzt oder überwacht werden.

§ 3 Sachkunde des Compliance-Beauftragten
(1) Der Compliance-Beauftragte im Sinne des § 34d Absatz 3 des Wertpapierhandelsgesetzes muss die für seine Tätigkeit erforderliche Sachkunde haben. Die Sachkunde umfasst insbesondere Kenntnisse in folgenden Sachgebieten und ihre praktische Anwendung:
1. rechtliche Kenntnisse:
   a) Kenntnisse der Rechtsvorschriften, die vom Wertpapierdienstleistungsunternehmen bei der Erbringung von Wertpapierdienstleistungen und Wertpapiernebendienstleistungen einzuhalten sind,
   b) Kenntnisse der Verwaltungsvorschriften, die von der Bundesanstalt für Finanzdienstleistungsaufsicht (Bundesanstalt) zur Konkretisierung des Wertpapierhandelsgesetzes erlassen worden sind,
   c) Kenntnisse der Anforderungen und Ausgestaltung angemessener Prozesse von Wertpapierdienstleistungsunternehmen zur Verhinderung und zur Aufdeckung von Verstößen gegen aufsichtsrechtliche Bestimmungen,
   d) Kenntnisse der Aufgaben und Verantwortlichkeiten und Befugnisse der Compliance-Funktion und des Compliance-Beauftragten,
   e) soweit Mitarbeiter des Wertpapierdienstleistungsunternehmens aufgrund ihrer Tätigkeit Kenntnis von Insiderinformationen im Sinne des § 13 des Wert-

papierhandelsgesetzes erlangen können, Kenntnisse der Handelsüberwachung und der Vorschriften des Abschnitts 3 des Wertpapierhandelsgesetzes und

f) soweit von dem Wertpapierdienstleistungsunternehmen Wertpapierdienstleistungen mit Auslandsbezug erbracht werden, Kenntnisse der hierbei zu beachtenden besonderen rechtlichen Anforderungen;

2. fachliche Kenntnisse:
   a) Kenntnisse der Grundzüge der Organisation und Zuständigkeiten der Bundesanstalt,
   b) Kenntnisse sämtlicher Arten von Wertpapierdienstleistungen und Wertpapiernebendienstleistungen, die durch das Wertpapierdienstleistungsunternehmen erbracht werden, sowie der von ihnen ausgehenden Risiken,
   c) Kenntnisse der Funktionsweisen und Risiken der Arten von Finanzinstrumenten, in denen das Wertpapierdienstleistungsunternehmen Wertpapierdienstleistungen oder Wertpapiernebendienstleistungen erbringt,
   d) Erkennen möglicher Interessenkonflikte und ihrer Ursachen und
   e) Kenntnisse verschiedener Ausgestaltungsmöglichkeiten von Vertriebsvorgaben sowie der Aufbau- und Ablauforganisation des Wertpapierdienstleistungsunternehmens und von Wertpapierdienstleistungsunternehmen im Allgemeinen.

(2) Die nach Absatz 1 erforderliche Sachkunde muss durch Abschluss- oder Arbeitszeugnisse, gegebenenfalls in Verbindung mit Stellenbeschreibungen, durch Schulungsnachweise oder in anderer geeigneter Weise nachgewiesen sein.

§ 4 Berufsqualifikationen als Sachkundenachweis

Die erforderliche Sachkunde gilt insbesondere durch die folgenden Berufsqualifikationen und deren Vorläufer- oder Nachfolgeberufe als nachgewiesen:

1. Sachkunde im Sinne der §§ 1 und 2:

   Abschlusszeugnis eines wirtschaftswissenschaftlichen Studiengangs der Fachrichtung Banken, Finanzdienstleistungen oder Kapitalmarkt (Hochschul- oder Fachhochschulabschluss oder gleichwertiger Abschluss), wenn darüber hinaus eine fachspezifische Berufspraxis nachgewiesen werden kann, die gewährleistet, dass der Mitarbeiter den an die Sachkunde zu stellenden Anforderungen genügt;

2. für die Sachkunde im Sinne der §§ 1 und 2 darüber hinaus:
   a) Abschlusszeugnis als Bank- oder Sparkassenbetriebswirt oder -wirtin einer Bank- oder Sparkassenakademie oder
   b) Abschlusszeugnis als Sparkassenfachwirt oder -wirtin (Sparkassenakademie) oder Bankfachwirt oder -wirtin (Sparkassenakademie),
   c) Abschlusszeugnis als Geprüfter Bankfachwirt oder Geprüfte Bankfachwirtin, Fachwirt oder -wirtin für Finanzberatung (IHK), Investment-Fachwirt oder

-wirtin (IHK), Fachberater oder -beraterin für Finanzdienstleistungen (IHK) oder als Geprüfter Fachwirt oder Geprüfte Fachwirtin für Versicherungen und Finanzen sowie

d) Abschlusszeugnis als Bank- oder Sparkassenkaufmann oder -frau, Investmentfondskaufmann oder -frau oder als Kaufmann oder -frau für Versicherungen und Finanzen Fachrichtung Finanzdienstleistungen,

soweit bei diesen Ausbildungen die in § 1 genannten Kenntnisse vermittelt werden;

3. Sachkunde im Sinne des § 3:
   a) Abschlusszeugnis eines Studiums der Rechtswissenschaft, wenn darüber hinaus eine fachspezifische Berufspraxis nachgewiesen werden kann, die gewährleistet, dass der Mitarbeiter den an die Sachkunde zu stellenden Anforderungen genügt,
   b) Abschlusszeugnis gemäß Nummer 1, wenn darüber hinaus eine fachspezifische Berufspraxis nachgewiesen werden kann, die gewährleistet, dass der Mitarbeiter den an die Sachkunde zu stellenden Anforderungen genügt, oder
   c) Abschlusszeugnis gemäß Nummer 2 Buchstabe a.

Bei Personen, die seit dem 1. Januar 2006 ununterbrochen als Mitarbeiter in der Anlageberatung, Vertriebsbeauftragter oder Compliance-Beauftragter eines Wertpapierdienstleistungsunternehmens tätig waren, wird vermutet, dass sie jeweils die erforderliche Sachkunde haben, wenn die Anzeigen nach § 34d Absatz 1 bis 3 des Wertpapierhandelsgesetzes bis zum 1. Mai 2013 eingereicht werden. Die Vermutung nach Satz 2 gilt auch dann, wenn die entsprechende Berufserfahrung ganz oder teilweise bei Zweigniederlassungen im Sinne des § 53b des Kreditwesengesetzes, die die Wertpapierdienstleistung der Anlageberatung erbringen, erworben wurde.

§ 5 Anerkennung ausländischer Berufsbefähigungsnachweise im Rahmen der Niederlassungsfreiheit

(1) Als Nachweis der erforderlichen Sachkunde nach den §§ 1, 2 oder 3 werden auch Befähigungs- und Ausbildungsnachweise anerkannt, die

1. von einer zuständigen Behörde eines anderen Mitgliedstaats der Europäischen Union oder eines anderen Vertragsstaats des Abkommens über den Europäischen Wirtschaftsraum ausgestellt oder anerkannt worden sind und
2. in dem ausstellenden Staat erforderlich sind, um als Mitarbeiter einer Wertpapierdienstleistungsfirma im Sinne des Artikels 4 Absatz 1 Nummer 1 der Richtlinie 2004/39/EG des Europäischen Parlaments und des Rates vom 21. April 2004 über Märkte für Finanzinstrumente, zur Änderung der Richtlinien 85/611/EWG und 93/6/EWG des Rates und der Richtlinie 2000/12/EG des Europäischen Parlaments und des Rates und zur Aufhebung der Richtlinie 93/22/EWG des Rates

(ABl. L 145 vom 30.4.2004, S. 1, L 45 vom 16.2.2005, S. 18) mit einer vergleichbaren Tätigkeit betraut zu werden.

(2) Ist die Ausübung der Tätigkeit in dem anderen Mitglied- oder Vertragsstaat nicht durch Rechts- oder Verwaltungsvorschrift an eine bestimmte Berufsqualifikation gebunden, kann die Sachkunde durch jedes andere geeignete Dokument, insbesondere Abschluss oder Arbeitszeugnisse, gegebenenfalls in Verbindung mit Stellenbeschreibungen, nachgewiesen werden.

§ 6 Zuverlässigkeit

Die erforderliche Zuverlässigkeit nach § 34d Absatz 1 Satz 1, Absatz 2 Satz 1 oder Absatz 3 Satz 1 des Wertpapierhandelsgesetzes hat in der Regel nicht, wer in den letzten fünf Jahren vor Beginn einer anzeigepflichtigen Tätigkeit wegen eines Verbrechens oder wegen Diebstahls, Unterschlagung, Erpressung, Betruges, Untreue, Geldwäsche, Urkundenfälschung, Hehlerei, Wuchers, einer Insolvenzstraftat, einer Steuerhinterziehung oder aufgrund des § 38 des Wertpapierhandelsgesetzes rechtskräftig verurteilt worden ist.

Abschnitt 2
Anzeigen

§ 7 Einreichung der Anzeigen

Die Anzeigen nach § 34d Absatz 1 Satz 2 bis 4, Absatz 2 Satz 2 und 3 sowie Absatz 3 Satz 2 und 3 des Wertpapierhandelsgesetzes sind im Wege der elektronischen Übermittlung unter Verwendung des von der Bundesanstalt bereitgestellten elektronischen Anzeigeverfahrens einzureichen. Bei der elektronischen Übermittlung sind dem jeweiligen Stand der Technik entsprechende Verfahren einzusetzen, die die Authentizität, Vertraulichkeit und Integrität der Daten gewährleisten. Im Falle der Nutzung allgemein zugänglicher Netze sind Verschlüsselungsverfahren anzuwenden. Vor der erstmaligen Verwendung des elektronischen Anzeigeverfahrens ist eine Anmeldung bei der Bundesanstalt erforderlich. Die Anmeldung hat über die Internetseite der Bundesanstalt zu erfolgen. Die Bundesanstalt teilt unverzüglich nach Eingang der Anmeldung die zur Verwendung des elektronischen Anzeigeverfahrens erforderliche Zugangskennung zu. Unmittelbar nach jeder erfolgreichen Übermittlung einer Anzeige erhält das Unternehmen eine Bestätigung über deren Eingang bei der Bundesanstalt.

§ 8 Inhalt der Anzeigen

(1) Die Erstanzeigen nach § 34d Absatz 1 Satz 2, Absatz 2 Satz 2 und Absatz 3 Satz 2 des Wertpapierhandelsgesetzes müssen enthalten:

1. die Bezeichnung der Vorschrift des § 34d des Wertpapierhandelsgesetzes, auf deren Grundlage die Anzeige erfolgt, und die Tätigkeiten im Sinne dieser Vorschrift, mit denen der Mitarbeiter betraut werden soll,
2. den Familiennamen, den Geburtsnamen, den Vornamen, den Tag und den Ort der Geburt des Mitarbeiters und
3. den Tag des Beginns der anzeigepflichtigen Tätigkeit für das Wertpapierdienstleistungsunternehmen.

(2) Eine Anzeige nach § 34d Absatz 1 des Wertpapierhandelsgesetzes muss, sofern das Wertpapierdienstleistungsunternehmen Vertriebsbeauftragte im Sinne des § 34d Absatz 2 des Wertpapierhandelsgesetzes hat, den aufgrund der Organisationsstruktur des Wertpapierdienstleistungsunternehmens für den angezeigten Mitarbeiter zuständigen Vertriebsbeauftragten enthalten.

(3) Jede Änderung der angezeigten Angaben ist als Änderungsanzeige nach § 34d Absatz 1 Satz 3, Absatz 2 Satz 3 oder Absatz 3 Satz 3 des Wertpapierhandelsgesetzes innerhalb eines Monats, nachdem die Änderung eingetreten ist, in dem in § 7 vorgegebenen Verfahren einzureichen. Wird der Mitarbeiter von dem Wertpapierdienstleistungsunternehmen nicht mehr mit der angezeigten Tätigkeit betraut, ist der Tag der Beendigung der angezeigten Tätigkeit anzuzeigen.

(4) Die Anzeige einer Beschwerde nach § 34d Absatz 1 Satz 4 des Wertpapierhandelsgesetzes muss

1. das Datum, an dem die Beschwerde gegenüber dem Wertpapierdienstleistungsunternehmen erhoben worden ist,
2. den Namen des Mitarbeiters, aufgrund dessen Tätigkeit die Beschwerde erhoben worden ist, und die dem Wertpapierdienstleistungsunternehmen mitgeteilte eindeutige alphanumerische Kennnummer dieses Mitarbeiters nach § 9 Absatz 2 Nummer 1 sowie,
3. sofern das Wertpapierdienstleistungsunternehmen mehrere Zweigstellen, Zweigniederlassungen oder sonstige Organisationseinheiten hat, die Bezeichnung und Anschrift (Straße, Hausnummer, Postleitzahl, Ort, Sitzstaat) der Zweigstelle, Zweigniederlassung oder sonstigen Organisationseinheit, der der Mitarbeiter zum Zeitpunkt der Anlageberatung, die Anlass der anzuzeigenden Beschwerde war, zugeordnet war oder für welche er zu diesem Zeitpunkt überwiegend oder in der Regel seine Tätigkeit ausgeübt hat,

enthalten. Die Anzeige ist spätestens innerhalb von sechs Wochen, nachdem die Beschwerde gegenüber dem Wertpapierdienstleistungsunternehmen erhoben worden ist, bei der Bundesanstalt einzureichen. Mehrere Beschwerden können in chronologischer Reihenfolge zu einer Anzeige zusammengefasst werden.

Abschnitt 3
Datenbank

§ 9 Inhalt der Datenbank

(1) Die Angaben aus den Anzeigen nach § 8 werden automatisiert in der Datenbank nach § 34d Absatz 5 des Wertpapierhandelsgesetzes gespeichert.

(2) In der Datenbank werden außerdem folgende Angaben gespeichert:

1. eine eindeutige, von der Bundesanstalt vergebene alphanumerische Kennnummer für jeden angezeigten Mitarbeiter, die dem Wertpapierdienstleistungsunternehmen nach Erstattung der Erstanzeige mitgeteilt wird,
2. die Firma, die Rechtsform und der Sitz (Straße, Hausnummer, Postleitzahl, Ort, Sitzstaat) des anzeigenden Wertpapierdienstleistungsunternehmens,
3. der Tag, an dem die Anzeige über den Beginn der angezeigten Tätigkeit bei der Bundesanstalt eingegangen ist,
4. der Tag, an dem die Anzeige über die Beendigung der angezeigten Tätigkeit bei der Bundesanstalt eingegangen ist,
5. der Tag, an dem Angaben über den Beginn oder das Ende der angezeigten Tätigkeit abgeändert oder berichtigt worden sind,
6. der angezeigte Zeitpunkt des Beginns oder der Beendigung der angezeigten Tätigkeit auch dann, wenn diese Daten nachträglich abgeändert oder berichtigt worden sind,
7. Anordnungen nach § 34d Absatz 4 des Wertpapierhandelsgesetzes, die gegenüber dem Mitarbeiter oder aufgrund des Mitarbeiters gegen das Wertpapierdienstleistungsunternehmen ergangen sind, und,
8. sofern der Mitarbeiter in den letzten fünf Jahren bereits für das gleiche oder ein anderes Wertpapierdienstleistungsunternehmen tätig war,
   a) den Zeitpunkt des Beginns und der Beendigung der seinerzeit angezeigten Tätigkeit auch dann, wenn diese Daten nachträglich abgeändert oder berichtigt worden sind,
   b) das Wertpapierdienstleistungsunternehmen, das die Tätigkeit seinerzeit angezeigt hat, und
   c) die nach § 8 Absatz 4 angezeigten Beschwerden, die diese frühere Tätigkeit betrafen.

§ 10 Verantwortlichkeit

Das Wertpapierdienstleistungsunternehmen trägt die Verantwortung für die Vollständigkeit, die Richtigkeit und die Aktualität der von ihm angezeigten und automatisiert in die Datenbank eingestellten Angaben. Erforderliche Berichtigungen sind unter Verwendung des elektronischen Anzeigeverfahrens vorzunehmen.

§ 11 Dauer der Speicherung
Eintragungen nach § 8 Absatz 4 und § 9 Absatz 2 Nummer 7 sind fünf Jahre nach Ablauf des Jahres, in dem die Beschwerde gegenüber der Bundesanstalt angezeigt worden ist, oder fünf Jahre nach dem Tag, an dem die Anordnung erlassen worden ist, durch die Bundesanstalt aus der Datenbank zu löschen. Alle übrigen Eintragungen sind fünf Jahre nach Ablauf des Jahres, in dem die Beendigung der Tätigkeit für das anzeigende Wertpapierdienstleistungsunternehmen angezeigt worden ist, durch die Bundesanstalt aus der Datenbank zu löschen.

Abschnitt 4
Schlussvorschriften

§ 12 Inkrafttreten
Diese Verordnung tritt am 1. November 2012 in Kraft.

9.5 Bundesrat-Drucksache 89/12 vom 16.02.12 – Auszug

Verordnung zur Einführung einer Finanzanlagenvermittlungsverordnung

A. Problem und Ziel
Mit dem durch Artikel 5 des Gesetzes zur Novellierung des Finanzanlagenvermittler- und Vermögensanlagenrechts vom 6. Dezember 2011 (BGBl. I S. 2481) neu eingefügten § 34f der Gewerbeordnung werden die Anforderungen an gewerbliche Vermittler von Finanzanlagen durch die Einführung eines Sachkundenachweises und einer Berufshaftpflichtversicherung als Voraussetzung für die Erteilung einer Gewerbeerlaubnis erhöht. Darüber hinaus ist die Registrierung der Finanzanlagenvermittler in dem bereits für Versicherungsvermittler bestehenden Register vorgesehen. Die Informations-, Beratungs- und Dokumentationspflichten des sechsten Abschnitts des Wertpapierhandelsgesetzes sollen auf gewerbliche Vermittler übertragen werden. § 34f der Gewerbeordnung enthält keine Vorschriften zur Ausgestaltung der Sachkundeprüfung, des Verfahrens der Registereintragung, zur Ausgestaltung der Pflicht zum Abschluss einer Berufshaftpflichtversicherung und der Informations-, Beratungs- und Dokumentationspflichten des Gewerbetreibenden. Die Konkretisierung dieser Pflichten soll im Wege einer Rechtsverordnung erfolgen. Das Gesetz zur Novellierung des Finanzanlagenvermittler- und Vermögensanlagenrechts enthält mit § 34g der Gewerbeordnung die dafür erforderliche Verordnungsermächtigung.

B. Lösung
Mit der Verordnung über die Finanzanlagenvermittlung wird von der Verordnungsermächtigung nach § 34g der Gewerbeordnung Gebrauch gemacht und die Sachkundeprüfung, das Registrierungsverfahren, die Berufshaftpflichtversicherung sowie die Informations-, Beratungs- und Dokumentationspflichten näher ausgestaltet.

C. Alternativen
Keine. § 34g der Gewerbeordnung, der durch das Gesetz zur Novellierung des Finanzanlagenvermittler- und Vermögensanlagenrechts vom 6. Dezember 2011 in die Gewerbeordnung eingefügt wurde, bestimmt, dass die Rechtsverordnung Informations-, Beratungs- und Dokumentationspflichten zu enthalten hat und dass bei der Ausgestaltung ein dem sechsten Abschnitt des Wertpapierhandelsgesetzes vergleichbares Anlegerschutzniveau herzustellen ist.

D. Haushaltsausgaben ohne Erfüllungsaufwand
Für den Bund und die Länder fallen keine Haushaltsausgaben ohne Vollzugsaufwand an.

E. Erfüllungsaufwand

E.1 Erfüllungsaufwand für Bürgerinnen und Bürger
Für die Bürgerinnen und Bürger entsteht kein zusätzlicher Erfüllungsaufwand.

E.2 Erfüllungsaufwand für die Wirtschaft

Davon Bürokratiekosten aus Informationspflichten

Der Wirtschaft entstehen durch die Einführung neuer Informationspflichten in der Finanzanlagenvermittlungsverordnung Mehrkosten.
Insgesamt werden durch die neuen Regelungen in Artikel 1 §§ 12 bis 18 fünf neue Informationspflichten eingeführt, eine bestehende Informationspflicht wird geändert. Betroffen sind davon ca. 80 000 gewerbliche Vermittler von Finanzanlagen. Die Neuregelung betrifft sowohl hauptberufliche Finanzanlagenvermittler, die im Schnitt ca. 500 Anlageberatungen und -vermittlungen im Jahr durchführen, als auch nebenberufliche Finanzanlagenvermittler sowie Finanzanlagenvermittler, die zugleich Versicherungsvermittler sind und nur als Annex zu ihrer Haupttätigkeit als Versicherungsvermittler gelegentlich Finanzanlagen wie Anteile an Investmentfonds vermitteln. Bei den letzten beiden Gruppen, die auf ca. 50 000 Gewerbetreibende geschätzt werden, liegt die durchschnittliche Fallzahl pro Jahr wesentlich niedriger als bei den hauptberuflichen Finanzanlagenvermittlern. Sie wird auf ca. 80 Anlageberatungen pro Jahr geschätzt. Die durchschnittliche jährliche Fallzahl liegt damit bei geschätz-

ten 19 Mio. Die daraus entstehenden Bürokratiekosten werden pro Jahr auf insgesamt 93,8 Mio. Euro geschätzt.
Die neuen Pflichten nach Artikel 1 §§ 12 bis 18 fließen in die Durchführung und den Ablauf eines Beratungs- oder Vermittlungsgesprächs ein und sind zum Teil integraler Bestandteil der Kerntätigkeit des Finanzanlagenvermittlers. Daher werden die aus den zusätzlichen Informationspflichten entstehenden Bürokratiekosten in einem Gesamtpaket gemessen.
Neu eingeführt wird die Informationspflicht nach Artikel 1 § 13, wonach der Gewerbetreibende dem Anleger Informationen über Risiken, Kosten und Nebenkosten der Finanzanlage mitzuteilen hat. Artikel 1 § 13 ersetzt die bisherige Informationspflicht aus § 10 Absatz 3 in Verbindung mit § 11 Absatz 1 Nummer 2 der Makler- und Bauträgerverordnung, wodurch letztere, bislang mit 69 000 Euro ermittelte Belastung, entfällt. Nach der neuen Informationspflicht des Artikel 1 § 16 hat der Gewerbetreibende vor Abschluss eines Geschäfts bestimmte Angaben über den Anleger einzuholen. Die Informationspflichten nach Artikel 1 §§ 13 und 16 betreffen den Kern der Beratungstätigkeit des Finanzanlagenvermittlers. Es ist daher davon auszugehen, dass diese Pflichten bereits heute regelmäßig im Rahmen des Beratungsgesprächs erfüllt werden und es sich insofern um sog. Sowieso-Kosten handelt. Artikel 1 § 17 verpflichtet den Gewerbetreibenden zur Offenlegung von Zuwendungen gegenüber dem Anleger. Die Informationspflicht wird in der Regel gemeinsam mit der Informationspflicht nach Artikel 1 § 13 erfüllt, wonach Kosten und Nebenkosten der Finanzanlage mitgeteilt werden müssen. Die dem Anleger gemäß Artikel 1 § 13 Absatz 5 in Textform zur Verfügung zu stellenden Informationen können zudem in standardisierter Form erfüllt werden. Für die Erfüllung dieser Informationspflichten wird daher ein Zeitwert von drei Minuten angesetzt. Bei einem mittleren Qualifikationsniveau im Wirtschaftszweig Kreditgewerbe beträgt der Tarifwert für die Arbeitsstunde 37,60 Euro. Bei einer Fallzahl von 19 Mio. entstehen somit Bürokratie kosten in Höhe von 35,8 Mio. Euro.
Darüber hinaus werden im Unterschied zu der reinen Anlagevermittlung für die Anlageberatung weitere Informationspflichten eingeführt: Artikel 1 § 15 verpflichtet die betroffenen gewerblichen Finanzanlagenvermittler zur Aushändigung eines Informationsblattes. Das Informationsblatt wird von dem Anbieter oder Emittenten der jeweiligen Finanzanlage erstellt und muss von dem Finanzanlagenvermittler an den Anleger übergeben werden. Nach Artikel 1 § 18 muss der Gewerbetreibende ein Beratungsprotokoll anfertigen und dem Anleger aushändigen. Das Beratungsprotokoll wird im Rahmen des Beratungsgesprächs parallel angefertigt, der Finanzanlagenvermittler kann hierbei auf standardisierte Formulare zurückgreifen. Für die Erfüllung der Informationspflichten nach Artikel 1 §§ 15 und 18 wird ein Zeitwert von fünf Minuten angesetzt. Schätzungsweise 70 % der Gesamtfallzahl von 19 Mio. betreffen den Bereich der Anlageberatung. Danach entstehen bei einer Fallzahl von 13,3 Mio. somit Bürokratiekosten in Höhe von 41,9 Mio. Euro.

Gemäß Artikel 1 § 12 hat der Gewerbetreibende dem Anleger zusätzlich zu den Informationspflichten nach Artikel 1 §§ 13 bis 18 vor dem ersten Beratungs- oder Vermittlungsgespräch diverse Angaben klar und verständlich in Textform mitzuteilen. Bei weiteren Beratungen und Vermittlungen sind die Angaben nach Artikel 1 § 12 nicht erneut mitzuteilen. Die Informationspflicht kann – wie im Bereich der Versicherungsvermittler üblich – durch die Übergabe einer Visitenkarte erfüllt werden, die die erforderlichen Angaben enthält. Für die Erfüllung der Informationspflicht werden daher die Kosten einer Visitenkarte in Höhe von ca. 2 Cent angesetzt. Bei der Annahme, dass ca. 25 % der Fälle ein sog. Erstkontakt sind, liegt die Fallzahl bei jährlich 4,75 Mio. Durch die Erfüllung der Informationspflicht entstehen dadurch Bürokratiekosten in Höhe von 95 000 Euro.
Schließlich entstehen für alle Gewerbetreibenden Mehrkosten für die Erstellung der regelmäßig sowie aus besonderem Anlass vorzulegenden, von Wirtschaftsprüfern oder Sachverständigen zu erstellenden Prüfungsberichte über die Einhaltung der Verhaltenspflichten nach Artikel 1 § 24. Bereits nach der bestehenden Rechtslage (§ 16 der Makler- und Bauträgerverordnung) müssen Anlagevermittler jährliche Prüfungsberichte vorlegen. Die durchschnittlichen Kosten dafür betragen 1 400 Euro jährlich. Durch die Ausweitung der zu prüfenden Verhaltenspflichten steigen jedoch der Umfang der Prüfungsberichte und die damit verbundenen Kosten um ca. 200 Euro jährlich. Die zusätzlichen Bürokratiekosten aufgrund der Ausweitung der Prüfungsberichte betragen somit ca. 16 Mio. Euro jährlich.
Die Kostenberechnungen beruhen im Wesentlichen auf den Angaben der WebSKMDatenbank des Statistischen Bundesamtes, der Zeitwerttabelle und der Lohnsatztabelle des Statistischen Bundesamtes sowie auf vergleichbaren Berechnungen bei anderen Exante-Schätzungen.

Sonstiger Erfüllungsaufwand
Es entstehen darüber hinaus weitere Mehrkosten für die ca. 80 000 betroffenen gewerblichen Finanzanlagenvermittler. Einmalige Umstellungskosten entstehen durch die vom jeweiligen Prüfungsumfang abhängige Prüfungsgebühr für den Sachkundenachweis des Gewerbetreibenden in Höhe von ca. 400 Euro (Artikel 1 §§ 1 bis 3). Finanzanlagenvermittler, die seit dem 1. Januar 2006 ununterbrochen als Anlagevermittler oder -berater mit einer Erlaubnis nach § 34c der Gewerbeordnung tätig waren und dies durch die lückenlose Vorlage der jährlichen Wirtschaftsprüfertestate gemäß § 16 der Makler- und Bauträgerverordnung nachweisen können, sind gemäß § 157 Absatz 3 Satz 4 der Gewerbeordnung von der Sachkundeprüfung befreit (Bestandsschutzregelung). Das gleiche gilt für unselbständig tätige Anlagevermittler und -berater, sofern sie ihre ununterbrochene Tätigkeit nachweisen können. Es ist davon auszugehen, dass bis zu 50 % der derzeit im Markt tätigen Gewerbetreibenden von der Bestandsschutzregelung profitieren können oder über einen nach Artikel 1 § 4 gleichgestellten Ausbildungsabschluss verfügen und entsprechend keine Sachkunde-

prüfung ablegen müssen. Die einmaligen Umstellungskosten aufgrund der Sachkundeprüfung betragen somit 16 Mio. Euro.
Prüfungsgebühren in Höhe von ca. 400 Euro entstehen zudem für die unmittelbar bei der Vermittlung und Beratung mitwirkenden Beschäftigten des Gewerbetreibenden, die ebenfalls einen Sachkundenachweis erbringen müssen. Auch hier greift die Bestandsschutzregelung. Bei der Annahme von zwei Beschäftigten pro Gewerbetreibenden, von denen im Schnitt einer von der Bestandsschutzregelung oder der Gleichstellung des Bildungsabschlusses profitieren kann, entstehen so zusätzliche Mehrkosten in Höhe von 400 Euro pro Gewerbetreibenden, insgesamt also 32 Mio. Euro.
Weitere Kosten entstehen für die Eintragung des Gewerbetreibenden und seiner unmittelbar bei der Vermittlung und Beratung mitwirkenden Beschäftigen in das bei den Industrie- und Handelskammern geführte Vermittlerregister in Höhe von ca. 25 bis 40 Euro (Artikel 1 § 7), insgesamt 2,6 Mio. Euro. Für die Überprüfung der Zuverlässigkeit der Angestellten entstehen weitere einmalige Kosten in Höhe von geschätzten 40 Euro, bei im Schnitt zwei Angestellten also insgesamt 6, 4 Mio. Euro.
Die einmaligen Umstellungskosten belaufen sich somit auf insgesamt ca. 57 Mio. Euro.
Darüber hinaus entstehen für die gewerblichen Finanzanlagenvermittler laufende jährliche Kosten in Höhe von ca. 800 bis 1 200 Euro durch die in § 34f Absatz 2 Nummer 3 der Gewerbeordnung in Verbindung mit Artikel 1 § 9 geregelte Verpflichtung zum Abschluss einer Berufshaftpflichtversicherung zur Deckung von Vermögensschäden, die aus der fehlerhaften Vermittlung oder Beratung entstehen. Diese Mehrkosten treffen nur diejenigen Vermittler, die ihre Tätigkeit bisher ohne entsprechende Berufshaftpflichtversicherung ausüben. Deren Anzahl lässt sich nicht beziffern; es wird jedoch vermutet, dass sie eher gering ist. Die laufenden Erfüllungskosten aufgrund der Verpflichtung zum Abschluss einer Berufshaftpflichtversicherung betragen ca. 80 Mio. Euro pro Jahr.
Weitere laufende Erfüllungskosten entstehen durch erforderliche Änderungen im Vermittlerregister. Die Finanzanlagenvermittler sind gemäß Artikel 1 § 7 Absatz 1 Satz 2 und Absatz 2 Satz 1 dazu verpflichtet, Änderungen der eintragungspflichtigen Angaben unverzüglich mitzuteilen, damit die Registerbehörde die erforderlichen Änderungen vornehmen kann. Bei einer geschätzten Zahl von ein bis zwei erforderlichen Änderungen pro Jahr und Kosten von geschätzten 30 Euro pro Änderung betragen die laufenden Kosten 3,6 Mio. Euro jährlich.
Darüber hinaus sind laufende Erfüllungskosten für die neu in den Markt eintretenden Finanzanlagenvermittler zu berücksichtigen. Bei einer angenommenen jährlichen Fluktuationsrate von 10 % treten pro Jahr ca. 8 000 neue Finanzanlagenvermittler in den Markt ein. Von den neu in den Markt eintretenden Finanzanlagenvermittler müssen ca. 50 % eine IHK-Sachkundeprüfung ablegen. Dies verursacht laufende Erfüllungskosten in Höhe von geschätzten 1,6 Mio. Euro.

Für die Registrierung im Vermittlerregister entstehen für die neu in den Markt eintretenden Finanzanlagenvermittler laufende Erfüllungskosten in Höhe von geschätzten 256 000 Euro.
Geringfügige kosteninduzierte Erhöhungen von Einzelpreisen, die nicht quantifizierbar sind, lassen sich nicht ausschließen. Unmittelbare Auswirkungen dieser Verordnung auf das Preisniveau, insbesondere auf das Verbraucherpreisniveau, sind nicht zu erwarten.

E.2 Erfüllungsaufwand der Verwaltung
Durch die Verordnung entsteht zusätzlicher Erfüllungsaufwand für Länder und Kommunen. So ist künftig im Rahmen des Erlaubnisverfahrens zusätzlich zu den bisherigen Voraussetzungen für die Erlaubniserteilung zu prüfen, ob ein Sachkundenachweis und eine Berufshaftpflichtversicherung vorliegen. Dafür wird ein geschätzter Zeitwert von 30 Minuten angesetzt. Bei einem Kostensatz von 24,30 Euro pro Stunde für den mittleren Dienst und bei einer angenommenen Fallzahl von 8 000 Erlaubnisanträgen pro Jahr entsteht dadurch ein zusätzlicher Erfüllungsaufwand von 97 200 Euro pro Jahr.
Zusätzlicher Erfüllungsaufwand für die zuständigen Stellen entsteht zudem durch die laufende Überwachung der Berufshaftpflichtversicherung und die Überwachung der Einhaltung der neu eingeführten, sanktionsbewehrten Vorschriften durch die Gewerbetreibenden. Dafür wird ein geschätzter Zeitwert von drei Stunden angesetzt. Bei einer angenommenen Fallzahl von 80 000 Gewerbetreibenden entsteht dadurch ein zusätzlicher Erfüllungsaufwand von 14,4 Mio. Euro.
Vollzugsaufwand entsteht auch den Industrie- und Handelskammern, die für die Abnahme der Sachkundeprüfung und das Führen des Vermittlerregisters zuständig sind. Diese Kosten werden durch die unter E.1 aufgeführten Gebühren für die Ablegung der Sachkundeprüfung und die Registrierung aufgefangen.

F. Weitere Kosten
Keine.

..... *(Redaktioneller Hinweis: Auf den Abdruck der Gesetzes- und Verordnungstexte wurde an dieser Stelle verzichtet.)*

Begründung

A. Allgemeiner Teil

I. Sachverhalt, Zielsetzung und Notwendigkeit der Regelungsvorschläge
Die Verordnung dient der Ausgestaltung der Erlaubnisvoraussetzungen nach § 34f der Gewerbeordnung. So werden Inhalt und Verfahren der Sachkundeprüfung und

die Anforderungen an die Berufshaftpflichtversicherung geregelt. Darüber hinaus werden die Einzelheiten des Registrierungsverfahrens und der Verhaltenspflichten des Finanzanlagenvermittlers festgelegt.

II. Verordnungsermächtigung

§ 34g der Gewerbeordnung ermächtigt das Bundesministerium für Wirtschaft und Technologie im Einvernehmen mit dem Bundesministerium der Finanzen und dem Bundesministerium für Ernährung, Landwirtschaft und Verbraucherschutz und mit Zustimmung des Bundesrates Vorschriften zu erlassen über den Umfang der Befugnisse und Verpflichtungen bei der Ausübung des Gewerbes des Finanzanlagenvermittlers.

III. Gesetzesfolgen

1. Haushaltsausgaben ohne Erfüllungsaufwand

Für den Bund und die Länder fallen keine Haushaltsausgaben ohne Vollzugsaufwand an.

2. Erfüllungsaufwand

2.1 Erfüllungsaufwand für Bürgerinnen und Bürger

Für die Bürgerinnen und Bürger entsteht kein zusätzlicher Erfüllungsaufwand.

2.2 Erfüllungsaufwand für die Wirtschaft

Davon Bürokratiekosten aus Informationspflichten

Der Wirtschaft entstehen durch die Einführung neuer Informationspflichten in der Finanzanlagenvermittlungsverordnung Mehrkosten.

Insgesamt werden durch die neuen Regelungen in Artikel 1 §§ 12 bis 18 fünf neue Informationspflichten eingeführt, eine bestehende Informationspflicht wird geändert. Betroffen sind davon ca. 80 000 gewerbliche Vermittler von Finanzanlagen. Die Neuregelung betrifft sowohl hauptberufliche Finanzanlagenvermittler, die im Schnitt ca. 500 Anlageberatungen und -vermittlungen im Jahr durchführen, als auch nebenberufliche Finanzanlagenvermittler sowie Finanzanlagenvermittler, die zugleich Versicherungsvermittler sind und nur als Annex zu ihrer Haupttätigkeit als Versicherungsvermittler gelegentlich Finanzanlagen wie Anteile an Investmentfonds vermitteln. Bei den letzten beiden Gruppen, die auf ca. 50.000 Gewerbetreibende geschätzt werden, liegt die durchschnittliche Fallzahl pro Jahr wesentlich niedriger als bei den hauptberuflichen Finanzanlagenvermittlern. Die durchschnittliche jährliche Fallzahl liegt damit bei geschätzten 19 Mio. Die daraus entstehenden Bürokratiekosten werden pro Jahr auf insgesamt 93,8 Mio. Euro geschätzt.

Die neuen Pflichten nach §§ 12 bis 18 fließen in die Durchführung und den Ablauf eines Beratungs- oder Vermittlungsgesprächs ein und sind zum Teil integraler Bestandteil der Kerntätigkeit des Finanzanlagenvermittlers. Daher werden die aus den

zusätzlichen Informationspflichten entstehenden Bürokratiekosten in einem Gesamtpaket gemessen.
Neu eingeführt wird die Informationspflicht nach Artikel 1 § 13, wonach der Gewerbetreibende dem Anleger Informationen über Risiken, Kosten und Nebenkosten der Finanzanlage mitzuteilen hat. Artikel 1 § 13 ersetzt die bisherige Informationspflicht aus § 10 Absatz 3 in Verbindung mit § 11 Absatz 1 Nummer 2 der Makler- und Bauträgerverordnung, wodurch letztere, bislang mit 69 000 Euro ermittelte Belastung, entfällt. Nach der neuen Informationspflicht des Artikel 1 § 16 hat der Gewerbetreibende vor Abschluss eines Geschäfts bestimmte Angaben über den Anleger einzuholen. Die Informationspflichten nach Artikel 1 §§ 13 und 16 betreffen den Kern der Beratungstätigkeit des Finanzanlagenvermittlers. Es ist daher davon auszugehen, dass diese Pflichten bereits heute regelmäßig im Rahmen des Beratungsgesprächs erfüllt werden und es sich insofern um sog. Sowieso- Kosten handelt. Artikel 1 § 17 verpflichtet den Gewerbetreibenden zur Offenlegung von Zuwendungen gegenüber dem Anleger. Die Informationspflicht wird in der Regel gemeinsam mit der Informationspflicht nach Artikel 1 § 13 erfüllt, wonach Kosten und Nebenkosten der Finanzanlage mitgeteilt werden müssen. Die dem Anleger gemäß Artikel 1 § 13 Absatz 5 in Textform zur Verfügung zu stellenden Informationen können zudem in standardisierter Form erfüllt werden. Für die Erfüllung dieser Informationspflichten wird daher ein Zeitwert von drei Minuten angesetzt. Bei einem mittleren Qualifikationsniveau im Wirtschaftszweig Kreditgewerbe beträgt der Tarifwert für die Arbeitsstunde 37,60 Euro. Bei einer Fallzahl von 19 Mio. entstehen somit Bürokratiekosten in Höhe von 35,8 Mio. Euro.
Darüber hinaus werden im Unterschied zu der reinen Anlagevermittlung für die Anlageberatung weitere Informationspflichten eingeführt: Artikel 1 § 15 verpflichtet die betroffenen gewerblichen Finanzanlagenvermittler zur Aushändigung eines Informationsblattes. Das Informationsblatt wird von dem Anbieter oder Emittenten der jeweiligen Finanzanlage erstellt und muss von dem Finanzanlagenvermittler an den Anleger übergeben werden. Nach Artikel 1 § 18 muss der Gewerbetreibende ein Beratungsprotokoll anfertigen und dem Anleger aushändigen. Das Beratungsprotokoll wird im Rahmen des Beratungsgesprächs parallel angefertigt, der Finanzanlagenvermittler kann hierbei auf standardisierte Formulare zurückgreifen. Für die Erfüllung der Informationspflichten nach Artikel 1 §§ 15 und 18 wird ein Zeitwert von fünf Minuten angesetzt. Schätzungsweise 70 % der Gesamtfallzahl von 19 Mio. betreffen den Bereich der Anlageberatung. Danach entstehen bei einer Fallzahl von 13,3 Mio. somit Bürokratiekosten in Höhe von 41,9 Mio. Euro.
Gemäß Artikel 1 § 12 hat der Gewerbetreibende dem Anleger zusätzlich zu den Informationspflichten nach Artikel 1 §§ 13 bis 18 vor dem ersten Beratungs- oder Vermittlungsgespräch diverse Angaben klar und verständlich in Textform mitzuteilen. Bei weiteren Beratungen und Vermittlungen sind die Angaben nach Artikel 1 § 12 nicht erneut mitzuteilen. Die Informationspflicht kann – wie im Bereich der

Versicherungsvermittler üblich – durch die Übergabe einer Visitenkarte erfüllt werden, die die erforderlichen Angaben enthält. Für die Erfüllung der Informationspflicht werden daher die Kosten einer Visitenkarte in Höhe von ca. 2 Cent angesetzt. Bei der Annahme, dass ca. 25 % der Fälle ein sog. Erstkontakt sind, liegt die Fallzahl bei jährlich 4,75 Mio. Durch die Erfüllung der Informationspflicht entstehen dadurch Bürokratiekosten in Höhe von 95 000 Euro.
Schließlich entstehen für alle Gewerbetreibenden Mehrkosten für die Erstellung der regelmäßig sowie aus besonderem Anlass vorzulegenden, von Wirtschaftsprüfern oder Sachverständigen zu erstellenden Prüfungsberichte über die Einhaltung der Verhaltenspflichten nach Artikel 1 § 24. Bereits nach der bestehenden Rechtslage (§ 16 der Makler- und Bauträgerverordnung) müssen Anlagevermittler jährliche Prüfungsberichte vorlegen. Die durchschnittlichen Kosten dafür betragen 1 400 Euro jährlich. Durch die Ausweitung der zu prüfenden Verhaltenspflichten steigen jedoch der Umfang der Prüfungsberichte und die damit verbundenen Kosten um ca. 200 Euro jährlich. Die zusätzlichen Bürokratiekosten aufgrund der Ausweitung der Prüfungsberichte betragen somit ca. 16 Mio. Euro jährlich.
Die Kostenberechnungen beruhen im Wesentlichen auf den Angaben der WebSKM-Datenbank des Statistischen Bundesamtes, der Zeitwerttabelle und der Lohnsatztabelle des Statistischen Bundesamtes sowie auf vergleichbaren Berechnungen bei anderen Exante-Schätzungen.

Sonstiger Erfüllungsaufwand
Es entstehen darüber hinaus weitere Mehrkosten für die ca. 80 000 betroffenen gewerblichen Finanzanlagenvermittler. Einmalige Umstellungskosten entstehen durch die vom jeweiligen Prüfungsumfang abhängige Prüfungsgebühr für den Sachkundenachweis des Gewerbetreibenden in Höhe von ca. 400 Euro (Artikel 1 §§ 1 bis 3). Finanzanlagenvermittler, die seit dem 1. Januar 2006 ununterbrochen als Anlagevermittler oder -berater mit einer Erlaubnis nach § 34c der Gewerbeordnung tätig waren und dies durch die lückenlose Vorlage der jährlichen Wirtschaftsprüfertestate gemäß § 16 der Makler- und Bauträgerverordnung nachweisen können, sind gemäß § 157 Absatz 3 Satz 4 der Gewerbeordnung von der Sachkundeprüfung befreit (Bestandsschutzregelung). Das gleiche gilt für unselbständig tätige Anlagevermittler und -berater, sofern sie ihre ununterbrochene Tätigkeit nachweisen können. Es ist davon auszugehen, dass bis zu 50 % der derzeit im Markt tätigen Gewerbetreibenden von der Bestandsschutzregelung profitieren können oder über einen nach Artikel 1 § 4 gleichgestellten Ausbildungsabschluss verfügen und entsprechend keine Sachkundeprüfung ablegen müssen. Die einmaligen Umstellungskosten aufgrund der Sachkundeprüfung betragen somit 16 Mio. Euro.
Prüfungsgebühren in Höhe von ca. 400 Euro entstehen zudem für die unmittelbar bei der Vermittlung und Beratung mitwirkenden Beschäftigten des Gewerbetreibenden, die ebenfalls einen Sachkundenachweis erbringen müssen. Auch hier greift die

Bestandsschutzregelung. Bei der Annahme von zwei Beschäftigten pro Gewerbetreibenden, von denen im Schnitt einer von der Bestandsschutzregelung oder einer Gleichstellung des Ausbildungsabschlusses profitieren kann, entstehen so zusätzliche Mehrkosten in Höhe von 400 Euro pro Gewerbetreibenden, insgesamt also 32 Mio. Euro.
Weitere Kosten entstehen für die Eintragung des Gewerbetreibenden und seiner unmittelbar bei der Vermittlung und Beratung mitwirkenden Beschäftigen in das bei den Industrie- und Handelskammern geführte Vermittlerregister in Höhe von ca. 25 bis 40 Euro (Artikel 1 § 7), insgesamt 2,6 Mio. Euro. Für die Überprüfung der Zuverlässigkeit der Angestellten entstehen weitere einmalige Kosten in Höhe von geschätzten 40 Euro, bei im Schnitt zwei Angestellten also insgesamt 6, 4 Mio. Euro.
Die einmaligen Umstellungskosten belaufen sich somit auf insgesamt ca. 57 Mio. Euro.
Darüber hinaus entstehen für die gewerblichen Finanzanlagenvermittler laufende jährliche Kosten in Höhe von ca. 800 bis 1 200 Euro durch die in § 34f Absatz 2 Nummer 3 der Gewerbeordnung in Verbindung mit Artikel 1 § 9 des Verordnungsentwurfs geregelte Verpflichtung zum Abschluss einer Berufshaftpflichtversicherung zur Deckung von Vermögensschäden, die aus der fehlerhaften Vermittlung oder Beratung entstehen. Diese Mehrkosten treffen nur diejenigen Vermittler, die ihre Tätigkeit bisher ohne entsprechende Berufshaftpflichtversicherung ausüben. Deren Anzahl lässt sich nicht beziffern; es wird jedoch vermutet, dass sie eher gering ist. Die laufenden Erfüllungskosten aufgrund der Verpflichtung zum Abschluss einer Berufshaftpflichtversicherung betragen ca. 80 Mio. Euro pro Jahr.
Weitere laufende Erfüllungskosten entstehen durch erforderliche Änderungen im Vermittlerregister. Die Finanzanlagenvermittler sind gemäß Artikel 1 § 7 Absatz 1 Satz 2 und Absatz 2 Satz 1 dazu verpflichtet, Änderungen der eintragungspflichtigen Angaben unverzüglich mitzuteilen, damit die Registerbehörde die erforderlichen Änderungen vornehmen kann. Bei einer geschätzten Zahl von ein bis zwei erforderlichen Änderungen pro Jahr und Kosten von geschätzten 30 Euro pro Änderung betragen die laufenden Kosten 3,6 Mio. Euro jährlich.
Darüber hinaus sind laufende Erfüllungskosten für die neu in den Markt eintretenden Finanzanlagenvermittler zu berücksichtigen. Bei einer angenommenen jährlichen Fluktuationsrate von 10 % treten pro Jahr ca. 8 000 neue Finanzanlagenvermittler in den Markt ein. Von den neu in den Markt eintretenden Finanzanlagenvermittler müssen ca. 50 % eine IHK-Sachkundeprüfung ablegen. Dies verursacht laufende Erfüllungskosten in Höhe von geschätzten 1,6 Mio. Euro. Für die Registrierung im Vermittlerregister entstehen für die neu in den Markt eintretenden Finanzanlagenvermittler laufende Erfüllungskosten in Höhe von geschätzten 256 000 Euro.
Geringfügige kosteninduzierte Erhöhungen von Einzelpreisen, die nicht quantifizierbar sind, lassen sich nicht ausschließen. Unmittelbare Auswirkungen dieser Ver-

ordnung auf das Preisniveau, insbesondere auf das Verbraucherpreisniveau, sind nicht zu erwarten.

2.3 Erfüllungsaufwand der Verwaltung

Durch die Verordnung entsteht zusätzlicher Erfüllungsaufwand für Länder und Kommunen. So ist künftig im Rahmen des Erlaubnisverfahrens zusätzlich zu den bisherigen Voraussetzungen für die Erlaubniserteilung zu prüfen, ob ein Sachkundenachweis und eine Berufshaftpflichtversicherung vorliegen. Dafür wird ein geschätzter Zeitwert von 30 Minuten angesetzt. Bei einem Kostensatz von 24,30 Euro pro Stunde für den mittleren Dienst und bei einer angenommenen Fallzahl von 8 000 Erlaubnisanträgen pro Jahr entsteht dadurch ein zusätzlicher Erfüllungsaufwand von 97 200 Euro pro Jahr.

Zusätzlicher Erfüllungsaufwand für die zuständigen Stellen entsteht zudem durch die laufende Überwachung der Berufshaftpflichtversicherung und die Überwachung der Einhaltung der neu eingeführten, sanktionsbewehrten Vorschriften durch die Gewerbetreibenden. Dafür wird ein geschätzter Zeitwert von drei Stunden angesetzt. Bei einer angenommenen Fallzahl von 80 000 Gewerbetreibenden entsteht dadurch ein zusätzlicher Erfüllungsaufwand von 14,4 Mio. Euro.

Vollzugsaufwand entsteht auch den Industrie- und Handelskammern, die für die Abnahme der Sachkundeprüfung und das Führen des Vermittlerregisters zuständig sind. Diese Kosten werden durch die unter E.1 aufgeführten Gebühren für die Ablegung der Sachkundeprüfung und die Registrierung aufgefangen.

3. Weitere Kosten

Keine.

IV. Gleichstellungsrelevanz

Die Finanzanlagenvermittlungsverordnung enthält keine gleichstellungsrelevanten Bestimmungen.

V. Auswirkungen auf die Nachhaltigkeit

Die Finanzanlagenvermittlungsverordnung steht im Einklang mit den Leitgedanken der Bundesregierung zur nachhaltigen Entwicklung im Sinn der nationalen Nachhaltigkeitsstrategie. Die Verordnung enthält Regelungen zur Stärkung des Verbraucherschutzes im Bereich Finanzen. Die Verordnung hat keine negativen ökologischen Auswirkungen und keinen Bezug zu sozialen Aspekten.

B. Besonderer Teil

Zu Artikel 1 (Finanzanlagenvermittlungsverordnung):

Zu § 1 (Sachkundeprüfung)

Absatz 1 bestimmt den Zweck der Sachkundeprüfung und definiert zusammen mit Absatz 2 Gegenstand und Umfang der im Rahmen der Sachkundeprüfung nachzuweisenden Kenntnisse und Fähigkeiten. Nach Absatz 2 Satz 2 ist der Inhalt der Sachkundeprüfung an den Vorgaben der Anlage 1 zur Verordnung auszurichten.

Zu § 2 (Zuständige Stelle und Prüfungsausschuss)

Die Sachkundeprüfung gemäß § 34f Absatz 2 Nummer 4 der Gewerbeordnung wird durch die Industrie- und Handelskammern durchgeführt. Die Absätze 2 und 3 regeln die Einzelheiten zur Errichtung von Prüfungsausschüssen bei den Industrie- und Handelskammern. Die Regelung entspricht dem § 2 der Versicherungsvermittlungsverordnung.

Zu § 3 (Verfahren)

§ 3 regelt die Ausgestaltung des Prüfungsverfahrens bei den Industrie- und Handelskammern. Nach Absatz 1 besteht die Prüfung aus einem schriftlichen und einem praktischen Teil. Absatz 2 und 3 regeln in Grundzügen Inhalt und Verfahren des schriftlichen Prüfungsteils.

Nach Absatz 2 umfasst der schriftliche Teil der Prüfung die rechtlichen und fachlichen Kenntnisse, die zur Ausübung der gewerblichen Tätigkeit als Finanzanlagenvermittler erforderlich sind. Er gliedert sich in die drei Bereiche Investmentvermögen im Sinne des § 1 Absatz 2 des Investmentgesetzes, geschlossene Fonds sowie sonstige Vermögensanlagen im Sinne des § 1 Absatz 2 des Vermögensanlagengesetzes (u. a. Beteiligungen, Genussrechte, Genossenschaftsanteile).

Inhalt und Umfang der schriftlichen Prüfung sind dabei am Umfang der zu beantragenden Erlaubnis auszurichten und ggf. wie folgt zu beschränken: Für eine auf § 34f Absatz 1 Satz 1 Nummer 1 der Gewerbeordnung beschränkte Erlaubnis muss das Prüfungsmodul „Kenntnisse über Investmentvermögen“ (Absatz 2 Satz 1 Nummer 1) abgelegt werden. Für eine auf § 34f Absatz 1 Satz 1 Nummer 2 der Gewerbeordnung beschränkte Erlaubnis muss das Prüfungsmodul „Kenntnisse über geschlossene Fonds“ (Absatz 2 Satz 1 Nummer 2) absolviert werden. Für eine auf § 34f Absatz 1 Satz 1 Nummer 3 der Gewerbeordnung beschränkte Erlaubnis müssen die Prüfungsmodule „Kenntnisse über geschlossene Fonds“ und „Kenntnisse über sonstige Vermögensanlagen im Sinne des § 1 Absatz 2 des Vermögensanlagengesetzes“ (Absatz 2 Satz 1 Nummer 2 und 3) absolviert werden.

Unabhängig vom Umfang der beantragten Erlaubnis nach § 34f Absatz 1 Satz 1 der Gewerbeordnung müssen alle Prüflinge im schriftlichen Prüfungsteil ihre Kenntnisse über Beratung und Vertrieb von Finanzanlageprodukten (§ 1 Absatz 2 Nummer 2 Buchstabe a) nachweisen.

Absatz 3 legt fest, dass die schriftlichen Prüfungsaufgaben durch einen mit sieben Mitgliedern und sieben Stellvertretern besetzten, bundesweiten Aufgabenauswahlausschuss ausgewählt werden. Im Aufgabenauswahlausschuss sind Vertreter der Finanzanlagenvermittler, der Produktanbieter, der Industrie- und Handelskammern sowie der Verbraucherschutzorganisatoren vertreten. Die Auswahl der Prüfungsfragen durch den Aufgabenauswahlausschuss gewährleistet ein bundesweit einheitliches Niveau für den schriftlichen Prüfungsteil. Die Veröffentlichung der schriftlichen Prüfungsaufgaben ist auch nach der Prüfung nicht zulässig.
Der in Absatz 4 geregelte praktische Teil der Sachkundeprüfung ist von allen Prüflingen unabhängig vom Umfang der beantragten Erlaubnis zu absolvieren. Der praktische Prüfungsteil wird in Form einer Simulation eines Kundenberatungsgesprächs auf der Grundlage eines Fallbeispiels durchgeführt (Rollenspiel). Dabei ist insbesondere die Beratungskompetenz des Prüflings zu prüfen.
Nach Absatz 5 muss der praktische Prüfungsteil in den Fällen nicht abgelegt werden, in denen der Prüfling bereits eine Erlaubnis als Versicherungsvermittler oder -berater nach § 34d oder § 34e der Gewerbeordnung oder einen Sachkundenachweis nach § 34d Absatz 2 Nummer 4 der Gewerbeordnung oder einen gleichgestellten Abschluss nach § 19 Absatz 1 der Versicherungsvermittlungsverordnung besitzt, und er eine auf die Vermittlung von und Beratung über Investmentvermögen im Sinne des § 1 Satz 2 des Investmentgesetzes beschränkte Sachkundeprüfung nach Absatz 2 Satz 1 Nummer 1 ablegt. Der Prüfling hat in diesen Fällen bereits durch eine praktische Prüfung seine Beratungskompetenz unter Beweis gestellt, so dass eine nochmalige Prüfung der Beratungskompetenz nicht erforderlich ist.
Der praktische Prüfungsteil ist nach Absatz 5 Nummer 3 auch dann nicht nochmals abzulegen, wenn der Prüfling eine auf § 34f Absatz 1 Satz 1 Nummer 1, 2 oder 3 der Gewerbeordnung beschränkte Erlaubnis für die Beratung über und Vermittlung von Finanzanlagen besitzt und diese Erlaubnis auf weitere Produktkategorien erweitern will. Denn in diesem Fall hat der Prüfling bereits im Rahmen der praktischen Prüfung seine Beratungskompetenz unter Beweis gestellt, so dass nur der entsprechende fachkundliche, schriftliche Prüfungsteil abzulegen ist.
Nach Absatz 6 ist die Prüfung nicht öffentlich. Vertreter der Bundesanstalt für Finanzdienstleistungsaufsicht, Mitglieder von anderen Prüfungsausschüssen und Vertreter der Industrie- und Handelskammern dürfen zwecks Kontrolle des ordnungsgemäßen Prüfungsablaufs und zur Qualitätssicherung an den Prüfungen teilnehmen. Gleiches gilt für Personen, die in einen Prüfungsausschuss berufen werden sollen. Eine Teilnahme an den Beratungen über das Prüfungsergebnis oder ein aktives Eingreifen im Rahmen der laufenden Prüfung ist indes nicht zulässig.
Absatz 7 regelt das Bestehen der Prüfung. Danach sind sowohl im schriftlichen als auch im mündlichen Prüfungsteil jeweils mindestens 50 % der maximal zu erreichenden Punktzahl zu erzielen. Erzielt der Prüfling bereits im schriftlichen Prüfungs-

teil weniger als 50 % der maximal zu erreichenden Punktzahl, wird er zum praktischen Prüfungsteil nicht zugelassen.
Nach Absatz 8 stellt die Industrie- und Handelskammer unverzüglich nach Bestehen der Prüfung eine Bescheinigung nach Anlage 2 zur Verordnung aus. In die Bescheinigung sind die erforderlichen Angaben einschließlich der Angabe über die Bereiche, die die schriftliche Prüfung umfasst, einzutragen. Bei Nichtbestehen der Prüfung stellt die Industrie- und Handelskammer einen rechtsmittelfähigen und mit einer Rechtsmittelbelehrung versehenen Bescheid über das Nichtbestehen aus. Zudem muss in dem Bescheid auf die Möglichkeit der Wiederholungsprüfung hingewiesen werden. Absatz 8 Satz 4 regelt, dass die Prüfung zweimal wiederholt werden kann. Eine Sperrfrist ist nicht vorgesehen.
Absatz 9 ermächtigt die Industrie- und Handelskammern zum Erlass von Prüfungssatzungen zur Regelung von Einzelheiten des Prüfungsverfahrens.

Zu § 4 (Gleichstellung anderer Berufsqualifikationen)
§ 4 Absatz 1 enthält einen abschließenden Katalog von öffentlich-rechtlichen bzw. staatlich anerkannten Abschlüssen, die der Sachkundeprüfung nach dieser Verordnung gleichgestellt sind, einschließlich der entsprechenden Vorläufer- oder Nachfolgeberufe. Bei den in Nummer 1 Buchstabe a) genannten Hochschulabschlüssen ist zusätzlich eine einjährige Berufserfahrung im Bereich der Finanzanlagenvermittlung oder -beratung erforderlich, die zum Beispiel im Rahmen eines Trainee-Programms bei einem Wertpapierdienstleistungsunternehmen erworben werden kann. Auch bei den in Nummer 2 und 3 aufgeführten Abschlüssen ist zusätzlich der Nachweis einer einschlägigen Berufserfahrung erforderlich.
Für die nach Absatz 2 gleichgestellten mathematisches, wirtschafts- und rechtswissenschaftlichen Abschlüsse an einer Hochschule oder Berufsakademie ist eine individuelle Anerkennungsentscheidung der zuständigen Erlaubnisbehörde erforderlich. Die Erlaubnisbehörde kann sich hinsichtlich der Bewertung eines Abschlusses nach Absatz 2 im Rahmen der Amtshilfe an die Industrie- und Handelskammer wenden. Der Abschluss muss an einer Hochschule im Sinne des § 1 des Hochschulrahmengesetzes oder einer nach Landesgesetz öffentlich-rechtliche geprüfte bzw. staatlich anerkannte Berufsakademie erworben sein. Darüber hinaus ist erforderlich, dass der Inhaber eines in Absatz 2 genannten Abschlusses über die erforderliche Sachkenntnis verfügt. Die Anerkennung setzt in der Regel eine mindestens dreijährige einschlägige Berufserfahrung voraus.
Inhaber von in § 4 genannten, gleichgestellten Abschlusszeugnissen müssen keine Sachkundeprüfung nach den §§ 1 und 3 bei der Industrie- und Handelskammer ablegen.

Zu § 5 (Anerkennung von ausländischen Berufsbefähigungsnachweisen im Rahmen der Niederlassungsfreiheit)
Die Anerkennung von ausländischen Befähigungsnachweisen im Sinne der Berufsanerkennungsrichtlinie 2005/36/EG ist in § 13c der Gewerbeordnung geregelt. Sofern nach § 13c der Gewerbeordnung im Rahmen des Anerkennungsverfahrens wesentliche Unterschiede zwischen den dem ausländischen Befähigungsnachweis zugrunde liegenden Sachgebieten und den nach Gewerberecht festgelegten Sachgebiete festgestellt werden, ist für eine Anerkennung die erfolgreiche Absolvierung einer Anpassungsmaßnahme zum Ausgleich der wesentlichen Unterschiede erforderlich. Dabei hat der Antragsteller grundsätzlich ein Wahlrecht zwischen einer Eignungsprüfung (spezifische Sachkundeprüfung) und einem Anpassungslehrgang (ergänzende Unterrichtung), sofern in der gewerberechtlichen Verordnung nicht etwas anderes vorgesehen ist. In § 5 wird das Wahlrecht des Antragstellers zwischen einer spezifischen Sachkundeprüfung und einer ergänzenden Unterrichtung ausgeschlossen und grundsätzlich eine spezifische Sachkundeprüfung zum Ausgleich wesentlicher Unterschiede verlangt. Dies steht im Einklang mit Artikel 14 Absatz 3 der Berufsanerkennungsrichtlinie, da die Ausübung der Tätigkeit des Finanzanlagenvermittlers genaue Kenntnisse des einschlägigen deutschen Rechts erfordert und die Beratung in Bezug auf das einschlägige deutsche Recht ein wesentlicher und beständiger Bestandteil der Berufsausübung ist.

Zu § 6 (Bestandteile und Inhalt des Registers)
§ 6 regelt, welche Angaben des eintragungspflichtigen Finanzanlagenvermittlers im öffentlich zugänglichen Vermittlerregister nach § 11a der Gewerbeordnung gespeichert werden. Satz 1 regelt die notwendigen Angaben für natürliche Personen, Satz 2 die Angaben für juristische Personen. Neben Angaben über den Namen und ggf. die Firma, Geburtsdatum, betriebliche Anschrift und Angaben zu der zuständigen Erlaubnisbehörde sowie zu der zuständigen Registerbehörde und der Registrierungs-Nummer sind auch Angaben über den Umfang der erteilten Erlaubnis nach § 34f Absatz 1 Satz 1 Nummer 1 bis 3 der Gewerbeordnung zu registrieren. Der Verbraucher kann damit erkennen, über welche Kategorie von Finanzanlagen beraten und vermittelt werden darf (Investmentvermögen, geschlossene Fonds in Form einer Kommanditgesellschaft und bzw. oder sonstige Vermögensanlagen im Sinne des § 1 Absatz 2 des Vermögensanlagengesetzes). Darüber hinaus sind die nach § 34f Absatz 6 der Gewerbeordnung eintragungspflichtigen Beschäftigten des Gewerbetreibenden zu registrieren (§ 6 Satz 1 Nummer 8 und 9).

Zu § 7 (Eintragung)
Absatz 1 regelt die Eintragung des Eintragungspflichtigen in das bei den Industrie- und Handelskammern geführte Vermittlerregister. Der Eintragungspflichtige hat dazu der zuständigen Erlaubnisbehörde nach Erteilung der Erlaubnis und unmittel-

bar nach Aufnahme seiner Tätigkeit unverzüglich die für die Eintragung erforderlichen Angaben mitzuteilen. Die Erlaubnisbehörde leitet die Angaben dann nach Satz 3 an die Registerbehörde weiter. Der Eintragungspflichtige ist nach Satz 2 verpflichtet, der zuständigen Erlaubnisbehörde Änderungen der im Register gespeicherten Daten unverzüglich mitzuteilen, die Erlaubnisbehörde leitet die Änderungen dann ebenfalls an die Registerbehörde weiter.
Absatz 2 regelt die Eintragung der bei dem eintragungspflichtigen Gewerbetreibenden beschäftigten Personen, die unmittelbar bei der Beratung und Vermittlung mitwirken. Im Unterschied zu den Angaben nach Absatz 1 sind die für die Eintragung der Angestellten erforderlichen Angaben unmittelbar der Registerbehörde zu übermitteln.
Absatz 3 regelt, dass die Registerbehörde dem Eintragungspflichtigen eine Eintragungsbestätigung erteilt und ihm die Registrierungsnummer mitteilt. Die Registrierungsnummer ist nach Satz 2 auch der zuständigen Erlaubnisbehörde mitzuteilen.
Absatz 4 regelt die Verpflichtung der Registerbehörde, dem eingetragenen Finanzanlagenvermittler und der zuständigen Erlaubnisbehörde die Löschung der im Register eingetragenen Daten gemäß § 11a Absatz 3 der Gewerbeordnung unverzüglich mitzuteilen.

Zu § 8 (Eingeschränkter Zugang)
Die gewerbebezogenen Registerdaten nach § 6 Satz 1 Nummer 1, 3 bis 8 sind als so genannte Grunddaten allgemein zugänglich und können zum Beispiel von Verbrauchern im öffentlichen Vermittlerregister eingesehen werden. Nicht allgemein zugänglich ist aus datenschutzrechtlichen Gründen das Geburtsdatum (§ 6 Satz 1 Nummer 2 und 9), das für den Verbraucher nicht relevant ist. Die Erfassung des Geburtsdatums im Register dient der Identifikation des Eintragungspflichtigen und ist aus verwaltungstechnischen Gründen für die Erlaubnis- und Registerbehörden erforderlich.

Zu § 9 (Umfang der Versicherung)
Der Umfang der Berufshaftpflichtversicherung entspricht dem in § 9 der Versicherungsvermittlungsverordnung geregelten Umfang.
Nach Absatz 1 muss die Versicherung bei einem im Inland zum Geschäftsbetrieb befugten Versicherungsunternehmen genommen werden. Der Abschluss von Gruppenversicherungsverträgen ist zulässig, sofern für jeden Teilnehmer der Gruppe der erforderliche Mindestdeckungsumfang sichergestellt ist.
In den Absätzen 2 bis 5 wird § 9 Absatz 2 bis 5 der Versicherungsvermittlungsverordnung übernommen. Damit gelten für die nach § 34f Absatz 2 Nummer 3 der Gewerbeordnung erforderliche Berufshaftpflichtversicherung für Finanzanlagenvermittler die gleichen Mindestversicherungssummen und Anforderungen an die

abzudeckenden Vermögensschäden bzw. den Deckungsumfang wie für Versicherungsvermittler. Marktübliche Haftungsausschlüsse sind zulässig.

Zu § 10 (Anzeigepflicht des Versicherungsunternehmens)

Nach § 113 des Versicherungsvertragsgesetzes ist das Versicherungsunternehmen verpflichtet, dem Versicherten unter Angabe der Versicherungsnummer zu bescheinigen, dass eine Berufshaftpflichtversicherung besteht. Diese Bescheinigung dient als Nachweis der Berufshaftpflichtversicherung nach § 34f Absatz 2 Nummer 3 der Gewerbeordnung.

Absatz 1 bestimmt, dass die Bescheinigung nach § 113 des Versicherungsvertragsgesetzes zum Zeitpunkt der Antragstellung bei der zuständigen Erlaubnisbehörde nicht älter als drei Monate sein darf.

Absatz 2 regelt, dass das Versicherungsunternehmen die Beendigung oder Kündigung eines Versicherungsvertrages, das Ausscheiden eines Versicherungsnehmers aus einem Gruppenversicherungsvertrag sowie jede Änderung des Versicherungsvertrags, die sich auf den Umfang des Versicherungsschutzes im Verhältnis zu Dritten auswirkt, unverzüglich der zuständigen Erlaubnisbehörde nach § 34f Absatz 1 der Gewerbeordnung mitzuteilen hat. Dabei wird das Recht des Versicherungsnehmers nach § 38 Absatz 3 Satz 3 des Versicherungsvertragsgesetzes berücksichtigt, innerhalb der Wiederherstellungsfrist von einem Monat nach Wirksamwerden der Kündigung den Versicherungsschutz wieder aufleben zu lassen. Nach Satz 2 hat die zuständige Erlaubnisbehörde dem Versicherungsunternehmen das Eingangsdatum der Anzeige nach Satz 1 mitzuteilen. Dies dient der Berechnung der Nachhaftungsfrist gemäß § 117 Absatz 2 des Versicherungsvertragsgesetzes. Die zuständige Erlaubnisbehörde hat der Registerbehörde gemäß § 11a Absatz 3a Satz 1 der Gewerbeordnung unverzüglich die Aufhebung einer Erlaubnis nach § 34f Absatz 1 der Gewerbeordnung wegen fehlender Berufshaftpflichtversicherung mitzuteilen, damit die Registerbehörde unverzüglich die Daten des Betroffenen aus dem Register löschen kann.

Absatz 3 bestimmt, dass die für die Erlaubniserteilung nach § 34f Absatz 1 der Gewerbeordnung zuständige Behörde die zuständige Anzeigestelle im Sinne nach § 117 Absatz 2 des Versicherungsvertragsgesetzes ist.

Zu § 11 (Allgemeine Verhaltenspflicht)

Die allgemeine Verhaltensregel entspricht der für Wertpapierdienstleistungsunternehmen geltenden Regelung des § 31 Absatz 1 Nummer 1 des Wertpapierhandelsgesetzes und stellt klar, dass der Gewerbetreibende dazu verpflichtet ist, im Interesse des Anlegers zu handeln. Der Gewerbetreibende muss seine Tätigkeit mit der erforderlichen Sachkunde, Sorgfalt und Gewissenhaftigkeit ausüben. Dies setzt voraus, dass der Gewerbetreibende sich laufend auf dem aktuellen Wissensstand hält und sich zum Beispiel im Rahmen von regelmäßigen Fortbildungen oder im Selbststudium über rechtliche Entwicklungen informiert. Die Verhaltenspflichten des Gewerbetreibenden werden in den nachfolgenden Paragrafen konkretisiert.

Zu § 12 (Statusbezogene Informationspflichten)

Die statusbezogenen Informationspflichten des § 11 der Versicherungsvermittlungsverordnung werden auf Finanzanlagenvermittler übertragen. Die in Absatz 1 genannten Informationen sind dem Anleger einmalig vor dem ersten Beratungs- oder Vermittlungsgespräch schriftlich zur Verfügung zu stellen, z. B. in Form einer Visitenkarte. Die statusbezogenen Informationspflichten dienen der Herstellung von Transparenz: Der Anleger soll wissen, mit wem er es zu tun hat und welche Art von Vermittlererlaubnis der Gewerbetreibende besitzt.

Nach Absatz 1 Nummer 1 und 2 hat der Gewerbetreibende seinen Vor- und Nachnamen, Firma und Personenhandelsgesellschaften, in denen er als geschäftsführender Gesellschafter tätig ist, sowie seine betriebliche Anschrift und weitere Kontaktdaten mitzuteilen, die den nach § 2 Absatz 1 Nummer 2 der Dienstleistungs-Informationspflichten- Verordnung mitzuteilenden Kontaktdaten entsprechen. Die Angaben entsprechen den im Register gemäß § 6 Satz 1 Nummer 1 und 6 gespeicherten Daten.

Nach Absatz 1 Nummer 3 hat der Gewerbetreibende den Umfang seiner im Vermittlerregister eingetragenen Erlaubnis nach § 34f Absatz 1 der Gewerbeordnung mitzuteilen.

Darüber hinaus hat er mitzuteilen, wie der Anleger die Eintragung im Vermittlerregister überprüfen kann.

Nach Absatz 1 Nummer 4 hat der Gewerbetreibende die Produktgeber anzugeben, deren Finanzanlagen er vermittelt und darüber berät. Diese Angabe dient dem Anleger, der sich ein Bild darüber machen kann, ob der Gewerbetreibende Produkte von verschiedenen oder nur einem oder wenigen Produktgebern anbietet.

Nach Absatz 1 Nummer 5 sind die Anschrift der für die Erlaubniserteilung nach § 34f Absatz 1 der Gewerbeordnung zuständigen Behörde anzugeben. Zudem hat der Gewerbetreibende die von der Registerbehörde erteilte Registrierungsnummer mitzuteilen.

Absatz 2 stellt klar, dass der Gewerbetreibende die Angaben nicht doppelt zur Verfügung zu stellen hat, sofern er neben einer Erlaubnis nach § 34f Absatz 1 der Gewerbeordnung auch eine Erlaubnis nach § 34d Absatz 1 oder § 34e Absatz 1 der Gewerbeordnung besitzt und damit auch den Informationspflichten nach § 11 der Versicherungsvermittlungsverordnung unterliegt. Zusätzlich anzugeben sind dann lediglich die Informationen, die von § 11 der Versicherungsvermittlungsverordnung nicht abgedeckt werden.

Absatz 3 regelt, dass die Angaben nach Absatz 1 mündlich übermittelt werden können, wenn der Anleger auf eine schriftliche Information verzichtet. Dies ist zum Beispiel regelmäßig bei einer telefonischen Kontaktaufnahme durch den Anleger der

Fall. Die Angaben nach Absatz 1 sind in diesem Fall aber unverzüglich nach Vertragsschluss in Textform mitzuteilen.
Absatz 4 stellt klar, dass Informationspflichten aus sonstigen gesetzlichen Vorgaben, wie zum Beispiel nach §§ 5 und 6 des Telemediengesetzes, unberührt bleiben.

Zu § 13 (Information des Anlegers über Risiken, Kosten, Nebenkosten und Interessenkonflikte)
§ 13 übernimmt die bisher nur für den Vertrieb durch Wertpapierdienstleistungsunternehmen geltenden Regelungen des § 31 Absatz 3 Satz 1 und 2 des Wertpapierhandelsgesetzes und des § 5 Absatz 1 und Absatz 2 Satz 2 Nummer 5 der Wertpapierdienstleistungs- Verhaltens- und Organisationsverordnung.
Nach Absatz 1 muss der Gewerbetreibende dem Anleger vor Abschluss des Geschäfts Informationen über Art und Risiken der angebotenen oder nachgefragten Finanzanlagen zur Verfügung stellen, damit er auf dieser Basis eine vernünftige Anlageentscheidung treffen kann. Die Vorschrift entspricht der Regelung des § 31 Absatz 3 Satz 1 und 2 des Wertpapierhandelsgesetzes. Die Informationen können in standardisierter Form zur Verfügung gestellt werden.
Die Absätze 2 und 3 entsprechen den für Wertpapierhandelsunternehmen geltenden Vorschriften des § 5 Absatz 1 und 2 Satz 2 Nummer 5 der Wertpapierdienstleistungs- Verhaltens- und Organisationsverordnung, soweit sie auf den Vertrieb von Finanzanlagen gemäß § 34f Absatz 1 Satz 1 der Gewerbeordnung durch gewerbliche Vermittler Anwendung finden können, und konkretisieren die Informationspflichten des Gewerbetreibenden bezüglich der Risiken, Kosten und Nebenkosten der angebotenen oder nachgefragten Finanzanlagen.
Absatz 4 übernimmt die bisherige Regelung des § 11 Absatz 2 Satz 1 der Makler- und Bauträgerverordnung und erklärt die in § 121 Absatz 1 bis 3 und § 123 des Investmentgesetzes geregelten Verpflichtungen zur Anlegerinformation beim Vertrieb von Anteilen an Investmentvermögen im Sinne des Investmentgesetzes für entsprechend anwendbar.
Nach Absatz 5 muss der Gewerbetreibende auf mögliche Interessenkonflikte hinweisen. Ein Interessenkonflikt kann zum Beispiel dann vorliegen, wenn der Gewerbetreibende ein Interesse daran hat, dass der Anleger eine bestimmte Anlage erwirbt, das nicht mit dem Interesse des Anlegers übereinstimmt. Dies kann der Fall sein, wenn der Gewerbetreibende selbst in eine Anlage investiert hat und vor diesem Hintergrund an deren weiterer Verbreitung interessiert ist oder wenn der Gewerbetreibende zum Beispiel eine Kapitalbeteiligung an einem Produktgeber besitzt.
Absatz 6 regelt, dass die nach § 13 Absatz 1 bis 3 zur Verfügung zu stellenden Anlegerinformationen in Textform zur Verfügung gestellt werden müssen. Für Anteile an Investmentvermögen nach § 1 Satz 2 des Investmentgesetzes gelten nach Absatz 4 die Vorschriften des Investmentgesetzes über das Zur-Verfügung-Stellen der Verkaufsunterlagen.

Im Gegenzug zu den in § 13 neu eingeführten Informationspflichten entfallen die bisher für Finanzanlagenvermittler geltenden Informationspflichten nach § 11 Absatz 1 Satz 1 Nummer 2 in Verbindung mit § 10 Absatz 2 Nummer 2, Absatz 3 Nummern 5 bis 7 der Makler- und Bauträgerverordnung, da die Neuregelung ansonsten zu einer Doppelung nahezu identischer Informationspflichten führen würde.

Zu § 14 (Redliche, eindeutige und nicht irreführende Information und Werbung)
§ 14 übernimmt die in § 4 der Wertpapierdienstleistungs-Verhaltens- und Organisationsverordnung geregelten Standards für die nach § 13 zur Verfügung zu stellenden Informationen und für Werbung, die der Gewerbetreibende den Anlegern zugänglich macht. So müssen nach Absatz 1 alle Informationen und Werbemitteilungen redlich und eindeutig und für den Anleger nicht irreführend sein. Werbemitteilungen müssen als solche zu erkennen sein.
Absatz 2 erklärt hinsichtlich von Werbung für den Erwerb von Anteilen an Investmentvermögen § 124 Absatz 1 bis 2a des Investmentgesetzes für entsprechend anwendbar.
Absatz 3 übernimmt § 4 Absatz 10 der Wertpapierdienstleistungs-Verhaltens- und Organisationsverordnung und stellt klar, dass bereits Werbemitteilungen die nach § 13 Absatz 2 und 3 erforderlichen Informationen enthalten müssen, wenn die Werbemitteilung eine Willenserklärung enthält, die unmittelbar auf einen Vertragsschluss oder die Abgabe eines Angebots durch den Anleger gerichtet ist.
Absatz 4 regelt in Anlehnung an § 4 Absatz 11 der Wertpapierdienstleistungs-Verhaltens- und Organisationsverordnung, dass der Gewerbetreibende die etwa für die Prüfung von Verkaufsprospekten nach dem Vermögensanlagengesetz zuständige Bundesanstalt für Finanzdienstleistungsaufsicht nicht in einer Art und Weise nennen darf, dass der Anleger daraus den Schluss ziehen könnte, die Bundesanstalt habe das Finanzanlageprodukt genehmigt oder gebilligt.
Absatz 5 erklärt § 4 Absatz 2 bis 9 der Wertpapierdienstleistungs-Verhaltens- und Organisationsverordnung für entsprechend anwendbar und konkretisiert damit, in welcher Art und Weise Informationen zur Verfügung zu stellen sind, zum Beispiel hinsichtlich der Darstellung von Vergleichen zwischen verschiedenen Finanzanlagen, Simulationen und Aussagen über frühere und künftige Wertentwicklungen.

Zu § 15 (Bereitstellung des Informationsblatts)
Im Falle einer Anlageberatung muss der Gewerbetreibende dem Anleger rechtzeitig vor Abschluss eines Geschäfts ein kurzes und leicht verständliches Informationsblatt über die jeweilige Finanzanlage, auf die sich eine Kaufempfehlung bezieht, zur Verfügung stellen. Die durch das Anlegerschutz- und Funktionsverbesserungsgesetz vom 5. April 2011 (BGBl. I S. 538) durch § 31 Absatz 3a des Wertpapierhandelsgesetz neu eingeführte Verpflichtung für Wertpapierdienstleistungsunternehmen, Informationsblätter über das jeweilige Finanzinstrument zur Verfügung zu stellen,

wird für gewerbliche Finanzanlagenvermittler übernommen. Das Informationsblatt wird vom Anbieter oder Emittenten der jeweiligen Finanzanlage erstellt.
Der Gewerbetreibende muss keine Informationsblätter über Genossenschaftsanteile zur Verfügung stellen, da das Genossenschaftsgesetz, anders als das Investmentgesetz und das Vermögensanlagengesetz, eine entsprechende Pflicht zur Erstellung von Informationsblättern nicht vorsieht.

Zu § 16 (Einholung von Informationen über den Anleger; Pflicht zur Empfehlung geeigneter Finanzanlagen)
§ 16 Absatz 1 übernimmt die bisher nur für die Anlageberatung durch Wertpapierdienstleistungsunternehmen geltenden Regelungen des § 31 Absatz 4 und 4a des Wertpapierhandelsgesetzes für gewerbliche Finanzanlagenvermittler. Danach muss der Finanzanlagenvermittler im Fall der Anlageberatung eine Geeignetheitsprüfung vornehmen. Absatz 1 schreibt nicht im Einzelnen vor, in welcher Form der Gewerbetreibende die Informationen über den Anleger einholt. Dies kann z. B. durch Fragebögen erfolgen, die vom Anleger auszufüllen, aber nicht verpflichtend zu unterschreiben sind. Bei fehlenden, widersprüchlichen oder unklaren Auskünften muss der Gewerbetreibende gegebenenfalls die Angaben durch präzisierende Nachfragen vervollständigen bzw. klarstellen. Eine Verpflichtung zur Überprüfung der Angaben auf inhaltliche Richtigkeit obliegt dem Gewerbetreibenden hingegen nicht. Die Einholung der Angaben ist zu dokumentieren und gemäß § 22 Absatz 2 Nummer 3 und § 23 aufzuzeichnen und aufzubewahren.
Nach Absatz 1 Satz 3 darf der Gewerbetreibende im Rahmen der Anlageberatung nur solche Finanzanlagen empfehlen, die nach den eingeholten Angaben für den Anleger geeignet sind. Sofern der Anleger keine, nur evident unvollständige Angaben oder evident falsche Angaben macht, darf der Gewerbetreibende ihm keine auf die persönlichen Verhältnisse des Anlegers zugeschnittene Empfehlung hinsichtlich bestimmter Finanzanlagen machen.
Absatz 2 übernimmt die Regelung des § 31 Absatz 5 des Wertpapierhandelsgesetzes. Danach hat der Finanzanlagenvermittler im Fall der Anlagevermittlung eine Angemessenheitsprüfung durchzuführen und muss dazu von dem Anleger Informationen über seine Kenntnisse und Erfahrungen mit Finanzanlagen einholen, die zur Beurteilung der Angemessenheit erforderlich sind. Sofern der Finanzanlagenvermittler zu dem Ergebnis kommt, dass eine bestimmte Finanzanlage für den Anleger nicht angemessen ist, muss er diesen auf die Unangemessenheit hinweisen und eine entsprechende Warnung aussprechen. Erhält der Finanzanlagenvermittler nicht die für die Angemessenheitsprüfung erforderlichen Informationen von dem Anleger, muss er diesen darauf hinweisen, dass eine Angemessenheitsprüfung nicht möglich ist. Der Hinweis kann in standardisierter Form erfolgen.
Absatz 3 übernimmt die Regelungen des § 6 der Wertpapierdienstleistungs-Verhaltens- und Organisationsverordnung und konkretisiert die nach Absatz 1 ein-

zuholenden Informationen über den Anleger. Die einzuholenden Informationen sollen dem Gewerbetreibenden die Einschätzung ermöglichen, ob eine bestimmte Finanzanlage für den Anleger im Hinblick auf seine Anlageziele, seine Risikobereitschaft, seine Erfahrungen mit Finanzanlagen und hinsichtlich seiner finanziellen Verhältnisse geeignet ist und empfohlen werden darf.
Absatz 4 übernimmt die Regelung des § 31 Absatz 6 des Wertpapierhandelsgesetzes. Sofern dem Finanzanlagenvermittler nicht bekannt war, dass die Angaben des Anlegers nach Absatz 1 bis 3 fehlerhaft oder unvollständig waren, geht dies nicht zu Lasten des Vermittlers.
Das Bundesministerium für Ernährung, Landwirtschaft und Verbraucherschutz beabsichtigt, im Benehmen mit dem Bundesministerium für Wirtschaft und Technologie zwei Jahre nach Inkrafttreten dieser Verordnung durch unabhängige Wissenschaftler die Praxis der Anlageberatung einschließlich der Sachkunde der Vermittler untersuchen zu lassen, wobei die Erfahrungen der im Aufgabenauswahlausschuss vertretenen Verbände hinsichtlich der Sachkundeprüfung berücksichtigt werden sollen.

Zu § 17 (Offenlegung von Zuwendungen)
Die bisher nur für den Vertrieb durch Wertpapierdienstleistungsunternehmen geltende Pflicht zur Offenlegung von Zuwendungen nach § 31d des Wertpapierhandelsgesetzes wird für gewerbliche Finanzanlagenvermittler übernommen.
Nach Absatz 1 stellt klar, dass die Annahme und die Gewährung von Zuwendungen grundsätzlich verboten ist, es sei denn, der Gewerbetreibende legt Existenz, Art und Umfang einer Zuwendung, die ihm für die Anlagevermittlung und -beratung gewährt wird, gegenüber dem Anleger vor Vertragsschluss offen zu legen. Soweit sich der Umfang einer Zuwendung vor Vertragsschluss noch nicht bestimmen lässt, ist dem Anleger offen zu legen, wie die Zuwendung berechnet wird. Die Offenlegung muss in einer für den Anleger verständlichen Weise erfolgen. Die Art und Weise der Berechnung der Zuwendung darf daher nicht so kompliziert dargestellt werden, dass sie vom Anleger nicht verstanden und nachvollzogen werden kann. Weitere Zulässigkeitsvoraussetzung für die Annahme und die Gewährung einer Zuwendung ist, dass die Zuwendung der ordnungsgemäßen Vermittlung und Beratung im Interesse des Anlegers nicht entgegensteht. Mit den Interessen des Anlegers nicht zu vereinbaren sind beispielsweise überhöhte Provisionen, die den Gewerbetreibenden mit großer Wahrscheinlichkeit zu rücksichtslosen und eigennützigem Handeln verleiten.
Absatz 2 Satz 1 definiert den Begriff der Zuwendungen. Unter den weiten Begriff der Zuwendung fallen Provisionen und Gebühren sowie alle geldwerten Vorteile. Damit werden alle Arten von Provisionen wie z. B. Vertriebsprovisionen, Vertriebsfolgeprovisionen und Bestandsprovisionen erfasst. Unter den Begriff der geldwerten Vorteile können unter anderem Bürokostenzuschüsse, die Durchführungen von Schulungen oder die Überlassung von IT-Hardware oder Software fallen. Die Zuwendung

muss dem Gewerbetreibenden von einem Emittenten oder Anbieter einer Finanzanlage oder einem sonstigen Dritten gewährt werden. Erfasst werden auch Zuwendungen, die der Gewerbetreibende an Dritte gewährt, die nicht Kunden dieser Dienstleistung sind. Ein typischer Fall für die Gewährung von Zuwendungen an Dritte ist der so genannte Tippgeber. Der Gewerbetreibende gewährt dem Tippgeber in diesem Fall eine Zuwendung für die erfolgreiche Benennung von Kontaktdaten eines Anlegers oder seine namentliche Empfehlung gegenüber dem Anleger. Nach Absatz 2 Satz 2 liegt eine grundsätzlich unzulässige Zuwendung im Sinne des Absatzes 1 nicht vor, wenn der Anleger einen Dritten mit der Gewährung der Zuwendung beauftragt.
Nach Absatz 3 kann die Offenlegung der Zuwendungen in Form einer Zusammenfassung der wesentlichen Bestandteile der Zuwendungsvereinbarungen erfolgen. Nicht ausreichend ist dabei die bloße Information, dass der Gewerbetreibende eine Zuwendung z. B. in Form einer Provision erhält. Der Gewerbetreibende hat dem Anleger auf Nachfrage aber die Einzelheiten der gewährten Zuwendungen mitzuteilen.
Absatz 4 entspricht § 31d Absatz 5 des Wertpapierhandelsgesetzes und stellt klar, dass Gebühren und Entgelte, die eine Finanzanlagenvermittlung oder -beratung erst ermöglichen, von dem Zuwendungsverbot des Absatzes 1 ausgenommen sind. Unter Gebühren und Entgelte fallen z. B. Depotgebühren, Abgaben und Steuern.

Zu § 18 (Beratungsprotokoll)
Die bisher für die Anlageberatung durch Wertpapierdienstleistungsunternehmen geltende Pflicht zur Anfertigung eines Beratungsprotokolls nach § 34 Absatz 2a des Wertpapierhandelsgesetzes wird für gewerbliche Finanzanlagenvermittler übernommen. Die Übernahme der bisher nur für Banken geltenden Verpflichtung zur Anfertigung und Aushändigung eines Beratungsprotokolls dient der Stärkung des Anlegerschutzes. Eine Abschrift des Protokolls muss dem Anleger zur Verfügung gestellt werden. Das Protokoll darf dem Anleger in Form einer elektronischen Abschrift nur dann übermittelt werden, wenn dieser sich ausdrücklich damit einverstanden erklärt, da nur so sichergestellt werden kann, dass er auch über die erforderliche elektronische Ausrüstung verfügt, um die Informationen von diesem Datenträger abzurufen.
Nach Absatz 1 muss der Gewerbetreibende über jede Anlageberatung ein schriftliches Protokoll anfertigen, unterzeichnen und dem Anleger eine Abschrift aushändigen. Dieses Schriftformerfordernis nach § 126 BGB wird nur erfüllt, wenn der Gewerbetreibende bzw. sein Vertreter das Protokoll auch eigenhändig unterzeichnet. Für den Anleger besteht keine Verpflichtung, das Beratungsprotokoll zu unterzeichnen.
Absatz 2 konkretisiert die Angaben, die das Beratungsprotokoll enthalten muss und übernimmt die Regelung des § 14 Absatz 6 der Wertpapierdienstleistungs-Verhaltens- und Organisationsverordnung. Auch soweit standardisierte Formulare

verwendet werden, ist darauf zu achten, dass die Beratungsprotokolle nicht nur aus Textbausteinen bestehen, sondern auch Freitextfelder vorsehen, um weitere Informationen des Anlegers zu seiner persönlichen Situation und seinen individuellen Anliegen sowie deren Gewichtung ergänzen zu können. Nur so ist gewährleistet, dass in einer Situation, in der der Anleger individuelle Wünsche äußert, diese ausreichend dokumentiert werden.
Nach Absatz 3 ist dem Anleger eine Abschrift des Beratungsprotokolls unverzüglich zuzusenden, wenn die Anlageberatung z. B. telefonisch erfolgt und eine unmittelbare Aushändigung des Protokolls nicht möglich ist. Erfolgt der Vertragsschluss auf Wunsch des Anlegers bereits vor Zugang des Protokolls, hat dieser nach Zugang des Protokolls ein einwöchiges Rücktrittsrecht, sofern das Protokoll nicht richtig oder nicht vollständig ist. Der Gewerbetreibende muss den Anleger auf das Rücktrittsrecht und die Frist hinweisen und im Protokoll vermerken. Die Richtigkeit und Vollständigkeit des Beratungsprotokolls ist vom Gewerbetreibenden zu beweisen, sofern er das Rücktrittsrecht nach Absatz 3 Satz 2 bestreitet.

Zu § 19 (Beschäftigte)
Nach dieser Vorschrift hat der Gewerbetreibende sicherzustellen, dass auch seine Beschäftigten die Pflichten nach den §§ 11 bis 18 erfüllen. Sofern ein Mitarbeiter die Beratung und Vermittlung durchführt, hat dieser das Beratungsprotokoll nach § 18 zu unterzeichnen.

Zu § 20 (Unzulässigkeit der Annahme von Geldern und Anteilen von Anlegern)
Mit dieser Vorschrift wird klargestellt, dass der Gewerbetreibende keine Gelder und Anteile des Anlegers zur Erfüllung eines mit dem Emittenten oder Anbieter geschlossenen Vertrags über den Erwerb einer Finanzanlage annehmen darf. Die Ausnahmeregelungen des § 2 Absatz 6 Nummer 8 des Kreditwesengesetzes und des § 2a Absatz 1 Nummer 7 des Wertpapierhandelsgesetzes setzen voraus, dass Gewerbetreibende ohne Erlaubnis nach § 32 Absatz 1 des Kreditwesengesetzes nicht befugt sind, sich bei der Erbringung einer Finanzdienstleistung Eigentum oder Besitz an Geldern oder Anteilen von Kunden zu verschaffen.
Die bisher auch für Finanzanlagenvermittler und -berater geltenden §§ 2, 4 bis 8 der Makler- und Bauträgerverordnung, die Regelungen zur Sicherung, Verwendung und Rechnungslegung von Kundengeldern enthalten, sind daher nicht in die Finanzanlagenvermittlerverordnung zu übernehmen.

Zu § 21 (Anzeigepflicht)
Die Vorschrift entspricht dem bisher für Finanzanlagenvermittler und -berater geltenden § 9 der Makler- und Bauträgerverordnung und wird in die vorliegende Verordnung übernommen.

Zu § 22 (Aufzeichnungspflicht)

Die in § 22 geregelte Aufzeichnungspflicht dient der Überprüfung der Einhaltung der Verhaltenspflichten nach §§ 12, 13 und 15 bis 18. Die nach Absatz 1 anzufertigenden Aufzeichnungen und zu sammelnden Unterlagen und Belege sind die Grundlage für die jährlichen sowie anlassbezogenen Prüfungen nach § 24.
Nach Absatz 2 müssen sich die Aufzeichnungen und Unterlagen auf die aufgeführten Tatbestände und Verpflichtungen beziehen.

Zu § 23 (Aufbewahrung)

Die Vorschrift entspricht dem bisher für Finanzanlagenvermittler und -berater geltenden § 14 der Makler- und Bauträgerverordnung und wird in die vorliegende Verordnung übernommen. Die der Aufzeichnungspflicht nach § 22 und Prüfungspflicht nach § 24 unterliegenden Unterlagen und Belege sind für einen Zeitraum von fünf Jahren auf einem dauerhaften Datenträger wie zum Beispiel in Papierform oder auf CD-ROM in den Geschäftsräumen des Gewerbetreibenden aufzubewahren.

Zu § 24 (Prüfungspflicht)

Die Vorschrift entspricht dem bisher für Finanzanlagenvermittler und -berater geltenden § 16 der Makler- und Bauträgerverordnung und wird in die vorliegende Verordnung übernommen. Der Gewerbetreibende muss der zuständigen Erlaubnisbehörde für jedes Kalenderjahr einen Prüfungsbericht bis zum 31. Dezember des Folgejahres über die Einhaltung der Verpflichtungen nach dieser Verordnung vorlegen. Darüber hinaus können die zuständigen Behörden außerordentliche Prüfungen anordnen, wenn das Verhalten des Gewerbetreibenden im Interesse der Anleger oder der Allgemeinheit eine derartige Maßnahme erfordert. Sofern der Gewerbetreibende in dem Kalenderjahr keine Tätigkeit nach § 34f Absatz 1 der Gewerbeordnung ausgeübt hat, muss er der zuständigen Erlaubnisbehörde unaufgefordert und schriftlich eine entsprechende Erklärung übermitteln.
Der Umfang der zu prüfenden Pflichten hat sich gegenüber dem Umfang des § 16 der Makler- und Bauträgerverordnung erhöht, da die Finanzanlagenvermittlungsverordnung eine Reihe von zusätzlichen Informations-, Beratungs- und Dokumentationspflichten enthält. Durch die jährliche sowie anlassbezogene Vorlage von Prüfungsberichten bei der zuständigen Erlaubnisbehörde wird die laufende Aufsicht über die Einhaltung der Verhaltenspflichten durch die Finanzanlagenvermittler sichergestellt.

Zu § 25 (Rechte und Pflichten der an der Prüfung Beteiligten)

Die Vorschrift entspricht dem bisher für Finanzanlagenvermittler und -berater geltenden § 17 der Makler- und Bauträgerverordnung und wird in die vorliegende Verordnung übernommen.

Zu § 26 (Straftaten und Ordnungswidrigkeiten)
§ 26 enthält die im Gewerberecht üblichen Bußgeldtatbestände zur Sanktionierung der in der Verordnung angelegten Pflichten und Gebote.

Zu Artikel 2 (Änderung der Makler- und Bauträgerverordnung):
Es handelt sich um redaktionelle Folgeänderungen.

Zu Artikel 3 (Inkrafttreten):
Artikel 3 regelt das Inkrafttreten der Rechtsverordnung.
Nach Absatz 1 treten die §§ 1 bis 3 sowie der Anlagen 1 und 2, die das Verfahren der Sachkundeprüfung regeln, bereits zum 1. November 2012 in Kraft, während die Verordnung im Übrigen nach Absatz 2 gleichzeitig mit § 34f der Gewerbeordnung zum 1. Januar 2013 in Kraft tritt.
Es ist sinnvoll, dass die Regelungen zur Sachkundeprüfung bereits zwei Monate vor der Erlaubnispflicht nach § 34f der Gewerbeordnung und den übrigen Regelungen der Verordnung in Kraft treten, damit Personen, die zum 1. Januar 2013 eine Erlaubnis als Finanzanlagenvermittler gemäß § 34f der Gewerbeordnung beantragen wollen, bereits vorher die Sachkundeprüfung ablegen können.

Abkürzungsverzeichnis

aaO	am angegebenen Ort
ABl.	Amtsblatt
Abs.	Absatz
Az.	Aktenzeichen
BaFin	Bundesanstalt für Finanzdienstleistungsaufsicht
Bd.	Band
BGB	Bürgerliches Gesetzbuch
BGBl.	Bundesgesetzblatt
BR-Drucks.	Bundesratsdrucksache
BT-Drucks.	Bundestagsdrucksache
BVerwG	Bundesverwaltungsgericht
DB	Der Betrieb (Zeitschrift)
DIHK	Deutscher Industrie- und Handelskammertag
EGBGB	Einführungsgesetz zum Bürgerlichen Gesetzbuch
EuGH	Europäischer Gerichtshof
EUR	Euro
evt.	eventuell
f./ff.	folgender/folgende/fortfolgend
FH	Fachhochschule
FinVermV	Finanzanlagenvermittlungsverordnung
Fn.	Fußnote
FRUG	Finanzmarktrichtlinie-Umsetzungsgesetz (Gesetz zur Umsetzung der Richtlinie über Märkte für Finanzinstrumente und der Durchführungsrichtlinie der Kommission – FRUG)
GDV	Gesamtverband der Deutschen Versicherungswirtschaft e.V.
GewArch	Gewerbearchiv (Zeitschrift)
GewO	Gewerbeordnung
GG	Grundgesetz
HGB	Handelsgesetzbuch
IHK	Industrie- und Handelskammer
InsO	Insolvenzordnung
InvG	Investmentgesetz
KWG	Gesetz über das Kreditwesen (Kreditwesengesetz)
MaBV	Makler- und Bauträgerverordnung
MiFiD	Markets in Financial Instruments Directive
NJW	Neue Juristische Wochenschrift (Zeitschrift)
OVG	Oberverwaltungsgericht
OwiG	Ordnungswidrigkeitengesetz
Rn.	Randnummer
S.	Seite
StBerG	Steuerberatungsgesetz
u. a.	unter anderem

v.	vom
VAG	Gesetz über die Beaufsichtigung der Versicherungsunternehmen
VerkProspG	Verkaufsprospektgesetz
VermAnlG	Vermögensanlagengesetz
VersVermR	Versicherungsvermittlerrichtlinie
VersVermV	Versicherungsvermittlungsverordnung
VGH	Verwaltungsgerichtshof
vgl.	vergleiche
VVG	Versicherungsvertragsgesetz
WpDVerOV	Verordnung zur Konkretisierung der Verhaltensregeln und Organisationsanforderungen für Wertpapierdienstleistungsunternehmen
WpHG	Wertpapierhandelsgesetz
z. B.	zum Beispiel
ZPO	Zivilprozessordnung

Literaturverzeichnis

Assmann/Dreyling/Döhmel/Hönsch, Wertpapierhandelsgesetz (Kommentar), 5. Aufl., Köln 2009.

Baumann/Sandkühler, Das neue Versicherungsvertragsgesetz, 1. Aufl., München 2008.

Beenken/Sandkühler, Das neue Versicherungsvermittlergesetz, 1. Aufl., München 2007.

Borggreve, Umsatzsteuerfreiheit für Vermittler – weiterhin offene Fragen, Umsatzsteuerberater, Köln 2009.

Bultmann/Hoepner/Lischke, Anlegerschutzrecht, München 2009.

Evers/Jung, Anforderungen an Finanzvermittler – mehr Qualität, bessere Entscheidungen, Studie 2008.

Eyermann/v. Landmann/Rohmer, Gewerbeordnung (Kommentar), 60. Aufl., München 2011.

Goertz/Korn/Perschke, Die Kapitalanlagenvermittlung der Zukunft, Münster/Westf. 2011.

Marcks, Makler- und Bauträgerverordnung, MaBV (Kommentar), 8. Aufl., München 2009.

Mattil, Gesetz zur Novellierung des Finanzanlagenvermittler- und Vermögensanlagenrechts, DB 2011, S. 2533–2537.

Tettinger/Wank/Ennuschat, Gewerbeordnung (Kommentar), 8. Aufl., München 2011

Stichwortverzeichnis

H

I

K

L

M

N

O

P

R

S

T

U

V

W

Z